21 世纪全国高职高专财经管理类规划教材

国 家 税 收

康运河　主编

牛艳伟　彭素欣　郭爱民　副主编
牛家强　尹志斌

内 容 提 要

本书是一本以税收理论、政策、制度为主要内容的国家税收教材。全书以精炼理论、突出实务为原则，整合了税收制度改革的最新内容（税制改革最新内容截至 2007 年 3 月），结构上突破了传统教材重理论、轻实践的局限，强化了应用性、实践性和可操作性。

全书 20 章，共分为三部分，第一部分为税收概论（第 1 章至第 2 章）；第二部分为中国现行税制（第 3 章至第 17 章），该部分为全书学习重点；第三部分为税收征管法（第 18 章至第 20 章）。

本书既可以作为高职高专院校财政、税收、会计等财经类专业学习国家税收课程的教材，也可以作为注册会计师、注册税务师工作参考用书，同时又可供财税、会计、审计、金融等经济管理部门干部培训与自学之用。

图书在版编目（CIP）数据

国家税收/康运河主编．—北京：北京大学出版社，2007.8
（21 世纪全国高职高专财经管理类规划教材）
ISBN 978-7-301-09971-1

Ⅰ．国… Ⅱ．康… Ⅲ．国家税收－高等学校：技术学校－教材 Ⅳ．F810.42

中国版本图书馆 CIP 数据核字（2006）第 132737 号

书　　　　名：	国家税收
著作责任者：	康运河　主编
责 任 编 辑：	王登峰　梁 勇
标 准 书 号：	ISBN 978-7-301-09971-1/F·1267
出 版 者：	北京大学出版社
地　　　　址：	北京市海淀区成府路 205 号 100871
电　　　　话：	邮购部 62752015　发行部 62750672　编辑部 62765126　出版部 62754962
网　　　　址：	http://www.pup.cn
电子信箱：	xxjs@pup.pku.edu.cn
印 刷 者：	北京飞达印刷有限责任公司
发 行 者：	北京大学出版社
经 销 者：	新华书店
	787 毫米×980 毫米　16 开本　19.5 印张　426 千字
	2007 年 8 月第 1 版　2017 年 3 月第 6 次印刷
定　　价：	34.00 元

未经许可，不得以任何方式复制或抄袭本书之部分或全部内容。
版权所有，侵权必究
举报电话：010-62752024；电子信箱：fd@pup.pku.edu.cn

前　　言

近年来，由于我国税收制度改革在广度和深度上发展较快，税收理论研究极为活跃，国内外税收征管实践和理论研究也有重大进展（如增值税、个人所得税等方面的理论研究），这极大地丰富了国家税收课程课堂教学的内容。但国家税收教材的内容却表现出了明显的滞后性。

在高职高专经济类专业基础课程中，国家税收是一门实务性较强的课程，加强应用性和实际可操作性应是国家税收教材的一大特色。由于众多的原因，目前大多数国家税收教材的内容应用性偏弱，缺乏与实际的联系，学生学习后常常感到不满足。如何在继承传统、克服不足的基础上，摆脱传统教材模式的束缚，适应形势的发展，按照高职高专教育以"基础够用，注重实践能力培养"的要求，编写出一本适合财税征管改革和经济发展实际、并符合高职高专教育特色的国家税收教材，是我们的愿望所在。对新教材的编写，我们力求坚持规范性、科学性和公认性的统一。既及时吸收最新理论研究成果，又要使这些具有规律性的研究成果具有公认性，尽可能将财政税收范畴理论观点的主流和方向展现给读者。

本书是一本以税收理论、政策、制度为主要内容的国家税收教材。全书以精炼理论、突出实务为原则，整合了税收制度改革的最新内容（税制改革最新内容截至2007年3月），结构上突破了传统教材重理论、轻实践的局限，强化了应用性、实践性和可操作性。本书既可以作为高职高专院校财政、税收、会计等财经类专业学习国家税收课程的教材，也可以作为注册会计师、注册税务师工作参考用书，同时又可供财税、会计、审计、金融等经济管理部门干部培训与自学之用。

本书由河南省许昌职业技术学院康运河副教授主编，设计全书框架，拟定编写大纲。河南省许昌职业技术学院牛艳伟副教授、河北建材职业技术学院彭素欣副教授、河南省许昌职业技术学院郭爱民副教授、安徽淮北职业技术学院牛家强同志和河南省许昌职业技术学院尹志斌同志任副主编。承担本书编写任务的作者为：康运河（第1章、第2章、第9章的第1节至第4节、第11章的第1节至第5节及第7节），牛艳伟（第3章的第1节至第6节及第8节、第4章、第5章），彭素欣（第13章、第19章），郭爱民（第8章、第10章），牛家强（第6章、第12章、第14章、第15章、第16章、第17章、第18章），尹志斌（第3章的第7节、第9章的第5节至第6节、第11章的第6节、第20章、第21章）。最后由康运河副教授负责全书的总纂和定稿工作。

由于作者水平有限，书中难免会有错漏及不足之处，恳请广大读者和同行不吝赐教。

编　者

2007年7月

目　　录

第1章　税收的概念 1
1.1　税收的概念 1
1.1.1　税收的产生是为满足国家实现其职能的需要 1
1.1.2　国家征税凭借的是政治权力 1
1.1.3　税收是国家取得财政收入的一种形式 2
1.1.4　税收有其固有的形式特征 2
1.1.5　税收属于分配范畴 2
1.2　税收的形式特征 2
1.2.1　无偿性 3
1.2.2　强制性 3
1.2.3　固定性 3
1.3　税收与其他财政收入形式的区别 4
1.3.1　税收与国家财政性货币发行的区别 4
1.3.2　税收与国债的区别 5
1.3.3　税收与国有企业利润上缴的区别 5
1.3.4　税收与罚没收入的区别 6
1.3.5　税收与费的区别 6
1.4　我国社会主义市场经济条件下税收的作用 7
1.4.1　为社会主义现代化建设筹集资金 8
1.4.2　调节经济，促进国民经济持续快速健康发展 8

第2章　税制要素和税收分类 13
2.1　税制要素 13
2.1.1　纳税义务人 13
2.1.2　征税对象 13
2.1.3　税率 14
2.1.4　纳税环节 16
2.1.5　纳税期限 17
2.1.6　减税、免税 17
2.1.7　违章处理 17

2.2 税收分类 17
2.2.1 按照征税对象的性质不同分类 18
2.2.2 按税收负担能否转嫁分类 18
2.2.3 按税收收入归属和征收管理权限的不同分类 19
2.2.4 按税收与价格的关系分类 19
2.2.5 按计税依据分类 19
2.2.6 按税收收入形态分类 19
2.2.7 按照主权国家行使税收管辖权的不同分类 19
2.3 我国税收法律体系 20
2.3.1 税收法律关系 20
2.3.2 税收立法机关 20
2.3.3 我国现行税制体系 21
2.3.4 税收征收管理范围的划分 22
2.3.5 中央与地方政府税收收入的划分 22

第3章 增值税 24
3.1 征税范围 24
3.1.1 征税范围的一般规定 24
3.1.2 征税范围的特殊规定 25
3.2 纳税人 26
3.2.1 小规模纳税义务人的认定及管理 27
3.2.2 一般纳税义务人的认定与管理 27
3.3 税率与征收率 28
3.3.1 基本税率 28
3.3.2 低税率 29
3.3.3 零税率 29
3.3.4 征收率 29
3.3.5 特殊规定 29
3.4 一般纳税人应纳税额的计算 30
3.4.1 销项税额的计算 30
3.4.2 进项税额 33
3.4.3 应纳税额的计算 35
3.5 小规模纳税人应纳税额的计算 37
3.5.1 应纳税额的计算公式 37
3.5.2 自来水公司销售自来水应纳税额的计算 37

目录

- 3.5.3 购置税控收款机的税务处理 ... 38
- 3.6 进口货物增值税应纳税额的计算 ... 38
  - 3.6.1 进口货物的纳税人 ... 38
  - 3.6.2 进口货物的税收优惠 ... 38
  - 3.6.3 进口货物应纳税额的计算 ... 38
  - 3.6.4 进口货物增值税的税收管理 ... 39
- 3.7 增值税的出口退（免）税 ... 39
  - 3.7.1 我国出口货物增值税的退（免）税政策和具体措施 ... 39
  - 3.7.2 增值税出口退税的退税率 ... 42
  - 3.7.3 出口退税的计算 ... 42
  - 3.7.4 出口退税的管理 ... 44
- 3.8 增值税的征收管理 ... 45
  - 3.8.1 纳税义务发生时间和纳税期限 ... 45
  - 3.8.2 增值税的纳税地点和纳税申报 ... 46
  - 3.8.3 增值税专用发票 ... 47

第4章 消费税

- 4.1 纳税义务人、征税对象和税率 ... 50
  - 4.1.1 消费税的纳税义务人 ... 50
  - 4.1.2 征税对象 ... 50
  - 4.1.3 税目 ... 50
  - 4.1.4 税率 ... 53
- 4.2 纳税环节 ... 56
  - 4.2.1 生产环节 ... 56
  - 4.2.2 进口环节 ... 56
  - 4.2.3 零售环节 ... 56
- 4.3 应纳税额的计算 ... 57
  - 4.3.1 从价定率计征的应税消费品 ... 57
  - 4.3.2 从量定额计征的应税消费品 ... 60
  - 4.3.3 从价定率与从量定额复合计税方法 ... 60
  - 4.3.4 计税依据的特殊规定 ... 60
  - 4.3.5 税额扣除 ... 61
  - 4.3.6 酒类关联企业之间交易消费税问题 ... 63
  - 4.3.7 减税免税 ... 63
- 4.4 出口退（免）税 ... 63
  - 4.4.1 出口退税率退（免）税政策 ... 64

  4.4.2 出口退税率退（免）税的计算与退（免）税后的管理 64
 4.5 征收管理 65
  4.5.1 纳税义务发生时间和纳税期限 65
  4.5.2 纳税申报和纳税地点 65

第 5 章 营业税 67
 5.1 纳税义务人 67
  5.1.1 纳税义务人 67
  5.1.2 扣缴义务人 68
 5.2 税目、税率 69
  5.2.1 税目 69
  5.2.2 税率 72
 5.3 计税依据 72
  5.3.1 计税依据的一般规定 72
  5.3.2 计税依据的具体规定 72
 5.4 应纳税额的计算 76
 5.5 几种经营行为的税务处理 77
  5.5.1 兼营不同税目的应税行为 77
  5.5.2 混合销售行为 77
  5.5.3 兼营应税劳务与货物或非应税劳务 77
  5.5.4 营业税与增值税征税范围的划分 78
 5.6 税收优惠 79
  5.6.1 起征点 79
  5.6.2 税收优惠 79
 5.7 征收管理 81
  5.7.1 纳税义务发生时间 81
  5.7.2 纳税期限 82
  5.7.3 纳税地点 83

第 6 章 城市维护建设税和教育费附加 84
 6.1 城市维护建设税 84
  6.1.1 纳税义务人 84
  6.1.2 税率 84
  6.1.3 计税依据 85
  6.1.4 应纳税额的计算 85
  6.1.5 纳税申报及缴纳 85
 6.2 教育费附加 86

		6.2.1 概述 86
		6.2.2 征收范围、计征比率及计征依据 87
		6.2.3 教育费附加的计算 87
		6.2.4 减免规定 87

第7章 烟叶税 88

7.1 征税对象、纳税人和税率 88
- 7.1.1 征税对象 88
- 7.1.2 纳税人 89
- 7.1.3 税率 89

7.2 应纳税额的计算和征收管理 89
- 7.2.1 计税依据 89
- 7.2.2 应纳税额的计算 89
- 7.2.3 征收管理 89

第8章 关税 91

8.1 征税对象及纳税义务人 91
- 8.1.1 征税对象 91
- 8.1.2 纳税义务人 92

8.2 进出口税则 92
- 8.2.1 进出口税则概况 92
- 8.2.2 税则商品分类目录 92
- 8.2.3 税则归类 94
- 8.2.4 原产地规定 94
- 8.2.5 关税税率及运用 95

8.3 应纳税额的计算 98
- 8.3.1 关税完税价格 98
- 8.3.2 应纳税额的计算 103
- 8.3.3 行李和邮递物品进口税 104

8.4 关税减免 105
- 8.4.1 法定减免税 105
- 8.4.2 特定减免税 106
- 8.4.3 临时减免税 108

8.5 征收管理 109
- 8.5.1 关税缴纳 109
- 8.5.2 关税的强制执行 109

- 8.5.3 关税退还 109
- 8.5.3 关税补征和追征 109

第9章 企业所得税 111
9.1 纳税人、征税对象和税率 115
- 9.1.1 纳税人 115
- 9.1.2 征税对象 115
- 9.1.3 税率 115

9.2 应纳税所得额的计算 116
- 9.2.1 收入总额的确定 116
- 9.2.2 准予扣除项目 117
- 9.2.3 亏损弥补 118
- 9.2.4 不得扣除的项目 118
- 9.2.5 纳税特别调整 118
- 9.2.6 应纳税所得额计算的其它要求 119

9.3 应纳税额的计算 120
- 9.3.1 分月（季）预缴所得税的计算 120
- 9.3.2 年终汇算清缴企业所得税的计算。 120
- 9.3.3 境外投资收益的处理 121

9.4 税收优惠 121

9.5 征收管理 122
- 9.5.1 源泉扣缴 122
- 9.5.2 纳税申报与缴纳 123
- 9.5.3 纳税地点 123

第10章 个人所得税 125
10.1 纳税义务人 125
- 10.1.1 居民纳税义务人 125
- 10.1.2 非居民纳税义务人 126

10.2 征税对象 127
- 10.2.1 个人所得税所得来源的确定 127
- 10.2.2 征税对象 128

10.3 税率 133
- 10.3.1 工资、薪金所得 133
- 10.3.2 个体工商户生产经营所得和对企事业单位的承包、承租经营所得 133
- 10.3.3 其他个人所得项目 134

10.4 应纳税所得额的计算 134

    10.3.4 减征和加成征收 134

10.4 应纳税所得额的计算 134

    10.4.1 工资、薪金所得 134

    10.4.2 个体工商户生产、经营所得 135

    10.4.3 对企事业单位承包、承租经营所得 135

    10.4.4 劳务报酬所得、稿酬所得、特许权使用费所得、财产租赁所得 136

    10.4.5 财产转让所得 136

    10.4.6 利息、股息、红利所得 137

    10.4.7 偶然所得 137

10.5 应纳税额的计算 137

    10.5.1 工资、薪金所得应纳税额的计算 137

    10.5.2 个体工商户的生产、经营所得应纳税额的计算 138

    10.5.3 对企事业单位的承包、承租经营所得应纳税额的计算 140

    10.5.4 劳务报酬所得应纳税额的计算 140

    10.5.5 稿酬所得应纳税额的计算 140

    10.5.6 特许权使用费所得应纳税额的计算 141

    10.5.7 利息、股息、红利所得应纳税额的计算 141

    10.5.8 财产租赁所得应纳税额的计算 141

    10.5.9 财产转让所得应纳税额的计算 142

    10.5.10 偶然所得应纳税额的计算 144

    10.5.11 其他所得应纳税额的计算 144

    10.5.12 应纳税额计算中的几个特殊问题 144

    10.5.13 捐赠扣除及境外所得税额扣除 151

10.6 税收优惠 152

    10.6.1 对下列各项个人所得,免征个人所得税 152

    10.6.2 有下列情形之一的,经批准可以减征个人所得税 153

    10.6.3 下列所得暂免征收个人所得税 154

10.7 纳税申报与缴纳 155

    10.7.1 扣缴义务人源泉扣缴 155

    10.7.2 纳税义务人自行申报纳税 156

第 11 章 资源税 161

11.1 纳税义务人、征税范围和税率 161

    11.1.1 纳税义务人 161

    11.1.2 征税范围 161

		11.1.3 税率 162
	11.2 应纳税额的计算 163
		11.2.1 资源税的计税依据 163
		11.2.2 应纳税额的计算 164
	11.3 税收优惠 165
		11.3.1 资源税的减免税项目 165
		11.3.2 出口应税产品不退（免）资源税 165
	11.4 征收管理 165
		11.4.1 纳税义务发生时间 165
		11.4.2 纳税期限 166
		11.4.3 纳税地点 166

第12章 土地增值税 167
	12.1 征税范围、纳税人和税率 168
		12.1.1 征税范围 168
		12.1.2 纳税人 170
		12.1.3 税率 170
	12.2 土地增值额的计算 171
		12.2.1 应税收入的确定 171
		12.2.2 确定土地增值税的扣除项目 171
		12.2.3 土地增值额 174
	12.3 应纳税额的计算 174
	12.4 税收优惠 176
		12.4.1 对建造普通标准住宅的税收优惠 176
		12.4.2 对国家征用收回的房地产的税收优惠 177
		12.4.3 对个人转让房地产的税收优惠 177
	12.5 纳税申报与缴纳 177
		12.5.1 纳税申报 177
		12.5.2 纳税地点 178

第13章 城镇土地使用税 179
	13.1 概述 179
		13.1.1 概念 179
		13.1.2 立法意义 179
		13.1.3 特点 180
	13.2 纳税人和征税范围 181
		13.2.1 纳税人 181

13.2.2 征税范围 181
13.3 应纳税额的计算 182
13.3.1 计税依据 182
13.3.2 税率 182
13.3.3 应纳税额的计算 183
13.4 税收优惠 183
13.4.1 下列土地免缴土地使用税 183
13.4.2 相关问题解释 184
13.5 纳税申报与缴纳 189
13.5.1 纳税期限 189
13.5.2 纳税申报 189
13.5.3 纳税地点 190

第14章 耕地占用税 191
14.1 立法目的 191
14.1.1 意义和特点 191
14.1.2 立法目的 191
14.2 主要税制内容 192
14.2.1 纳税人 192
14.2.2 征税范围 192
14.2.3 计税依据和税率 193
14.3 税额的计算和缴纳 193

第15章 房产税与契税 195
15.1 房产税 195
15.1.1 纳税人、征税范围和税率 195
15.1.2 应纳税额的计算 196
15.1.3 税收优惠 197
15.1.4 征收管理 200
15.2 契税 200
15.2.1 纳税义务人、征税对象和税率 201
15.2.2 应纳税额的计算 202
15.2.3 税收优惠 203
15.2.4 契税的征收管理 204

第16章 车船使用税和车辆购置税 206
16.1 车船使用税 206
16.1.1 征税范围、纳税义务人和税率 206

####### 16.1.2 应纳税额的计算 208
####### 16.1.3 税收优惠 209
####### 16.1.4 征收管理 211
16.2 车辆购置税 212
####### 16.2.1 基本制度 212
####### 16.2.2 应纳税额的计算 212
####### 16.2.3 税收优惠 213
####### 16.2.4 征收管理 214

第17章 印花税 215
17.1 纳税人、征税范围和税率 216
####### 17.1.1 纳税人 216
####### 17.1.2 征税范围 216
####### 17.1.3 税率 217
17.2 应纳税额的计算 219
####### 17.2.1 计税依据 219
####### 17.2.2 应纳税额的计算 220
17.3 减免和缴纳 222
####### 17.3.1 税收优惠 222
####### 17.3.2 纳税期限 223
####### 17.3.3 纳税办法 223
####### 17.3.4 违章处理 224

第18章 税收征收管理法 225
18.1 《征管法》概述 225
####### 18.1.1 税收征收管理法立法目的 225
####### 18.1.2 税收征收管理法适用范围 226
####### 18.1.3 税收征收管理法的遵守主体 226
18.2 税务管理 229
####### 18.2.1 税务登记管理 229
####### 18.2.2 账簿、凭证管理 235
####### 18.2.3 纳税申报管理 238
18.3 税款征收 240
####### 18.3.1 税款征收的原则 240
####### 18.3.2 税款征收的方式 241
####### 18.3.3 税款征收制度 242
18.4 税务检查 253

18.4.1	税务检查的形式和方法	253

18.5 法律责任 256

- 18.5.1 违反税务管理基本规定行为的处罚 256
- 18.5.2 扣缴义务人违反账簿、凭证管理的处罚 256
- 18.5.3 纳税人、扣缴义务人未按规定进行纳税申报的法律责任 257
- 18.5.4 对偷税的认定及其法定责任 257
- 18.5.5 进行虚假申报或不进行申报行为的法律责任 257
- 18.5.6 逃避追缴欠税的法律责任 258
- 18.5.7 骗取出口退税的法律责任 258
- 18.5.8 抗税的法律责任 258
- 18.5.9 在规定期限内不缴或者少缴税款的法律责任 258
- 18.5.10 扣缴义务人不履行扣缴义务的法律责任 259
- 18.5.11 不配合税务机关依法检查的法律责任 259
- 18.5.12 非法印制发票的法律责任 259
- 18.5.13 有税收违法行为而拒不接受税务机关处理的法律责任 260
- 18.5.14 银行及其他金融机构拒绝配合税务机关依法执行职务的法律责任 .. 260
- 18.5.15 擅自改变税收征收管理范围的法律责任 260
- 18.5.16 不移送的法律责任 261
- 18.5.17 税务人员不依法行政的法律责任 261
- 18.5.18 渎职行为 261
- 18.5.19 不按规定征收税款的法律责任 261
- 18.5.20 违反税务代理的法律责任 262

第19章 税务行政法制 263

19.1 税务行政处罚 263

- 19.1.1 税务行政处罚的原则 263
- 19.1.2 税务行政处罚的设定和种类 264
- 19.1.3 税务行政处罚的主体与管辖 265
- 19.1.4 税务行政处罚的简易程序 265
- 19.1.5 税务行政处罚的一般程序 266
- 19.1.6 税务行政处罚的执行 268

19.2 税务行政复议 269

- 19.2.1 税务行政复议的概念和特点 269
- 19.2.2 税务行政复议的受案范围 270
- 19.2.3 税务行政复议的管辖 271
- 19.2.4 税务行政复议申请 272

19.2.5　税务行政复议的受理 273
　　19.2.6　税务行政复议决定 274
　　19.2.7　税务行政复议的其他有关规定 275
19.3　税务行政诉讼 276
　　19.3.1　税务行政诉讼的概念 276
　　19.3.2　税务行政诉讼的原则 277
　　19.3.3　税务行政诉讼的管辖 277
　　19.3.4　税务行政诉讼的受案范围 278
　　19.3.5　税务行政诉讼的起诉和受理 279
　　19.3.6　税务行政诉讼的审理和判决 280
19.4　税务行政赔偿 281
　　19.4.1　概述 281
　　19.4.2　赔偿范围 283
　　19.4.3　赔偿程序 284
　　19.4.4　赔偿方式与费用标准 285

第20章　税务代理

20.1　税务代理概述 287
　　20.1.1　税务代理的概念 287
　　20.1.2　税务代理的特点 287
　　20.1.3　税务代理的特性及原则 288
　　20.1.4　税务代理在税收征纳关系中的作用 289
　　20.1.5　税务代理的范围与形式 290
20.2　税务代理的法律关系与法律责任 291
　　20.2.1　税务代理的法律关系 291
　　20.2.2　税务代理的法律责任 292

参考文献 294

第1章 税收的概念

1.1 税收的概念

税收是一个历史极为悠久而又与我们的社会经济生活联系极为密切的财政范畴。自从人类社会进入阶级社会，产生国家以来，税收一直存在至今，并且随着社会经济的发展，社会制度和国家形态的更迭，税收的具体形式和社会属性也在不断发展变化着。当今世界几乎所有国家，不论大小、社会制度如何，都有税收存在，并以税收作为最主要的财政收入形式。那么，什么是税收呢?古今中外有关税收概念的表述多种多样。这主要是基于人们认识问题、奉行的哲学基础不同，人们认识问题的角度、程度有差异，人们所处的历史时期和具体国情有别。

我们认为，税收是国家为实现其职能的需要，凭借政治权力参与一部分社会产品或国民收入的分配，按照税法规定的标准，无偿地取得财政收入的一种形式。

我们可以从以下几个方面来理解税收的概念。

1.1.1 税收的产生是为满足国家实现其职能的需要

原始社会，生产力水平很低，人们集体劳动，共同分配劳动成果，那时没有私有财产，没有阶级，没有国家，也就没有税收。原始社会末期，随着社会生产力的发展，有了剩余产品，社会分工与商品交换逐渐发展，产生了私有制，社会开始分裂为奴隶与奴隶主两个对立的阶级，从而产生了国家。奴隶制国家为了维持自身的存在和实现对内镇压奴隶的反抗、对外进行战争等职能的需要，必须相应地建立军队、警察、法庭、监狱等专政机构，需要养活一批人，消耗一定的物质资料。为了满足物质上的需要，除了凭借对土地和奴隶的占有，直接剥削奴隶取得收入以外，还凭借政治权力征收赋税。总之，税收是人类历史发展到一定阶段，生产力发展到一定水平，人类劳动有了剩余产品，产生了私有制，形成了对立阶级，出现了国家以后才有的。税收的产生是以国家的出现为前提，以社会经济发展到一定水平为条件的。税收的产生和存在就是为了满足国家实现其职能的需要。

1.1.2 国家征税凭借的是政治权力

马克思把国家的权力概括为两个:"一种是财产权力，也就是所有者的权力，另一种是政治权力，即国家的权力。"国家要取得一种财政收入，总是要凭借国家的各种权力。国家的王室土地收入、官产收入、国营企业利润收入等，凭借的是国家对土地和其他生产资料的所有权；特权收入凭借的是国家对山林、水流、矿藏等自然资料的所有权；向其统治的氏族或国家收取贡物，凭借的是统治者的权力。总之国家取得各种财政收入，所凭借的也不外是这两种权力。国家征税，凭借的是政治权力，而不是财产权力。

1.1.3　税收是国家取得财政收入的一种形式

在历史上，国家的存在并履行一定职能都离不开一定的物质基础。古今中外的国家曾采用过多种财政收入形式，如官产收入、财政发行、公债、税收和利润上缴等取得物质资财，满足国家的财政需要。但是，在这些财政收入形式中，使用时间最长、运用最普遍、筹集财政资金最为有效的则是税收，税收始终构成各个国家政府最重要的收入来源。因此，马克思称："国家存在的经济体现就是捐税。"

1.1.4　税收有其固有的形式特征

税收的形式特征就是指税收内在本质属性的外在表现形式。它反映了一切税收的共性。税收作为财政收入的一种形式，有其固有的形式特征，税收的形式特征就是税收区别于其他财政收入的基本标志，这些形式特征是强制性、无偿性和固定性。

1.1.5　税收属于分配范畴

税收作为一种财政收入，在社会再生产的总过程中，属于分配范畴。社会再生产是生产、分配、交换、消费四个环节的统一体，分配就是把社会产品和国民收入分为不同的份额，并决定各个份额归谁占有的一个环节，而税收就是这个环节上的一种分配形式。国家征收捐税就是把一部分社会产品和国民收入强制地转变为国家所有、归国家支配使用的征税过程，就是一部分社会产品和国民收入从纳税人手中转变为国家所有的分配过程。同时，国家征税的结果，必然引起社会成员之间占有社会产品和国民收入分配比例的变化。一部分社会成员占有的比例会增加，另一部分社会成员占有的比例会减少。从现象上看，国家征税是征收了若干钱与物，实质上反映出来的是社会再生产过程中人与人之间的经济利益关系，具体地说，就是国家与各类纳税人之间，国家各级政权之间，以及纳税人相互之间的一系列分配关系，这种分配关系是以国家为主体的分配关系。

1.2　税收的形式特征

税收作为一种凭借国家政治权力所进行的特殊分配，必须具有自己鲜明的特征。税收同国家取得财政收入的其他方式相比，有三个特征，即无偿性、强制性和固定性。这就是人们常说的"税收三性"。这三个形式特征是税收在不同的社会制度下反映的共同特征，这些特征不因社会制度的改变而变化。

1.2.1 无偿性

税收的无偿性是指国家在征税过程中，无需向纳税人支付任何报酬，国家征税之后，税款便成为国家的财政收入，也不再直接返还给纳税人本人。税收的无偿性特征，是就国家和具体纳税人对剩余产品的占有关系来说，而不是对纳税与全体纳税人的利益归宿来说的。税收的这个特征，是国家财政支出的无偿性决定的。从税收的产生来看，国家为了行使其职能，需要大量的物质资料，而国家机器本身又不直接进行物质资料的生产，不能创造物质财富，只能通过征税来取得财政收入，以保证国家机器的正常运转。这种支出只能是无偿的，国家拿不出任何东西偿还公民交纳的税收。所以国家征税也只能是无偿的，正如列宁所说的："所谓赋税，就是国家不付任何报酬而向居民取得东西。"

1.2.2 强制性

税收的强制性，是指税收分配关系以税法形式规定下来，国家实行依法强制特征，而并非自愿捐纳，纳税人必须依法纳税，否则就要受到法律的制裁。国家征税的方式之所以是强制的，就是由于税收的无偿性这种特定分配形式决定的。国家征税就必然要发生社会产品所有权或支配权的单方面转移，国家得到这部分社会产品的所有权，纳税人则失去了这部分社会产品的所有权。特别是这种所有权或支配权的单方面转移又是无偿的，国家征税以后，既不向纳税人支付任何报酬，也不直接归还纳税人。所有这一切就决定了国家征税只能凭借政治权力，把分散在不同所有者手里的一部分社会产品无偿集中起来，满足国家行使职能的需要。具体地说，国家税收是通过法律、法规的形式规定下来的，税法是国家法律体系的组成部分，任何经济单位和个人只要取得了应税收入、发生了应税行为，就必须依法向国家履行纳税义务，否则就要受到法律的制裁。我国《宪法》规定公民有纳税义务，并且在《刑法》中设立了"危害税收征管罪"的规定，对违反税法者除依规定补税且可以罚款外，对直接责任人员，视情节轻重处以有期徒刑、无期徒刑，乃至死刑。税收的强制性表现为国家征税是按照国家意志依据法律来征收，而不是按照纳税人的意志自愿交纳。

1.2.3 固定性

税收的固定性是指国家征税以法律形式预先规定征税范围和征收比例，并作为征纳双方共同遵守的准则。这种固定性主要表现在国家通过税法，把对什么征、对谁征和征多少，在征税之前就固定下来。税收的固定性既包括时间上的连续性，又包括征收比例的限度性。

国家通过制定法律来征税，法律的特点是，一经制定就要保持它的相对稳定性，不能"朝令夕改"。国家通过税法，规定了征收范围和比例，在一定时期内相对稳定，纳税人就要依法纳税。税收的固定性也包括时间上的连续性，它区别于一次性的临时摊派以及对违法行为的罚款没收等。税收通过法律规定了征收比例，使其具有限度性，便于征纳双方共同遵守。

"税收三性"是相互联系、密不可分的统一体，税收的无偿性决定着税收的强制性，而税收的固定性则是强制性、无偿性征收的必然结果。"三性"是税收固定的特征，因此，判断一种财政收入是不是税收，主要就是看它是否同时具有这三个特征。只要同时具备"三性"，它就是税收，不论这种收入的名称是什么，否则它就不是税收。所以，"税收三性"是税收区别于其他财政收入的基本标志，也是鉴别一种财政收入是不是税收的尺度。

1.3　税收与其他财政收入形式的区别

1.3.1　税收与国家财政性货币发行的区别

财政性货币发行是国家为弥补财政赤字向中央银行透支而引起的货币发行。由于财政性货币发行是出于弥补财政赤字的目的，而非生产流通发展的客观需要，所以，它是一种超经济发行。税收和财政性货币发行都能增加国家的货币收入，而且都是国家强制、无偿地取得的，但两者又有诸多方面的区别：

（1）在财政收入中的地位不同。税收是国家取得财政收入的最重要工具之一，古今中外，概莫能外；而财政性货币发行则是在国家的税收、利润上缴等经常性收入和内外债收入不能满足支出需要时采用的一种收入手段，而非所有国家在任何时期都采用。

（2）对货币流通的影响不同。税收是凭借国家政治权力对社会剩余产品的分配，这就决定了税收也是国民收入的一部分，税收取得的货币，都有一部分物资与其相对应。所以，国家征税只改变部分国民收入的占有状况，不影响流通中的货币总量。而财政性发行是国家为了弥补财政赤字而发行的货币，赤字是支出大于收入的差额，这时分配的财政支出已经大于创造的国民收入，为了弥补这个差额而发行的货币已不再是国民收入的一部分了，它是超过国民收入以外的虚空部分，这虚空的部分当然没有物资与其相对应。在商品数量和货币流通速度不变的情况下，货币多少与物价高低成正比例关系，滥发纸币造成的虚假购买力，必须导致货币贬值、物价上涨，社会经济紊乱。因此，财政性货币发行会增加流通中的货币量，直接导致通货膨胀，并将过量发行的这部分货币转归国家支配。

（3）在时间及数额上的固定性不同。税收具有固定性，而财政性发行不具有固定性。税收预先规定征税对象和征收比例，而且在征收时间上具有连贯性，在纳税人和征税对象的规定上，有极强的选择性，以体现国家的奖限政策。财政性发行在时间及数额上都不固定，它是根据国家财政支出的差额来执行，一旦出现赤字，又没有其他方式来弥补时，就只有多印纸币，搞财政发行，但发行时间、数额都无法固定，也无法体现一定的政策。

（4）取得收入的渠道不同。税收是国家在流通、分配、消费等环节向经济单位和个人课征的收入，而财政性货币发行则是国家通过中央银行向流通中多投放货币。

1.3.2　税收与国债的区别

国债即国家信用，是指国家以债务人的身份，运用信用方式筹集财政资金的一种形式。税收与国债都是国家取得财政收入的形式，但二者的区别在于：

（1）财政作用不同。国家通过信用方式筹集资金虽然可以暂时解决一定时期的财政困难，表现为该时期的财政收入，但必须用以后年度的收入来偿还，实际上是税收的预支；而税收则不同，税收是国民收入的一部分，是当年财政的实际收入，不存在"寅吃卯粮"的问题，税收反映的是国家的真实财力。

（2）形式特征不同。从无偿性来看，国债的认购者与国家是一种债权债务关系，国家有偿取得财政收入，国家作为债务人，到期要还本，还要付息。这种有借有还的原则，与税收的无偿性显然不同。从强制性来看，国债作为一种信用关系，发行国债者与认购国债者双方，在法律上处于平等地位，只能坚持自愿认购的原则，不能强制推销。而税收是国家凭借其政治权力的强制征收，国家与纳税人双方在法律上分别处于执法者与守法者的不同地位，不管纳税人是否自愿，都必然依法纳税，否则要受到法律的制裁。从固定性来看，认购国债既然是出于自愿，债权人与债务人双方本着协商办事的原则，当然不可能具有像税收那样固定性的特征。

（3）立法手续繁简不同。税收立法手续复杂，新税种从研究到执行费时间较长，国债的发行则立案时间短，手续简便。

（4）分配对象不同。税收一般以纳税人的纯收入为分配对象，而国债的分配对象是社会游资，集中给国家调剂使用。

1.3.3　税收与国有企业利润上缴的区别

利润上缴是国家以生产资料所有者身份从国有企业利润中取得的一部分收入。它和税收的主要区别在于：

（1）分配的依据和适用范围不同。税收是国家依据政治权力征收的，利润上缴则是国家凭借对生产资料的所有权即财产权力取得的收入。因此，利润上缴是国家提取国有企业社会纯收入的一种特殊形式，只适用于国有企业，而对集体企业、私营企业、外商投资企业等则无权利用上交利润形式参与其利润分配，因为国家对这些企业不具有财产所有权。税收则是国家参与各种所有制企业和个人收入分配的一种普遍形式。

（2）是否强制性。税收具有强制性，是国家以法律为保障进行的强制征收，而国有企业利润上缴则是依照在双方协商基础上产生的契约进行分配的，不存在强制性。

（3）是否无偿性。税收具有无偿性，国有企业上缴利润以国家向国有企业提供生产资料为前提，因而不具有无偿性。

（4）是否固定性。税收具有固定性的特征，它是依法按预案标准征收，纳税人必须及时、足额地缴纳税款，否则要加收滞纳金或罚款，特别是对流转额的征税，不论企业盈亏与否，只要发生纳税行为就要依法纳税，具有及时、稳定的特点，是国家可靠的财政收入来源。国有企业上缴利润虽然与税收一样也须事先规定上缴国家收入的某些条件和数额，但它却可以根据不同企业的需要（如投资的差别）而规定不同的上缴数额，并不强求一致，利润多的多缴，利润少的少缴，无利润的不缴。

税收与上缴利润相比，由于二者征收的依据不同，国家所处的身份不同，其形式特征不同，二者作用的范围也不同。它们都有其存在的客观依据，不能以一种形式否定另一种形式。特别是上缴利润的特点是弹性大，灵活性强，它可以依据不同企业的利润水平和不同资金需要来分别确定分成比例。因此，调节企业尤其是大中型企业千差万别的利润水平是适宜的。

1.3.4　税收与罚没收入的区别

罚没收入是罚款没收收入的简称，是指国家主管部门和机关（如公安、司法、工商、税务、海关、物价等部门）对违反有关法规的单位和个人课处的罚款及没收财物的惩罚性措施，是国家财政收入的来源之一。

罚没收入同税收一样具有无偿性和强制性特征。但二者也有明显区别。

（1）罚没收入与税收不同，不具有固定性。税收的固定性包括征收时间上的连续性和征收比例上的限度性。罚没收入是在对不法分子进行制裁的过程中取得的收入，在这个过程中，罚没是对被处罚人的一次性处分，不存在固定性连续取得收入的特征；而且罚没的数额也要受到被处罚人的表现、不法行为的程度等因素的影响，在数额和比例上也都不具有固定性。

（2）税收与罚没收入的特征不同，其作用也不同。罚没收入比税收的强制性更加明显，罚没的主要目的是禁止违反法律、法规的行为，特别是在经济领域打击严重经济犯罪活动方面，罚没这种手段威胁较大，作用较强，但财政作用不大。而税收固定性特征十分明显，是及时、稳定、可靠的财政收入来源，是国家取得财政收入的重要工具，而罚没只能作为行为管理和财政管理的辅助手段。

1.3.5　税收与费的区别

费是指一方当事人向另一方当事人提供某种劳务或资源的使用权，而向受益人收取的代价。费大体上分为两大类：一类是经济活动中，由于相互交换劳务而向受益人收取的费用。如企业支付的运输费、保险费、专利费、手续费、佣金等，医院收取的挂号费、门诊费、住院费等。这些完全不同于税收，不需区别。另一类是政府机关为单位和居民提供某种特定服务，或履行特定职能而收取的费用，它属于国家财政收入的一种形式。目前国家机关对企业和居民的收费主要有三种：一是事业收费，如公路部门收取的养路费、房管部门收取的房租、城建部门收取的地段租金、环保部门收取的排污费等；二是规费，它包括由公安、民政、司法、卫生和工商管理等部门，向单位或居民收取的手续费、工本费、诉讼费、化验费、商标注册费和市场管理费等各项费用；三是资源管理费，主要包括石油部门收取的矿区使用费，集体企业经批准开采国家矿藏等资料而向国家有关部门交纳的矿山管理费、沙石管理费等各项费用。由于社会上许多人税费不分，与当前社会上乱收费现象交叉在一起，对税收工作干扰很大。因此有必要将税与第二类费加以区别。一般说税与费的区别主要体现在以下三点：

（1）以征税主体来看。属于代表政府所属的各级税务机关、海关等特征的一般是税；由其他机关、经济部门和事业单位收取的一般是费。

（2）从无偿性特征看。税收具有无偿性，而收费则是遵循有偿的原则，收费是国家为单位和居民提供某种劳务或资源使用权而向受益人收取的报酬，是有偿的。无偿征收的是税，有偿收取的是费。

（3）从使用方法来看。税款一般是由税务机关征收以后，统一上缴国库，纳入国家预算，由国家通过预算统一支出，用于社会公共需要，不采用专款专用的原则。而收费则不同，多用于满足本身劳务支出的需要，一般具有专款专用的性质。

税收、财政性货币发行、国债、国有企业上缴利润、罚没收入和费等，都是国家取得财政收入的手段，是相互联系的经济范畴，它们之间存在着相互交错的部分。同时，它们之间又有明显区别，各自在经济建设中发挥的作用不同。但从财政作用看，由于税收形式特征所决定，税收在国家财政收入中占有举足轻重的地位，是国家及时、稳定、可靠的财政收入来源。通过以上对比，我们可以对税收的概念、作用及其地位，有进一步的认识。

1.4 我国社会主义市场经济条件下税收的作用

所谓税收作用，是国家运用税收这一分配手段在一定经济条件下所产生的影响和效果。社会主义市场经济条件下，税收既是国家参与社会产品分配、组织财政收入的手段，又是国家直接掌握的用来调节社会经济的重要的经济杠杆之一。税收在促进企业公平竞争、贯彻国家产业政策、促进资源合理配置、理顺分配关系及引导社会消费等诸多方面，发挥着越来越大的作用，主要归纳为以下几个方面。

1.4.1 为社会主义现代化建设筹集资金

税收是国家凭借政治权力参与社会产品分配的一种形式，这种分配的结果，使分散在各单位、各企业和居民个人手中的一部分收入集中起来，形成国家所有的财政资金。因此，税收起到为社会主义现代化建设筹集资金的作用。目前，税收已成为国家取得财政收入的最主要的方式，直接关系到财政收入的规模和增长速度，进而制约着经济发展的规模和速度。税收的这一重要作用，是由税收本身的特点决定的，是其他财政收入方式所不可比的。首先，税收能保证财政收入来源的广泛性。从征税对象来看，国家不仅可以对商品流转额、非商品流转额征税，也可以对各种收益额、财产、行为征税；不受所有制形式限制，国家既可以对国有企业、集体企业征税，又可以对私营企业、联营企业、股份制企业及外资企业征税；从地域范围来看，国家不仅可以对居住在本国境内的本国人和外国人征税，还可以对居住在本国境外的本国人和有来源于我国境内所得的外国人征税；不仅可以在城市征税，而且可以在农村征税。税收收入来源的广泛性是其他任何一种财政收入形式都无法与之相提并论的。其次，税收能够保证无偿地取得财政收入，而不像公债那样要还本付息。再次，税收能够保证财政收入可靠和稳定增长。任何人都负有依法纳税的义务，只要发生了应税行为，取得应税所得，就要向国家缴纳税款。同时，税收分配是按预先规定的法律标准进行的，只要社会再生产连续、稳定运行，税收就会稳定增加。另外，税收征收是以政治权力为依托，通过法律规定来保证的，这些都是税收收入可靠稳定的重要前提。相比而言，其他各种收入形式，都存在着一些缺陷，有的缺乏强制，如公债收入，在自愿认购的情况下，要保证收入的及时可靠，是有一定困难的；而有的收入来源狭窄，如财产收入和国有企业利润上缴；还有的缺乏稳定性，如捐赠收入、罚没收入等。

1.4.2 调节经济，促进国民经济持续快速健康发展

1. 税收的经济杠杆作用

市场经济通过价格杠杆和竞争机制的功能，可以实现生产要素的自由流动，促进资源的优化配置。价格信息的作用和竞争过程在市场经济中无所不在，贯穿于经济运行的始终，就象一只"看不见的手"。但这只"手"也有伸不到的地方和时候。比如，私人不愿意或没有能力投资的国防、公共设施的建设领域；再如，企业在追求自身利益最大化时产生的外部不经济问题以及收入分配不公而产生的贫富差距等社会目标问题。这些情形西方经济学称之为"市场失灵"。同时，市场调节还具有自发性、盲目性、滞后性的缺点。因此，建立市场经济体系必须加强国家的宏观调控。而税收就是国家直接掌握的重要调控手段。

人们通常把能够影响、改变人们物质利益关系，使社会经济朝预定方向运转的一切经济手段或方法，统称为经济杠杆，税收就是这样一种经济杠杆。经济杠杆的作用是建立在物质利益规律的基础上的，只有与人们的物质利益相关的分配手段，如价格、税收、利润、

利息、工资等，才能成为被国家利用的经济杠杆。这些分配手段发挥经济杠杆作用的前提条件有两个，一是被调节者必须具有独立的经济利益。经济杠杆的调节是间接的和有弹性的调节，它通过给予被调节者以有利或不利的物质条件进行诱导，由被调节者根据自己的利害关系自然地朝向经济杠杆主体的预期方向和目标运转。而不是对被调节者直接干预、强制实行，尤其在市场经济条件下。二是经济杠杆主体必须是有意识地去运用某种杠杆，即要体现国家或经济管理部门的调节意图，尤其是国家一定的政治、经济政策，以实现宏观经济的协调、稳定发展。

由上述内容可知，经济杠杆是由许多具体的分配范畴所组成的一个体系，税收杠杆只是其中之一。所谓税收杠杆，是政府通过征税来影响纳税人的物质利益，从而引导和调节纳税人自身的经济、社会行为。税收杠杆和其他杠杆一样，是国家宏观调控的工具，促进市场经济发展的重要手段。税收杠杆与其他经济杠杆相比又具有其特殊的调节功能。主要表现在：

（1）强制性，又称刚性或权威性。税收是以国家政治权力为后盾，以法律为手段的分配形式。从国家方面讲，可以有意识地运用税收杠杆来达到调节经济的目的；从纳税人方面讲，必须按照国家的法律规定，履行纳税义务，否则会受法律制裁。因此说，税收是集经济手段和法律手段于一身的经济杠杆，这也使得税收杠杆具有调节经济的严肃性和有效性。

（2）调节主体的统一性。在一个国家范围内，税收的方针、政策、制度和计划统一由国家制订，由各级税务机关负责实施。其他任何单位和个人不具有征税的权力，这就使得税收调节具有高度的统一性。而其他经济杠杆，如价格、信贷、工资等无法做到事实上的全国统一，税收调节的这种统一性能保证税收调节的合理性和平衡性。

（3）调节范围的广泛性。税收作为一种强制性的分配活动，其活动范围较为广泛，从纳税人方面来看，既可以对法人课税，也可以对自然人课税；从课税对象来看，它涉及再生产过程中生产、分配、交换和消费的各个环节，因而可以对社会经济进行普遍地调节。同时，税收分配体现了国家、集体、个人之间的物质利益分配关系，税收杠杆对国家、集体和个人之间的经济利益进行纵向地调节。税收调节的这个特点，能保证国家在运用税收杠杆进行宏观控制和微观调节方面应用自如。

（4）调节方式的灵活性。使用灵活性是税收杠杆的重要特点之一。国家可以根据不同时期及不同经济变化的要求，配合其他经济杠杆，依靠自身机制，如运用税种的开征、停征，税率的提高或降低，减税免税等，灵活地针对某些产业、产品、地区或纳税人进行有效调节。例如，在某一时期内，要想鼓励某种产品的生产和消费，可以减少税收，反之，要想限制某类产品的生产和消费则应提高税收。当然，税收的灵活性也不是没有限度，也要保持相对的稳定性，不能朝令夕改，否则会失去法律的严肃性和政策的连续性。经济杠杆本身是一个诸多要素组成的有机整体。尽管税收杠杆十分重要，但作用总是有一定限度，而不是万能的。因此，我们在具体实践中，应审时度势，根据具体情况，正确选择合适的杠杆加以运用。同时，应该注意各杠杆间的综合应用，如高税配合高价来限制生产和消费，或低税配合低价来鼓励生产、消费。另外要注意，尽可能使各杠杆在运用时保持作用方向上的一致性，避免因不同杠杆作用方向不一致，而导致杠杆间的作用相互抵消。例如，在严重通货膨胀时，一方面应增加税收，与之相配合，另一方面应适当压缩信贷规模。但如果在增税的同时又扩大信贷，那么两种杠杆的作用就会彼此相抵，宏观调控的目标就难以实现。

2. 税收的具体调节作用

随着社会主义市场经济的确立和逐步完善，税收经济杠杆在国家宏观调控方面的作用将越来越重要，税收对经济的调节具体是从以下方面进行的。

（1）体现公平税负，促进平等竞争。资源配置的核心就是如何把有限的或者说是稀缺的资源配置到最需要的地方，从而使资源得到最有效的利用，在市场经济条件下，市场机制本身对资源配置起基础性的作用，市场之所以能实现资源的优化配置，是通过价格、供求和竞争三个要素发生作用的。在市场经济中，市场价格的变动就是显示产品稀缺程度的信息。价格由供求关系决定，又反过来调节供求，引起生产要素的流动。在这一过程中，竞争和优胜劣汰成为一种强制手段。一方面，通过部门或行业内部的竞争和优胜劣汰，使有限的资源从经济效益低的部门流向效益高的部门，使整个部门或行业的劳动生产率不断提高；另一方面，通过部门或行业之间的竞争和淘汰，使有限的资源从供给过剩的部门或行业流向供给缺短的部门或行业，实现资源在全社会内的合理分配。但是市场机制发挥作用的一个重要条件之一就是充分的市场竞争，即各经济主体在市场上应受到平等对待。只有确立平等规则，优胜劣汰的法则才会真正生效。而公平税负又是创造平等竞争环境的重要条件之一。因为税负的高低直接影响纳税人的经济实力，进而影响着它们投资、消费等经济行为。所以，在税收指导思想的确立和税收法规政策的制定上，都应贯彻公平税负的原则；在税收的征收管理过程中，也要维持税法的统一性，坚持以法治税，保证和促进市场竞争公平地进行。

（2）调节经济总量，保持经济稳定。经济总量是指社会总供给和社会总需求。社会总供给是指在一定时期内，社会所能提供给市场的商品总和。从生产角度看，它相当于一定时期的国内生产总值；从分配角度看，它相当于折旧、工资、利润和租金的总和。社会总需求是指在一定时期内社会货币购买力的总和。从需求主体角度看，它分为政府需求、企业需求和个人需求三个部分；从需求客体角度看，它分为投资需求和消费需求两大类，社会总供给和社会总需求之间既存在着总量平衡关系，也有个别协调关系，但首先是总量平衡问题，它决定着经济的总体运行情况，在社会总需求大于社会总供给的情况下，国民产出不能满足消费，出现经济过热，甚至发生通货膨胀；在社会总需求小于社会总供给时，生产能力闲置，国民产出减少，失业增加，出现经济过冷，只有当二者保持基本平衡时，社会生产才能正常进行。

经济稳定就是要求在经济发展进程中，不出现大幅度的波动，不出现通货膨胀或通货紧缩的现象，在市场经济体制下，社会资源配置主要是以市场为导向的。市场导向既有灵敏有效的一面，又有盲目和自发的一面，这种盲目性和自发性主要体现在市场价格对产品供求状况反映的滞后上；只有当产品大量过剩，供给远远大于需求时，高的价格才会下跌，投资者才会因此而调整投资方向，而这时已现实地造成了一部分社会资源的浪费，市场机制的缺陷表明，要保持经济的稳定发展，政府必须自觉地利用各种经济手段，加强对市场的宏观调控，税收就是国家可以运用的一个发展调节手段。

税收对经济总量进行调节，就是通过对税收收入数量的增减，在宏观上制约和影响社会总供求，使二者保持合理的比例关系，实现经济稳定增长的要求。在具体运用中，税收调节是"逆经济风向行事"。一般地说，当社会总需求过旺，供给不足而导致通货膨胀时，可扩大税基，提高税率，增加税收，减少企业和个人的可支配收入，减少消费和投资支出，抑制社会总需求，从而缓和通货膨胀的压力；反之，当社会有效需求不足，供给过剩，而出现通货萎缩时，则应降低税率、减少税收，相应增加企业和个人的货币购买能力，扩大投资和消费，最终使总供给和总需求趋于平衡。

在以所得税为主，并采取累进税率的条件下，税收还可自动发挥"内在稳定器"的作用，税收作用为国民收入的函数，在国民收入既定的条件下，税收的增加或减少会导致社会总需求作相反的变化。具体来讲，当经济繁荣时，企业和个人的所得增加并相应适用较高税率，这样，税收就会随着国民收入的增加而自动增长，而且增加幅度会高于国民收入增长的幅度，在一定程度上起到抑制总需求的作用。相反，当经济萧条时，所得税税基减少和适用税率自动下降，税收收入减少的幅度会大于国民收入减少幅度，从而抵消一部分因收入减少所引起的需求减少的消极后果，减缓经济过度下降，起到反经济衰退的作用。当然，税收只是稳定经济的一种手段，要使其充分发挥作用，还需与政府支出、货币政策等措施密切配合。

（3）体现产业政策，促进结构调整。经济结构是国民经济各组成部分在质的方面的结合方式和量的方面的比例关系。国家调控经济结构就是根据各个时期经济发展的宏观要求制定合适的产业政策。所谓产业政策，就是国家通过干预产业之间或特定产业内的产业组织之间的资源配置，影响产业结构的一种政策。产业结构布局是否合理，在很大程度上影响着国民经济发展速度的快慢。比如，由于我国过去很长一般时期内，投资方向偏重于加工工业和重工业，以致能源、交通、原材料等一些基础工业和基础设施往往成为国民经济中的瓶颈产业和薄弱环节，制约了经济的发展。所以，国家应该运用各种经济杠杆加以调节，使国民经济平衡、顺利发展。税收发挥宏观调控作用，体现国家产业政策，即要针对不同类型的产业，设置相应的税种税目，设计科学的税率，以及规定减税免税等，通过税收的利益差别机制，来体现国家的奖限政策，引导社会资金、人力、物力、技术等生产要素的合理流动，促进资源的优化配置。国家的产业政策是根据各个时期经济发展的规律制定的，它会根据客观经济形势的变化而适当地进行调整，因而，税收也应随着产业政策的调整而做相应的调整。

（4）调节收入分配，促进共同富裕。社会主义制度的根本目的，是让广大人民群众走上共同富裕的道路。按劳分配是我国社会主义的一项基本分配原则。然而，由于个人知识技能、从事职业、贡献大小以及其他种种客观原因，人们的收入存在着较大区别。特别是随着经济体制的进一步改革和市场经济的逐步完善，我国相当一部分人收入日益增多，收入水平也大大提高。这一方面体现了社会主义按劳分配的原则，调动了广大劳动者的生产积极性；另一方面也带来了社会成员间收入悬殊的问题。现阶段，我们的分配政策是鼓励和允许一部分地区充分利用自身优势先富起来；鼓励和允许一部分人通过诚实劳动和合法经营先富起来，然后带动其他地区、其他人共同致富。要贯彻这个原则，就必须利用税收杠杆来纠正初次分配结果存在的不公平问题，即通过个人所得税，对收入水平高于人均水平的高收入者征税，再通过转移支付把这一部分收入再分配给低收入者，以缓和分配不公的矛盾。对地区间经济发展差距拉大的问题，也需要通过制订不同的税收政策来加以调整。

（5）维护国家权益，促进对外开放。现代市场经济是对外开放的经济。任何一个国家，由于受自然条件的限制，在资源、技术、资金、市场等方面都不可能完全满足本国经济发展的需求，所以开展国际间的经济合作，贸易往来，参与国际市场交换和国际市场竞争，是发展本国经济不可缺少的重要条件。

税收是国家对外开放和实施贸易保护的重要手段。在对外开放中，国家可以制定高低不同的税率和减免税措施，调节进口产品的品种和数量，扩大国家急需产品的进口，限制非必需品和国内已饱和的产品的进口，保护国内市场、企业的发展；同时通过出口退税等措施，鼓励本国产品走向市场，提高国内产品在国际市场上的竞争能力。另外，国家还可以利用税收优惠吸引外资、先进技术和设备，加快国内经济的发展。

当然，在对外经济交往中，税收处理的并不仅仅是经济关系。独立自主地对外行使税收管辖权，是一个主权国家维护国家权益的重要体现，也是衡量主权行使状况的重要标志之一。我国社会主义税收在贯彻党和国家的各项对外经济政策，维护国家主权和经济利益，推动国际间经济交往和合作等方面，都发挥着巨大的作用。

第 2 章 税制要素和税收分类

2.1 税制要素

税制,即税收制度,是税收法律制度的简称。税制是国家或政府通过立法程序公布实施的各税种的法律制度和税收征收管理制度的总称,它包括国家各种税收法律、法规、条例、实施细则和征收管理制度等。税制的构成要素一般包括征税人、纳税义务人、征税对象、税目、计税依据、税率、纳税环节、纳税期限、减免税和违章处理等。

2.1.1 纳税义务人

纳税义务人简称纳税人,即纳税主体,是指税法规定的直接负有纳税义务的单位和个人。纳税人可以是自然人,也可以是法人。与纳税人相联系的一个概念是负税人。负税人是指最终承担税款的人。对税负不发生转嫁的直接税(如所得税和财产税),纳税人与负税人是一致的;对税负发生转嫁的间接税(如流转税和资源税),纳税人与负税人则是分离的。

除纳税义务人的规定外,税收制度中还根据税款征收的具体情况,使用源泉扣缴方式规定扣缴义务人,即税法规定的直接负有代收代缴或代扣代缴义务的单位和个人。

2.1.2 征税对象

征税对象即征税客体,是税收法律关系中征纳双方权利、义务所指向的目的物或行为。它是区别不同税种的主要标志,每个税种都必须明确规定对什么征税,如营业税的征税对象是提供的应税劳务,所得税的征税对象是所得额,资源税的征税对象是矿产品和盐。

征税对象汇总起来构成征税范围,它体现征税的广度,是掌握税收制度的基础。对征税对象具体化的方法,一是税目,即对征税对象进行具体、科学的分类的文字表述;二是计税依据,表示征税对象的具体数额,用以进行应纳税额的计算。

(1) 税目。税目是征税对象的具体项目。设置税目的目的:一是为了明确征税的具体范围;二是为了对不同的征税项目规定不同的税率。税目的设置方法有两个:一是概括的方法,如增值税的税目规定是在我国境内销售的货物、提供加工、修理修配的应税劳务和进口的货物;二是列举的方法,如消费税的税目设置了税目税率表上列举的14项产品。

(2) 计税依据。计税依据也称计税标准,是指按征税对象计算应纳税额的数量标志。

征税对象规定对什么征税,计税依据则在确定征税对象之后解决如何计量的问题。如消费税的征税对象是税法列举的应税消费品,而计税依据则是应税消费品的销售收入或销售数量。计税依据可以分为从价计征和从量计征两种类型。从价计征是指按照征税对象的货币价值量的标准计算应纳税额;从量计征是指按照征税对象的实物数量的标准计算应纳税额。

2.1.3 税率

税率是应纳税额与计税金额(或数量单位)之间的比例,是计算应纳税额的尺度,它体现征税的深度。税率的设计,直接反映着国家的有关经济政策,直接关系国家的财政收入的多少和纳税人税收负担的高低,是税收制度的中心环节。我国现行税率主要有:

1. 比例税率

比例税率是指对同一征税对象不论数额大小,都统一规定一个比例的税率制度。比例税率的优点表现在同一征税对象的不同纳税人税收负担相同,能够鼓励先进,鞭策落后,有利于公平竞争;计算简便,有利于税收的征收管理。但是,比例税率不能体现量能负担的原则。比例税率在具体运用上可分为以下几种:

(1) 统一比例税率。即对全部征税对象规定同一个比例的税率。例如我国外商投资企业和外国企业所得税的税率为中央税30%,地方税3%,就属于统一比例税率。

(2) 行业差别比例税率。即按不同行业规定不同比例的税率,同一行业采用同一比例的税率。例如我国营业税对交通运输业规定税率为3%,金融保险业规定税率为5%等,就属于行业差别比例税率。

(3) 产品差别比例税率。即对不同产品规定不同比例的税率,同一产品采用同一比例的税率。例如我国消费税按烟、酒及酒精等不同的产品分别规定不同的税率。

(4) 地区差别比例税率。即对不同地区实行不同比例的税率。例如我国原来征收的农业税按不同的地区分别规定不同的平均税率,辽宁省平均税率为18%,内蒙古自治区平均税率为16%,河南省平均税率为15%等,就属于地区差别比例税率。

(5) 幅度比例税率。即中央只规定一个幅度税率,各地可在此幅度内,根据本地区实际情况,选择、确定一个比例作为本地适用的税率。例如我国营业税中娱乐业部分项目的税率为5%~20%,就属于幅度比例税率。

2. 定额税率

定额税率,又称为固定税额,是按照征税对象的计量单位规定固定税额的税率制度。该税率一般适用于从量计征的税种。定额税率的优点是从量计征,有利于鼓励纳税人提高产品质量和改进包装,且计算简便。但是,由于税额的规定同价格的变化情况脱离,在价格提高时,不能使国家财政收入随国民收入的增长而同步增长。定额税率在具体运用上一般都采用幅度税额,即中央只规定一个税额幅度,由各地根据本地区实际情况,在中央规定的幅度内,确定一个执行数额。定额税率在具体运用上可分为以下几种:

(1) 地区差别税额。即为了照顾不同地区的自然资源、生产水平和盈利水平的差别,根据各地区经济发展的不同情况分别制定的不同税额。例如我国资源税对同属于"煤炭"税目的应税资源产品,自 2006 年 9 月 1 日起,辽宁省煤炭资源税适用税额为每吨人民币 2.8 元,河北省煤炭资源税税额标准为每吨人民币 3 元,吉林省和四川省税额标准为每吨 2.5 元,这就属于地区差别税额。

(2) 分类分级税额。把征税对象划分为若干个类别和等级,对各类各级由低到高规定相应的税额,等级高的税额高,等级低的税额低,具有累进税率的性质。例如我国车船使用税中按照车、船和机动与非机动先进行两次分类,再按照车或船的载重吨位(或净吨位)分别就每一级次规定不同的税率,就属于分类分级税额。

3. 累进税率

累进税率是指按征税对象数额的大小,划分若干等级,每个等级由低到高规定相应的税率,征税对象数额越大税率越高,数额越小税率越低的税率制度。累进税率的基本特点是税率等级与征税对象的数额等级同方向变动,体现了量能负担的原则。

我国现行税制中使用的累进税率有以下几种形式:

(1) 全额累进税率。是对征税对象的全部数额都按照与之相应等级的税率征税的税率制度。其主要特点是:一定征税对象数额只适用一个税率,在计算应纳税额时,当征税对象的数额达到需要提高一级税率的时候,就对征税对象的全部数额按高一级的税率征税。

(2) 超额累进税率。是指不同等级征税对象的数额每超过一个级距的部分按照与之相适应的税率分别计算税额的税率制度。其主要特点是:一个征税对象同时适用几个等级的税率,在计算应纳税额时,当征税对象的数额达到需要提高一级税率的时候,仅就征税对象数额超过上一级的部分按高一级的税率征税。

全额累进税率与超额累进税率相比具有不同的特点:第一,在名义税率相同的情况下,全额累进税率的累进程度高,税负重;超额累进税率的累进程度低,税负轻。第二,两个级距临界点附近,全额累进税率会出现税负增加速度超过计税依据增加速度的不合理现象;超额累进税率不存在这个问题。第三,在计算上,全额累进税率计算应纳税额简便;超额累进税率计算应纳税额复杂,但采取速算扣除数的办法可以解决这个问题。

速算扣除数是按全额累进税率计算的税额减去按超额累进税率计算的税额的差额。其公式为:

速算扣除数=全额累进税额-超额累进税额

速算扣除数也可以用简便方法计算,其计算公式为:

速算扣除数=前一级最高计税金额×(本级税率-前级税率)+前一级速算扣除数

根据计税依据级距和相应税率,可以预先计算出各级距的速算扣除数,然后用计税依

据乘以适用税率,减去本级税率所对应的速算扣除数,即为超额累进税额。其公式为
$$超额累进税额 = 计税依据 \times 适用税率 - 速算扣除数$$

超额累进税率与全额累进税率相比,因其解决了全额累进税率在临界点附近税负明显不合理的问题而具有较大的优越性,世界各国的所得税常常采用超额累进税率。

[例2.1.1] 某纳税人月应税所得25000元,根据表2-1,按全额累进税率和超额累进税率计算应纳税额的过程如下:

① 适用全额累进税率,假定(表2-1)为全额累进税率的税率表,则
$$应纳税额 = 25000 \times 20\% = 5000(元)$$

② 适用超额累进税率,假定(表2-1)为超额累进税率的税率表,则
超额累进税率下的应纳税额的计算方法有两种:逐级计算法和速算法。

在逐级计算法下:
$$应纳税额 = 1000 \times 10\% + (3500 - 1000) \times 20\% + (10000 - 3500) \times 30\% + (25000 - 10000) \times 40\% = 8550(元)$$

在速算法下:
$$应纳税额 = 25000 \times 40\% - 1450 = 8550(元)$$

表2-1 累进税率表

级次	月应税所得	税率(%)	速算扣除数(元)
1	≤1000元的部分	10	0
2	超过1000元但未超过3500元的部分	20	100
3	超过3500元但未超过10000元的部分	30	450
4	超过10000元但未超过50000元的部分	40	1450
5	超过50000元的部分	50	6450

使用超额累进税率计算应纳税额时,速算法在实际应用中运用更为普遍。速算法计算过程中,要特别注意速算扣除数的使用。

(3)超率累进税率。是以征税对象的某种比率为累进依据,按超率累进方式计算应纳税额的税率。超率累进税率的计算方法有两种:逐级计算法和速算法。具体计算过程在第11章土地增值税详细介绍。

2.1.4 纳税环节

纳税环节是指税法规定的征税对象在从生产到消费的流转过程中应当缴纳税款的环节。一般将纳税环节分为全部流转环节征税和特定流转环节征税。全部流转环节征税也叫道道征税或多环节征税,即商品不论流转多少环节,每流转一次就征税一次。特定流转环节征税,分为生产环节征税、批发环节征税和零售环节征税等不同形式。

2.1.5 纳税期限

纳税期限是指纳税人依法向国家缴纳税款的最后时间限制。它是税收强制性、固定性在时间上的体现。纳税期限的确定，一是根据生产经营的不同特点和不同征税对象来决定，如原来征收的农业税一般分为夏、秋两季征收，现行企业所得税按全年所得额计算征收，实行按月或季预征，年终汇算清缴，多退少补；二是根据纳税人缴纳税款数额多少决定，如营业税根据企业经营情况和税额大小，分别规定不同期限；三是根据纳税行为发生的特殊情况，实行按次征收，如原来的屠宰税。

2.1.6 减税、免税

减税、免税是指国家对某些纳税人和征税对象给予鼓励和照顾的一种特殊规定。它是税率的一种延伸形式，体现了税收必要的灵活性。减税是对应纳税额少征一部分税款；免税是对应纳税额全部免于征税。

减、免税的形式中有起征点和免征额。其中，起征点是指开始计征税款的起点，征税对象数额没达到起征点的不征税，达到起征点的就全部数额征税；免征额是指在征税对象全部数额中免于征税的数额，它是按照一定标准从征税对象全部数额中预先扣除的数额，征税对象数额没有达到免征额的部分不征税，超过免征额的只对超过免征额的部分征税。起征点和免征额具有不同的作用。起征点的设置前提主要是纳税人的纳税能力，是对纳税能力小的纳税人给予的照顾。免征额的设置虽然也有照顾纳税能力弱者的意思，但其他因素却是考虑的关键因素，如社会效应和公平原则，免征额是对纳税人的普遍照顾措施。

税制中还有附加和加成征收的规定。附加和加成是使纳税人税收负担加重的税制因素，附加一般是在正税的基础上加征一定比例的税款。加成是指对征税对象在依率计税的基础上，对应纳税额再加征一定成数的税款。

2.1.7 违章处理

违章处理是对纳税人违反税法的行为采取的处罚措施。如加收滞纳金、处罚罚款、罚没并处、税收保全措施、强制执行措施、提请司法机关处理等。这是税收强制性在税收制度中的体现。

2.2 税收分类

税收分类是按照一定标准把具有相同或相似特点的税收归并为若干类别的一种方法。

它有助于分析和研究各类税收的性质、特点、功能以及各类税收之间的区别和联系，有助于研究税收发展演变的历史过程，有助于研究税源的分布和税收负担的归宿，也有助于中央与地方政府之间税收管理和支配权限的划分。税收的分类方法大致有以下几种：

2.2.1 按照征税对象的性质不同分类

（1）流转税类。以商品流转额和非商品流转额为征税对象，主要包括增值税、消费税、营业税、关税等。这类税与商品生产、流通、消费存在着密切关系，对什么征税，征多少，对商品经济活动都有直接影响，易于发挥对经济的宏观调控作用。

（2）所得税类。以生产、经营所得和其他所得为征税对象，主要包括企业所得税、外商投资企业和外国企业所得税、个人所得税等。这类税是可以直接调节纳税人收入，发挥其公平税负、调整分配关系的作用。

（3）资源税类。以开发和利用自然资源为征税对象，主要包括资源税、城镇土地使用税等。主要是为保护和合理使用国家自然资源而征的税。

（4）财产税类。以各类一般财产和特定财产为征税对象，主要包括特定财产税，如房产税、车船使用税、契税等。

（5）特定目的行为税类。以某种特定目的和特定行为为征税对象，主要包括城市维护建设税、印花税、筵席税等。

附注：

世界经济合作与发展组织（OECD）以征税对象为分类标准，将其成员国的税收分为六类：（1）所得税，包括对所得、利润和资本利得的课税；（2）社会保险税，包括对雇员、雇主及自营人员的课税；（3）薪金及人员税；（4）财产税，包括对不动产、财富、遗产和赠与的课税；（5）商品与劳务税，包括产品税、增值税、销售税、消费税和进出口关税；（6）其他税。

2.2.2 按税收负担能否转嫁分类

（1）直接税。是指纳税人直接为负税人，税负不能发生转嫁的税收。如各种所得税、财产税等都属于直接税。

（2）间接税。指的是纳税人并非实际的负税人，纳税人可通过各种方法，将税款转嫁给他人负担的税收。如我国的增值税、消费税、营业税等都属于间接税。

直接税和间接税的划分，并不是绝对的，因为在有些情况下，直接税也可以发生部分转嫁，但个人所得税不能实现全部的转嫁；而有些情况下，间接税并不能实现全部的转嫁。税负的转嫁与否，主要取决于商品的需求弹性等因素。

2.2.3 按税收收入归属和征收管理权限的不同分类

（1）中央税。属于中央政府的财政收入，由国家税务局征收管理，如消费税、关税、车辆购置税、海关代征的增值税和消费税等。

（2）地方税。属于各级地方政府的财政收入，由地方税务局征收管理，如房产税、土地增值税、契税、城镇土地使用税、耕地占用税、车船使用税等。

（3）中央地方共享税。属于中央政府与地方政府的共同收入，目前由国家税务局征收管理，如增值税、企业所得税、外商投资企业和外国企业所得税、个人所得税、营业税、资源税、印花税。

2.2.4 按税收与价格的关系分类

（1）价内税。在征税对象的计税依据之中包含有税款的税。

（2）价外税。税款独立于征税对象的计税依据之外的税。

这里所说的"价"其实是由商品税的计税依据，即价格延伸而来的，现行税收制度中所说的价内税和价外税中的"价"，其实是指该税种的计税依据。因此，价内税是指税额在计税依据之内，如消费税等；价外税是指税额在计税依据之外，如增值税等。

2.2.5 按计税依据分类

（1）从价税。是以征税对象的价格为依据，按照一定的百分比税率计征的一种税。例如，我国现行的增值税、营业税、关税等都是从价税。

（2）从量税。是指以征税对象的重量、体积、容积、数量为计征依据，规定固定税额而征收的一种税。如我国现行的资源税、车船使用税等都属于从量税。

2.2.6 按税收收入形态分类

（1）实物税。是指以实物形式征收的税。主要存在于商品经济不发达的时代和国家。

（2）货币税。是指以货币形式征收的税。它是当今市场经济国家最普遍、最基本的税收收入形式。

2.2.7 按照主权国家行使税收管辖权的不同分类

（1）国内税收。一般是按照属人或属地原则，规定一个国家的内部税收制度。

（2）国际税收。是指国家间形成的税收制度，主要包括双边或多边国家间的税收协定、条约和国际惯例等。一般在税收制度实施时，国际法优于国内法。

（3）外国税收。是指国外各个国家制定的税收制度。

2.3 我国税收法律体系

2.3.1 税收法律关系

税收法律关系是国家征税与纳税人纳税过程中发生的征纳关系,以及国家与纳税人之间因税收管理而发生的关系等权利义务关系。税收法律关系在总体上与其他法律关系一样,由权利主体、客体和法律关系的内容三方面构成,但在这三方面的内涵上,税收法律关系则具有特殊性。

(1) 权利主体。即税收法律关系中享有权利和承担义务的当事人。在我国法律关系中,权利主体一方是代表国家行使征税职责的国家税务机关,包括国家各级税务机关、海关和财政机关;另一方是履行纳税义务的人,包括法人、自然人和其他组织,在华的外国企业、组织、外籍人、无国籍人,以及在华虽然没有机构、场所但有来源于中国境内所得的外国企业或组织。在我国对税收法律关系中权利主体另一方的确定,采取的是属地兼属人的原则。

(2) 权利客体。指税收法律关系主体的权利、义务所共同指向的对象,即征税对象。如流转税法律关系客体是流转额;所得税法律关系客体是所得额;财产税法律关系客体是财产价值等。

税收法律关系的客体也是国家利用税收杠杆调整和控制的目标,国家通过扩大或缩小征税范围来调整征税对象,以达到限制或鼓励国民经济中某些产业、行业发展的目的。

(3) 税收法律关系的内容。即权利主体所享有的权利和应承担的义务,是税收法律关系中最实质的东西,是税法的灵魂。它具体规定了权利主体可以有什么行为,不可以有什么行为;若违反了这些规定,须承担相应的法律责任。

国家税务主管机关的权利主要表现在依法进行征税、进行税务检查以及对违章者进行处罚;其义务主要是向纳税人宣传、咨询、辅导税法,及时把征收的税款解缴国库,依法受理纳税人对税收争议的申诉等。

纳税人的权利主要有多缴税款申请退还权、延期纳税权、依法申请减免税权、申请复议权和提起诉讼权等。

2.3.2 税收立法机关

根据我国立法体制规定,各有权机关所制定的一系列税收法律、法规、规章和规范性文件,构成了我国的税收法律体系。由于制定税收法律、法规、规章的机关不同,其法律级次不同,因此其法律效力也不同。

(1) 全国人民代表大会和全国人大常委会制定的税收法律。除《宪法》外,在税收法律体系中,税收法律具有最高法律效力。在现行税法中,如《外商投资企业和外国企业所得税法》、《个人所得税法》、《税收征管法》以及1993年12月全国人大常委会通过的《关于外商投资企业和外国企业适用增值税、消费税、营业税等税收暂行条例的决定》都是税收法律。

（2）全国人大或人大常委会授权国务院制定的暂行规定及条例。具有国家法律的性质和地位，其法律效力高于行政法规，为待条件成熟上升为法律作准备。在立法程序上需报全国人大常委会备案。在现行税法中，如增值税、营业税、消费税、资源税、土地增值税、企业所得税等6个暂行条例都是授权立法。

（3）国务院制定的税收行政法规。国务院作为最高国家权力机关的执行机关，是最高国家行政机关，拥有广泛的行政立法权。行政法规法律地位低于宪法、法律，高于地方法规、部门规章、地方规章，在全国范围内普遍适用，目的在于保证宪法和法律的实施，并不得与宪法、法律相抵触，否则无效。如《外商投资企业和外国企业所得税法实施细则》、《税收征管法实施细则》等都是税收行政法规。

（4）地方人民代表大会及其常委会制定的税收地方性法规。由于我国在税收立法上坚持"统一税法"的原则，目前，除了海南省、民族自治地区按照全国人大授权立法规定，在遵循宪法、法律和行政法规的原则基础上，可以制定有关税收的地方性法规外，其他省市一般都无权制定税收地方性法规。

（5）国务院税务主管部门制定的税收部门规章。国务院税务主管部门是指财政部和国家税务总局。其制定规章的范围包括对有关税收法律、法规的解释；税收征收管理的具体规定、办法等，在全国范围内具有普遍适用效力，但不得与法律、法规相抵触。如财政部颁发的《增值税暂行条例实施细则》、国家税务总局颁发的《税务代理试行办法》等均是税收部门规章。

（6）地方政府制定的税收地方规章。必须在税收法律、法规明确授权的前提下进行，不得与税收法律、行政法规相抵触。如国务院发布实施的城市维护建设税、车船使用税、房产税等地方性税种暂行条例，都规定省、自治区、直辖市人民政府可根据条例制定实施细则。

2.3.3 我国现行税制体系

我国现行税制体系由税收实体法体系和税收征收管理法律制度构成。

1. 税收实体法体系

它们按性质和作用分为六类。

（1）流转税类：增值税、消费税、营业税、烟叶税。主要在生产、流通或者服务业中发挥调节作用。

（2）所得税类：企业所得税、外商投资企业和外国企业所得税、个人所得税。主要在国民收入形成后，对生产经营者的利润和个人的纯收入发挥调节作用。

（3）资源税类：资源税、城镇土地使用税。主要是对因开发和利用自然资源差异而形成的级差收入发挥调节作用。

（4）财产行为税类：房产税、城市房地产税、车船使用税、车船使用牌照税、印花税、契税等。主要是对某些财产和行为发挥调节作用。

（5）特定目的税类：城市维护建设税、固定资产投资方向调节税（暂停征收）、筵席税、土地增值税、耕地占用税、车辆购置税等。主要是为了达到特定目的，对特定对象和特定行为发挥调节作用。

（6）关税。

上述税种中，关税由海关负责征收管理，其他税种由税务机关负责征收管理。耕地占用税和契税由财政机关负责征收。

2. 税收征收管理法律制度

包括《税收征收管理法》、《海关法》和《进出口关税条例》等。

2.3.4 税收征收管理范围的划分

我国的税收分别由财政、税务、海关等系统负责征收管理。

（1）国家税务总局系统负责征收和管理的项目。增值税；消费税；车辆购置税；铁道部门、各银行总行、各保险总公司集中缴纳的营业税、所得税和城市维护建设税；中央企业所得税；地方银行、非银行金融企业的所得税；海洋石油企业所得税、资源税；证券交易税（未开征前对证券交易征收的印花税）；外商投资企业和外国企业所得税；中央与地方所属企、事业单位组成的联营企业、股份制企业所得税；中央税的滞纳金、补税、罚款；个人所得税中对储蓄存款利息所得征收的部分。

（2）地方税务局系统负责征收和管理的项目。营业税；个人所得税（不包括对银行储蓄存款利息所得征收的部分）；土地增值税；城市维护建设税（不包括由国税系统负责征管的部分）；烟叶税；车船使用税；车船使用牌照税；房产税；城市房地产税；屠宰税；资源税；城镇土地使用税；地方企业所得税（包括地方国有、集体、私营企业）；印花税；契税；筵席税；耕地占用税；地方税的滞纳金、补税、罚款。

（3）大部分地区的契税、耕地占用税等仍由地方财政部门征收和管理。

（4）海关系统负责征收和管理的项目。关税、行李和邮递物品进口税。此外，还有负责代征进出口环节的增值税和消费税。

2.3.5 中央与地方政府税收收入的划分

根据国务院关于实行分税制财政管理体制的规定，我国的税收收入分为中央政府固定收入、地方政府固定收入和中央政府与地方政府共享收入。

1. 中央政府固定收入

消费税（含进口环节海关代征的部分），车辆购置税，关税，海关代征的进口环节增值税等。

2. 地方政府固定收入

城镇土地使用税，耕地占用税，土地增值税，房产税，城市房地产税，车船使用税，车船使用牌照税，契税，筵席税，烟叶税等。

3. 中央政府与地方政府共享收入包括

（1）增值税（不含进口环节海关代征的部分）。中央政府分享75%，地方政府分享25%。

（2）营业税。铁道部、各银行总行、各保险公司总公司集中上缴的部分归中央政府，其余部分归地方政府。

（3）企业所得税、外商投资企业和外国企业所得税。铁道部、各银行总行以及海洋石油企业缴纳的部分归中央政府，其余部分中央政府与地方政府按比例分享。

（4）个人所得税。除储蓄存款利息所得的个人所得税归中央政府外，其余部分中央政府与地方政府按比例分享，分享比例同企业所得税。

（5）资源税。海洋石油企业缴纳的部分归中央政府，其余部分归地方政府。

（6）城市维护建设税。铁道部、各银行总行、各保险公司总公司集中上缴的部分归中央政府，其余部分归地方政府。

（7）印花税。证券交易印花税收入的94%归中央政府，其余6%和其他印花税收入归地方政府。

第3章 增值税

　　增值税是指以法定增值额为计税依据所征收的一种流转税。我国增值税是以从事销售货物或者提供加工、修理修配劳务以及进口货物的单位和个人取得的增值额为计税依据征收的一种税。与其他流转税不同的是，虽然按流转额全额征税，但实行税款抵扣，即对纳税人购入的货物或应税劳务已纳的增值税予以扣除。

　　增值税是由法国财政部官员莫里斯·劳莱提出的，由法国政府在对传统的营业税进行逐步改革的基础上而发展起来的，于1954年在法国实行并获得成功。到1968年，在法国，所有货物和劳务的销售被全部列入增值税范围。增值税自20世纪70年代被迅速推广到世界各地，目前开征增值税的已超过100个国家。增值税已成为一个世界性间接税，并已在一些国家成为主体税种。

　　我国于1983年1月起正式试行增值税，征税范围仅限于机器及其零配件，农机具及其零配件，缝纫机、电风扇、自行车等五种重复征税较严重的工业品，以后增值税范围逐年扩大。至1994年税制改革，已将全部工业品、工业性加工、修理修配和商品批发、零售纳入征收增值税，并简化和规范了税率与征税办法。

3.1 征税范围

　　现行增值税的征税范围是在我国境内销售或进口的货物，提供的加工、修理修配应税劳务。

3.1.1 征税范围的一般规定

　　1. 销售或进口的货物

　　(1) 货物是指除不动产、无形资产之外的有形动产，包括电力、热力、气体在内。
　　(2) 销售是指有偿转让货物、劳务的所有权的行为。
　　(3) 进口货物征税是指海关在进口环节补征国内流转税的行为。

　　2. 提供的加工、修理修配应税劳务

　　(1) 加工是指委托方提供原材料和主要材料，受托方只代垫辅助材料，按照委托方的要求进行加工并收取加工费的行为。在委托加工业务中，货物的所有权始终归委托方所有。

（2）修理修配是指受托对损伤或丧失功能的货物进行修复，使其恢复原状和功能的业务。

3.1.2 征税范围的特殊规定

1. 增值税视同销售行为

视同销售，就是将不属于销售范围或尚未实现销售的货物，视同销售处理，纳入增值税范围。单位或个体经营者的下列行为，视同销售货物。

（1）将货物交付他人代销。

（2）销售代销货物。

（3）设有两个以上机构并实行统一核算的纳税人，将货物从一个机构移送其他机构用于销售，但相关机构设在同一县（市）的除外。

（4）将自产或委托加工的货物用于非应税项目。

（5）将自产、委托加工或购买的货物作为投资，提供给其他单位或个体经营者。

（6）将自产、委托加工或购买的货物分配给股东或投资者。

（7）将自产、委托加工的货物用于集体福利或个人消费。

（8）将自产、委托加工或购买的货物无偿赠送他人。

将上述 8 种行为确定为视同销售行为，纳入增值税的征税范围，目的有两个：一是保证增值税税款抵扣制度的实施，不致因发生上述行为而造成税款抵扣环节的中断；二是避免因发生上述行为而造成货物销售税负不平衡的矛盾，防止以上述行为逃避纳税的现象。

2. 混合销售行为

混合销售行为是指一项销售行为既涉及增值税应税货物销售，又涉及增值税非应税劳务。增值税非应税劳务指属于营业税征税范围的各项劳务。

混合销售行为的税务处理方法是：从事货物生产、批发或零售的企业、企业性单位、个体经营者以及从事货物生产、批发或零售为主，并兼营非应税劳务的企业、企业性单位及个体经营者的混合销售行为，视为销售货物，应当征收增值税；其他单位和个人的混合销售行为视为增值税非应税劳务，即营业税应税劳务，应当征收营业税。

所谓的"以从事货物的生产、批发或零售为主，并兼营非应税劳务"，是指在纳税义务人的年货物销售额与营业税的应税劳务营业额的合计数中，年货物销售额超过 50%，营业税应税劳务营业额不到 50%。

3. 兼营非应税劳务行为

兼营非应税劳务行为是指增值税纳税义务人在从事应税货物销售或提供应税劳务的同

时,还从事非应税劳务(即营业税的各项应税劳务),而且从事非应税劳务与其从事应税货物销售或提供应税劳务并无直接的联系和从属关系。

兼营非应税劳务行为的税务处理方法是:纳税义务人兼营非应税劳务的,应当分别核算货物销售或提供应税劳务的销售额与提供非应税劳务的销售额,对货物销售或提供应税劳务的销售额征收增值税,对提供非应税劳务的销售额(即营业额)征收营业税;纳税义务人不分别核算货物销售或提供应税劳务的销售额与提供非应税劳务的销售额的,从高适用税率,即适用增值税税率。

混合销售行为是指一项销售行为在确认征税时,只涉及一个税种的征税事项;而兼营非应税劳务的行为涉及两个税种的征税事项,要求分别核算、分别征税。

4. 增值税征税范围的特殊项目

(1)货物期货(包括商品和贵重金属期货)在实物交割环节纳税。
(2)银行销售金银的业务应当缴纳增值税。
(3)典当业死当物品销售的业务应当缴纳增值税。
(4)寄售业代委托人销售寄售物品的业务应当缴纳增值税。
(5)集邮商品(如邮票、首日封、邮折等)的生产、调拨,以及邮政部门以外的其他单位和个人销售集邮商品,均应当缴纳增值税。

3.2 纳税人

增值税的纳税义务人是指在我国境内从事销售或进口货物、提供应税劳务的单位和个人。其中在我国境内销售货物,是指销售货物起运地或所在地在我国境内;所称在境内提供劳务,是指所提供的应税劳务发生在我国境内;所称单位是指国有企业、集体企业、私有企业、股份制企业、其他企业和行政、事业单位、军事单位、社会团体及其他单位;所称个人,是指个体经营者及其他个人。

另外,若企业租赁或承包给他人经营的,以承租人或承包人为纳税义务人。

外商投资企业和外国企业,自1994年1月1日起适用国务院发布的增值税暂行条例,为增值税的纳税义务人。

境外单位或个人在境内销售应税劳务而在境内未设有经营机构的,以代理人或购买人为扣缴义务人。

由于增值税实行凭增值税专用发票抵扣进项税额的制度,因此要求增值税纳税义务人会计核算健全,能够准确提供会计核算资料,进、销项税额和应纳税额。为了严格增值税的征收管理,《增值税暂行条例》将纳税人按其经营规模大小及会计核算健全与否划分为一般纳税人和小规模纳税人。

3.2.1 小规模纳税义务人的认定及管理

1. 小规模纳税义务人的认定标准

小规模纳税义务人是指年应税销售额在规定标准以下,并且会计核算不健全,不能够准确提供会计核算资料并报送纳税资料的增值税纳税义务人。所谓会计核算是指不能正确核算增值税的销项税额、进项税额和应纳税额。具体认定标准如下:

(1) 从事货物生产或提供应税劳务的纳税人,以及从事货物生产或提供应税劳务为主,并兼营货物批发或零售的纳税人,年应税销售额在100万元以下的。

(2) 从事货物批发或零售的纳税人,年应税销售额在180万元以下的。

(3) 年应税销售额超过小规模纳税人标准的个人、非企业性单位、不经营发生应税行为的企业,视同小规模纳税人。

对小规模纳税人的确认,由主管税务机关依税法规定的标准认定。

2. 小规模纳税义务人的管理

小规模纳税义务人实行简易征税办法,一般不使用增值税专用发票,对小规模纳税义务人的管理办法是:

(1) 只要小规模纳税义务人有会计和账册,能够正确计算进项税额、销项税额和应纳税额,并能按规定报送有关税务资料,年应税销售额不低于30万元的可以认定为增值税一般纳税义务人。

(2) 没有条件设置专职会计人员的小规模企业,在纳税义务人自愿并配有本单位兼职会计的前提下,可采取聘用纳税中介人员或有经验的会计人员,帮助小规模纳税人建账、核算等办法,使兼职人员尽快独立工作,进行会计核算。

(3) 1998年7月1日起,小规模商业企业、非企业性单位,无论财会核算是否健全,一律不得认定为一般纳税人。

3.2.2 一般纳税义务人的认定与管理

1. 一般纳税人的认定标准

一般纳税人是指年应征增值税销售额超过增值税暂行条例实施细则规定的小规模纳税人标准的企业和企业性单位。

下列纳税人不属于一般纳税人:

(1) 年应税销售额未超过小规模纳税人标准的企业。

(2) 个体经营者以外的其他个人。

(3) 非企业性单位。

2. 一般纳税人的认定办法

增值税一般纳税人须向税务机关办理认定手续，以取得法定资格。为此，1994 年国家税务总局专门制定实施了《增值税一般纳税人申请认定办法》，规定：

(1) 凡增值税一般纳税人（以下简称一般纳税人），均应依照本办法向其企业所在地主管税务机关申请办理一般纳税人认定手续。

一般纳税人总分支机构不在同一县（市）的，应分别向其机构所在地主管税务机关申请办理一般纳税人认定手续。

(2) 企业申请办理一般纳税人认定手续，应提出申请，并提供下列有关证件、资料。

① 营业执照。

② 有关合同、章程、协议书。

③ 银行帐号证明。

④ 税务机关要求提供的其他有关证件、资料。

3. 主管税务机关在初步审核企业的申请报告和有关资料后，发给《增值税一般纳税人申请认定表》，企业应如实填写该表（一式两份）。审批权限在县级以上税务机关。审批后，一份交基层征收机关，一份退企业留存。对符合一般纳税人条件的，其《税务登记证》副本首页上方加盖"增值税一般纳税人"确认专章，作为领购专用发票的证件。

4. 新开业的符合一般纳税人条件的企业，应在办理税务登记的同时申请办理一般纳税人认定手续。税务机关对其预计年应税销售额超过小规模企业标准的，暂认定为一般纳税人；其开业后的实际年应税销售额未超过小规模纳税人标准的，应重请申请办理一般纳税人认定手续。符合条件的，可继续认定为一般纳税人；不符合条件的，取消一般纳税人资格。

5. 已开业的小规模企业，其年应税销售额超过小规模纳税人标准的，应在次年 1 月底以前申请办理一般纳税人认定手续。

3.3 税率与征收率

按照增值税规范化的原则，我国增值税采用了对一般纳税义务人规定两档税率和对小规模纳税义务人规定征收税率的办法。由于我国增值税在设计上要求其发挥普遍调节作用，因此无需设置高税率。

3.3.1 基本税率

纳税人销售或者进口货物,提供加工、修理修配劳务的,除低税率适用范围和销售旧货适用征收率外,税率一律为17%,这就是通常所说的基本税率。

3.3.2 低税率

纳税义务人销售或者进口下列货物,按低税率13%计征增值税。
(1) 粮食、食用植物油。
(2) 自来水、冷气、暖气、热水、煤气、天然气、石油液化气、沼气、居民用煤炭制品。
(3) 图书、报纸、杂志。
(4) 饲料、化肥、农药、农机、农膜。
(5) 农产品、金属矿采选产品、非金属矿采选产品。

农产品指种植业、养殖业、林业、牧业、水产业生产的各种植物、动物的初级产品。除农业生产者销售自产农业产品免征增值税外,一切单位和个人销售外购农产品或外购农产品生产、加工后仍然属于农业产品的,按规定税率征收增值税。金属矿采选产品包括黑色和有色金属矿采选产品,非金属矿采选产品包括除有色金属矿采选产品以外的非金属矿采选产品和煤炭。

(6) 国务院规定的其他货物。

3.3.3 零税率

符合增值税出口退税范围规定的,纳税人出口货物的适用税率为零。

3.3.4 征收率

小规模纳税义务人实行按销售额和征收率计算应纳税额的简易征税办法。其适用征收率规定为:小规模商业企业适用征收率为 4%;小规模商业企业以外的其他属于小规模纳税人的,适用征收率为6%。

3.3.5 特殊规定

(1) 销售自己使用过的货物的增值税规定。个人(不包括个体经营者)销售自己使用过的除游艇、摩托车、汽车以外的货物免税。

纳税人销售旧货(包括旧货经营单位销售旧货和纳税人销售自己使用过的应税固定资产),无论其是否为增值税一般纳税人或小规模纳税人,也无论其是否为批准认定的旧货调剂试点单位，一律按照4%的征收率计算税额后减半征收增值税，不得抵扣进项税额。

纳税义务人销售自己使用过的属于应征收消费税的机动车、摩托车、游艇，售价超过原值的，按照4%的征收率计算税额后减半征收增值税；售价未超过原值的，免征增值税。旧机动车经营单位销售旧机动车、摩托车、游艇，按照4%的征收率计算税额后减半征收增值税。

（2）自来水公司销售自来水按照6%的征收率计算征收增值税，并准予对其购进独立核算水厂的自来水取得的增值税专用发票上注明的增值税税款（按6%征收率开具）予以抵扣。

（3）对寄售商店代销寄售物品、典当业销售死当物品、经税务机关批准的免税商店零售免税货物的，增值税按照简易办法征税，征收率为4%。

3.4 一般纳税人应纳税额的计算

增值税一般纳税人，增值税应纳税额等于当期销项税额减当期进项税额。增值税一般纳税人当期应纳税额的多少，取决于当期销项税额和进项税额这两个因素。

3.4.1 销项税额的计算

销项税额是指增值税一般纳税人销售货物或者提供应税劳务，按照计税销售额和规定的税率计算并向购买方收取的增值税税额。对于属于一般纳税人的销售方来说，在没有抵扣进项税额之前，销售方收取的销项税额还不是其应纳增值税税额。销项税额的计算公式为

$$销项税额＝销售额\times税率$$

增值税的计税销售额与其销项税额应分别填列在增值税专用发票"销售额"和"税额"栏中，并要注意，公式中的销售额必须是不包括收取的销项税额的销售额。

1. 计税销售额的一般规定

销售额是指纳税义务人销售或进口货物，提供加工、修理修配应税劳务向购买方收取的全部价款和价外费用。价外费用是指价外向买方收取的手续费、补贴、基金、集资费、返还利润、奖励费、违约金（延期付款利息）、包装费、包装物租金、储备费、优质费、运输装卸费、代收代垫款项等各种性质的费用。凡随同销售货物或提供应税劳务向购买方收取的价外费用，无论会计制度规定如何核算，均应并入销售额计算应纳税额。销售额中不包括以下项目：

（1）向购买方收取的销项税额或增值税税额。增值税是价外税，计算增值税的计税依据是：销售额中不能包含增值税一般纳税义务人向买方收取的销项税额和增值税小规模纳税义务人向买方收取的增值税税额。

增值税计税销售额在很多情况下会进行含税的核算，凡属于在小规模纳税义务人销售货物及应税劳务销售凭证上注明销售额（税务机关代开发票除外），商业零售环节的销售凭证上注明销售额，纳税义务人收取各种性质的价外费用，包装物押金的计税等类似的采用价税合计方式销售货物或应税劳务的情况，必须将增值税计税销售额换算成不含有增值税税额的销售额。

如果计税销售额中包含了增值税销项税额或增值税税额，需要将含税销售额换算成不含税销售额，其换算公式为

$$不含税销售额＝含税销售额÷（1－增值税税率或征收率）$$

（2）受托加工应征消费税的消费品所代收代缴的消费税。委托加工业务是指由委托方提供原材料和主要材料，受托方按照委托方的要求进行加工并收取加工费，货物的所有权始终归委托方所有的工业性加工业务。加工出成品后，在委托方提货付款时，受托方收取加工费及其销项税额。属于应税消费品的，受托方代收代缴消费税后开具增值税专用发票并付货，此时货物已纳消费税不作为增值税应税销售额的组成部分。

（3）同时符合以下两个条件的代垫运费：
① 承运者将运费发票开具给购货方；
② 纳税义务人将运费发票转交给购货方。

增值税计税销售额应包括："产品销售收入"、"商品销售收入"、"其他应付款"、"其他业务收入"、"营业外收入"等会计科目中核算的各项收入和视同销售项目所确认的收入。

（4）纳税人代有关行政管理部门收取的费用，凡同时符合以下条件的，不属于价外费用，不征收增值税：
① 经国务院、国务院有关部门或省级政府批准；
② 开具经财政部门批准使用的行政事业收费专用票据；
③ 所收款项全额上缴财政或虽不上缴财政但由政府部门监管，专款专用。

2. 混合销售的销售额

对属于征收增值税的混合销售，其销售额为货物销售额和非应税劳务销售额的合计数。

3. 兼营非应税劳务的销售额

对兼营应一并征收增值税的非应税劳务的，其销售额为货物和非应税劳务销售额的合计数，即既包括货物销售额，又包括非应税劳务的销售额。

4. 特殊销售方式计税销售额的确认

在销售活动中，有多种销售方式能够达到促销的目的，不同的销售方式下，销售额的计算会有所不同。税法对以下几种销售方式销售额的确认问题分别做了规定：

（1）折扣销售。折扣销售的税务处理要注意和销售折扣、销售折让加以区分。

① 销售折扣：又称为现金折扣，是指销货方在销售货物或应税劳务后为了鼓励购买方及早偿还货款，而协议许诺给予购货方的一种折扣优惠。例如：5 天内付款，折扣 5%；10 天内付款，折扣 3%；付款期限一个月。销售折扣发生在销售之后，属于一种理财行为，因此，销售折扣不得从销售额中扣除。

② 销售折让：是指货物销售后由于其品种、质量等原因购货方未予退货，但销货方需给予购货方的一种价格折让。销售折让可以将折让后的销售额作为增值税计税销售额。

销售折让的税务处理是：购货方未作账抵扣进项税额的，销货方可将原发票联和抵扣联收回作废，重新填开折扣后金额的增值税专用发票；当购货方已作账并抵扣进项税额的，销货方可根据从购货方主管税务机关开具的《销货退回及索取折让证明单》，就折扣额开具红字发票。

③ 折扣销售：是指销货方在销售货物或应税劳务时，因购买方购买数量较大等原因，给予购货方的价格优惠。例如：购买 100 件，折扣 5%；购买 500 件，折扣 10%等；购买 1000 件以上，折扣 20%。由于折扣销售与实现销售同时发生，因此，税法规定如果销售额和折扣额在同一张发票上分别注明，则可以扣除折扣额后的余额作为计税销售额；如果将折扣额另开在一张发票上，则无论财务上如何处理，均不得从销售额中扣除折扣额。

（2）以旧换新。以旧换新是指纳税义务人在销售自己的货物时，有偿回收旧货物的行为。采用以旧换新方式销售货物时，应按新货物的同期销售价格确定销售额，旧货物的收购价格不允许扣除。

（3）还本销售。还本销售是指纳税义务人在销售货物后，到期一次或分次退还给购货方全部或部分价款的行为。这是以货物换取资金使用价值的筹集资金的行为。采用还本销售方式销售货物时，以其销售额作为增值税计税销售额，不得从销售额中扣除还本支出。

（4）以物易物。以物易物是指购销双方不以货币结算，而以同等价值的货物相交换的销售方式。以物易物销售方式下，购销双方应各自作购销业务处理，以各自发出的货物核算销售额并计算销项税额，以各自收到的货物核算购货额并计算进项税额。

以物易物方式销售货物核算进项税额时，必须取得换入货物的增值税专用发票抵扣联，否则，不允许抵扣换入货物的进项税额。

5. 包装物的销售额计算

包装物是指纳税义务人包装本单位货物的各种物品。随同产品出售的包装物不论财务上是否单独计价，不管会计上如何核算，一律并入销售额计算增值税。

税法规定：纳税义务人为销售货物而出租出借包装物收取的押金，单独记账核算的，不并入销售额。但对逾期不退回的包装物押金计入价外费用，并入销售额，按所包装货物的适用税率计算销项税额。其中"逾期"是指按合同规定的实际周转期或以1年为期限，对收取1年以上的押金，无论是否退还均并入销售额。对于个别包装物周转使用期限较长的，报经税务机关确定后，可适当放宽逾期期限，但最长不得超过3年。另外，除啤酒、黄酒之外的其他酒类包装物押金，无论是否返还或会计上如何处理，一律并入销售额。

销售货物同时收取的包装物租金应计入销售额。不以销售货物为条件而单独进行的包装物租赁业务不属于增值税的征税范围，应当征收营业税。

6. 核定计税价格

纳税人的视同销售行为或销售价格明显偏低，又无正当理由的，其销售额按以下顺序确定：

（1）按纳税义务人当月同类货物或劳务的平均销售价格；
（2）按纳税义务人近期同类货物或劳务的平均销售价格；
（3）按组成计税价格，其计算公式为

$$组成计税价格 = 成本 \times (1 + 成本利润率)$$

如果货物同时征收消费税的，其组成计税价格中应当加计消费税税额。其组成计税价格的计算公式为

$$组成计税价格 = 成本 \times (1 + 成本利润率) + 消费税$$

或　　　$$组成计税价格 = 成本 \times (1 + 成本利润率) \div (1 - 消费税税率)$$

公式中的成本利润率为1993年12月28日国家税务总局颁发按《增值税若干具体问题的规定》确定为10%。但属于应从价定率征收消费税的货物，其组成计税价格公式中的成本利润率，为《消费税若干具体问题的规定》中规定的成本利润率。

3.4.2 进项税额

增值税的核心是用纳税人收取的销项税额抵扣其支付的进项税额，其余额为纳税人实际缴纳的增值税额。这样，进项税额作为可抵扣的部分，对于纳税人实际纳税多少就产生了举足轻重的作用，当然，并不是纳税人支付的所有进项税额都可以从销项税额中抵扣。税法对不能抵扣进项税额的项目作了严格的规定，如果违反税法规定，随意抵扣进项税额就将以偷税论处。因此，正确审定进项税额，严格按照税法规定进项税额抵扣，是保证增值税制贯彻实施和国家财政收入的重要环节。

1. 准予扣除的进项税额

税法规定准予从销项税额中扣除的进项税额，限于下列凭证上注明的增值税税额或依法计算的进项税额：

（1）扣税凭证上注明的增值税进项税额。

① 增值税专用发票上注明的增值税税额;
② 从海关取得的进口完税凭证上注明的增值税税额。
(2) 依法计算准予扣除的增值税进项税额。
① 一般纳税义务人向农业生产者购买免税农业产品,或者向小规模纳税义务人购买免税农业产品,准予按照买价和13%的扣除率计算进项税额,从当期销项税额中扣除。其进项税额的计算公式为

免税农业产品的进项税额＝农业产品买价×13%

农业产品买价＝农业产品收购凭证上注明的价款＋农业特产税

其中:免税农业产品是指直接从事种植、养殖、收割、动物饲养、捕捞的单位和个人自产的农业产品;购买免税农业产品的买价,仅限于经主管税务机关批准使用的收购凭证上注明的价款,和购买单位在收购免税农业产品之外按规定缴纳并负担的农业特产税。

② 一般纳税义务人外购货物(固定资产除外)所支付的运输费用以及一般纳税义务人销售货物所支付的运输费用,根据运费结算单据(普通发票)所列运费金额和7%的扣除率计算的进项税额准予扣除,但随同运费支付的装卸费、搬运费等杂费不得计算扣除进项税额。其进项税额的计算公式为

购销货物运费的进项税额＝运费金额×7%

其中:购销货物的运费是指外购及销售货物支付的、不计入销售额的运输费用;准予抵扣的运费结算单据(普通发票),是指国营铁路、民用航空、公路、水上运输单位开具的货票以及从事货物运输的非国有运输单位开具的套用全国统一发票监制章的货票;准予计算进项税额抵扣的运费金额是指在运输单位开具的货票上注明的运费和建设基金。

③ 生产企业一般纳税义务人购入废旧物资回收经营单位销售的免税废旧物资,可根据废旧物资回收经营单位开具的由税务机关监制的普通发票上注明的金额,按10%的扣除率计算扣除进项税额。其进项税额的计算公式为

废旧物资购进的进项税额＝购进金额×10%

2. 不准予扣除的进项税额

按《增值税暂行条例》规定,下列项目的进项税额不得从销项税额中扣除:

(1) 购进固定资产。固定资产指使用期限超过一年的机器、机械、运输工具以及其他与生产经营有关的设备、工具器具;单位价值在2000元以上,并且使用年限超过两年的不属于生产经营主要设备的物品。在确认固定资产价值时,应以含税销售额确定。凡具备上述条件之一的都应确认为固定资产,无论是否取得扣税凭证,均不准作进项税额抵扣。

(2) 用于非应税项目的购进货物或应税劳务。

非应税项目是指提供非应税劳务、转让无形资产、销售不动产和固定资产在建工程等。纳税人新建、改建修缮、装饰建筑物,无论计制度规定如何核算,均属于固定资产在建工程。这里需要注意的是,纳税人属混合销售与兼营非应税劳务行为的,其混合销售与兼营

行为中的用于非应税劳务购进货物或应税劳务的进项税额，可以依法抵扣。

（3）用于免税项目的购进货物或应税劳务。

免税项目主要有以下几种情况。

① 农业生产者销售的自产农业产品。具体指直接从事种植业、养殖业、林业、牧业、水产业的单位和个人销售自产的属于税法规定范围的农业产品。免征增值税的农业产品必须符合两个条件：一是农业生产者自己生产的初级农业产品；二是农业生产者自己销售的初级农业产品。

② 避孕药品和用具。

③ 古旧图书，是指向社会收购的古旧图书。

④ 直接用于科学研究、科学试验和教学的进口仪器、设备。

⑤ 外国政府、国际组织无偿援助的进口物资和设备。

⑥ 来料加工、来件装配和补偿贸易所需进口的设备。

⑦ 由残疾人组织直接进口供残疾人专用的物品。

⑧ 销售自己使用过的物品。是指单位和个人销售自己使用过的游艇、摩托车、汽车以外的货物以及不超过其固定资产原值的货物。

除上述国家在增值税暂行条例中规定的免税项目外，对少数货物或应税劳务还作了免税规定：如供残疾人专用的假肢、轮椅、矫形器，残疾人员个人提供的加工和修理、修配劳务，国家定点企业生产和经销单位经销的专供少数民族饮用的边销茶（指黑茶、红茶末、老青茶、绿茶经蒸制、加压、发酵、压制成不同形状，专门销往边疆少数民族地区的紧压茶）等免征增值税。

免税货物恢复征税后，其免税期间外购的货物，一律不得作为当期进项税额抵扣。恢复征税后收到的该项货物免税期间的增值税专用发票，应从当期进项税额中扣除。

（4）用于集体福利、个人消费的购进货物或应税劳务。

集体福利和个人消费是指企业内部设置的供职工使用的食堂、浴室、理发室、宿舍、幼儿园等福利设施及其设备、物品等或者以福利、奖励、津贴等形式发放给职工个人的物品。

（5）非正常损失的购进货物。

非正常损失是指生产经营过程中正常损耗外的损失，包括：自然灾害损失；因管理不善造成货物被盗窃、发生霉烂变质等的损失；其他非正常损失。非正常损失的购进货物与生产经营活动没有直接的关系，其进项税额不应由国家承担，所以这部分进项税额不得从其销项税额中扣除。

（6）非正常损失的在产品、产成品所耗用的购进货物或应税劳务。

（7）纳税人购进货物或者应税劳务，未按照规定取得并保存增值税扣税凭证，或者增值税扣税凭证上未按照规定注明增值税额及其他有关事项的，其进项税额不得从销项税额中抵扣。

3.4.3 应纳税额的计算

计算出销项税额和进项税额后就可以得出实际应纳税额。纳税人销售货物或提供应税劳务,其应纳税额为当期销项税额抵扣当期进项税额后的余额。其计算公式为:

应纳税额＝当期销项税额－当期进项税额

为了使这个公式得到正确运用,需要掌握以下几个重要规定。

1. 计算税应纳税额的时间限定

"当期"是个重要的时间限定,是指税务机关依照税法规定对纳税人确定的纳税期限;只有在纳税期限内实际发生的销项税额、进项税额,才是法定的当期销项税额或当期进项税额。

(1)计算销项税额的时间限定。增值税法对销售货物或应税劳务应计算销项税额的时间限定为:采用直接收款方式销售货物的,不论货物是否发出,均为收到销货款或取得索取销货款凭据的当天;采用托收承付、委托银行收款方式销售货物的,为发出货物并办妥托收手续的当天;纳税人发生视同销售行为的,为货物移送使用的当天。

销项税额的入账时间与增值税纳税义务发生时间和增值税专用发票开具时限的规定相同,应在操作中准确把握。

(2)计算进项税额的时间限定。增值税一般纳税人购进货物或应税劳务,除取得防伪税控系统开具的增值税专用发票外(国税[2003]17号),其进项税额申报抵扣的时间,按以下规定执行:

① 工业生产企业购进货物(包括外购货物所支付的运输费用),必须在购进的货物验收入库后,才能申报抵扣进项税额,否则不得作为纳税人当期进项税额抵扣。

② 商业企业购进货物(包括外购货物在支付的运输费用),必须在购进的货物付款后或开出承兑商业汇票后(包括采用分期付款方式的,也应以在有款项支付完毕后)才能申报抵扣进项税额。否则不得作为纳税人当期进项税额予以抵扣。商业企业接受投资、捐赠或分配的货物,则以收到增值税专用发票的时间为申报抵扣进项税额的时限;申报时,应提供投资、捐赠、分配货物的合同或证明材料。

③ 一般纳税人购进应税劳务,必须在劳务费用支付后,才能申报抵扣和进项税额;对接受应税劳务,但尚未支付款项的,其进项税额不得作为纳税人当期进项税额予以抵扣。

2. 计算应纳税额时进项税额不足抵扣的处理

由于增值税实行购进扣税法,有时企业当期购进的货物很多,在计算应纳税额时会出现当期销项税额小于当期进项税额不足抵扣的情况,根据税法规定,当期进项税额不足抵扣的部分可以结转下期继续抵扣。

3. 扣减发生期进项税额的规定

已抵扣进项税额的购进货物或应税劳务发出增值税暂行条件规定不允许抵扣情况的,应将该项购进货物或应税劳务的进项税额从当期发生的进项税额中扣减。无法准确确定该进项税额的,按当期实际成本计算应扣减的进项税额。实际成本(进价+运费+保险费+其他有关费用)乘以按征税时该货物或应税劳务适用的税率计算应扣减的进项税额。

4. 销货退回或折让的税务处理

一般纳税人因进货退出或折让并收回价款和增值税额时,应相应减少当期的进项税额。如不按规定扣减,造成进项税额虚增,不纳或少纳增值税的,属偷税行为,按偷税予以处罚。

3.5 小规模纳税人应纳税额的计算

3.5.1 应纳税额的计算公式

小规模纳税人销售货物或应税劳务,按照销售额和适用征收率计算应纳税额,不得抵扣进项税额。应纳税额的计算公式为:

$$应纳税额 = 销售额 \times 征收率$$

1. 销售额

销售额与一般纳税人计税销售额的规定相同,是指不含增值税的销售额,在销售货物或应税劳务时,只能开具普通发票,取得的销售收入均为含税销售额,必须将其换算成不含税销售额,其换算公式为:

$$不含税销售额 = 含税销售额 \div (1 + 征收率)$$

2. 征收率

征收率为6%或4%。下列特定货物销售行为,无论从事者是小规模纳税人还是一般纳税人,一律按简易征税办法计算应纳税额,征收率为4%:

(1) 寄售商店代销寄售物品;

(2) 典当业销售死当物品;

(3) 经有关机关批准的免税商店零售免税货物。

3.5.2 自来水公司销售自来水应纳税额的计算

自2002年6月1日起,对自来水公司销售自来水按6%的征收率征税。同时,对其购进独立核算水厂的自来水取得的增值税专用发票上注明的增值税税款(按6%征收率开具)

予以抵扣。

3.5.3 购置税控收款机的税务处理

自 2004 年 12 月 1 日起,增值税小规模纳税人购置税控收款机,经主管税务机关审核批准后,可凭购进税控收款机取得的增值税专用发票,按照发票上注明的增值税税额,抵免当期应纳增值税。或者凭购进税控收款机取得的普通发票上注明的价款,依照下列公式计算可抵免的税额:

$$可抵免的税额 = 价款 \div (1+17\%) \times 17\%$$

当期应纳税额不足抵免的,未抵免的部分可在下期继续抵免。

3.6 进口货物增值税应纳税额的计算

3.6.1 进口货物的纳税人

进口货物征税的纳税人是指进口货物的收货人或办理报关手续的单位和个人。进口货物的纳税人包括国内一切从事进口业务的企事业单位、机关团体和个人。对企业、单位和个人委托代理进口征税的货物,一律由进口代理人代缴进口环节的增值税。纳税后由代理人将已纳税款和进口货物价款、费用等与委托方结算,由委托方承担已缴纳的税款。

3.6.2 进口货物的税收优惠

属于来料加工、进料加工贸易方式进口国外的原材料、零部件等在国内加工后复出口的,对进口的料、件按规定给予免税或减税。这些料、件若不能加工复出口,而是销往国内的,就要予以补税。

3.6.3 进口货物应纳税额的计算

纳税人进口货物按照组成计税价格和规定的税率计算应纳税额,不得抵扣进项税额。组成计税价格和应纳税额的计算公式为:

$$组成计税价格 = 关税的完税价格 + 关税$$
$$应纳税额 = 组成计税价格 \times 税率$$

进口货物如果属于消费税应税消费品,其组成计税价格中还要包括已纳消费税税额,其组成计税价格和应纳税额的计算公式为:

$$组成计税价格 = 关税的完税价格 + 关税 + 消费税$$

应纳税额=组成计税价格×税率

3.6.4 进口货物增值税的税收管理

进口货物增值税纳税义务发生的时间为报关进口的当天；应当由报关人或其代理人向报关地海关申报纳税；其纳税期限应当自海关填发完税凭证的次日起15日内缴纳税款；进口货物的增值税由海关代征。

3.7 增值税的出口退（免）税

企业出口货物以不含税价格参与国际市场竞争是国际上通行的做法。我国同世界上其他征收增值税的国家一样，为了鼓励出口，增值税对出口货物实行零税率的优惠政策，而且出口货物根据政策规定，还可以退还以前环节的已纳税款。由于各种货物出口前涉及征免税的情况不同，国家在遵循"征多少，退多少"、"未征不退"和"彻底退税"的基本原则基础上，规定了不同的税务处理办法。

3.7.1 我国出口货物增值税的退（免）税政策和具体措施

我国出口货物增值税的退（免）税政策有三个：一是出口免税并且退税；二是出口免税但不予退税；三是出口不免税也不予退税，即征税后出口的政策。

1. 出口免税并且退税政策

出口免税并且退税是指出口的凡属于已征或应征增值税的货物，除国家明确规定不予退（免）税的货物和出口企业从小规模纳税义务人购进并持有普通发票的部分货物外，都属于出口货物退（免）税的范围，均应予以退还已征增值税和消费税。可以退（免）税的货物应是报关离境出口收汇并已核销的、在财务上作销售处理的属于增值税、消费税征税范围的货物。以上货物报关出口后，按照生产和国内流通的实际税负和出口退税率计算的退税额，在"先征后退"或"免、抵、退"的退税办法下申请退税。

出口免税并且退税政策的适用范围是具备以上条件的生产性自营出口或委托外贸企业代理出口的自产货物出口业务，和有进出口经营权的外贸企业收购后直接出口或委托其他外贸企业代理出口货物的业务。

除以上适用范围之外，我国对以下不具备以上条件的特定出口货物，除了出口货物属于税法列举规定的免税货物或限制、禁止出口的货物外，也适用出口免税并且退税政策。特定出口货物如下：

(1) 对外承包工程公司运出境外用于对外承包项目的货物。
(2) 对外承揽修理修配业务的企业用于对外修理修配的货物。
(3) 企业在国内采购并运往境外作为在国外投资的货物。
(4) 外轮供应公司、远洋运输供应公司销售给外轮、远洋货轮并且收取外汇的货物。
(5) 利用外国政府贷款或国际金融组织贷款,通过国际招标由国内企业中标的机电产品。
(6) 境外带料加工装配业务所使用的出境设备、原材料和散件。
(7) 利用中国政府的援外优惠贷款和合资合作项目基金方式出口的货物。
(8) 对外补偿贸易及易货贸易、小额贸易出口的货物。
(9) 对港澳台贸易的货物。
(10) 特定钢铁企业销售给加工出口企业用于生产出口货物的钢材。
(11) 从1995年1月1日起,外国驻华使(领)馆在指定的加油站购买的自用汽油、柴油;从1997年12月23日起,外国驻华使(领)馆及其外交人员购买的特定中国产物品。
(12) 保税区内企业从区外有进出口经营权的企业购进货物,保税区内企业将这部分货物出口或加工后再出口的货物。
(13) 保税区外的出口企业委托保税区内仓储企业仓储并代理报关离境地的货物。
(14) 出口加工区外的企业运入出口加工区的货物。
(15) 从1995年7月1日起,对外经贸部批准设立的外商投资性公司,为其所投资的企业代理出口企业自产货物,如其所投资的企业属于外商投资新企业及老企业的新上项目,被代理的货物可给予退(免)税。
(16) 从1996年9月1日起,国家旅游局所属中国免税品公司统一管理的出境口岸免税点销售的卷烟、酒、工艺品、丝绸、服装和保健品(包括药品)等六大类中国产品。
(17) 从1999年9月1日起,国家经贸委下达的国家计划内出口的原油。
(18) 出口企业从小规模纳税义务人购进并持有普通发票的抽纱、工艺品、香料油、草柳藤编制品、鱼具鱼网、松香、五倍子、生漆、鬃尾、山羊板皮、纸制品等12类特准退税货物。

除上述企业出口货物准予退(免)税外,其他非生产性企业委托外贸企业出口的货物不予退(免)税,这是对一般无进出口经营权的商贸企业搞出口贸易的限制。

(19) 对企业生产的下列四类产品,视同自产产品给予退(免)税。
① 生产企业出口外购的产品,凡同时符合以下条件的,可视同自产货物办理退税:与本企业生产的产品名称、性能相同;使用本企业注册商标或外商提供给本企业使用的商标;出口给进口本企业自产产品的外商。
② 生产企业外购的与本企业所生产的产品配套出口的产品,若出口给进口本企业自产产品的外商,凡同时符合以下条件的,可视同自产产品办理退税:用于维修本企业自产产品的工具、零部件、配件;不经过本企业加工或组装,出口后能直接与本企业自产产品组

合成成套产品的。

③ 集团成员、集团公司（或总厂，下同）收购成员企业（或分厂，下同）生产的产品，凡同时符合以下条件的，可视同自产产品办理退税：经县级以上政府主管部门批准为集团公司成员的企业，或集团公司控股的生产企业；集团公司及其成员企业均实行生产企业的财务会计制度；集团公司必须将有关成员企业的证明材料报送主管出口退税的税务机关。

④ 生产企业委托加工收回的产品，凡同时符合以下条件的，可视同自产产品办理退税：必须与本企业生产的产品名称、性能相同，或者是用本企业生产的产品再委托加工收回的产品；出口给进口本企业自产产品的外商；委托方执行的是生产企业的财务会计制度；委托方与受托方必须签订委托加工协议。

2. 出口免税但不予退税政策

以下除了出口货物属于税法列举规定的限制或禁止出口的货物外，实行国内免税或出口免税，但不予退税的政策。

（1）属于生产企业的小规模纳税义务人自营出口或委托外贸代理出口的自产货物。

（2）外贸企业从小规模纳税义务人购进并持有普通发票的货物出口，免税但不予退税。但对规定列举的12类出口货物，考虑其生产采购的特殊性，特准退税。

（3）外贸企业直接购进国家规定免税的货物（包括免税农产品）出口的。

（4）来料加工复出口的货物，即原材料进口免税，加工自制的货物出口不退税。

（5）避孕药品和用具、古旧图书内销免税的，出口不退税。

（6）出口卷烟。有出口卷烟权的企业出口国家出口计划内的卷烟，在生产环节免征增值税和消费税，出口环节不予办理退税。其他非计划内出口的卷烟照章征税，出口一律不退税。

（7）军品以及军队系统企业出口军需工厂生产或军需部门调拨的货物免税，但不予退税。

（8）国家规定的其他免税货物，如农业生产者销售自产农业产品、饲料、农膜等。

出口货物享受免征增值税的货物，其耗用的原材料、零部件等支付的进项税额，包括准予抵扣的运输费用所含的进项税额，不能从内销货物的销项税额中抵扣，应计入产品成本处理。

3. 出口不免税也不予退税政策

以下货物除了经批准属于进料加工复出口贸易外，实行出口不免税也不予退税政策。

（1）国家计划外出口的原油（自1999年9月1日起国家计划内出口的原油恢复按13%的退税率退税）、国家计划外出口的卷烟。

（2）中国援外项目下的出口货物不免税也不退税，但对利用中国政府的援外优惠贷款和合作项目基金方式下出口的货物，比照一般贸易出口，实行出口退税政策。

(3) 国家禁止出口的货物,包括麝香、天然牛黄、铜及铜基合金(出口电解铜自2001年1月1日起按17%的退税率退还已纳增值税)、白银等。

3.7.2 增值税出口退税的退税率

出口货物退税率是出口货物的实际退税额与退税计税依据之间的比例,是出口退税的中心环节。现行出口货物的增值税退税率有17%、13%、11%、8%、6%、5%六档。

3.7.3 出口退税的计算

出口货物只有在适用既免税又退税的政策时,才会涉及如何计算退税的问题。出口退税的计算有两种方法:第一,"免、抵、退"方法,主要适用于自营和委托出口自产货物的生产企业;第二,"先征后退"方法,主要适用于收购货物出口的外(工)贸企业。

1. 免、抵、退税计算方法

免、抵、退方法适用于具有实际生产能力的生产企业(一般纳税义务人)自营或委托外贸企业代理出口自产货物,除另有规定外,增值税一律实行免、抵、退税管理办法。增值税小规模纳税义务人出口货物实行免税办法。生产企业自产货物属于应征消费税的货物,实行免征消费税的办法。实行免、抵、退税管理办法的免税是指对生产企业出口的自产货物,免征本企业生产、销售环节的增值税;抵税是指生产企业出口自产货物所耗用的原材料、零部件、燃料、动力等所含应予退还的进项税额,抵顶内销货物的应纳税额;退税是指生产企业出口的自产货物在当月内抵顶的进项税额大于应纳税额时,对未抵顶完的部分予以退税。实行免、抵、退方法的计算过程如下:

第一,出口货物免税;

第二,计算出口环节当期应纳税额;

(1) 出口环节当期应纳税额=当期内销货物的销项税额-(当期进项税额-当期免、抵、退税不得免征和抵扣税额)-上期留抵税额

当期免、抵、退税不得免征和抵扣的税额是指在征税率不等于退税率的情况下,征税率大于退税率所形成的征税额。

当期免、抵、退税不得免征和抵扣的税额=出口货物离岸价格×外汇人民币牌价×(出口货物征税率-出口货物退税率)-免、抵、退税不得免征和抵扣的税额抵减额

出口货物离岸价格(FOB)以出口发票计算的离岸价格为准。出口发票不能如实反映实际离岸价的,企业必须按照实际离岸价向主管国税机关进行申报,并由主管国税机关予以核定。

免、抵、退税不得免征和抵扣税额抵减额＝免税购进原材料价格×（出口货物征税率－出口货物退税率）

免税购进原材料包括从国内购进免税原材料和进料加工免税进口的料件，其中进料加工免税进口的料件的价格为组成计税价格，其计算公式为

进料加工免税进口的料件的组成计税价格＝货物到岸价格＋关税＋消费税

如果当期没有免税购进的原材料价格，前述公式中的免、抵、退税不得免征和抵扣的税额抵减额以及后面公式中的免、抵、退税额抵减额就不用计算。

要注意的是：当出口环节当期应纳税额等于正数，即出口环节当期应纳税额大于零时，按照现行增值税征收管理制度进行申报纳税。当出口环节当期应纳税额等于负数，即出口环节当期应纳税额小于零时，与本期免、抵、退税额比较，按其中数额较小的进行退税。在国内流转环节也有可能出现应纳税额为负数的情况，在我国现行税制下，不可以申请退税，但允许结转下期继续抵扣。

第三，计算免、抵、退税额；

（2）免、抵、退税额＝出口离岸价格×外汇人民币牌价×出口货物退税率－免、抵、退税额抵减额

其中：免、抵、退税额抵减额＝免税购进原材料价格×出口货物退税率

第四，计算当期应退税额和免抵税额。

如果当期留抵税额（（1）的绝对值）≤（2）当期免、抵、退税额，则：

当期应退税额＝当期期末留抵税额

当期免抵税额＝当期免、抵、退税额－当期应退税额

当期期末留抵税额＝0

如果当期留抵税额（（1）的绝对值）＞（2）当期免、抵、退税额，则：

当期应退税额＝当期免、抵、退税额

当期免抵税额＝0

期末留抵税额＝当期留抵税额－当期免、抵、退税额

当期期末留抵税额根据当期《增值税纳税申报表》中"期末留抵税额"确定。

2. 先征后退计算方法

（1）外贸企业自营（收购货物）出口的应退税额为

外贸企业的应退税额：外贸收购货物不含增值税的购进金额×退税率

其中：外贸收购货物不含增值税的购进金额是指外贸企业购进出口货物增值税专用发票上所注明的进项金额。

（2）外贸企业收购小规模纳税义务人出口货物应退税额。特别准予退税的从小规模纳税义务人处购进货物，开具普通发票的退税额计算公式为

本期应退税额＝普通发票注明的含税销售额÷（1＋征收率）×退税率

凡从小规模纳税义务人购进税务机关代开增值税专用发票的出口货物,按以下公式计算:

本期应退税额＝增值税专用发票注明的金额×退税率

以上两式的退税率为6%或5%。

（3）外贸企业委托生产企业加工出口货物应退税额。外贸企业委托生产企业加工收回后报关出口的货物,按购进国内原辅材料的增值税专用发票上注明的进项金额,依原辅材料的退税率计算原辅材料应退税额。支付的加工费,凭受托方开具货物的退税率计算加工费的应退税额。其计算公式为

本期应退税额＝增值税专用发票注明的购进原辅材料的金额×购进原辅材料适用的退税率＋增值税专用发票注明的加工费×加工费适用的退税率

3.7.4 出口退税的管理

（1）生产企业免、抵、退税出口额的审查。自2003年1月1日起,对生产企业免、抵、退税的出口额实行与"口岸电子执法系统"出口退税子系统中的出口数据进行核对的办法,加强生产企业出口货物免、抵、退税管理,促使企业准确及时地申报免、抵、退税出口额。

主管征税机关的退税部门或岗位对生产企业申报的免、抵、退税出口额,须在企业申报的当月,与"口岸电子执法系统"出口退税子系统的出口货物报关单（退税）证明联电子数据进行核对。

对生产企业申报的没有电子数据（有纸质报关单的除外）的免、抵、退税出口额和有电子数据但企业未在当月申报的出口额,应按企业申报的相对应的出口额或电子数据中的离岸价格等计算销项税额,并在当月底前通知生产企业。

（2）免、抵、退税办法中视同内销征税货物的处理。视同内销征税货物除上述生产企业申报的没有电子数据（有纸质报关单的除外）的免、抵、退税出口货物和有电子数据但企业未在当月申报的出口货物外,还包括生产企业自报关出口之日起超过6个月未收齐有关出口退（免）税凭证或未向主管税务机关办理免、抵、退税申报手续的货物,但不包括委托、代理出口以及寄售业务的出口额。

免、抵、退税办法中视同内销征税货物应按以下公式计提销项税额:

销项税额＝视同内销征税货物的出口货物离岸价×外汇人民币牌价×增值税税率

上述视同内销征税货物出口企业已按规定计算免、抵、退税不得免征和抵扣税额并已结转成本的,可从成本科目中转入进项税额科目。

对生产企业视同内销已缴纳税款的出口货物,在收齐有关出口退（免）税凭证后,可在规定的出口退税清算期内,向主管税务机关申请办理免、抵、退税手续。企业出口货物销售额比重过高,致使企业已缴税款无法抵扣的,经省、自治区、直辖市国家税务局批准,可在规定的清算期内按规定的出口退税率予以退税。

(3) 新发生出口业务的退(免)税。对注册开业时间在 1 年以上的企业(小型企业除外),经地市税务机关核实确有生产能力并无偷税及走私、逃套汇等违法行为的,可实行统一的按月计算办理免、抵、退税的办法。

新成立的内外销销售额之和超过 500 万元(含 500 万元)人民币,且外销销售额占其全部销售额的比例超过 50%(含 50%)的生产企业,如在自成立之日起 12 个月内不办理退税确有困难的,在从严掌握的基础上,经省、自治区、直辖市国家税务局批准,可实行统一的按月计算办理免、抵、退税的办法。

对新发生出口业务的企业,除上述两项规定外,自发生首笔出口业务之日起 12 个月内发生的应退税额,不实行按月退税的办法,而是采取结转下期继续抵顶其内销货物应纳税额的办法。12 个月后,如该企业属于小型出口企业,则按下一项业务处理;如该企业属于小型出口企业以外的企业,则实行统一的按月办理免、抵、退税的办法。

对退税审核期为 12 个月的小型出口企业在年度中间发生的应退税额,不实行按月退税的办法,而是采取结转下期继续抵顶其内销货物应纳税额,年底对未抵顶完的部分一次性办理退税的办法。小型出口企业的标准由各省、自治区、直辖市国家税务局根据企业上一个纳税年度的内外销售额之和在 200 万元(含 200 万元)人民币以上,500 万元(含 500 万元)人民币以下的幅度内,按照本省、自治区、直辖市的实际情况确定全省、自治区、直辖市统一的标准。

3.8 增值税的征收管理

《增值税暂行条例》明确规定了增值税的纳税义务发生时间、纳税期限、纳税地点和申报缴纳的方法,要求纳税义务人准确、及时地将税款缴入国库。

3.8.1 纳税义务发生时间和纳税期限

1. 增值税纳税义务发生时间

增值税纳税义务发生时间是纳税义务人具体发生纳税义务应当承担税款的起始时间,按销售结算方式的不同,具体为:

(1) 直接收款方式销售货物,不论货物是否发出,均为收讫销货款或取得索取销货款凭据的当天;

(2) 托收承付、委托银行收款方式销售货物,为发出货物并办妥托收手续的当天;

(3) 赊销、分期收款方式销售货物,为合同约定的收款日期的当天;

(4) 预收货款方式销售货物,为发出货物的当天;

(5) 委托代销货物，为收到代销清单的当天；
(6) 销售应税劳务，为收讫销货款或取得索取销货款凭据的当天；
(7) 视同销售的，为货物移送的当天；
(8) 进口货物为报关进口的当天。

2. 增值税的纳税期限

增值税纳税期限分别为 1 日、3 日、5 日、10 日、15 日或者 1 个月，不能按期纳税的可以按次纳税；以 1 个月为纳税期限的，期满后 10 日内申报纳税；以 1 日、3 日、5 日、10 日、15 日为纳税期限的，期满后 5 日内预缴税款，于次月 10 日内申报纳税并结清上月税款；进口货物，应自海关填发税收缴款书的次日起 15 日内缴纳税款；出口货物，可以按月申报并办理该项出口货物的退税。

3.8.2 增值税的纳税地点和纳税申报

1. 增值税的纳税地点

税法规定增值税的纳税地点为：

(1) 固定业户应当向其机构所在地主管税务机关申报纳税。总分支机构不在同一县（市）的，应当分别向各自所在地主管税务机关申报纳税；经国家税务总局或其授权的税务机关批准，也可由总机构汇总向总机构所在地主管税务机关申报纳税。

(2) 固定业户到外县（市）销售货物的，应当向其机构所在地主管税务机关申请开具《外出经营活动税收管理证明》，向其机构所在地主管税务机关申报纳税。未持有其机构所在地主管税务机关核发的申报纳税《外出经营活动税收管理证明》，到外县（市）销售货物或者应税劳务的，应当向销售地主管税务机关申报纳税；未向销售地主管税务机关申报纳税的，由其机构所在地主管税务机关补征税款。

(3) 非固定业户销售货物或者应税劳务，应当向销售地主管税务机关申报纳税。

(4) 进口货物，应当由进口人或其代理人向报关地海关申报纳税。

2. 增值税一般纳税义务人纳税申报

增值税的纳税义务人应按有关规定及时办理纳税申报，如实填写《增值税纳税申报表》。由于近年来各级税务机关按照科学化、精细化管理的总体要求，在增值税纳税申报方式上，积极探索网上申报等申报方式，增值税管理的信息化水平不断提高，但是有些地方在采用网上申报办法时也出现了一些问题。为了进一步规范增值税网上申报工作，不断提高增值税申报纳税"一窗式"管理水平，国家税务总局国税发[2006]20 号文件就增值税网上申报工作提出了具体要求。在增值税管理中，认证、报税、纳税申报等都是税务机关受理、审核纳税人申报工作的内容，是一个有机的整体，增值税网上申报只是申报数据电子采集、网上传输及前期初步审核的技术手段，它不是纳税申报的全部内容，更不能将其从申报的整体工作中割裂开来。

3. 增值税小规模纳税义务人纳税申报

增值税小规模纳税义务人纳税申报应填报《增值税纳税申报表（适用于增值税小规模纳税义务人）》。

3.8.3 增值税专用发票

增值税实行凭国家印发的增值税专用发票注明的税款抵扣进项税额的制度。增值税专用发票不仅是纳税义务人经营活动中重要的商事凭证，而且是兼记销货方的纳税义务（销项税额）和购货方的进项税额进行税款抵扣的凭证。增值税专用发票对增值税的计算和管理起着决定性的作用，因此，正确使用增值税专用发票十分重要。

1. 增值税专用发票的领购和使用范围

增值税专用发票只限于增值税一般纳税义务人领购和使用，增值税小规模纳税义务人、非增值税纳税义务人、销售货物全部属于免税项目者不得领购和使用增值税专用发票。

会计核算不健全，不能按会计制度和税务机关的要求准确核算增值税的销项税额、进项税额和应纳税额的以及不能向税务机关提供有关税务资料的，增值税一般纳税义务人不得领购和使用增值税专用发票；另外，增值税一般纳税义务人有以下情形之一的，也不得领购和使用增值税专用发票：私自印制、向个人或税务机关以外的单位买取、借用他人、向他人提供增值税专用发票以及未按规定开具、保管、申报领用存情况和接受税务机关检查的。

2. 增值税专用发票的开具范围

增值税一般纳税义务人销售货物（包括视同销售货物）、应税劳务以及按规定应当征收增值税的非应税劳务，必须向购货方开具增值税专用发票。

增值税一般纳税义务人向消费者销售货物、销售免税货物、销售保管出口的货物、在境外销售应税劳务、将货物用于非应税项目、集体福利、个人消费以及提供非应税劳务、转让无形资产、销售不动产和向小规模纳税义务人销售货物，不得开具增值税专用发票。

另外，对商业零售的烟、酒、食品、服装、鞋帽（不包括劳保专用物品）、化妆品等消费品，不得开具增值税专用发票；对生产经营机器、机车、汽车、轮船、锅炉等大型机械及电子设备的工商企业，凡直接销售给使用单位的，应开具普通发票，如果购货方索取增值税专用发票，销货方可开具增值税专用发票。

3. 增值税专用发票的开具要求

开具增值税专用发票时要求：字迹清楚；不得涂改；项目齐全；票物相符；正确无误；

全联次填开；在发票联和抵扣联上加盖财务专用章或发票专用章；按规定的时限填开；不得开具伪造专用发票、不得拆本使用、不得使用与国家税务总局统一制定的票样不相符的专用发票。

4. 增值税专用发票的开具时限

销售货物是采用直接收款方式结算的，增值税专用发票的开具时限为收到销货款或取得索取销货款凭据的当天；采用预收货款、托收承付、委托银行收款方式结算的，为发出货物并办妥托收手续的当天；采用赊销、分期收款方式结算的，为合同约定的收款日期的当天；将货物交付他人代销的，为收到受托人代销清单的当天；异地移送货物、将货物分配给股东或作为投资提供给其他单位或个体经营者并按规定应当缴纳增值税的，为货物移送的当天。

5. 增值税专用发票的联次和票样

增值税专用发票的基本联次统一规定为四联：第一联为存根联，由销货方留存备查；第二联为发票联，由购货方作为付款的记账凭证；第三联为税款抵扣联，由购货方作为扣税凭证；第四联为记账联，由销货方作为销售的记账凭证。

随着计算机技术和电子商务的快速发展，实行网上申报、电子申报，以及使用税控收款机的纳税人不断增多，电子资料和凭证使用的范围也逐渐扩大。为方便纳税人降低纳税成本，当纳税人提出需要使用单联发票时，凡纳税人能满足以下四项条件的，可比照《国家税务总局关于税控发票印制使用管理有关问题的通知》（国税发〔2005〕65号）第四条第二款的规定使用单联发票：（1）纳税记录良好；（2）企业财务管理规范；（3）保证发票电子存根可靠存储5年以上；（4）可按期（月或季）向主管税务机关报送发票电子存根数据。

××省增值税专用发票

抵 扣 联

发票代码：		开票日期：		年 月 日		发票号码：№	
购货单位	名称				税务登记号		
	地址、电话				开户银行及账号		
货物或应税劳务名称		计量单位	数量	单价	金额	税率（％）	税额
价税合计		人民币（大写金额）				￥	
备注							
销货单位	名称				税务登记号		
	地址、电话				开户银行及账号		
开票人：		收款人：			销货单位（章）：（未盖章无效）		

增值税专用发票现已使用计算机填开，纳入防伪税控系统，增值税专用发票实现了交叉稽核的管理功能，对不符合增值税专用发票的领购使用范围、开具范围、要求、时限等操作规定的购进项目不得抵扣进项税额。

增值税纳税义务人必须严格按规定保管增值税专用发票，对被盗、丢失的，按规定处以1万元以下的罚款，并根据情节轻重，在一定期限内（最长不超过半年）停止领购增值税专用发票，如发现已申报遗失的增值税专用发票有被非法代开、虚开的问题，该纳税义务人承担偷税、骗税的连带责任。纳税义务人丢失增值税专用发票必须向当地主管税务机关、公安机关报失。各地税务机关对丢失的增值税专用发票按规定处罚的同时，代收"挂失登报费"并统一登报声明。

对纳税义务人虚开、代开增值税专用发票的严重违法行为，一律按偷税给予处罚，情节严重构成犯罪的移交司法机关，追究刑事责任。

第4章 消费税

消费税是对在我国境内从事生产、委托加工和进口应税消费的单位和个人，就其销售额或销售数量，在特定环节征收的一种税。简单地说，消费税是对特定的消费品和消费行为征收的一种税。

消费税是世界各国广泛实行的税种，依据荷兰克劳森教授搜集的129个国家的资料，没有开征消费税的国家不到10个。目前美国、英国、法国、德国、日本等主要发达国家均对特定的消费品或消费行为征收消费税。

我国的消费税是1994年税制改革中新设置的税种。为适应社会经济形势发展的客观需要，进一步完善消费税制，经国务院批准，2006年3月30日对消费税税目、税率及相关政策进行了重大调整，调整后的消费税自2006年4月1日起执行。

4.1 纳税义务人、征税对象和税率

4.1.1 消费税的纳税义务人

在我国境内生产、委托加工和进口应税消费品的单位和个人，是消费税的纳税义务人。其中：单位是指国有企业、集体企业、私营企业、股份制企业、外商投资企业和外国企业、其他企业和行政事业单位、军事单位、社会团体及其他单位；个人是指个体经营者和其他个人。进口应税消费品以报关人、代理人、购买人为纳税义务人。在我国境内是指生产、委托加工和进口属于应当征收消费税的消费品的起运地或所在地在境内。

4.1.2 征税对象

根据消费税暂行条例规定，消费税的征税范围为：在中华人民共和国境内生产、委托加工和进口消费税暂行条例规定的消费品。

消费税的征税范围不是一成不变的，随着我国经济的发展，今后还可以根据国家的政策和经济情况及消费结构的变化适当调整。

4.1.3 税目

按照财政部国家税务总局财税[2006]33号文件关于调整和完善消费税政策的通知规

定，从2006年4月1日起，我国现行消费税有十四个税目，有的税目还划分为若干个子目。消费税属于价内税，并实行单一环节征税，主要是在生产、委托加工和进口环节征收，在以后的批发、零售等环节一般不再缴纳消费税。但现行消费税对金银首饰、钻石及钻石饰品已经改在零售环节征税。现行消费具体征税范围如下。

（1）烟。凡是以烟叶为原料加工生产的产品，不论使用何种辅料，均属于本项目征税范围，包括卷烟（出口卷烟、白包卷烟、手工卷烟和未经国务院批准纳入计划的企业及个人生产的卷烟）、雪茄烟和烟丝。

回购企业在委托联营企业加工卷烟时，除提供给联营企业所需加工的卷烟牌号外，还须同时提供税务机关已公示的消费税计税价格。联营企业必须按照已公示的消费税计税价格申报缴税。

回购企业将联营企业加工的卷烟回购后再销售的，其销售收入应与自产卷烟的销售收入分开核算，以备税务机关检查；如不分开核算，则一并计入自产卷烟的销售收入征收消费税。

（2）酒及酒精。酒是酒精度在1度以上的各种酒类饮料。酒精又名乙醇，是指用蒸馏或合成方法生产的酒精度在95度以上的无色透明液体。酒类包括粮食白酒、薯类白酒、黄酒、啤酒和其他酒；酒精包括各种工业酒精、医用酒精和食用酒精。

外购酒精生产白酒，应按酒精所用原料确定白酒适用税率。外购两种以上的酒精生产白酒、外购白酒加浆降度或外购散装装瓶出售、以外购的不同品种白酒勾兑和混合原料生产的白酒，一律从高适用税率。

对饮食业、商业、娱乐业举办啤酒屋（啤酒坊）利用啤酒生产设备生产的啤酒，应当征收消费税。

（3）鞭炮、焰火。包括各种鞭炮、焰火。体育比赛用的发令纸和鞭炮药引线不属于征税范围。

（4）化妆品。化妆品是日常生活中用于修饰美化人体表面的用品，包括各类美容、修饰类化妆品、高档护肤类化妆品和成套化妆品。

美容、修饰类化妆品是指香水、香水精、香粉、口红、指甲油、胭脂、眉笔、唇笔、蓝眼油、眼睫毛以及成套化妆品。

舞台、戏剧、影视演员化妆用的上妆油、卸装油、油彩，不属于本税目的征收范围。

（5）贵重首饰及珠宝玉石。包括凡是以金、银、白金、宝石、珍珠、钻石、翡翠、珊瑚、玛瑙等高贵稀有物质以及其他金属、人造宝石等制作的各种纯金银首饰及镶嵌首饰和经采掘、打磨、加工的各种珠宝玉白。

金银首饰包括金、银、金基合金、银基合金以及金银镶嵌首饰，在零售环节征税；出国人员免税商店销售的金银首饰属于征收消费税的范围。

（6）高尔夫球及球具。高尔夫球及球具是指从事高尔夫球运动所需的各种专用装备，包括高尔夫球、高尔夫球杆及高尔夫球包（袋）等。

高尔夫球是指重量不超过45.93克、直径不超过42.67毫米的高尔夫球运动比赛、练习用球；高尔夫球杆是指被设计用来打高尔夫球的工具，由杆头、杆身和握把三部分组成；高尔夫球包（袋）是指专用于盛装高尔夫球及球杆的包（袋）。

本税目征收范围包括高尔夫球、高尔夫球杆、高尔夫球包（袋）。高尔夫球杆的杆头、杆身和握把属于本税目的征收范围。

（7）高档手表。高档手表是指销售价格（不含增值税）每只在10000元（含）以上的各类手表。

本税目征收范围包括符合以上标准的各类手表。

（8）游艇。游艇是指长度大于8米小于90米，船体由玻璃钢、钢、铝合金、塑料等多种材料制作，可以在水上移动的水上浮载体。按照动力划分，游艇分为无动力艇、帆艇和机动艇。

本税目征收范围包括艇身长度大于8米（含）小于90米（含），内置发动机，可以在水上移动，一般为私人或团体购置，主要用于水上运动和休闲娱乐等非牟利活动的各类机动艇。

（9）木制一次性筷子。木制一次性筷子，又称卫生筷子，是指以木材为原料经过锯段、浸泡、旋切、刨切、烘干、筛选、打磨、倒角、包装等环节加工而成的各类一次性使用的筷子。

本税目征收范围包括各种规格的木制一次性筷子。未经打磨、倒角的木制一次性筷子属于本税目征税范围。

（10）实木地板。实木地板是指以木材为原料，经锯割、干燥、刨光、截断、开榫、涂漆等工序加工而成的块状或条状的地面装饰材料。实木地板按生产工艺不同，可分为独板（块）实木地板、实木指接地板、实木复合地板三类；按表面处理状态不同，可分为未涂饰地板（白坯板、素板）和漆饰地板两类。

本税目征收范围包括各类规格的实木地板、实木指接地板、实木复合地板及用于装饰墙壁、天棚的侧端面为榫、槽的实木装饰板。未经涂饰的素板属于本税目征税范围。

（11）成品油。本税目包括汽油、柴油、石脑油、溶剂油、航空煤油、润滑油、燃料油七个子目。

① 汽油。汽油是轻质石油产品的一大类。包括：辛烷值不小于66的各种汽油。列入中国石油天然气集团公司、中国石油化工集团公司统一生产和供应计划的石脑油，以及列入中国石油天然气集团公司、中国石油化工集团公司生产计划的溶剂油不属于本税目征收范围。

② 柴油。柴油是轻质石油产品的一大类，包括－50号至30号的各种柴油。

③ 石脑油。石脑油又叫轻汽油、化工轻油。是以石油加工生产的或二次加工汽油经加氢精制而得的用于化工原料的轻质油。

石脑油的征收范围包括除汽油、柴油、煤油、溶剂油以外的各种轻质油。

④ 溶剂油。溶剂油是以石油加工生产的用于涂料和油漆生产、食用油加工、印刷油墨、

皮革、农药、橡胶、化妆品生产的轻质油。

溶剂油的征收范围包括各种溶剂油。

⑤ 航空煤油。航空煤油也叫喷气燃料，是以石油加工生产的用于喷气发动机和喷气推进系统中作为能源的石油燃料。

航空煤油的征收范围包括各种航空煤油。

⑥ 润滑油。润滑油是用于内燃机、机械加工过程的润滑产品。润滑油分为矿物性润滑油、植物性润滑油、动物性润滑油和化工原料合成润滑油。

润滑油的征收范围包括以石油为原料加工的矿物性润滑油，矿物性润滑油基础油。植物性润滑油、动物性润滑油和化工原料合成润滑油不属于润滑油的征收范围。

⑦ 燃料油。燃料油也称重油、渣油。

燃料油征收范围包括用于电厂发电、船舶锅炉燃料、加热炉燃料、冶金和其他工业炉燃料的各类燃料油。

（12）汽车轮胎。汽车轮胎是指用于各种汽车、挂车、专用车和其他机动车上的内、外轮胎。汽车轮胎不包括农用拖拉机、手扶拖拉机、收割机等农用机械上的专用轮胎。自2001年1月1日起，子午线轮胎免征消费税，翻新轮胎停征消费税。

（13）摩托车。包括气缸容量在250毫升（含）以下的和气缸容量在250毫升以上的两种。

（14）小汽车。汽车是指由动力驱动，具有四个或四个以上车轮的非轨道承载的车辆。

本税目征收范围包括含驾驶员座位在内最多不超过9个座位（含）的，在设计和技术特性上用于载运乘客和货物的各类乘用车和含驾驶员座位在内的座位数在10至23座（含23座）的在设计和技术特性上用于载运乘客和货物的各类中轻型商用客车。

用排气量小于1.5升（含）的乘用车底盘（车架）改装、改制的车辆属于乘用车征收范围。用排气量大于1.5升的乘用车底盘（车架）或用中轻型商用客车底盘（车架）改装、改制的车辆属于中轻型商用客车征收范围。

含驾驶员人数（额定载客）为区间值的（如8~10人；17~26人）小汽车，按其区间值下限人数确定征收范围。

电动汽车不属于本税目征收范围。

4.1.4 税率

消费税的税率，有三种形式：第一种是比例税率；第二种是定额税率，即单位税额。第三种是复合税率，即比例税率与定额税率相结合的计税方式。消费税税率形式的选择，主要是根据课税对象的具体情况来确定，对一些供求基本平衡，价格差异不大，计量单位规范的消费品，选择计税简便的定额税率，如黄酒、啤酒、汽油、柴油等；对一些供求矛盾突出、价格差异较大，计量单位不规范的消费品，选择税价联动的比例税率，如化妆品、贵重首饰及珠宝玉石、高尔夫球及球具、高档手表、游艇、木制一次性筷子、实木地板、鞭炮焰火、汽车轮胎、摩托车、小汽车等；对国家重点调节的消费品，采取从价定率与从量定额相结合的复合计税方式，如：卷烟、白酒等。

表4-1 消费税税目、税率（税额）表

税 目		征 收 范 围	计税单位	税率（税额）
一、烟	1. 卷烟 　　定额税率 　　比例税率 	 每标准条对外调拨价格在50元以上的（含50元，不含增值税） 每标准条对外调拨价格在50元以下的	每标准箱 （50000支）	150元 45% 30%
	2. 雪茄烟			25%
	3. 烟丝			30%
二、酒及酒精	1. 粮食白酒 　　定额税率 　　比例税率 2. 薯类白酒 　　定额税率 　　比例税率		每斤(500克) 每斤(500克)	0.5元 20% 0.5元 20%
	3. 黄酒		吨	240元
	4. 啤酒	每吨啤酒出厂价格在3000元以下的 每吨啤酒出厂价格在3000元（含）以上的	吨 吨	220元 250元
	5. 其他酒			10%
	6. 酒精			5%
三、鞭炮、焰火		包括各种鞭炮、焰火		15%
四、化妆品		包括各类美容、修饰类化妆品、高档护肤类化妆品和成套化妆品		30%
五、贵重首饰及珠宝玉石		包括金、银、珠宝首饰及珠宝玉石		5%或10%
六、高尔夫球及球具		包括高尔夫球、高尔夫球杆及高尔夫球包（袋）等		10%
七、高档手表		销售价格（不含增值税）每只在10000元（含）以上的各类手表		20%

（续表）

税 目		征 收 范 围	计税单位	税率（税额）
八、游艇		包括无动力艇、帆艇和机动艇		10%
九、木制一次性筷子		包括各种规格的木制一次性筷子		5%
十、实木地板		包括各类规格的实木地板、实木指接地板、实木复合地板及用于装饰墙壁、天棚的侧端面为榫、槽的实木装饰板		5%
十一、成品油	1. 汽油	包括车用汽油、航空汽油起动汽油：含铅 无铅	升 升	0.28元 0.20元
	2. 柴油	包括轻柴油、重柴油、农用柴油、军用柴油	升	0.10元
	3. 石脑油	包括除汽油、柴油、煤油、溶剂油以外的各种轻质油	升	0.20元
	4. 溶剂油	包括各种溶剂油	升	0.20元
	5. 航空煤油	包括各种航空煤油	升	0.20元
	6. 润滑油	包括以石油为原料加工的矿物性润滑油，矿物性润滑油基础油	升	0.10元
	7. 燃料油	包括用于电厂发电、船舶锅炉燃料、加热炉燃料、冶金和其他工业炉燃料的各类燃料油。	升	0.10元
十二、汽车轮胎		包括轻型乘用汽车轮胎、摩托车轮胎、汽车、农用拖拉机、收割机、手扶拖拉机通用轮胎等		3%
十三、摩托车		1. 气缸容量在250毫升（含）以下的		3%
		2. 气缸容量在250毫升以上的		10%
十四、小汽车	1. 乘用车	（1）气缸容量（排气量，下同）在1.5升（含）以下的		3%
		（2）气缸容量在1.5升以上至2.0升（含）的		5%
		（3）气缸容量在2.0升以上至2.5升（含）的		9%
		（4）气缸容量在2.5升以上至3.0升（含）的		12%
		（5）气缸容量在3.0升以上至4.0升（含）的		15%
		（6）气缸容量在4.0升以上的		20%
	2. 中轻型商用客车			5%

注：
（1）卷烟采用复合税率：第一，定额税率为每标准箱（50 000支）税额150元；第二，比例税率为每标准条（200支）

调拨价格在 50 元（含 50 元）以上，税率为 45%；每标准条调拨价格在 50 元以下，税率为 30%；第三，进口卷烟、白包卷烟、手工卷烟、没有同类卷烟价格的、计划外以及个人生产的卷烟，税率为 45%。

（2）酒类：第一，粮食白酒、薯类白酒采用复合税率，除税目税率表中的比例税率外，同时使用定额税率为 0.5 元/斤；第二，啤酒的税额调整为：每吨啤酒出厂价（含包装物及押金）在 3 000 元（含 3 000 元，不含增值税）以上，单位税额为 250 元/吨；每吨啤酒出厂价在 3 000 元以下，单位税额为 220 元/吨；娱乐业、饮食业自制啤酒，单位税额为 250 元/吨。

（3）金银首饰、钻石及钻石饰品消费税减按 5% 的税率征收。

（4）纳税人经营多种应税消费品销售业务的兼营行为，应该分别核算不同税率应税消费品的销售额和销售数量，按消费税目税率表分别适用不同的消费税税率计算应纳税额。纳税人将适用不同税率的应税消费品组成成套消费品销售的，从高适用税率。

4.2 纳税环节

4.2.1 生产环节

纳税人生产的应税消费品，由生产者用于销售时纳税。其中，生产者自产自用的应税消费品，用于本企业连续生产的不征税，用于其他方面的，于移送使用时纳税。

委托加工的应税消费品，由受托方在向委托方交货时代收代缴。委托加工的应税消费品直接出售的，不再征收消费税。委托加工应税消费品收回后用于连续生产应税消费品的，按照最终生产的消费品需缴纳消费税，但是，对受托方代收代缴的消费税准予抵扣。

开征消费税的目的决定了消费税税款最终由消费者负担，为此，消费税的纳税环节确定在最后消费环节较为合适。但是现行消费税暂行条例中，却将纳税环节确定在生产环节，主要有以下原因：一是可以大大减少纳税人数量，降低征管费用，加强源泉控制和减少税款流失的风险；二是可以保证税款及时上缴国库；三是把纳税环节提前并实行价内税形式，增加了税负的隐蔽性，这样可以在一定程度上避免不必要的社会震动。

4.2.2 进口环节

进口的应税消费品，由进口报关者于报关进口时交纳。

4.2.3 零售环节

金银首饰消费税由生产销售环节征收改为零售环节征收。

4.3 应纳税额的计算

消费税采用从价计税和从量计税两种应纳税额的计算方法。应纳税额的计算公式为：

应纳税额＝计税依据×税率

4.3.1 从价定率计征的应税消费品

实行从价定率办法征税的应税消费品，计税依据为应税消费品的销售额。

（1）生产销售应税消费品的以销售额为计税依据

① 计税销售额的一般规定。消费税的计税销售额为纳税义务人销售应税消费品向购买方收取的全部价款和价外费用。价外费用是指价外向买方收取的手续费、补贴、基金、集资费、返还利润、奖励费、违约金（延期付款利息）、包装费、包装物租金、储备费、优质费、运输装卸费、代收代垫款项等各种性质的价外收费。凡随同销售货物或提供应税劳务向购买方收取的价外费用，无论会计制度规定如何核算，均应并入销售额计算应纳税额。销售额中不包括符合以下条件的代垫运费：承运者将运费发票开具给购货方；纳税义务人将运费发票转给购货方。

② 包装物计税的规定。实行从价定率办法计算应纳税额的应税消费品连同包装物销售的，包装物不论是否单独计价随同应税消费品出售，一律并入销售额计算消费税。

纳税义务人为销售应税消费品而出租出借包装物收取的押金，单独记账核算的，不并入销售额计算消费税。但对逾期不退回的包装物押金计入价外收费，按所包装的应税消费品适用税率计算消费税。另外，除啤酒、黄酒之外的其他酒类包装物押金，无论是否返还和会计上如何处理，一律并入销售额计算消费税。其中"逾期"是指按合同规定的实际周转期或以1年为期限，对收取1年以上的押金，无论是否退还，均并入销售额计算消费税税额。对既作价随同应税消费品销售，又另外收取的包装物押金，凡纳税义务人在规定的期限内不予退还的，均应并入销售额，按所包装的应税消费品适用税率计算消费税。

③ 含增值税计税销售额的换算。应税消费品在缴纳消费税的同时，与一般货物一样，还应缴纳增值税。税法规定应税消费品的销售额中不包括向购货方收取的增值税税款。如果纳税人的应税消费品的销售额中为包含增值税税额或者因不得开具增值税专用发票而发生价款和增值税税款合并收取时，在计算消费税时，应将含增值税的销售额换算成不含增值税的销售额。其计算公式为：

不含税销售额＝含税销售额÷（1＋增值税税率或征收率）

如果消费税纳税人同时又是增值税一般纳税人的，应适用17%的增值税税率；如果消费税纳税人同时又是增值税小规模纳税人的，应适用6%或4%的征收率。

（2）自产自用应税消费品按照同类消费品的销售价格为计税依据，没有同类应税消费品销售价格的，按组成计税价格为计税依据。

自产自用应税消费品是指纳税义务人生产应税消费品后，不是用于直接对外销售，而是用于连续生产应税消费品或用于其他方面。自产自用应税消费品的消费税规定为：

① 用于连续生产应税消费品。纳税义务人自产自用应税消费品的中间产品不缴纳消费税，体现税不重征原则。企业将自产石脑油用于连续生产汽油等应税消费品，不纳消费税。

② 用于其他方面。纳税义务人自产自用应税消费品，凡用于其他方面，包括用于生产非应税消费品、在建工程、管理部门、非生产机构、提供劳务以及馈赠、赞助、集资、广告、样品、职工福利、奖励等方面视同销售的，在移送使用时缴纳消费税。生产企业将自产石脑油用于连续生产乙烯等非应税消费品或其他方面的，于移送使用时缴纳消费税。

③ 组成计税价格的计算。纳税人自产自用应税消费品，凡用于其他方面的应当按照同类消费品的销售价格计算缴纳消费税。同类消费品的销售价格是指纳税义务人当月销售的同类应税消费品的销售价格，如果当月销售的同类应税消费品的销售价格高低不同，应按销售数量加权平均计算。但当纳税人销售的应税消费品销售价格明显偏低又无正当理由以及无销售价格的，不得列入加权平均计算，应当按照同类应税消费品上月或最近月份的销售价格计算，没有同类应税消费品销售价格的，按组成计税价格计算。组成计税价格的计算公式是：

$$组成计税价格＝（成本＋利润）÷（1－消费税税率）$$

其中：成本是指应税消费品的生产成本；利润是指根据应税消费品的全国平均成本利润率计算的利润。对烟、酒征收消费税采用混合计算方法的，因为从量计征以应税消费品的数量为计税依据，与应税消费品的价格高低没有关系，所以计算应税消费品组成计税价格时，不考虑从量计征的消费税税额。

自产自用应税消费品的核定计税价格不适用于从量计税的应税消费品，从量计税时，应按计税移送使用数量直接计税。

应税消费品的全国平均成本利润率为：

1. 甲类卷烟	10%	2. 乙类卷烟	5%
3. 雪茄烟	5%	4. 烟丝	5%
5. 粮食白酒	10%	6. 薯类白酒	5%
7. 其他酒	5%	8. 酒精	5%
9. 鞭炮	5%	10. 化妆品	5%
11. 贵重首饰及珠宝玉石	6%	12. 高尔夫球及球具	10%
13. 高档手表	20%	14. 游艇	10%
15. 木制一次性筷子	5%	16. 实木地板	5%
17. 汽车轮胎	5%	18. 摩托车	6%
19. 乘用车	8%	20. 中轻型商用客车	5%

（3）委托加工应税消费品按照受托方同类应税消费品的销售价格为计税依据，没有同

类应税消费品销售价格的,按照组成计税价格为计税依据。

企业单位或个人由于设备、技术、人力等方面的局限,或其他方面的原因,常常要委托其他单位代为加工应税消费品,然后将加工好的应税消费品收回,或直接销售或自己使用。委托加工应税消费品由受托方代收代缴消费税(受托方为个体经营者的除外)。

① 委托加工的确认。委托加工是指委托方提供原材料和主要材料,受托方只代垫辅助材料,按照委托方的要求进行加工并收取加工费的行为。在委托加工业务中,货物的所有权始终归委托方所有。

对于由受托方提供原材料和主要材料生产的应税消费品,或者受托方先将原材料卖给委托方,然后再接受加工的应税消费品以及由受托方以委托方名义购进原材料生产的应税消费品,不论财务上是否作销售处理,都不得作为委托加工应税消费品,而应当按照销售自制应税消费品缴纳消费税。

② 代收代缴消费税。委托加工应税消费品应由受托方代收代缴消费税,但是纳税人委托个体经营者加工应税消费品,一律由委托方收回后在委托方所在地缴纳消费税。对于受托方没有按规定代收代缴消费税税款的,并不能因此免除委托方补缴税款的责任。对受托方要根据《税收征管法》的规定处以应代收代缴税款50%以上3倍以下的罚款。委托方对于没有代收代缴消费税税款的应税消费品补征税款的计税依据是:收回的应税消费品直接销售的,按销售额计税;收回的应税消费品尚未销售或不能直接销售的(用于连续生产的等),按组成计税价格计税。

委托方收回已代收代缴消费税的应税消费品后直接出售的不再缴纳消费税。

③ 组成计税价格的计算。委托加工应税消费品,按照受托方同类应税消费品的销售价格计算。同类消费品的销售价格是指受托方当月销售的同类应税消费品的销售价格,如果当月销售的同类应税消费品的销售价格高低不同,应按销售数量加权平均计算。但当纳税义务人销售的应税消费品销售价格明显偏低又无正当理由以及无销售价格的,不得列入加权平均计算,应当按照同类应税消费品上月或最近月份的销售价格计算,没有同类应税消费品销售价格的,按照组成计税价格计算。组成计税价格的公式为:

组成计税价格=(材料成本+加工费)÷(1-消费税税率)

其中:材料成本是指委托方所提供加工材料的实际成本。委托加工应税消费品的纳税义务人,必须在加工合同上如实注明材料成本,否则,税务机关有权对其核定计税材料成本。加工费是指受托方受托加工应税消费品向委托方收取的全部费用(包括代垫辅助材料成本,但不包括增值税税金)。

(4) 进口应税消费品按照组成计税价格为计税依据。进口应税消费品在报关进口时缴纳消费税,其消费税由海关代征。进口的应税消费品由进口人或其代理人自海关填发税收缴款书的次日起15日内,向报关地海关申报纳税。进口应税消费品按照组成计税价格为计税依据,其计算公式为:

组成计税价格=(关税的完税价格+关税)÷(1-消费税税率)

4.3.2 从量定额计征的应税消费品

（1）生产销售应税消费品的以销售数量为计税依据。

从量定额通常按每单位应税消费品的重量、容积或数量为计税依据，并按每单位应税消费品规定固定税额，这种固定税额即为定额税率。

我国消费税对黄酒、啤酒、汽油、柴油等实行定额税率，采用从量定额的办法征税，其计税依据是纳税人销售应税消费品的数量。

在实际销售过程中，一些纳税人往往将不同的计量单位予以混用，为了规范纳税，消费税暂行条例实施细则中具体规定了它们的换算标准：

啤酒	1 吨＝988 升
黄酒	1 吨＝962 升
白酒	1 斤＝500 毫升
汽油	1 吨－1388 升
柴油	1 吨＝1176 升
石脑油	1 吨＝1385 升
溶剂油	1 吨＝1282 升
润滑油	1 吨＝1126 升
燃料油	1 吨＝1015 升
航空煤油	1 吨＝1246 升

（2）自产自用应税消费品按照移送使用数量为计税依据。

（3）委托加工应税消费品按照委托加工收回应税消费品成品的数量为计税依据。

（4）进口应税消费品按照经海关核定的报关进口征税数量为计税依据。

4.3.3 从价定率与从量定额复合计税方法

现行消费税的征税范围中，只有卷烟、粮食白酒和薯类白酒采用从价定率与从量定额混合的计税方法。其应纳税额计算公式为：

复合计税的应税消费品应纳税额＝销售数量×定额税率＋销售额×比例税率

4.3.4 计税依据的特殊规定

（1）卷烟从价定率计税办法的计税依据为调拨价格或核定价格。调拨价格是指卷烟生产企业通过卷烟交易市场与购货方签订的卷烟交易价格。计税调拨价格由国家税务总局按照中国烟草交易中心和各省烟草交易（定货）会 2000 年各牌号、规格卷烟的调拨价格确定。核定价格是指由税务机关按其零售价倒算一定比例的办法核定计税价格。核定价格的计算公式为

某牌号规格卷烟核定价格＝该牌号规格卷烟市场零售价格÷（1＋35%）

实际销售价格高于计税价格和核定价格的卷烟，按其实际销售价格征收消费税；实际销售价格低于计税价格和核定价格的卷烟，按其计税价格和核定价格征收消费税。

非标准条包装的卷烟应当折算成标准条包装的数量，依其实际销售收入计算确定其折算成标准条包装后的实际销售价格，并确定适用的比例税率。

（2）纳税义务人通过非独立核算门市部销售的自产应税消费品，应当按照门市部对外销售额或者销售数量征收消费税。

（3）纳税义务人用于换取生产资料和消费资料、投资入股和抵偿债务等方面的应税消费品，应当以纳税义务人同类应税消费品的最高销售价格作为计税依据计算消费税。

4.3.5 税额扣除

1. 以外购应税消费品继续生产应税消费品，已纳消费税允许扣除

扣除范围包括：
（1）以外购已税烟丝生产的卷烟；
（2）以外购已税鞭炮焰火生产的鞭炮焰火；
（3）以外购已税化妆品生产的化妆品；
（4）以外购已税珠宝玉石生产的贵重首饰和珠宝玉石；
（5）以外购或委托加工收回的已税杆头、杆身和握把为原料生产的高尔夫球杆；
（6）以外购已税木制一次性筷子为原料生产的木制一次性筷子；
（7）以外购已税实木地板为原料生产的实木地板；
（8）以外购已税石脑油为原料生产的应税消费品；
（9）以外购已税润滑油为原料生产的润滑油；
（10）以外购已税汽车轮胎（内胎和外胎）生产的汽车轮胎；
（11）以外购已税摩托车生产的摩托车。

以外购已税珠宝玉石生产的金银首饰已改在零售环节征收消费税的，一律不允许扣除已纳消费税。外购应税消费品已纳税款的扣除范围不包括酒及酒精、汽油、柴油和小汽车。

上述外购应税消费品已纳税款的扣除的计算公式为：

准予扣除的外购应税消费品已纳消费税＝当期准予扣除的外购应税消费品买价
×外购应税消费品适用税率

当期准予扣除的外购应税消费品买价＝期初库存外购应税消费品买价
＋本期购进应税消费品买价
－期末库存外购应税消费品买价

其中外购应税消费品买价是指购货发票上注明的销售额（不包括增值税税额）。

对自己不能生产应税消费品，而只是购进后再销售应税消费品的工业企业，其销售的化妆品、护肤护发品、鞭炮焰火和珠宝玉石,凡不能构成最终消费品直接进入消费市场,而需要加工的,应当征收消费税,同时允许扣除外购应税消费品的已纳税款。

允许扣除已纳税款的应税消费品只限于从工业企业购进的应税消费品和进口环节已缴纳消费税的应税消费品,对从境内商业企业购进应税消费品的已纳税款一律不得扣除。

[例4.3.1] 某卷烟厂用外购已税烟丝生产卷烟,当月销售卷烟6000大箱(每大箱50000支),销售额为7800万元(不含增值税),当月初库存外购烟丝账面余额为3000万元,当月购进烟丝2000万元,月末库存外购烟丝1500万元,计算该卷烟厂当月销售卷烟应纳消费税税额。

每标准条包装卷烟的价格=78000000/6000×(50000÷200)=52(元/条),适用的比例税率应为45%。

当月销售卷烟应纳消费税税额=6000×150+78000000×45%=36000000(元)

当月准予扣除外购已税烟丝已纳税额=(3000+2000−1500)×30%=10500000(元)

该卷烟厂当月实际应纳消费税税额=3600−1050=2550(万元)

2. 委托方收回应税消费品已纳消费税的扣除

委托方收回已代收代缴消费税的应税消费品后,连续生产应税消费品的,按照生产领用数量的应税消费品已纳税额进行税额扣除。扣除范围是:

(1) 以委托加工收回的烟丝生产的卷烟;
(2) 以委托加工收回的鞭炮焰火为原料生产的鞭炮焰火;
(3) 以委托加工收回的化妆品为原料生产的化妆品;
(4) 以委托加工收回的珠宝玉石为原料生产的贵重首饰和珠宝玉石;
(5) 以委托加工收回的已税杆头、杆身和握把为原料生产的高尔夫球杆;
(6) 以委托加工收回的已税木制一次性筷子为原料生产的木制一次性筷子;
(7) 以委托加工收回的已税实木地板为原料生产的实木地板;
(8) 以委托加工收回的已税石脑油为原料生产的应税消费品;
(9) 以委托加工收回的已税润滑油为原料生产的润滑油;
(10) 以委托加工收回的汽车轮胎为原料生产的汽车轮胎;
(11) 以委托加工收回的摩托车为原料生产的摩托车。

委托方收回应税消费品已纳消费税的扣除范围不包括汽油、柴油和小汽车。

委托方收回应税消费品已纳消费税扣除的计算公式为

准予扣除的已纳消费税=期初库存委托加工应税消费品已纳税额+本期收回委托加工应税消费品已纳税额−期末库存委托加工应税消费品已纳税额

需要说明的是,纳税人用委托加工收回的已税珠宝玉石生产的金银首饰改在零售环节征收消费税,一律不允许扣除已纳消费税税额。

4.3.6 酒类关联企业之间交易消费税问题

纳税人与关联企业之间的购销业务往来，不按照独立企业之间的业务往来作价的，税务机关可以按照下列方法顺序调整其计税收入额或所得额：

（1）按同类独立企业之间相同或类似业务活动的价格；
（2）按照再销售给无关联关系的第三者的价格；
（3）按照成本加合理的费用和利润；
（4）按照其他合理方法。

对已检查出来的酒类生产企业在本次检查年度内发生的利用关联企业关联交易行为规避消费税的问题，各省级国家税务局可以根据本地区被检查酒类生产企业与关联企业间不同的核算方式，选择上述方法调整其计税收入额或所得额，核定应纳税额，补征消费税。

白酒生产企业向商业销售企业收取的"品牌使用费"是随着应税白酒的销售而向购货方收取的，属于应税白酒销售价款的组成部分，不论企业采取何种方式以何种名义收取价款，均应并入白酒的销售额中缴纳消费税。

4.3.7 减税免税

税法规定，对生产销售达到低污染排放标准的小轿车、越野车和小客车减征30%的消费税。其中低污染排放限值是指相当于欧盟指令94/12/EC、96/69/EC的排放标准（简称欧洲II号标准）。

石脑油、溶剂油、润滑油、燃料油暂按应纳税额的30%征收消费税；航空煤油暂缓征收消费税。

4.4 出口退（免）税

纳税人出口应税消费品与已纳增值税出口货物一样，国家都是给予退（免）税优惠的。出口应税消费品同时涉及增值税和消费税，并且退（免）消费税与出口货物退（免）增值税在退（免）税范围的限定、退（免）税办理程序、退（免）税审核及管理上都有许多一致的地方，因此，在消费税的退（免）税这部分当中，只对应税消费品退（免）消费税的某些不同于出口货物退（免）增值税的特殊规定作以介绍。

4.4.1 出口退税率退（免）税政策

1. 出口应税消费品的退税率

消费税的退税率即是消费税的征税率，消费税征多少退多少，能够实现彻底的退税。

兼营不同税目的或不同税率的应税消费品出口的，应分别核算销售额或销售数量，未分别核算的，从高适用征税率，但从低适用退税率。

2. 出口应税消费品退（免）税政策

出口应税消费品退（免）税政策有三种不同情况。

（1）出口应税消费品免税并且退税。有进出口经营权的外贸企业购进应税消费品直接出口以及外贸企业受其他外贸企业委托代理出口应税消费品可以申请退税。

（2）出口应税消费品免税但不予退税。有进出口经营权的生产企业自营出口以及生产企业委托外贸公司代理出口自产的应税消费品，依据出口数量可以在生产环节就地免征消费税，但不予办理退还消费税。

（3）出口应税消费品不免税并且不予退税。该项政策主要适用于除生产企业、外贸企业以外的其他企业，具体是指商贸企业委托外贸公司代理出口应税消费品，一律不予退（免）税。

4.4.2 出口退税率退（免）税的计算与退（免）税后的管理

1. 出口应税消费品退税额的计算

外贸企业从生产企业购进货物直接出口或从其他外贸企业委托代理出口应税消费品的应退税额，分以下两种情况处理：

（1）属于从价定率计征消费税的应税消费品，应依照外贸企业从工厂购进货物时征收消费税的价格（不包括增值税）计算应退税额，其计算公式为

$$应退税额 = 出口货物的工厂销售额 \times 适用税率$$

（2）属于从量定额计征消费税的应税消费品，应依货物购进和报关出口的数量计算应退消费税额，其计算公式为

$$应退税额 = 出口数量 \times 单位税额$$

2. 出口退（免）消费税后的管理

出口的应税消费品办理退税后发生退关或者国外退货，进口时已予以免税的，报关出口者必须及时向其所在地主管税务机关申报补缴已退的消费税税款。

纳税义务人直接出口的应税消费品办理免税后发生退关或者国外退货，进口时已予以免税的，经所在地主管税务机关批准，可暂不办理补税，待其转为国内销售时，再向其主管税务机关申报补缴消费税。

4.5 征收管理

4.5.1 纳税义务发生时间和纳税期限

1. 纳税义务发生时间

（1）直接收款方式销售应税消费品，不论应税消费品是否发出，其纳税义务发生时间，均为收讫销货款或取得索取销货款凭据的当天。

（2）托收承付、委托银行收款方式销售应税消费品，其纳税义务发生时间，为发出应税消费品并办妥托收手续的当天。

（3）赊销、分期收款方式销售应税消费品，其纳税义务发生时间，为销售合同约定的收款日期的当天。

（4）预收货款方式销售应税消费品，其纳税义务发生时间，为发出应税消费品的当天。

（5）委托代销应税消费品，其纳税义务发生时间，为发出货物并收到代销清单的当天。

（6）视同销售的应税消费品，其纳税义务发生时间，为应税消费品移送的当天。

2. 纳税期限

（1）消费税纳税期限为 1 日、3 日、5 日、10 日、15 日或者 1 个月，不能按期纳税的按次纳税。

（2）消费税缴税期限以 1 个月为纳税期限的，期满后 10 日内申报纳税；以 1 日、3 日、5 日、10 日、15 日为纳税期限的，期满后 5 日内预缴税款，于次月 10 日内申报纳税并结清上月税款。

（3）进口应税消费品，应自海关填发税收缴款书的次日起 15 日内缴纳税款。

4.5.2 纳税申报和纳税地点

1. 消费税的纳税申报

消费税的纳税义务人应按有关规定及时办理纳税申报，并如实填写《消费税纳税申报表》。

2. 纳税地点

消费税具体的纳税地点有：

（1）纳税义务人销售货物或自产自用应税消费品，消费税的纳税地点是纳税义务人核算地；

（2）委托加工的应税消费品，除受托方为个体经营者外，由受托方向所在地主管税务机关代收代缴消费税；

（3）进口应税消费品，由进口人或其代理人在报关地海关申报纳税；

（4）纳税义务人的总、分支机构不在同一县（市）的，应在生产应税消费品的分支机构所在地缴纳消费税。但经国家税务总局及省国家税务局批准，纳税义务人分支机构应纳消费税税款也可由总机构汇总，向总机构所在地主管税务机关缴纳。

第5章 营 业 税

营业税是对在我国境内提供应税劳务、转让无形资产或销售不动产的单位和个人所取得的营业额征收的一种流转税。

就其性质而言,营业税在我国的实行具有悠久的历史。周代对"商贾虞衡"的课税,汉代对商人征收的"算缗",明代开征的"市肆门摊税",清代开征的当税、屠宰税,都具有营业税的性质。南京国民政府成立后,于1928年7月制定《营业税办法大纲》,1931年6月修改制定《营业税法》,并明确营业税为地方收入。

新中国成立后,原政务院于1950年公布了《工商业税暂行条例》,将固定工商业应纳的营业税和所得税合称为工商税。1958年税制改革时,将当时实行的货物税、商品流通税、印花税以及工商业税中的营业税部分合并为工商统一税,不再征收营业税。1973年全国试行工商税,将工商统一税并入其中。1984年第二步利改税将工商税中的商业和服务业等行业划分出来单独征收营业税。1993年底进行的税制改革中,重新修订、颁布了《中华人民共和国营业税暂行条例》(以下简称营业税暂行条例),将营业税的课税范围限定为提供应税劳务和转让无形资产以及销售不动产,而且适用于内、外资企业,建立了统一、规范的营业税制。

5.1 纳税义务人

5.1.1 纳税义务人

1. 纳税义务人的一般规定

在中华人民共和国境内提供应税劳务、转让无形资产或者销售不动产的单位和个人,为营业税的纳税义务人。

在中华人民共和国境内是指行使税收行政管辖权的区域,具体情况为:

(1) 所提供的应税劳务发生在境内;

(2) 在境内载运旅客或货物出境;

(3) 在境内组织旅客出境旅游;

(4) 转让的无形资产在境内使用;

(5) 所销售的不动产在境内;

（6）在境内提供保险劳务（保险标的物为境内物品）。

上述应税劳务是指属于交通运输业、建筑业、金融保险业、邮电通信业、文化体育业、娱乐业、服务业税目征收范围的劳务。加工、修理修配劳务属于增值税的征税范围，因此不属于营业税的应税劳务。单位或个体经营者聘用的员工为本单位或雇主提供的劳务，也不属于营业税的应税劳务。

提供应税劳务、转让无形资产或者销售不动产是指有偿提供应税劳务、有偿转让无形资产或者有偿销售不动产的行为。有偿是指通过提供、转让或者销售行为取得货币、货物或其他经济利益。

单位是指各类企业和事业单位、军事单位和社会团体等。个人是指个体工商户以及其他有经营行为的中国公民和外国公民。

2. 纳税义务人的特殊规定

（1）铁路运输的纳税义务人：中央铁路运营业务的纳税义务人为铁道部；合资铁路运营业务的纳税义务人为合资铁路公司；地方铁路运营业务的纳税义务人为地方铁路管理机构；铁路专用线运营业务的纳税义务人为企业或其指定的管理机构；基建临管线铁路运营业务的纳税义务人为基建临管线管理机构。

（2）从事水路运输、航空运输、管道运输或其他陆路运输业务并负有营业税纳税义务的单位为从事运输业务并计算盈亏的单位。从事运输业务并计算盈亏的单位是指具备以下条件的单位：一是利用运输工具，从事运输业务，取得运输收入；二是在银行开设有结算账户；三是在财务上计算营业收入、营业支出、经营利润。

（3）企业租赁或承包给他人经营的，以承租人或承包人为纳税义务人。承租人或承包人是指有独立的经营权，在财务上独立核算，并定期向出租者或发包者上缴租金或承包费的承租人或承包人。

（4）建筑安装业务实行分包或转包的，分包或转包者为纳税义务人。

（5）金融保险业纳税义务人包括：

① 银行，包括人民银行、商业银行、政策性银行；

② 信用合作社；

③ 证券公司；

④ 金融租赁公司、证券基金管理公司、财务公司、信托投资公司、证券投资基金；

⑤ 保险公司；

⑥ 其他经中国人民银行、中国证监会、中国保监会批准成立的经营金融保险业务的机构等。

5.1.2 扣缴义务人

在现实生活中，有时难以确定纳税义务人，因此税法规定了扣缴义务人。营业税的扣缴义务人主要有以下几种。

（1）委托金融机构发放贷款的，其应纳税款以受托发放贷款的金融机构为扣缴义务人；金融机构接受其他单位或个人的委托，为其办理委托贷款业务，如果将委托方的资金转给经办机构，由经办机构将资金贷给使用单位或个人的，由最终将贷款发放给使用单位或个人并取得贷款利息的经办机构代扣委托方应纳的营业税。

（2）建筑安装业务实行分包或者转包的，其应纳税款以总承包人为扣缴义务人。

（3）境外单位或个人在境内发生应税行为而在境内未设有机构的，其应纳税款以代理人为扣缴义务人；没有代理人的，以受让者或者购买者为扣缴义务人。

（4）单位或个人进行演出，由他人售票的，其应纳税款以售票者为扣缴义务人，演出经纪人为个人的，其办理演出业务的应纳税款也以售票者为扣缴义务人。

（5）保险业务，其应纳税款以初保人为扣缴义务人。

（6）个人转让专利权、非专利技术、商标权、著作权、商誉的，其应纳税款以受让者为扣缴义务人。

（7）财政部规定的其他扣缴义务人。

5.2 税目、税率

5.2.1 税目

营业税的税目按照行业、类别的不同分别设置，现行营业税共设置了9个税目。

1. 交通运输业

交通运输业包括陆路运输、水路运输、航空运输、管道运输和装卸搬运5大类。需要解释的是，装卸搬运是指使用装卸搬运工具或人力、畜力将货物在运输工具之间、装卸现场之间或运输工具与装卸现场之间进行装卸和搬运的业务。尽管打捞不是运输业务，但与水路运输有着密切关系，所以打捞也可以比照水路运输的办法征税。

凡与运营业务有关的各项劳务活动，均属交通运输业的税目征收范围。包括：通用航空业务，航空地面服务，打捞，理货，港务局提供的引航、系解缆、停泊、移泊等劳务及引水员交通费、过闸费、货物港务费等。

对远洋运输企业从事程租业务、期租业务和航空运输企业从事湿租业务取得的收入，按交通运输业税目征收营业税。

程租业务，是指远洋运输企业为租船人完成某一特定航次的运输任务并收取租赁费的业务。

期租业务，是指远洋运输企业将配备有操作人员的船舶承租给他人使用一定期限，承租期内听候承租方调遣，不论是否经营，均按天向承租方收取租赁费，发生的固定费用（如人员工资、维修费用等）均由船东负担的业务。

湿租业务，是指航空运输企业将配备有机组人员的飞机承租给他人使用一定期限，承租期内听候承租方调遣，不论是否经营，均按一定标准向承租方收取租赁费，发生的固定费用（如人员工资、维修费用等）均由承租方负担的业务。

2. 建筑业

建筑业是指建筑安装工程作业，包括建筑、安装、修缮、装饰和其他工程作业等内容。其他工程作业是指除建筑、安装、修缮、装饰工程作业以外的各种工程作业，如代办电信工程、水利工程、道路修建、疏浚、钻井（打井）、拆除建筑物、平整土地、搭脚手架、爆破等工程作业。管道煤气集资费（初装费）业务，用于管道煤气工程建设和技术改造。

3. 金融保险业

金融保险业是指经营金融、保险的业务。

（1）金融是指经营货币资金融通活动的业务，包括贷款、融资租赁、金融商品转让、金融经纪业务和其他金融业务。

（2）保险是指将通过契约形式集中起来的资金，用以补偿被保险人的经济利益的活动。

（3）我国境内外金融机构从事离岸银行业务，属于在我国境内提供应税劳务的征收营业税。离岸银行业务是指银行吸收非居民的资金，服务于非居民的金融活动，包括外汇存款、外汇贷款、咨询、签证业务以及国家外汇管理局批准的其他业务。

4. 邮电通信业

邮电通信业是指专门办理信息传递的业务，包括邮政、电信。

（1）邮政是指传递实物信息的业务，包括传递函件或包件（含快递业务）、邮汇、报刊发行、邮务物品销售、邮政储蓄及其他邮政业务。

（2）电信是指用各种电传设备传递信息的业务，包括电报、电传、电话、电话机安装、电信物品销售及其他电信业务。电信业务包括基础电信业务和增值电信业务。

5. 文化体育业

（1）文化业是指经营文化活动的业务，包括表演、播映、各种展览和培训活动、举办文学、艺术、科技讲座、讲演、报告会以及图书馆的图书和资料的借阅业务等。

（2）体育业是指举办各种体育比赛和为体育比赛或体育活动提供场所的业务。

6. 娱乐业

娱乐业是指为娱乐活动提供场所和服务的业务，包括经营歌厅、舞厅、卡拉OK歌舞厅等娱乐场所为顾客进行娱乐活动提供服务的业务。娱乐场所为顾客提供的饮食服务及其他各种服务也按照娱乐业征税。

7. 服务业

（1）服务业是指利用设备、工具、场所、信息或技能为社会提供服务的业务。包括代理业、旅店业、饮食业、旅游业、仓储业、租赁业、广告业和其他服务业。

（2）对远洋运输企业从事光租业务和航空运输企业从事干租业务取得的收入，按"服务业"税目中"租赁业"项目征收营业税。

光租业务，是指远洋运输企业将船舶在约定的时间内出租给他人使用，不配备操作人员，不承担运输过程中发生的各种费用，只收取固定租赁费的业务。

干租业务，是指航空运输企业将飞机在约定的时间内出租给他人使用，不配备机组人员，不承担运输过程中发生的各种费用，只收取固定租赁费的业务。

（3）福利彩票机构发行销售福利彩票取得的收入不征收营业税。对福利彩票机构以外的代销单位销售福利彩票取得的手续费收入应按规定征收营业税。福利彩票机构包括福利彩票销售管理机构和电脑福利彩票投注站等。

（4）对社保基金投资管理人、社保基金托管人从事社保基金管理活动取得的收入，依照税法的规定征收营业税。

（5）双方签订承包、租赁合同（协议，下同），将企业或企业部分资产出包、租赁，出包、出租者向承包、承租方收取的承包费、租赁费（承租费，下同）按"服务业"税目征收营业税。出包方收取的承包费凡同时符合以下三个条件的，属于企业内部分配，不征收营业税：

① 承包方以出包方名义对外经营的，由出包方承担相关法律责任；
② 承包方的经营收支全部纳入出包方的财务会计核算的；
③ 出包方与承包方的利益分配是以出包方的利润为基础的。

（6）单位和个人在旅游景点经营索道取得的收入按"服务业"税目"旅游业"项目征收营业税。

8. 转让无形资产

转让无形资产是指转让无形资产的所有权或使用权的行为，包括转让土地使用权、转让商标权、转让专利权、转让非专利技术、出租电影拷贝、转让著作权和转让商誉。

自2003年1月1日起，对以无形资产投资入股，参与接受投资方的利润分配、共同承担投资风险的行为，不征收营业税。在投资后转让其股权的也不征收营业税。

9. 销售不动产

销售不动产是指有偿转让不动产所有权的行为，包括销售建筑物或构筑物和销售其他土地附着物。在销售不动产时连同不动产所占土地的使用权一并转让的行为,比照销售不动产征收营业税。

自 2003 年 1 月 1 日起,对以不动产投资入股,参与接受投资方的利润分配、共同承担投资风险的行为,不征收营业税。在投资后转让其股权的也不征收营业税。

单位将不动产无偿赠与他人的,视同销售不动产征收营业税,对个人无偿赠送不动产的行为,不征收营业税。

5.2.2 税率

营业税按照行业、类别的不同分别采用了不同的比例税率,具体规定为:

(1) 交通运输业、建筑业、邮电通信业、文化体育业,税率为 3%。

(2) 服务业、金融保险业、销售不动产、转让无形资产,税率为 5%。

(3) 娱乐业执行 5%—20% 的幅度税率,具体适用的税率,由各省、自治区、直辖市人民政府根据当地的实际情况在税法规定的幅度内决定。

自 2001 年 5 月 1 日起,对夜总会、歌厅、舞厅、射击、狩猎、跑马、游戏、高尔夫球、游艺、电子游戏厅等娱乐行为一律按 20% 的税率征收营业税。

自 2004 年 7 月 1 日起,对保龄球、台球减按 5% 的税率征收营业税,税目仍属于"娱乐业"。

5.3 计税依据

5.3.1 计税依据的一般规定

营业税的计税依据是营业额,营业额为纳税义务人提供应税劳务、转让无形资产或者销售不动产向对方收取的全部价款和价外收费。价外收费包括向对方收取的手续费、基金、集资费、代收款项、代垫款项及其他各种性质的价外收费。

5.3.2 计税依据的具体规定

1. 交通运输业

(1) 运输企业自中华人民共和国境内运输旅客或者货物出境,在境外改由其他运输企业承运旅客或者货物,以全程运费减去付给该承运企业的运费后的余额为营业额。

(2) 运输企业从事联运业务,以实际取得的营业额为计税依据。联运业务是指两个以上运输企业完成旅客或货物从发送地点至到达地点所进行的运输业务,联运的特点是一次购买、一次收费、一票到底。

2. 建筑业

(1) 建筑业的总承包人将工程分包或者转包给他人,以工程的全部承包额减去付给分包人或者转包人的价款后的余额为营业额。

(2) 自建行为和单位将不动产无偿赠与他人的,由主管税务机关按照一定方法核定营业额。自建行为是指纳税义务人自己建造房屋的行为。纳税义务人自建自用的房屋不纳税;如纳税义务人(不包括个人自建自用住房销售)将自建的房屋对外销售,其自建行为应按建筑业缴纳营业税,再按销售不动产征收营业税。

3. 金融保险业

(1) 一般贷款业务营业额。一般贷款业务的营业额为贷款的利息收入(包括各种加息和罚息)。

(2) 外汇转贷业务营业额。外汇转贷业务是指金融企业直接向境外借入外汇资金,然后再贷给国内企业或其他单位、个人。各银行总行向境外借入外汇资金后,通过下属分支机构贷给境内单位或个人的,也属于外汇转贷业务。

外汇转贷业务营业额包括:

中国银行系统从事的外汇转贷业务,如上级行借入外汇资金后转给下级行贷给国内用户的,下级行以其向借款方收取的全部利息收入为营业额(包括以基准利率计算的利息和各种加息、罚息等)。借入外汇资金的上级行以贷款利息收入和其他应纳营业税的收入减去支付给境外的借款利息支出后的余额为营业额。

其他银行从事的外汇贷款业务,如上级行借入外汇资金后转给下级行贷给国内用户的,下级行以其向借款方收取的全部利息收入减去上级行核定的借款利息支出额后的余额为营业额。上级行核定的借款利息支出额与实际支出额不符的,由上级行从其应纳的营业税中抵补。

(3) 融资租赁业务营业额。经中国人民银行、商务部批准经营融资租赁业务的单位,融资租赁以其向承租者收取的全部价款和价外收费(包括残值)减去出租方承担的出租货物的实际成本后的余额,以直线法折算出本期的营业额。计算方法为:

本期营业额=(应收取的全部价款和价外费用—实际成本)×(本期天数÷总天数)

实际成本=货物购入原价+关税+增值税+消费税+运杂费+安装费+保险费+支付给境外的外汇借款利息支出和人民币借款利息支出

(4) 金融商品转让业务营业额。金融企业(包括银行和非银行机构)从事股票、债券、外汇及其他金融商品的买卖业务以卖出价减去买入价后的余额为营业额,即营业额=卖出价—买入价。卖出价是指卖出原价,不得扣除卖出过程中支付的各种费用和税金。买入价是指购进原价,不包括购进过程中支付的各种费用和税金。

金融商品转让业务，按股票、债券、外汇、其他金融商品四大类来划分。同一大类不同品种的金融商品买卖出现正负差，在同一个纳税年度内可以相抵。但年末时仍出现负差的，不得转入下一个会计年度。金融商品的买入价，可以选定按加权平均法或移动加权平均法核算，选定后一年内不得变更。

（5）金融经纪业务和其他金融业务（中间业务）营业额为手续费（佣金）类的全部收入。

（6）保险业务的营业额。

① 办理初保业务。营业额为纳税义务人经营保险业务向对方收取的全部价款，即向被保险人收取的全部保险费。

② 储金业务。保险公司如采取收取储金方式取得经济利益的（即以被保险人所交保险资金的利息收入作为保费收入，保险期满后将保险资金本金返还被保险人），其"储金业务"的营业额为纳税义务人在纳税期内的储金平均余额乘以人民银行公布的一年期存款的月利率。储金平均余额为纳税期期初储金余额与期末储金余额之和乘以50%。

需要注意的是：境内保险机构为境内标的物提供的保险和境外保险机构以在境内的物品为标的物所提供的保险属于营业税的征收范围，境内保险机构为出口货物提供的保险不属于营业税征税范围。

4. 邮电通信业

电信部门以集中受理方式为集团客户提供跨省的出租电路业务，由受理地区的电信部门按取得的全部价款减除分割给参与提供跨省电信业务的电信部门的价款后的差额为营业额计征营业税；对参与提供跨省电信业务的电信部门，按各自取得的全部价款为营业额计征营业税。

邮政电信单位与其他单位合作，共同为用户提供邮政电信服务及其他服务并由邮政电信单位统一收取价款的，以全部收入减去支付给合作方价款后的余额为营业额；如中国移动通信集团公司通过手机短信公益特服号"8858"为中国儿童少年基金会接受捐款业务，以全部收入减去支付给中国儿童少年基金会的价款后的余额为营业额。

5. 文化体育业

单位和个人进行演出，以全部票价收入或者包场收入减去付给提供演出场所的单位、演出公司或者经纪人的费用后的余额为营业额。

6. 娱乐业

经营娱乐业以向顾客收取的各项费用，包括门票收入、台位费、点歌费、烟酒及饮料收费及其他收费为营业额。

7. 服务业

(1) 代理业以纳税义务人从事代理业务向委托方实际收取的报酬为营业额。

(2) 物业管理企业代有关部门收取一些费用（如水费、电费、维修基金等）属于"代理"业务，对其从事此项代理业务取得的手续费收入应当征收营业税。

(3) 广告代理业的营业额为代理者向委托方收取的全部价款和价外费用减去付给广告发布者的广告发布费后的余额。

(4) 拍卖行以向委托方收取的手续费为营业额。

(5) 旅游企业组织旅游团到境外旅游，在境外改由其他旅游企业接团，以全程旅游费减去付给该接团企业的旅游费后的余额为营业额。

(6) 旅游企业组织旅游团在中国境内旅游的，以收取的旅游费减去替旅游者支付给其他单位的房费、餐费、交通、门票和其他代付费用后的余额为营业额。改由其他旅游企业接团的，按照境外旅游的办法确定营业额。

(7) 对经过国家版权局注册登记，在销售时一并转让著作权、所有权的计算机软件征收营业税。

(8) 从事物业管理的单位，以与物业管理有关的全部收入减去代业主支付的水、电、燃气以及代承租者支付的水、电、燃气、房屋租金等价款后的余额为营业额。

8. 单位和个人销售或转让其购置的不动产或受让的土地使用权，以全部收入减去不动产或土地使用权的购置或受让原价后的余额为营业额。

9. 对于纳税义务人提供劳务、转让无形资产或销售不动产价格明显偏低而无正当理由的，税务机关按下列顺序核定其营业额：

(1) 按纳税义务人当月提供的同类应税劳务或者销售的同类不动产的平均价格核定；

(2) 按纳税义务人最近时期提供的同类应税劳务或者销售的同类不动产的平均价格核定；

(3) 按公式核定组成计税价格。

组成计税价格＝计税营业成本或工程成本×（1＋成本利润率）÷（1－营业税税率）

成本利润率由各省、自治区、直辖市人民政府所属地方税务机关确定。

10. 自 2004 年 12 月 1 日起，营业税纳税义务人购置税控收款机，经主管税务机关审核批准，可凭购进税控收款机取得的增值税专用发票，按照发票上注明的增值税税额，抵免当期应纳营业税税额，或者按照购进税控收款机取得的普通发票上注明的价款，依下列公式计算可抵免税额：

可抵免税额＝价款÷（1+17%）×17%

当期应纳税额不足抵免的，未抵免部分可在下期继续抵免。

5.4 应纳税额的计算

营业税税款的计算比较简单，纳税义务人提供应税劳务、转让无形资产或者销售不动产，按照营业额和规定的适用税率计算应纳税额。计算公式为

$$应纳税额 = 营业额 \times 税率$$

下面通过例子，说明应纳税额的计算方法。

[例 5.4.1] 某汽车运输公司××年3月取得运输收入50万元，同月该公司还转让一间废旧仓库的永久性使用权，取得销售收入200万元，转让一项非专利技术，取得收入90万元，计算该公司该月应纳营业税税额。

运输收入应纳营业税税额=50万×3%=1.5（万元）
转让废旧仓库永久性使用权应纳营业税税额=200万×5%=10（万元）
转让非专利技术应纳营业税税额=90万×5%=4.5（万元）
应纳营业税税额合计=1.5+10+4.5=16（万元）

[例 5.4.2] 某证券公司（非银行金融机构）购入某企业的上市股票10万股，每股买入价为10元，当股票价格上升到每股11元时，公司将购入的10万股股票全部卖出，则其应纳营业税税额是多少？

营业额=10×（11-10）=10（万元）
应纳营业额税额=10万×5%=0.5（万元）

[例 5.4.3] 某旅游公司组团在境内旅游，共收取旅游费10万元，途中交通1万元，安排旅客住宿支付房费2万元，餐费4万元，支付景点门票和其他支付费用1万元，试计算应纳营业税税额。

营业额=10-1-2-4-1=2（万元）
应纳营业税税额=2×5%=0.1（万元）

[例 5.4.4] 某旅游船公司组织旅客游览长江三峡，计收费300万。旅途中安排旅客吃、住、行均在自己的旅游船上，仅消耗购进的食品10万元，燃料费5万元，支付沿途靠岸的码头停泊费1万元。试计算其应纳营业税税额。

营业额应为300万元，不能扣除各项费用。
应纳营业税税额=300万×5%=15（万元）

[例 5.4.5] 某广告公司10月取得自营广告收入100万元，收取广告赞助费20万元，支付其他单位设计及制作费60万元；又办理代理业务收取20万元，从中支付广告者的发布费18万元，计算该公司本月应纳营业税税额。

本月营业额=100+20+（20-18）=122（万元）
本月应纳营业税税额=122×5%=6.1（万元）

5.5 几种经营行为的税务处理

营业税属于流转税的税种，与增值税一样在商品生产、流通过程中发挥作用，尽管税法已经明确划分了营业税和增值税的征收范围，但是，在实际经营活动中是很难分清的。纳税义务人可以同时从事多项应税活动。例如，宾馆附设餐厅、娱乐厅、健身房等适用不同税率的应税项目；客运站兼营商店等适用不同税种的经济活动。正确处理不同经营活动的税收问题是维护税法严肃性的需要，也是保护纳税义务人合法权益的客观要求。

5.5.1 兼营不同税目的应税行为

税法规定，纳税义务人兼营不同税目应税行为的，应当分别核算不同税目的营业额、转让额、销售额，然后按各自的适用税率计算应纳税额；未分别核算的，从高适用税率计算应纳税额。

5.5.2 混合销售行为

混合销售行为是指一项销售行为既涉及应税劳务又涉及货物。这里所说的"应税劳务"是指营业税应税劳务。"货物"是指增值税征收范围里的货物。税法规定，从事货物的生产、批发或零售的企业、企业性单位及个体经营者的混合销售行为，视为销售货物，征收增值税，而不征收营业税；其他单位和个人的混合销售行为，视为提供应税劳务，应当征收营业税。

上述从事货物的生产、批发或零售的企业、企业性单位及个体经营者，包括以从事货物的生产、批发或零售为主，兼营应税劳务的企业、企业性单位及个体经营者在内。

纳税人的销售行为是否属于混合销售行为，由国家税务总局所属征收机关确定。

5.5.3 兼营应税劳务与货物或非应税劳务

纳税人兼营应税劳务与货物或非应税劳务行为的，应分别核算应税劳务的营业额与货物或非应税劳务的营业额；不分别核算或者不能准确核算的，其应税劳务与货物或非应税劳务一并征收增值税，不征收营业税。

纳税人兼营的应税劳务是否应当一并征收增值税，由国家税务总局所属征收机关确定。纳税人兼营免税、减税项目的，应当单独核算免税、减税项目的营业额；未单独核算营业额的，不得免税、减税。

5.5.4 营业税与增值税征税范围的划分

营业税和增值税都是流转税，营业税主要对各种劳务征收，同时对销售不动产和转让无形资产也征收营业税。增值税主要对各种货物征收，同时对加工、修理修配劳务也征收增值税。两个税种的性质不同，各自征收领域不同，理论上是可以划分清楚的。但在实际操作上存在一些具体区别的问题，对此，税法作了一些具体规定。

1. 建筑业征税问题

（1）基本建设单位自制用于本单位施工中的建筑产品的征税问题。基本建设单位和从事建筑安装业务的企业附设的工厂、车间生产的水泥预制构件、其他构件或建筑材料，用于本单位或本企业的建筑工程的，应在移送使用时征收增值税。但对其在建筑现场制造的预制构件，凡直接用于本单位或本企业建筑工程的，征收营业税，而不征收增值税。

（2）销售自产货物提供增值税应税劳务并同时提供建筑业劳务的征税问题。纳税义务人以签订建设施工总包或分包合同（包括建筑、安装、装饰、修缮等工程总包或分包合同，下同）方式开展经营活动时，销售自产货物、提供增值税应税劳务并同时提供建筑业劳务（包括建筑、安装、装饰、修缮、其他工程作业，下同），同时符合以下两个条件的，对销售自产货物、提供增值税应税劳务取得的收入征收增值税，提供建筑业劳务收入（不包括按规定应征增值税的自产货物和提供增值税应税劳务收入）征收营业税：具备建设行政部门批准的建筑业施工（安装）资质；签订建设工程施工总包或分包合同时单独注明建筑业劳务价款。凡不同时符合以上两个条件的，对纳税义务人取得的全部收入征收增值税。

2. 邮电业征税问题

（1）集邮商品的生产、调拨征收增值税。邮政部门（含集邮公司）销售集邮商品，应当征收营业税；邮政部门以外的其他单位与个人销售集邮商品，征收增值税。

（2）邮政部门发行报刊，征收营业税；其他单位和个人发行报刊，征收增值税。

（3）电信单位自己销售电信物品，并为客户提供有关的电信劳务服务的，征收营业税；对单纯销售电信物品不提供有关的电信劳务服务的，征收增值税。电信物品是指电信业务专用或通用的物品，如无线寻呼机、移动电话、电话机及其他电信器材。

3. 服务业征税问题

（1）代购代销的征税问题。代购代销货物本身的经营活动属于购销货物，在其经营过程中，货物实现了有偿转让，应属于增值税的征收范围。但代购代销通常都是受托方接受委托方的委托，为委托方提供一定的劳务，按一定的标准收取手续费（或劳务费），这就属于营业税征收的范围。

① 代购货物。代购货物行为，凡同时具备以下条件的，不论企业的财务和会计账务如

何处理,均应征收营业税:第一,受托方不垫付资金;第二,销货方将增值税专用发票开具给委托方,并由受托方将该项发票转交给委托方;第三,受托方按代购实际发生的销售额和增值税税额与委托方结算货款,并另收取手续费。

② 代销货物。掌握代销货物的关键,是受托方以委托方的名义,从事销售委托方的货物的活动,对代销货物发生的质量问题以及法律责任,都由委托方负责。营业税是对受托方提供代销货物业务的劳务所取得的手续费征税。

(2) 其他与增值税的划分有关的问题。服务业税目中,许多经营行为属混合销售、兼营行为等。如果不明确掌握服务业的征收范围和混合销售、兼营行为的税务处理规定,在税收实际工作中,就必然出现偏差。所以,遇到实际问题时,要按相应的法律规范、实施细则确定适用的税种。

5.6 税收优惠

5.6.1 起征点

对于经营营业税应税项目的个人,营业税规定了起征点。营业额达到或超过起征点即照章全额计算纳税,营业额低于起征点则免于征收营业税。税法规定的起征点如下:

(1) 按期纳税的起征点(除另有规定外)为月营业额200—800元。

(2) 按次纳税的起征点(除另有规定外)为每次(日)营业额50元。

各省、自治区、直辖市人民政府所属地方税务机关可以在规定的幅度内,根据当地实际情况确定本地区适用的起征点,并报国家税务总局备案。

(3) 对下岗失业人员(含国有企业的下岗职工、国有企业的失业人员、国有企业关闭破产需要安置的人员、享受最低生活保障并且失业1年以上的城镇其他失业人员)再就业的,自2003年1月1日起至2005年12月31日止,提高营业税的起征点:按期纳税的起征点幅度为月营业额1 000—5000元;按次纳税的起征点幅度为每次(日)营业额100元。

5.6.2 税收优惠

1. 根据《营业税暂行条例》的规定,下列项目免征营业税

(1) 托儿所、幼儿园、养老院、残疾人福利机构提供的养育服务,婚姻介绍,殡葬服务。

(2) 残疾人员个人为社会提供的劳务。

(3) 医院、诊所和其他医疗机构(工会疗养院)提供的医疗服务。

(4) 学校和其他教育机构提供的教育劳务,学生勤工俭学提供的劳务。学校和其他教

育机构是指普通学校以及经地、市级以上人民政府或者同级政府的教育行政部门批准成立、国家承认其学员学历的各类学校。

（5）农业机耕、排灌、病虫害防治、植保、农牧保险以及相关技术培训业务，家禽、牲畜、水生动物的配种和疾病防治。

（6）纪念馆、博物馆、文化馆、美术馆、展览馆、书画馆、图书馆、文物保护单位举办文化活动的门票收入，宗教场所举办文化、宗教活动的门票收入。

2. 根据国家的其他规定，下列项目减征或免征营业税

（1）保险公司开展的1年期以上返还性人身保险业务的保费收入免征营业税。

（2）对单位和个人（包括外商投资企业、外商投资设立的研究开发中心、外国企业和外籍个人）从事技术转让、技术开发业务和与之相关的技术咨询、技术服务取得的收入，免征营业税。

（3）个人转让著作权，免征营业税。

（4）将土地使用权转让给农业生产者用于农业生产的，免征营业税。

（5）凡经中央及省级财政部门批准纳入预算管理或财政专户管理的行政事业性收费、基金，无论是由行政单位收取的，还是由事业单位收取的，均不征收营业税。

（6）立法机关、司法机关、行政机关的收费，同时具备下列条件的，不征收营业税：一是国务院、省级人民政府或其所属财政、物价部门以正式文件允许收费，而且收费标准符合文件规定的；二是所收费用由立法机关、司法机关、行政机关自己直接收取的。

（7）社会团体按财政部门或民政部门规定标准收取的会费，不征收营业税。

（8）下岗职工从事社区居民服务业取得的营业收入，3年内免征营业税。

（9）对独立核算并有法人资格的高校后勤实体，经营学生公寓和教师公寓以及为高校教学提供后勤服务而获得的租金和服务性收入，免征营业税；但利用学生公寓或教师公寓等高校后勤服务设施向社会人员提供服务而获得的租金和其他各种服务性收入，应按现行规定计征营业税。

对以社会性投资建立的为高校学生提供住宿服务并按高教系统统一收费标准收取租金的学生公寓，其取得的租金收入，免征营业税；但利用学生公寓向社会人员提供住宿服务而取得的租金收入，应按现行规定计征营业税。

对设置在校园内的实行社会化管理和独立核算的食堂，向师生提供餐饮服务获得的收入，免征营业税；向社会提供餐饮服务获得的收入，应按现行规定计征营业税。

（10）对住房公积金管理中心用住房公积金在指定的委托银行发放个人住房贷款取得的收入，免征营业税。

（11）对按政府规定价格出租的公有住房和廉租住房暂免征收营业税；对个人按市场价格出租的居民住房，暂按3%的税率征收营业税。

（12）为了切实减轻个人买卖普通住宅的税收负担，积极启动住房二级市场，对个人购

买并居住超过1年的普通住宅,销售时免征营业税;个人购买并居住不足1年的普通住宅,销售时营业税按销售价减去购入原价后的差额计征;个人自建自用住房,销售时免征营业税;对企业、行政事业单位按房改成本价、标准价出售住房的收入,暂免征收营业税。

(13) 对于从事国际航空运输业务的外国企业或香港、澳门、台湾企业从我国大陆运载旅客、货物、邮件的运输收入,在国家另有规定之前,应按4.65%的综合计征率计算征税。

(14) 中国人民保险公司和中国进出口银行办理的出口信用保险业务,不作为境内提供保险,为非应税劳务,不征收营业税。保险公司的摊回分保费用不征收营业税。

(15) 人民银行对金融机构的贷款业务,不征收营业税。人民银行对企业贷款或委托金融机构的贷款业务应当征收营业税。

(16) 金融机构往来业务暂不征收营业税(主要是指金融企业联行、金融企业与人民银行及同业之间的资金往来业务取得的利息收入,不包括相互之间提供的服务)。

(17) 对金融机构的出纳款收入,不征收营业税。

(18) 对信达、华融、长城和东方资产管理公司接受相关国有银行的不良债权,免征销售转让不动产、无形资产以及利用不动产从事融资租赁业务应缴纳的营业税。对资产公司接受相关国有银行的不良债权取得的利息收入免征营业税。

(19) 对纳入全国试点范围的非营利性中小企业信用担保、再担保机构,可以由地方政府确定,对其从事担保业务的收入,3年内免征营业税。

(20) 对非营利性的医疗机构按照国家规定的价格取得的医疗服务收入,免征营业税。

(21) 对疾病控制机构和妇幼保健机构等卫生机构按照国家规定的价格取得的卫生服务收入,免征营业税。

5.7 征收管理

5.7.1 纳税义务发生时间

营业税的纳税义务发生时间为纳税义务人收讫营业收入款项或者取得索取营业收入款项凭据的当天。具体规定如下:

(1) 转让土地使用权或者销售不动产,采取预收款方式的,其纳税义务发生时间为收到预收款的当天。

(2) 单位或者个人自己新建建筑物后销售,其自建行为的纳税义务发生时间,为其销售自建建筑物并收讫营业额或者取得索取营业额凭据的当天。

(3) 单位将不动产无偿赠与他人,其纳税义务发生时间为不动产所有权转移的当天。

(4) 扣缴税款义务发生时间为扣缴义务人代纳税义务人收讫营业收入款项或者取得索取营业收入款项凭据的当天。

（5）建筑业纳税义务发生时间比较复杂，因此，划分为以下几种具体情况：一是实行合同完成后一次性结算价款办法的工程项目，其纳税义务发生时间为施工单位与发包单位进行工程合同价款结算的当天；二是实行旬末或月中预支、月终结算、竣工后清算办法的工程项目，其纳税义务发生时间为月份终了与发包单位进行已完工工程价款结算的当天；三是实行按工程形象进度划分不同阶段结算价款办法的工程项目，其纳税义务发生时间为各月份终了与发包单位进行已完工工程价款结算的当天；四是实行其他结算方式的工程项目，其纳税义务发生时间为与发包单位结算工程价款的当天。

（6）贷款业务。自 2003 年 1 月 1 日起，金融企业发放的贷款逾期（含展期）90 天（含 90 天）尚未收回的，纳税义务发生时间为纳税义务人取得利息收入权利的当天。原有的应收未收贷款利息逾期 90 天以上的，该笔贷款新发生的应收未收利息，其纳税义务发生时间均为实际收到利息的当天。

（7）融资租赁业务。纳税义务发生时间为取得租金收入或取得索取租金收入价款凭据的当天。

（8）金融商品转让业务。纳税义务发生时间为金融商品所有权转移之日。

（9）金融经纪业务和其他金融业务。纳税义务发生时间为取得营业收入或取得索取营业收入价款凭据的当天。

（10）保险业务。纳税义务发生时间为取得保费收入或取得索取保费收入价款凭据的当天。

（11）金融企业承办委托贷款业务。营业税的扣缴义务发生时间为受托发放贷款的金融机构代委托人收讫贷款利息的当天。

（12）单位和个人提供应税劳务、转让专利权、非专利技术、商标权、著作权和商誉时，向对方收取的预收性质的价款（包括预收款、预付款、预存费用、预收定金等），其营业税纳税义务发生时间以按照财务会计制度的规定，该项预收性质的价款被确认为收入的时间为准。

5.7.2 纳税期限

（1）营业税纳税期限，分别为 5 日、10 日、15 日或者 1 个月。纳税义务人的具体纳税期限，由主管税务机关根据纳税义务人应纳税额的大小分别核定；不能按照固定期限纳税的，可以按次纳税。

纳税义务人以 1 个月为一期纳税的，自期满之日起 10 日内申报纳税；以 5 日、10 日或者 15 日为一期纳税的，自期满之日起 5 日内预缴税款，于次月 10 日内申报纳税并结清上月应纳税款。

（2）扣缴义务人的解缴税款期限，比照上述规定执行。

（3）金融业（不包括典当业）的纳税期限为一个季度，自纳税期满之日起 10 日内申报纳税。其他纳税义务人从事金融业务,应按月申报纳税。

(4) 保险业的纳税期限为 1 个月。

5.7.3 纳税地点

营业税的纳税地点原则上采取属地征收的方法,就是纳税义务人在经营行为发生地缴纳应纳税款。具体规定如下:

(1) 纳税义务人提供应税劳务,应当向应税劳务发生地的主管税务机关申报纳税。纳税义务人从事运输业务的,应当向其机构所在地主管税务机关申报纳税。

(2) 纳税义务人转让土地使用权,应当向土地所在地主管税务机关申报纳税。纳税义务人转让其他无形资产,应当向其机构所在地的主管税务机关申报纳税。

(3) 单位和个人出租土地使用权、不动产的营业税纳税地点为土地、不动产所在地;单位和个人出租物品、设备等动产的营业税纳税地点为出租单位机构所在地或个人居住地。

(4) 纳税义务人销售不动产,应当向不动产所在地主管税务机关申报纳税。

(5) 纳税义务人提供的应税劳务发生在外县(市),应向应税劳务发生地的主管税务机关申报纳税;如未向应税劳务发生地申报纳税的,由其机构所在地或者居住地主管税务机关补征税款。

(6) 纳税义务人承包的工程跨省、自治区、直辖市的,向其机构所在地主管税务机关申报纳税。

(7) 各航空公司所属分公司,无论是否单独计算盈亏,均应作为纳税义务人向分公司所在地主管税务机关缴纳营业税。

(8) 扣缴义务人应当向其机构所在地的主管税务机关申报缴纳其扣缴的营业税税款。但建筑安装工程业务的总承包人,扣缴分包或者转包的非跨省、自治区、直辖市工程的营业税税款,应当向分包或转包工程的劳务发生地主管税务机关解缴。

(9) 在中华人民共和国境内的电信单位提供电信业务的,其营业税纳税地点为电信单位机构所在地。

(10) 在中华人民共和国境内的单位提供设计、工程监理、调试和咨询等应税劳务的,其营业税的纳税地点为单位机构所在地。

(11) 在中华人民共和国境内的单位通过网络为其他单位和个人提供培训、信息和远程调试、检测等服务的,其营业税纳税地点为单位机构所在地。

第6章 城市维护建设税和教育费附加

6.1 城市维护建设税

城市维护建设税（简称城建税），是国家对缴纳增值税、消费税、营业税（简称"三税"）的单位和个人就其实际缴纳的"三税"税额为计税依据而征收的一种税。

现行城市维护建设税的基本规范，是1985年2月8日国务院颁布并于同年1月1日起实施的《中华人民共和国城市维护建设税暂行条例》。它是国家为了加强城市的维护建设，扩大和稳定城市维护建设资金的来源而采取的一项税收措施，属于特定目的税，所以城建税的特点是：一是具有附加税性质，它以纳税义务人实际缴纳的"三税"税额为计税依据，附加于"三税"税额，本身并没有特定的、独立的征税对象；二是具有特定目的性，城建税税款专门用于城市的公用事业和公共设施的维护和建设。

城市维护建设税的作用主要表现在：

（1）扩大城市建设资金来源。城市维护建设税的全部收入专项用于公用事业和公共设施的维护建设，使城市维护建设资金有了比较稳定、可靠的资金来源，同时还可以随着经济的发展而逐步增长。

（2）加速改变城乡面貌。城建税的征收范围广，是为了在筹集改善大中城市建设所需资金的同时，也为乡镇的建设和开发、改变乡镇企业的生产环境广开资金来源。

（3）调动地方加强城市维护建设的积极性。城建税收入归地方政府安排，使地方各级政府更多地关心城市维护建设税的征收管理。

（4）有利于完善地方税体系。

6.1.1 纳税义务人

城建税的纳税义务人是指负有缴纳"三税"义务的单位和个人。包括国有企业、集体企业、私营企业、股份制企业、其他企业和行政、事业单位、军事单位、社会团体、其他单位，以及个体工商户及其他个人。但对外商投资企业和外国企业不征收城建税。

6.1.2 税率

按纳税人所在地的不同，城市维护建设税设置了三档差别比例税率，即：

(1) 纳税人所在地为市区的,税率为 7%。
(2) 纳税人所在地为县城、镇的,税率为 5%。
(3) 纳税人所在地不在市区、县城或者镇的,税率为 1%。
城建税的适用税率,应当按纳税人所在地的规定税率执行。

6.1.3 计税依据

城市维护建设税的计税依据是指纳税人实际缴纳的"三税"税额。纳税人违反"三税"有关税法而加收的滞纳金和罚款,不作为城建税的计税依据。但纳税人在被查补"三税"和被处以罚款时,应同时对其偷漏的城建税进行补税和罚款。

6.1.4 应纳税额的计算

城建税纳税人应纳税额的多少是由纳税人实际交纳的"三税"税额决定的,其计算公式是:

$$应纳税额＝实纳增值税、消费税、营业税税额×适用税率$$

[例 6.1.1] A 市某企业 2005 年 9 月份缴纳增值税 20 万元、消费税 6 万元。该企业本月应纳城建税税额为:

$$应纳城建税税额＝（20+6）×7\%＝1.82（万元）$$

由于城市维护建设税实行纳税人所在地差别比例税率,所以在计算应纳税额时,应十分注意根据纳税人所在地来确定适用税率。此外,还必须注意以下两点:

第一,城建税是一种附加税,其计税依据是纳税人实际缴纳的"三税"税额,不包括非税款项。第二,海关对进口产品代征的增值税、消费税,不征收城建税。

6.1.5 纳税申报及缴纳

1. 纳税环节

城市维护建设税的纳税环节实际就是纳税人缴纳的"三税"的环节。纳税人员要发生"三税"的纳税义务,就要在同样的环节,分别计算缴纳城建税。

2. 纳税地点

城建税以纳税义务人实际缴纳的增值税、消费税、营业税税额为计税依据,分别与"三税"同时缴纳。所以,纳税义务人缴纳"三税"的地点,就是该纳税义务人缴纳城建税的地点。但是,下列情况除外。

(1) 代扣代缴、代收代缴"三税"的单位和个人,同时也是城市维护建设税的代扣代缴、代收代缴义务人,其城建税的纳税地点在代扣代征地。

(2) 跨省开采的油田,下属生产单位与核算单位不在一个省内的,其生产的原油,在油井所在地缴纳增值税,其应纳税款由核算单位按照各油井的产量和规定税率,计算汇拨各油井缴纳。所以,各油井应纳的城建税,应由核算单位计算,随同增值税一并汇拨油井所在地,由油井在缴纳增值税的同时,一并缴纳城建税。

(3) 对管道局输油部分的收入,由取得收入的各管道局于所在地缴纳营业税。所以,其应纳城建税,也应由取得收入的各管道局于所在地缴纳营业税时一并缴纳。

(4) 对流动经营等无固定纳税地点的单位和个人,应随同"三税"在经营地按适用税率缴纳。

3. 纳税期限

由于城建税是由纳税人在缴纳"三税"时同时缴纳的,所以其纳税期限分别与"三税"的纳税期限一致。根据增值税法和消费税法规定,增值税、消费税的纳税期限均分别为 1 日、3 日、5 日、10 日、15 日或者 1 个月;根据营业税法规定,营业税的纳税期限分别为 5 日、10 日、15 日或者 1 个月。增值税、消费税、营业税的纳税人的具体纳税期限,由主管税务机关根据纳税人应纳税额大小分别制定;不能按照固定期限纳税的,可以按次纳税。

4. 税收优惠

城建税原则上不单独减免,但因城建税具有附加税性质,当正税发生减免时,城建税也相应发生减免。城建税的税收减免具体有以下几种情况。

(1) 城建税按减免后实际缴纳的"三税"税额计征,即随"三税"的减免而减免。

(2) 对于因减免税而需进行"三税"退库的,城建税也可同时退库。

(3) 海关对进口产品代征的增值税、消费税,不征收城建税。

(4) 对机关服务中心为机关内部提供的后勤服务所取得的收入,在 2005 年 12 月 31 日前,暂免征收城建税。

(5) 为支持三峡工程建设,对三峡工程建设基金,在 2004 年 1 月 1 日至 2009 年 12 月 31 日期间,免征城市维护建设税和教育费附加。

6.2 教育费附加

6.2.1 概述

教育费附加是对缴纳增值税、消费税、营业税的单位和个人,就其实际缴纳的"三税"税额为计税依据征收的一种附加费。

教育费附加是为加快地方教育事业、扩大地方教育经费而征收的一项专用基金。

1985 年,中共中央做出了《关于教育体制改革的决定》,指出必须在国家增拨教育基本建设投资和教育经费的同时,充分调动企、事业单位和其他各种社会力量办学的积极性,开辟多种渠道筹措经费。为此,国务院于 1986 年 4 月 28 日颁布了《征收教育费附加的暂行规定》,同年 7 月 1 日开始在全国范围内征收教育费附加。

6.2.2 征收范围、计征比率及计征依据

教育费附加对缴纳增值税、消费税、营业税的单位和个人征收,以其实际缴纳的"三税"税额为计税依据,分别与增值税、消费税和营业税同时缴纳。

现行教育费附加征收比率为 3%,但对生产卷烟和烟叶的单位减半征收教育费附加。

6.2.3 教育费附加的计算

$$应纳教育费附加=(实际缴纳的增值税+实际缴纳的消费税+实际缴纳的营业税) \times 征收比率$$

[例 6.2.1] C 市区一企业 2005 年 10 月份实际缴纳增值税 400 000 元,缴纳消费税 600 000 元,缴纳营业税 200 000 元。计算该企业应纳的教育费附加。

应纳教育费附加 =(400 000+600 000+200 000)×3%=36 000(元)

6.2.4 减免规定

(1) 对海关进口的产品征收的增值税、消费税,不征收教育费附加。

(2) 对由于减免增值税、消费税和营业税而发生退税的,可同时退还已征收的教育费附加。但对出口产品退还增值税、消费税的不退还已征的教育费附加。

(3) 对机关服务中心为机关内部提供的后勤服务所取得的收入,在 2005 年 12 月 31 日前,暂免征收教育费附加。

第7章 烟叶税

烟叶税是对在我国境内收购烟叶的单位征收的一种税。2006年4月28日，国务院颁布《中华人民共和国烟叶税暂行条例》，自公布之日起施行。

为减轻农民负担，党的十六届三中全会确立了深化农村税费改革的各项政策目标，并加快了减免农业税和农业特产农业税的步伐。2004年6月，根据《中共中央、国务院关于促进农民增加收入若干政策的意见》，财政部、税务总局下发了《关于取消除烟叶外的农业特产农业税有关问题的通知》，规定从2004年起，除对烟叶暂保留征收农业特产农业税外，取消对其他农业特产品征收的农业特产农业税。2005年12月29日，十届全国人大常委会第十九次会议决定废止《农业税条例》。农业特产农业税是依据《农业税条例》开征的，取消农业税以后，意味着农业特产农业税也要同时取消。因此，2006年2月17日，国务院第459号令废止了《国务院关于对农业特产收入征收农业税的规定》。这样，对烟叶征收农业特产农业税也失去了法律依据。

但是，停止征收烟叶特产农业税，将会产生一些新的问题。一是烟叶产区的地方财政特别是一些县乡的财政收入将受到较大的影响。二是不利于烟叶产区县乡经济的发展，对当地基层政权的正常运转和各项公共事业的发展会产生一定的负面影响。三是不利于卷烟工业的持续稳定发展。基于以上情况，为了保持政策的连续性，充分兼顾地方利益和有利于烟叶产区可持续发展，国务院决定开征烟叶税取代原烟叶特产农业税。

开征烟叶税不会增加农民的负担。这主要是因为，原烟叶特产农业税是在烟叶收购环节由烟草收购公司缴纳的，这次改征烟叶税以后，纳税人、纳税环节、计税依据等都保持了原烟叶特产农业税的规定不变。另外，烟叶税的税率与原烟叶特产农业税的税率相同，也是20%，税率没有改变。

7.1 征税对象、纳税人和税率

7.1.1 征税对象

烟叶税的征税对象是在中华人民共和国境内收购的烟叶。烟叶，是指晾晒烟叶和烤烟叶。"晾晒烟叶"包括列入名晾晒烟名录的晾晒烟叶和未列入名晾晒烟名录的其他晾晒烟叶。

7.1.2 纳税人

在中华人民共和国境内收购烟叶的单位为烟叶税的纳税人。"收购烟叶的单位",是指依照《中华人民共和国烟草专卖法》的规定有权收购烟叶的烟草公司或者受其委托收购烟叶的单位。

7.1.3 税率

烟叶税实行比例税率,税率为20%。烟叶税税率的调整,由国务院决定。

7.2 应纳税额的计算和征收管理

7.2.1 计税依据

烟叶税按照纳税人收购烟叶的收购金额为计税依据。"收购金额",包括纳税人支付给烟叶销售者的烟叶收购价款和价外补贴。按照简化手续、方便征收的原则,对价外补贴统一暂按烟叶收购价款的10%计入收购金额征税。收购金额计算公式如下:

$$收购金额 = 收购价款 \times (1 + 10\%)$$

7.2.2 应纳税额的计算

$$应纳税额 = 烟叶收购金额 \times 税率$$

应纳税额以人民币计算。

7.2.3 征收管理

烟叶税的纳税义务发生时间为纳税人收购烟叶的当天。即纳税人向烟叶销售者付讫收购烟叶款项或者开具收购烟叶凭据的当天。纳税人应当自纳税义务发生之日起30日内申报纳税。具体纳税期限由主管税务机关核定。

烟叶税由地方税务机关征收。

纳税人收购烟叶,应当向烟叶收购地的主管税务机关申报纳税。"烟叶收购地的主管税务机关",是指烟叶收购地的县级地方税务局或者其所指定的税务分局、所。

各地要高度重视和认真组织好烟叶税暂行条例的实施工作,认真开展对纳税人政策宣传和对税务人员的业务培训,保证正确执行烟叶税暂行条例及有关征税规定。地方税务机关要摸清烟叶生产、收购情况,了解纳税人的经营管理特点和财务核算制度,做好税源分析和监管工作。

原烟叶农业特产税由财政部门征收的地方，地方税务机关应主动与财政部门衔接，了解掌握烟叶税税源等有关情况，财政部门应予积极配合支持。

各级地方税务局要严格依照《中华人民共和国税收征收管理法》及其他有关规定，加强征收管理，完善纳税申报制度，全面规范烟叶税征收管理工作。

烟叶税征管要坚持"统一"、"规范"的方针。"统一"就是烟叶税要由地方税务局统一征收，统一管理，执行统一的征管规定，并纳入地方税的统一考核管理。"规范"就是要按照《税收征管法》的规定和要求，全面规范烟叶税的征收管理工作，从税务登记、纳税申报、税款征收到日常管理、税务稽查、会计核算以及有关表证单书使用等，实行与其他地税部门管理税种一样的征管模式和管理方法。

第 8 章 关 税

关税是海关依法对进出我国关境或国境的货物和物品征收的一种税。关境,又称"海关境域"或"关税领域",是国家《海关法》全面实施的领域。国境是一个国家以边界为界限,全面行使主权的境域,包括领土、领海、领空。在通常情况下,一国的关境和国境是一致的。但当某一国家在国境内设立了自由港、自由贸易区时,这些区域就进出口关税而言处在关境之外,这时国家的关境小于国境。根据《中华人民共和国香港特别行政区基本法》和《中华人民共和国澳门特别行政区基本法》,香港和澳门保持自由港地位,为我国单独的关税地区,即单独关境区。单独关境区不完全适用该国海关法律、法规,而是实施单独的海关管理制度。当几个国家结成关税同盟,组成一个共同的关境,实施统一的关税法令和统一的对外税则时,这些国家彼此之间货物进出国境不征收关税,只对来自或运往其他国家的货物进出共同关境时征收关税,这些国家的关境大于国境,如欧洲联盟的各成员国。

关税是一个历史悠久的税种。《周礼·地官》中就有"关市之征"的记载。新中国成立后,建立了完全独立自主的关税制度和海关管理制度。1949 年 10 月设立海关总署,统一领导全国海关机构和业务。1951 年 5 月颁布了《中华人民共和国暂行海关法》,同时颁布了《中华人民共和国海关进出口税则》和《中华人民共和国海关进出口税则暂行实施条例》。随着经济的发展,我国有关关税的法则也不断发展和完善,现行关税法律规范是 2000 年 7 月全国人大常委会修正颁布的《中华人民共和国海关法》(以下简称《海关法》),国务院于 2003 年 11 月颁布的《中华人民共和国进出口关税条例》(以下简称《进出口条例》)以及由国务院关税税则委员会审定并报国务院批准,作为条例组成部分的《中华人民共和国进出口税则》和《中华人民共和国海关入境旅客行李物品和个人邮递物品征收进口税办法》等基本法规。

8.1 征税对象及纳税义务人

8.1.1 征税对象

关税的征税对象是准许进出境的货物和物品。货物是指贸易性商品;物品包括入境旅客随身携带的行李和物品、个人邮递物品、各种运输工具上的服务人员携带进口的自用物品、馈赠物品以及其他方式进入国境的个人物品。

8.1.2 纳税义务人

贸易性商品的纳税人是经营进出口货物的收、发货人。具体包括：外贸进出口公司；工贸或农贸结合的进出口公司；其他经批准经营进出口商品的企业。

物品的纳税人包括：入境旅客随身携带的行李、物品的持有人；各种运输工具上服务人员入境时携带自用物品的持有人；馈赠物品以及其他方式入境个人物品的所有人；进口个人邮件的收件人。

8.2 进出口税则

8.2.1 进出口税则概况

进出口税则是一国政府根据国家关税政策和经济政策，通过一定的立法程序制定并公布实施的进出口货物和物品应税的关税税率表。进出口税则以税率表为主体，通常还包括实施税则的法令、使用税则的有关说明和附录等。

税率表作为税则主体，包括税则商品分类目录和税率栏两大部分。税则商品分类目录是把种类繁多的商品加以综合，按照其不同特点分门别类简化成数量有限的商品类目，分别编号按序排列，称为税则号列，并逐号列出该号中应列人的商品名称。商品分类的原则即归类规则，包括归类总规则和各类、章、目的具体注释。税率栏是按商品分类目录逐项订出的税率栏目。我国现行进口税则为四栏税率，出口税则为一栏税率。

8.2.2 税则商品分类目录

我国 1985 年颁布的《海关进出口税则》是以《海关合作理事会税则分类目录》（Customs Co-operative Council Nomenclature，简称 CCCN）为基础，同时结合中国进出口商品的实际情况编排的，其特点是对进出口货物按自然属性、加工程序和用途进行分类。截至 1987 年，全世界有 150 多个国家和地区采用了 CCCN 的税则分类方法。但由于 CCCN 在一些大国，如美国、加拿大及前苏联等并未采用，还由于 CCCN 在设计时考虑的只是服务于海关的征税需要，不能同时满足海关、统计、贸易、运输生产厂商及进出口商等各方面的需要，也不能完全满足科学技术发展的需要，所以，海关合作理事会在与其他一些国际组织讨论和协调的基础上，于 1985 年编制完成了《商品名称及编码协调制度》（简称 HS）。

我国 1992 年公布的新的《海关进出口税则》不再采用 CCCN 的税则分类方法，而是以 HS 为基础，结合我国进出口商品的实际而编排的。全部应税商品共分为 21 大类。

第一类：活动物；动物产品。

第二类：植物产品。

第三类：动植物油、脂及其分解产品；精制的食用油脂；动、植物蜡。

第四类：食品、饮料、酒及醋；烟草及烟草代用品的制品。

第五类：矿产品。

第六类：化学工业及相关工业的产品。

第七类：塑料及其制品；橡胶及其制品。

第八类：生皮、皮革、毛皮及其制品；鞍具及模具；旅行用品、手提包及类似容器；动物肠线（蚕胶丝除外）制品。

第九类：木及木制品；木炭；软木及软木制品；稻草、秸杆、针茅或其他编结材料制品，篮筐及柳条编结品。

第十类：木浆及其他纤维素浆；回收（废碎）纸及纸板；纸、纸板及其制品。

第十一类：纺织原料及纺织制品。

第十二类：鞋、帽、伞、杖、鞭及其零件；已加工的羽毛及其制品；人造花；人发制品。

第十三类：石料、石膏、水泥、石棉、云母及类似材料的制品；陶瓷产品；玻璃及其制品。

第十四类：天然或养殖珍珠、宝石或半宝石、贵金属、包括贵金属及其制品；仿首饰，硬币。

第十五类：贱金属及其制品。

第十六类：机器、机械器具、电气设备及其零件，录音机及放声机、电视图像、声音的录制和重放设备及其零件、附件。

第十七类：车辆、航空器、船舶及有关运输设备。

第十八类：光学、照相、电影、计量、检验、医疗或外科用仪器及设备、精密仪器设备；钟表、乐器，上述物品的零件、附件。

第十九类：武器、弹药及其零件、附件。

第二十类：杂项制品。

第二十一类：艺术品、收藏品及古物。

HS 是一部科学、系统的国际贸易商品分类体系，是国际上多个商品分类目录协调的产物，适合于与国际贸易有关的多方面的需要，成为国际贸易商品分类的一种"标准语言"。

HS 共分三部分。第一部分是归类总规则，规定了分类原则和方法，以保证某一具体商品能始终归入唯一编码，找出最适合的税号，确定税率，计算关税税负。第二部分是类、章、目、子目注释，严格界定相应商品范围。第三部分是按顺序编排的目与子目编码及条文，采用六位编码。第 1、2 位是代表"章"；第 3、4 位代表"目"；第 5、6 位代表"子目"。

HS 中的"类"基本上按社会生产部类分类，将属于同一生产部类的产品归在同一类中，如农业在第一、二类，化学工业在第六类，纺织工业在第十一类等。

HS 中的"章"的分类有两种情况，一是按商品原材料的属性分类，相同原料的产品一般归入同一章，在章内按产品加工程度从原料到成品顺序排列，如第 52 章棉花，按原棉

——已梳棉——棉纱——棉布顺序排列；二是按商品的用途或性能分类。制造业的许多产品很难按其原料分类，尤其是可用多种材料制作的产品或由混合材料制成的产品，如鞋、帽、机电仪器产品等，章内再按原料或加工程度顺序排列。HS 各章都有一个"其他"子目，起"兜底"作用，使任何国际贸易商品都能在这个分类体系找到适当的位置。

我国的子目。我国现行税则采用 8 位编码，前 6 位等效采用 HS 编码，第 7、8 位为我国根据中国进出口商品的实际情况，在 HS 基础上延伸的两位编码，也称增列税目。增列税目的原则主要是，遵循 HS 分类原则和方法，适应科学技术发展需要，有利于对相关商品实行有区别的关税政策，有利于执行国家重要产业政策，有利于解决商品归类分歧，便于海关统计。一般情况下，增列税目的商品应当单独成类，不应是一个具体品牌或单个商品；应当具有一定的进口量或出口额，不应为某一个部门或企业的特殊需要单列税目；应当有一定的技术先进性和前瞻性，生命周期较短的商品不宜增列；在海关现场要能够与其他商品鉴别。增列税目应重点考虑代表现代科技发展方向，尤其是能够促进环保和节能方面的新产品；国家产业政策重点支持和发展的产品；进口量或进口额较大，但没有单列税目的商品。到目前为止，我国自主增列税目 2092 个，使我国 2002 年版进口税则的总税目数达到 7 316 个，其中 HS2002 版有 5 224 个 6 位税目。我国 2002 年版出口税则的税目总数为 36 个。

8.2.3 税则归类

税则归类，就是按照税则的规定，将每项具体进出口商品按其特性在税则中找出其最适合某一个税号，即"对号入座"，以便确定其适用的税率，计算关税税负，税则归类错误会导致关税多征或少征，影响关税作用的发挥。因此，税则归类关系到关税政策的正确贯彻。

8.2.4 原产地规定

确定进境货物原产地的主要原因之一，是便于正确运用进口税则的各栏税率，对产自不同国家或地区的进口货物适用不同的关税税率。我国原产地规定基本上采用了全部产地生产标准和实质性加工标准两种国际上通用的原产地标准。

1. 全部产地生产标准

全部产地生产标准是指进口货物"完全在一个国家内生产或制造"，生产或制造国即为该货物的原产国。完全在一国生产或制造的进口货物包括：

（1）在该国领土或领海内开采的矿产品；

（2）在该国领土上收获或采集的植物产品；

（3）在该国领土上出生或由该国饲养的活动物及从其所得产品；

（4）在该国领土上狩猎或捕捞所得的产品；

（5）在该国的船只上卸下的海洋捕捞物以及由该国船只在海上取得的其他产品；

（6）在该国加工船上加工上述（5）项所列物品所得的产品；

（7）在该国收集的只适用于作再加工制造的废碎料和废旧物品；

（8）在该国完全使用上述（1）至（7）项所列产品加工成的产品。

2. 实质性加工标准

实质性加工标准是适用于确定有两个以上国家参与生产的产品的原产国的标准，其基本含义是：经过几个国家加工、制造的进口货物，以最后一个对货物进行经济上可以视为实质性加工的国家作为有关货物的原产国。"实质性加工"是指产品加工后，在进出口税则中四位数税号一级的税则归类已经有了改变，或者加工增值部分所占新产品总值的比例已超过30%及以上。

3. 其他

对机器、仪器、器材或车辆所用零件、部件、配件、备件及工具，如与主件同时进口且数量合理的，其原产地按主件的原产地确定，分别进口的则按各自的原产地确定。

8.2.5 关税税率及运用

1. 进口关税税率

（1）税率设置与适用。进口货物大多采用比例税率，从价计征。自1997年7月1日起，对啤酒、原油和感光胶片试行从量关税；对录（放）像机和摄像机试行复合关税。所谓复合关税是指对某种进口商品混合使用从价和从量计征关税，即试行复合关税的商品，其价格低于或等于规定价格时，从价计征关税；高于规定价格时，除从量计征关税外，还要另加从价关税。这项改革对于抑制国外低价倾销、防止瞒报价格，保护民族工业、保证正常进口有着积极作用。此外对新闻纸实行滑准税。所谓滑准税是随着进口价格的升降实行高低不同的税率。进口商品价格高时税率低，反之进口价格低时价率高。这可保持实行滑准税商品的国内市场价格的相对稳定，不受国际市场价格波动的影响。

在我国加入WTO之前，我国进口税则设有两栏税率，即普通税率和优惠税率。加入WTO之后，为履行我国加入WTO关税减让谈判中承诺的有关义务，享有WTO成员应有的权利，自2002年1月1日起，我国进口税则设有最惠国税率、协定税率、特惠税率、普通税率、关税配额税率等五类税率。对进口货物在一定期限内可以实行暂定税率。最惠国税率适用原产于与我国共同适用最惠国待遇条款的WTO成员国或地区的进口货物，或原产于与我国签订有相互给予最惠国待遇条款的双边贸易协定的国家或地区进口的货物以及原产于我国境内的进口货物；协定税率适用于原产于我国参加的含有关税优惠条款的区域性贸易协定有关缔约方的进口货物;特惠税率适用原产于与我国签订有特殊优惠关税协定的国家或地区的进口货物;普通税率适用于原产于上述国家或地区以外的其他国家或地区的进口货物。

(2) 税率水平和结构。1992 年我国关税总水平(优惠税率的算术平均水平)约为 42%,普通税率水平为 56%。之后对关税总水平进行了几次大幅度的调整,到 2002 年我国关税总水平(最惠国税率的算术平均水平)降低到 12%,在 7 316 个税目中,有 5 332 个税目的税率有不同程度的降低,降幅面积达 73%。普通税率总体平均约为 57%。从 2001 年底我国加入世界贸易组织到 2005 年,经过连续 4 年的大幅度降税,我国已经履行了绝大部分入世承诺的降税承诺。从 2006 年 1 月 1 日起,我国将进一步降低 100 多个税目的进口关税,涉及植物油、化工原料、汽车及汽车零部件等产品。2006 年的关税总水平为 9.9%,其中农产品平均税率为 15.2%,工业品平均税率为 9.0%。经过这次降税,我国已经基本完成了入世承诺的降税义务。

(3) 税率计征办法。我国对进口商品基本上都实行从价税,从 1997 年 7 月 1 日起,我国对部分产品实行从量税、复合税。

(4) 暂定税率与关税配额税率。根据经济发展的需要,国家对部分进口原材料、零部件、农药原药和中间体、乐器及生产设备实行暂定税率。根据我国进出口关税条例规定,国务院关税税则委员会可以根据国家对外经济贸易政策的需要制定关税暂定税率,即在海关进出口税则规定的进口优惠税率和出口税率的基础上,对某些进口货物(但仅限于从与我国订有关税互惠协议的国家和地区进口的货物)和出口货物实施更为优惠的关税税率。暂定税率优先适用于优惠税率或最惠国税率,按普通税率征税的进口货物不适用暂定税率。同时,对部分进口农产品和化肥产品实行关税配额,即一定数量内的上述进口商品适用税率较低的配额内税率,超出该数量的进口商品适用税率较高的配额外税率。

2. 出口关税税率

我国出口税则为一栏税率,即出口税率。我国仅对少数资源性产品及易于竞相杀价、盲目出口、需要规范出口秩序的半制成品征收出口关税。现在我国真正征收出口关税的商品只有 20 种,税率也较低。

3. 特别关税

特别关税包括报复性关税、反倾销税与反补贴税、保障性关税。征收特别关税的货物、适用国别、税率、期限和征收办法,由国务院关税税则委员会决定,海关总署负责实施。

(1) 报复性关税。任何国家或者地区对其进口的原产于我国的货物征收歧视性关税或者给予其他歧视性待遇的,我国对原产于该国家或者地区的进口货物征收报复性关税。

(2) 反倾销税与反补贴税。在激烈的市场竞争中,倾销和补贴行为在国际贸易中时常发生,且有愈演愈烈之势,其危害是使用不公平手段抢占市场份额,抑制我国相关产业的发展。为保护我国产业，根据《中华人民共和国反倾销条例》和《中华人民共和国反补贴条例》规定，进口产品经初裁确定倾销或者补贴成立，并由此对国内产业造成损害的，可以采取临时反倾销或反补贴措施，实施期限为自决定公告规定实施之日起，不超过4个月。采取临时反补贴措施在特殊情形下，可以延长至9个月。经终裁确定倾销或者补贴成立，并由此对国内产业造成损害的，可以征收反倾销税和反补贴税，征收期限一般不超过5年，但经复审确定终止征收反倾销税或反补贴税，有可能导致倾销或补贴以及损害的继续或再度发生的，征收期限可以适当延长。

（3）保障性关税。根据《中华人民共和国保障措施条例》规定，有明确证据表明进口产品数量增加，在不采取临时保障措施将对我国相关产业造成难以补救的损害的紧急情况下，可以作出初裁决定，并采取临时保障措施（提高关税）。终裁决定确定进口产品数量增加，并由此对国内产业造成损害的，可以采取保障措施。保障措施可以提高关税、限制数量等形式，针对正在进口的产品实施，不区分产品来源国家或地区。

4. 税率的运用

我国进出口关税条例规定，进出口货物，应当依照税则规定的归类原则归入合适的税号，并按照适用的税率征税。其中：

（1）进出口货物，应当按照纳税义务人申报进口或者出口之日实施的税率征税。

（2）进口货物到达前，经海关核准先行申报的，应当按照装载此货物的运输工具申报进境之日实施的税率征税。

（3）进出口货物的补税和退税，适用该进出口货物原申报进口或者出口之日所实施的税率，但下列情况除外：

① 按照特定减免税办法批准予以减免税的进口货物，后因情况改变经海关批准转让或出售或移作他用需予补税的，适用海关接受纳税义务人再次填写报关单申报办理纳税及有关手续之日实施的税率征税；

② 加工贸易进口料、件等属于保税性质的进口货物，如经批准转为内销，应按向海关申报转为内销之日实施的税率征税；

③ 暂时进口货物转为正式进口货物需补税时，应按其申报正式进口之日实施的税率征税；

④ 分期支付租金的租赁进口货物，分期付款时，适用海关接受纳税义务人再次填写报关单申报办理纳税及有关手续之日实施的税率征税；

⑤ 溢卸、误卸货物事后确定需征税时，应按其原运输工具申报进口日期所实施的税率征税。如原进口日期无法查明的，可按确定补税当天实施的税率征税；

⑥ 对由于税则归类的改变、完税价格的审定或其他工作差错而需补税的，应按原征税日期实施的税率征税；

⑦ 对经批准缓税进口的货物以后缴税时，不论是分期或一次缴清税款，都应按货物原

进口之日实施的税率征税；

⑧ 查获的走私进口货物需补税时，应按查获日期实施的税率征税。

8.3 应纳税额的计算

8.3.1 关税完税价格

关税完税价格即关税的计税依据，它是由海关确定或估定的纳税义务人用以缴纳关税税款的进出口货物的价格。关税的完税价格对于计算应纳的关税税额至关重要，其确定或估定也甚为复杂。《海关法》规定，进出口货物的完税价格，由海关以该货物的成交价格为基础审查确定。成交价格不能确定时，完税价格由海关依法估定。自我国加入WTO后，我国海关已全面实施了《世界贸易组织估价协定》，遵循客观、公平、统一的估价原则，并依据2002年1月1日起实施的《中华人民共和国海关审定进出口货物完税价格办法》（以下简称《完税价格办法》），审定进出口货物的完税价格。

1. 一般进口货物的完税价格

（1）以成交价格为基础的完税价格。根据《海关法》，进口货物的完税价格包括货物的货价、货物运抵我国境内输入地点起卸前的运输及其相关费用、保险费。我国境内输入地为入境海关地，包括内陆河、江口岸，一般为第一口岸。货物的货价以成交价格为基础。进口货物的成交价格是指买方为购买该货物，并按《完税价格办法》有关规定调整后的实付或应付价格。"实付或应付价格"是指买方为购买进口货物直接或间接支付的总额，即作为卖方销售进口货物的条件，由买方向卖方或为履行卖方义务向第三方已经支付或将要支付的全部款项。

下列费用或者价值未包括在进口货物的实付或者应付价格中，应当计入完税价格中。

① 由买方负担的除购货佣金以外的佣金和经纪费。"购货佣金"指买方为购买进口货物向自己的采购代理人支付的劳务费用。"经纪费"指买方为购买进口货物向代表买卖双方利益的经纪人支付的劳务费用。

② 由买方负担的与该货物视为一体的容器费用。

③ 由买方负担的包装材料和包装劳务费用。

④ 与该货物的生产和向中华人民共和国境内销售有关的，由买方以免费或者低于成本的方式提供并可以按适当比例分摊的料件、工具、模具、消耗材料及类似货物的价款以及在境外开发、设计等相关服务的费用。

⑤ 与该货物有关并作为卖方向我国销售该货物的一项条件，应当由买方直接或间接支付的特许权使用费。"特许权使用费"指买方为获得与进口货物相关的、受著作权保护的作

品、专利、商标、专有技术和其他权利的使用许可而支付的费用。但是在估定完税价格时，进口货物在境内的复制权费不得计入该货物的实付或应付价格之中。

⑥ 卖方直接或间接从买方对该货物进口后转售、处置或使用所得中获得的收益。

上列所述的费用和价值，应当由进口货物的收货人向海关提供客观量化的数据资料。如果没有客观量化的数据资料，完税价格由海关按《完税价格办法》规定的方法进行估定。

下列费用，如能与该货物实付或者应付价格区分，不得计入完税价格：

① 厂房、机械、设备等货物进口后的基建、安装、装配、维修和技术服务的费用；

② 货物运抵境内输入地点之后的运输费用、保险费和其他相关费用；

③ 进口关税和其他国内税收。

买卖双方之间有特殊关系的，经海关审定其特殊关系未对成交价格产生影响，或进口货物的收货人能证明其成交价格与同时或大约同时发生的下列任一价格相近，该成交价格海关应当接受：

① 向境内无特殊关系的买方出售的相同或类似货物的成交价格；

② 按照使用倒扣价格有关规定所确定的相同或类似货物的完税价格；

③ 按照使用计算价格有关规定所确定的相同或类似货物的完税价格。

海关在使用上述价格作比较时，应当考虑商业水平和进口数量的不同以及实付或者应付价格的调整规定所列各项目和交易中买卖双方有无特殊关系造成的费用差异。

有下列情形之一的，应当认定买卖双方有特殊关系：买卖双方为同一家族成员；买卖双方为商业上的高级职员或董事；一方直接或间接地受另一方控制；买卖双方都直接或间接地受第三方控制；买卖双方共同直接或间接地控制第三方；一方直接或间接地拥有、控制或持有对方 5%或以上公开发行的有表决权的股票或股份；一方是另一方的雇员、高级职员或董事；买卖双方在经营上相互有联系，一方是另一方的独家代理、经销或受让人。

(2) 进口货物海关估价方法。进口货物的价格不符合成交价格条件或者成交价格不能确定的，海关应当依次以相同货物成交价格方法、类似货物成交价格方法、倒扣价格方法、计算价格方法及其他合理方法确定的价格为基础，估定完税价格。如果进口货物的收货人提出要求，并提供相关资料，经海关同意，可以选择倒扣价格方法和计算价格方法的适用次序。

① 相同或类似货物成交价格方法。相同或类似货物成交价格方法，即以与被估的进口货物同时或大约同时（在海关接受申报进口之日的前后各 45 天以内）进口的相同或类似货物的成交价格为基础，估定完税价格。

以该方法估定完税价格时，应当首先使用同一生产商生产的相同或类似货物的成交价格，只有在没有这一成交价格的情况下，才可以使用同一生产国或地区生产的相同或类似货物的成交价格。如果有多个相同或类似货物的成交价格，应当以最低的成交价格为基础，估定完税价格。

上述"相同货物"指与进口货物在同一国家或地区生产的，在物理性质、质量和信誉等所有方面都相同的货物,但表面的微小差别允许存在;"类似货物"指与进口货物在同一国家或地区生产的,虽然不是在所有方面都相同,但却具有相似的特征、相似的组成材料、同样的功能,并且在商业中可以互换的货物。

② 倒扣价格法。倒扣价格法即以被估的进口货物、相同或类似进口货物在境内销售的价格为基础估定完税价格。按该价格销售的货物应当同时符合五个条件,即在被估货物进口时或大约同时销售;按进口时的状态销售;在境内第一环节销售;合计的货物销售总量最大;向境内无特殊关系方销售。

以该方法估定完税价格时,下列各项应当扣除:

a. 该货物的同等级或同种类货物,在境内销售时的利润和一般费用及通常支付的佣金;
b. 货物运抵境内输入地点之后的运费、保险费、装卸费及其他相关费用;
c. 进口关税、进口环节税和其他与进口或销售上述货物有关的国内税。

③ 计算价格方法。计算价格方法即按下列各项的总和计算出的价格估定完税价格。有关各项为:

a. 生产该货物所使用的原材料价值和进行装配或其他加工的费用;
b. 与向境内出口销售同等级或同种类货物的利润、一般费用相符的利润和一般费用;
c. 货物运抵境内输入地点起卸前的运输及相关费用、保险费用。

④ 其他合理方法。使用其他合理方法时,应当根据《完税价格办法》规定的估价原则,以在境内获得的数据资料为基础估定完税价格。但不得使用以下价格:

a. 境内生产的货物在境内的销售价格;
b. 可供选择的价格中较高的价格;
c. 货物在出口地市场的销售价格;
d. 以计算价格方法规定的有关各项之外的价值或费用计算的价格;
e. 出口到第三国或地区的货物的销售价格;
f. 最低限价或武断虚构的价格。

2. 特殊进口货物的完税价格

(1) 加工贸易进口料件及其制成品。加工贸易进口料件及其制成品需征税或内销补税的,海关按照一般进口货物的完税价格规定,审定完税价格。

① 进口时需征税的进料加工进口料件,以该料件申报进口时的价格估定。
② 内销的进料加工进口料件或其制成品(包括残次品、副产品),以料件原进口时的价格估定。
③ 内销的来料加工进口料件或其制成品(包括残次品、副产品),以料件申报内销时的价格估定。
④ 出口加工区的加工企业内销的制成品(包括残次品、副产品),以制成品申报内销时的价格估定。

⑤ 保税区内的加工企业内销的进口料件或其制成品（包括残次品、副产品），分别以料件或制成品申报内销时的价格估定。如果内销的制成品中含有从境内采购的料件，则以所含从境外购入的料件原进口时的价格估定。

⑥ 加工贸易加工过程中产生的边角料，以申报内销时的价格估定。

（2）保税区、出口加工区货物。从保税区或出口加工区销往区外，从保税仓库出库内销的进口货物（加工贸易进口料件及其制成品除外），以海关审定的价格估定完税价格。对经审核销售价格不能确定的，海关应当按照一般进口货物估价办法的规定，估定完税价格。如销售价格中未包括在保税区、出口加工区或保税仓库中发生的仓储、运输及其他相关费用，应当按照客观量化的数据资料予以计入。

（3）运往境外修理的货物。运往境外修理的机械器具、运输工具或其他货物，出境时已向海关报明，并在海关规定期限内复运进境的，应当以海关审定的境外修理费和料件费为完税价格。

（4）运往境外加工的货物。运往境外加工的货物，出境时已向海关报明，并在海关规定期限内复运进境的，应当以海关审定的境外加工费和料件费以及该货物复运进境的运输及其相关费用、保险费估定完税价格。

（5）暂时进境货物。对于经海关批准的暂时进境的货物，应当按照一般进口货物估价办法的规定，估定完税价格。

（6）租赁方式进口的货物。租赁方式进口的货物中，以租金方式对外支付的租赁物品，在租赁期间以海关审定的租金作为完税价格；留购的租赁物品，以海关审定的留购价格作为完税价格；承租人申请一次性缴纳税款的，经海关同意，按照一般进口货物估价办法的规定估定完税价格。

（7）留购的进口货样等。对于境内留购的进口货样、展览品和广告陈列品，以海关审定的留购价格为完税价格。

（8）予以补税的减（免）税货物。减税或免税进口的货物需予补税时，应当以海关审定的该货物原进口时的价格，扣除折旧部分价值作为完税价格，其计算公式如下：

完税价格＝海关审定的该货物原进口时的价格×[1－申请补税时实际已使用的时间（月）÷（监管年限×12）]

（9）以其他方式进口的货物。以易货贸易、寄售、捐赠、赠送等方式进口的货物，应当按照一般进口货物估价办法的规定，估定完税价格。

3. 出口货物的完税价格

（1）以成交价格为基础的完税价格。出口货物的完税价格，由海关以该货物向境外销售的成交价格为基础审查确定，并应包括货物运至我国境内输出地点装卸前的运输及其相关费用、保险费，但其中包含的出口关税税额，应当扣除。

出口货物的成交价格，是指该货物出口销售到我国境外时买方向卖方实付或应付的价格。出口货物的成交价格中含有支付给境外的佣金的,如果单独列明,应当扣除。

(2)出口货物海关估价方法。出口货物的成交价格不能确定时,完税价格由海关依次使用下列方法估定:

① 同时或大约同时向同一国家或地区出口相同货物的成交价格;

② 同时或大约同时向同一国家或地区出口类似货物的成交价格;

③ 根据境内生产相同或类似货物的成本、利润和一般费用、境内发生的运输费及其相关费用、保险费计算所得的价格;

④ 按照合理方法估定的价格。

4. 进出口货物完税价格中的运输费及其相关费用、保险费的计算

(1)以一般陆运、空运、海运方式进口的货物。在进口货物的运输费及相关费用、保险费计算中,陆运进口货物,计算至该货物运抵境内的第一口岸;如果运输费及其相关费用、保险费支付至目的地口岸,则计算至目的地口岸。空运进口的货物,计算至该货物运抵境内第一口岸;如果该货物的目的地为境内的第一口岸外的其他口岸,则计算至目的地口岸。海运进口货物,计算至该货物运抵境内的卸货口岸;如果该货物的卸货口岸是内河(江)口岸,则应当计算至内河(江)口岸。

陆运、空运和海运进口货物的运费和保险费,应当按照实际支付的费用计算,如果进口货物的运费无法确定或未实际发生,海关应当按照该货物进口同期运输行业公布的运费率(额)计算运费,按照"货价加运费"两者总额的3‰计算保险费。

(2)以其他方式进口的货物。邮运的进口货物,应当以邮费计算运输费及其相关费用、保险费用;以境外边境口岸价格条件成交的铁路或公路运输进口货物,海关应当按照货价的1%计算运输及其相关费用、保险费;作为进口货物的自驾进口的运输工具,海关在审定完税价格时,可以不另行计入运费。

(3)出口货物。出口货物的销售价格如果包括离境口岸至境外口岸之间的运输费、保险费的,该运输费、保险费应当扣除。

5. 完税价格的审定

(1)进出口货物的收发货人应当向海关如实申报进出口货物的成交价格,提供包括发票、合同、装箱清单及其他证明申报价格真实、完整的单证、书面资料和电子数据。海关认为必要时,还应当向海关补充申报反映买卖双方关系和成交活动的情况以及其他与成交价格有关的资料。

(2)海关为审查申报价格的真实性和准确性,可以查阅、复制与进出口货物有关的合同、发票、账册、结付汇凭证、单据、业务函电和其他反映买卖双方关系及交易活动的书面资料和电子数据;可以向进出口货物的收发货人及与其有资金往来或有其他业务往来的公司、企业调查与进出口货物价格有关的问题;可以对进出口货物进行查验或提取货样进

行检验或化验；可以进入进出口货物收发货人的生产经营场所、货物存放场所，检查与进出口活动有关的货物和生产经营情况；可以向有关金融机构或税务部门，查询了解与进出口货物有关的收付汇资料或缴纳国内税的情况。

（3）海关对申报价格的真实性或准确性有疑问时，应当书面将怀疑的理由告知进出口货物的收发货人，要求其以书面形式作进一步说明，提供资料或其他证据，证明其申报价格是真实、准确的。自海关书面通知发出之日起 15 日内，进出口货物的收发货人未能提供进一步说明，或海关审核所提供的资料或证据后，仍有理由怀疑申报价格的真实性和准确性时，海关可以不接受其申报价格，并按照一般进口货物海关估价方法估定完税价格。

（4）海关有理由认为买卖双方之间的特殊关系影响成交价格时，应当书面将怀疑的理由告知进出口货物的收发货人，要求其以书面形式作进一步说明，提供资料或其他证据，证明双方之间的关系未影响成交价格。自海关书面通知发出之日起 15 日内，进出口货物的收发货人未能提供进一步说明，或海关审核所提供的资料或证据后，仍有理由认为买卖双方的关系影响成交价格时，海关可以不接受其申报价格，并按照一般进口货物海关估价方法估定完税价格。

（5）海关不接受申报价格，按照相同货物或类似货物成交价格的规定估定完税价格时，为获得合适的相同或类似进出口货物的成交价格，可以与进出口货物的纳税义务人进行价格磋商。

（6）进出口货物的收发货人可以提供书面申请，要求海关就如何确定其进出口货物的完税价格作出书面说明。

（7）海关为确定进出口货物的完税价格需要推迟作出估价决定时，进出口货物的收发货人可以在依法向海关提供担保后，先行提取货物。海关对于实行担保放行的货物，应当自具保之日起 90 天内核查完毕，并将核查结果通知进出口货物收发货人。

8.3.2 应纳税额的计算

（1）从价税应纳税额的计算

$$应纳税额＝应税进（出）口货物数量\times 单位完税价格\times 适用税率$$

[**例 8.3.1**] 子进出口公司从某国进口机器一批共 10000 台，其单位完税价格为 500 元/台，关税税率为 20%。请计算其应纳税额。

$$应纳税额＝10000\times 500\times 20\%＝100 万（元）$$

（2）从量税应纳税额的计算

$$应纳税额＝应税进（出）口货物数量\times 单位税额$$

（3）复合税应纳税额的计算。我国目前实行的复合税都是先计征从量税，再计征从价税。

应纳税额＝应税进（出）口货物数量×单位货物税额＋应税进（出）口货物数量
　　　　×单位完税价格×税率

[例 8.3.2] 子进出口公司从原产自与我国订有关税互惠条款的贸易条约的国家进口录像机 1 万台，每台完税价格 3100 美元/台，折合人民币 25637 元/台。录像机实行复合关税，试计算这批录像机应纳进口关税税额。

$$应纳关税税额＝（14300＋25637×3\%）×10000$$
$$＝1506911000（元）$$

（4）滑准税的计算方法。所谓滑准税，就是根据同一种商品进口价格的不同，分别实施不同档次的税率，价格高的税率低，价格低的税率高，其目的是使商品税后价格能够保持稳定，税率为比例税率。因此，对实行滑准税率的进口商品应纳关税税额的计算方法仍同于从价计税的计算方法。

8.3.3 行李和邮递物品进口税

行李和邮递物品进口税简称行邮税，是海关对入境旅客行李物品和个人邮递物品征收的进口税。由于其中包含了在进口环节征收的增值税、消费税，因而也是对个人非贸易性入境物品征收的进口关税和进口工商税收的总称。课税对象包括入境旅客、运输工具服务人员携带的应税行李物品、个人邮递物品、馈赠物品以及以其他方式入境的个人物品等物品，简称进口物品。

对准许应税进口的旅客行李物品、个人邮递物品以及其他个人自用物品，均应依据《入境旅客行李物品和个人邮递物品进口税税率表》征收行邮税。纳税义务人是携带应税个人自用物品入境的旅客及运输工具服务人员、进口邮递物品的收件人以及以其他方式进口应税个人自用物品的收件人。上述所称的应税个人自用物品，不包括汽车、摩托车及其配件、附件。对进口应税个人自用汽车、摩托车及其配件、附件以及超过海关规定的自用合理数量部分的应税物品应按货物进口程序办理报关验放手续。

《入境旅客行李物品和个人邮递物品进口税税率表》由国务院关税税则委员会审定后，由海关总署对外公布实施。我国现行行邮税税率分为 50%、20%、10% 三个档次。属于 50% 税率的物品为烟、酒；属于 20% 税率的物品，包括纺织品及其制成品，摄像机、摄录一体机、数码相机及其他电器用具，照相机、自行车、手表、钟表（含配件、附件）、化妆品；属于 10% 税率的物品，包括书报、刊物、教育专用电影片、幻灯片、原版录音带、录像带、金、银及其制品，食品、饮料和其他商品。

进口税采用从价计征，完税价格由海关参照该物品的境外正常零售平均价格确定。

$$进口税税额＝完税价格×进口税税率$$

海关按照填发税款缴纳书当日有效的税率和完税价格计算征收。纳税义务人应当在海关放行应税个人自用物品之前缴清税款。

8.4 关税减免

关税减免是对某些纳税义务人和征税对象给予鼓励和照顾的一种特殊调节手段。正是有了这一手段，使关税政策工作兼顾了普通性和特殊性、原则性和灵活性。因此，关税减免是贯彻国家关税政策的一项重要措施。关税减免分为法定减免税、特定减免税和临时减免税。根据《海关法》规定，除法定减免税外的其他减免税均由国务院决定。减征关税在我国加入 WTO 之前以税则规定的税率为基准；在加入 WTO 之后以最惠国税率或者普通税率为基准。

8.4.1 法定减免税

法定减免税是税法中明确列出的减税或免税。符合税法规定可予减免税的进出口货物，纳税义务人无须提出申请，海关可按规定直接予以减免税。海关对法定减免税货物一般不进行后续管理。

我国《海关法》和《进出口条例》明确规定，下列货物、物品予以减免关税。

(1) 关税税额在人民币 50 元以下的一票货物，可免征关税。

(2) 无商业价值的广告品和货样，可免征关税。

(3) 外国政府、国际组织无偿赠送的物资，可免征关税。

(4) 进出境运输工具装载的途中必需的燃料、物料和饮食用品，可免征关税。

(5) 经海关核准暂时进境或者出境，并在 6 个月内复运出境或者进境的货样、展览品、施工机械、工程车辆、工程船舶、供安装设备时使用的仪器和工具、电视或者电影摄制器材、盛装货物的容器以及剧团服装道具，在货物收发货人向海关缴纳相当于税款的保证金或者提供担保后，可予暂时免税。

(6) 为境外厂商加工、装配成品和为制造外销产品而进口的原材料、辅料、零件、部件、配套件和包装物料，海关按照实际加工出口的成品数量免征进口关税；或者对进口料件先征进口关税，再按照实际加工出口的成品数量予以退税。

(7) 因故退还的中国出口货物，经海关审查属实，可予免征进口关税，但已征收的出口关税不予退还。

(8) 因故退还的境外进口货物，经海关审查属实，可予免征出口关税，但已征收的进口关税不予退还。

(9) 进口货物如有下列情形，经海关查明属实，可酌情减免进口关税：

① 在境外运输途中或者起卸时，遭受损坏或者损失的；

② 起卸后海关放行前，因不可抗力遭受损坏或者损失的；

③ 海关查验时已破漏、损坏或者腐烂，经证明不是保管不慎造成的。

(10) 无代价抵偿货物，即进口货物在征税放行后，因发现货物残损或短少、品质不良等问题而由国外承运人、发货人或保险公司免费补偿或更换的同类货物,可以免税。但有残损或质量问题的原进口货物如未退运国外,其进口的无代价抵偿货物应照章征税。

(11) 我国缔结或者参加的国际条约规定减征、免征关税的货物、物品,按照规定予以减免。

(12) 法律规定减征、免征的其他货物。

国务院即将修订《中华人民共和国进出口关税条例》,上述法定减免税以修订后的关税条例规定为准。

8.4.2 特定减免税

特定减免税也称政策性减免税。在法定减免税之外,国家按照国际通行规则和我国实际情况,制定发布的有关进出口货物减免关税的政策,称为特定或政策性减免税,特定减免税货物一般有地区、企业和用途的限制,海关需要进行后续管理,也需要进行减免税统计。

1. 科教用品

为有利于我国科研、教育事业的发展,国务院制定了《科学研究和教学用品免征进口税收暂行规定》,对科学研究机构和学校,不以盈利为目的,在合理数量范围内进口国内不能生产的科学研究和教学用品,直接用于科学研究或者教学的,免征进口关税和进口环节增值税、消费税。《规定》对享受该优惠的科研机构和学校资格、类别以及可以免税的物品都作了明确规定。

2. 残疾人专用品

为支持残疾人的康复工作,国务院制定了《残疾人专用品免征进口税收暂行规定》,对规定的残疾人个人专用品,免征进口关税和进口环节增值、消费税;对康复、福利机构、假肢厂和荣誉军人康复医院进口国内不能生产的、《规定》明确的残疾人专用品,免征进口关税和进口环节增值税。《规定》对可以免税的残疾人专用品的种类和品名作了明确规定。

3. 扶贫、慈善性捐赠物资

为促进公益事业的健康发展,经国务院批准,财政部、国家税务总局、海关总署颁布了《扶贫、慈善性捐赠物资免征进口税收的暂行办法》。对境外自然人、法人或者其他组织等境外捐赠人,无偿向经国务院主管部门依法批准成立的,以人道救助和发展扶贫、慈善事业为宗旨的社会团体以及国务院有关部门和各省、自治区、直辖市人民政府捐赠的,直接用于扶贫、慈善事业的物资,免征进口关税和进口环节增值税。所谓扶贫、慈善事业是指非盈利的扶贫济困、慈善救助等社会慈善和福利事业。《办法》对可以免税的捐赠物资种类和品名作了明确规定。

4. 加工贸易产品

（1）加工装配和补偿贸易。加工装配即来料加工、来样加工及来件装配，是指由境外客商提供全部或部分原辅料、零配件和包装物料，必要时提供设备，由我方按客商的要求进行加工装配，成品交外商销售，我方收取加工费。客商提供的作价设备价款，我方用加工费偿还。补偿贸易是指境外客商提供或国内单位利用国外出口信贷进口生产技术或设备，由我方生产，以返销产品方式分期偿还对方技术、设备价款或贷款本息的交易方式。因有利于较快地提高出口产品生产技术，改善我国产品质量和品种，扩大出口，增加我国外汇收入，国家给予一定的关税优惠：进境料件不予征税，准许在境内保税加工为成品后返销出口；进口外商的不作价的设备和作价设备，分别比照外商投资项目和国内投资项目的免税规定执行；剩余料件或增产的产品，经批准转内销时，价值在进口料件总值2%以内，且总价值在3000元以下的，可予免税。

（2）进料加工。进料加工业务是指经批准有权经营进出口业务的企业使用进料加工专项外汇进口料件，并在一年内加工或装配成品外销出口的业务。对其关税优惠为：对专为加工出口商品而进口的料件，海关按实际加工复出口的数量，免征进口税；加工的成品出口，免征出口税，但内销料件及成品照章征税；对加工过程中产生的副产品、次品、边角料，海关根据其使用价值分析估价征税或者酌情减免税；剩余料件或增产的产品，经批准转内销时，价值在进口料件总值2%以内，且总价值在5 000元以下的，可予免税。

5. 边境贸易进口物资

边境贸易有边民互市贸易和边境小额贸易两种形式。边民互市贸易指边境地区边民在边境线20公里以内，经政府批准的开放点或指定的集市上进行的商品交换活动。边民通过互市贸易进口的商品，每人每日价值在3000元以下的，免征进口关税和进口环节增值税。边境小额贸易指沿陆地边境线经国家批准对外开放的边境县（旗）、边境城市辖区内经批准有边境小额贸易经营权的企业，通过国家指定的陆地边境口岸，与毗邻国家边境地区的企业或其他贸易机构之间进行的贸易活动。边境小额贸易企业通过指定边境口岸进口原产于毗邻国家的商品，除烟、酒、化妆品以及国家规定必须照章征税的其他商品外的贸易活动，进口关税和进口环节增值税减半征收。

6. 保税区进出口货物

保税区是指采用与外界隔离的全封闭方式，在海关监控管理下进行存放和加工保税货物的特定区域。保税区的主要关税优惠政策有：进口保税区使用的机器、设备、基建物资、生产用车辆，为加工出口产品进口的原材料、零部件、元器件、包装物料，供存储的转口货物以及在保税区内加工运输出境的产品免征进口关税和进口环节税；保税区内企业进口专为生产加工出口产品所需的原材料、零部件、包装物料以及转口货物予以保税；从保税区运往境外的货物，一般免征出口关税。

7. 出口加工区进出口货物

为加强与完善加工贸易管理，严格控制加工贸易产品内销，保护国内相关产业，并为出口加工企业提供更宽松的环境，带动国产原材料、零配件的出口，国家设立了出口加工区。出口加工区的主要关税优惠政策有：从境外进入区内的生产性的基础设施建设项目所需的机器、设备和建设生产厂房、仓储设施所需的基建物资，区内企业生产所需的机器、设备、模具及其维修用零配件，区内企业和行政管理机构自用合理数量的办公用品，予以免征进口关税和进口环节税；区内企业为加工出口产品所需的原材料、零部件、元器件、包装物料及消耗性材料，予以保税；对加工区运往区外的货物，海关按照对进口货物的有关规定办理报关手续，并按照制成品征税；对从区外进入加工区的货物视同出口，可按规定办理出口退税。

8. 进口设备

为扩大利用外资，引进国外先进技术和设备，促进产业结构的调整和技术进步，国务院于1998年1月1日起，对国家鼓励发展的国内投资项目和外商投资项目进口设备，在规定范围内免征进口关税和进口环节增值税。

9. 特定行业或用途的减免税政策

为鼓励、支持部分行业或特定产品的发展，国家制定了部分特定行业或用途的减免税政策，这类政策一般对可减免税的商品列有具体清单。如为支持我国海洋和陆地上特定地区石油、天然气开采作业，对相关项目进口国内不能生产或性能不能满足要求的，直接用于开采作业的设备、仪器、零附件、专用工具，免征进口关税和进口环节增值税，等等。

8.4.3 临时减免税

临时减免税是指以上法定和特定减免税以外的其他减免税，即由国务院根据《海关法》对某个单位、某类商品、某个项目或某批进出口货物的特殊情况，给予特别照顾，一案一批、专文下达的减免税。一般有单位、品种、期限、金额或数量等限制，不能比照执行。

我国已加入WTO，为遵循统一、规范、公平、公开的原则，有利于统一税法、公平税负、平等竞争，国家严格控制减免税，一般不办理个案临时性减免税，对特定减免税也在逐步规范、清理，对不符合国际惯例的税收优惠政策将逐步予以废止。

8.5 征收管理

8.5.1 关税缴纳

进口货物自运输工具申报进境之日起 14 日内,出口货物在货物运抵海关监管区后装货的 24 小时以前,应由进出口货物的纳税义务人向货物进(出)境地海关申报,海关根据税则归类和完税价格计算应缴纳的关税和进口环节代征税,并填发税收缴款书。纳税义务人应当自海关填发税收缴款书之日起 15 日内,向指定银行缴纳税款。

关税纳税义务人因不可抗力或者在国家税收政策调整的情形下,不能按期缴纳税款的,经海关总署批准,可以延期缴纳税款,但最长不得超过 6 个月。

8.5.2 关税的强制执行

纳税义务人未在关税缴纳期限内缴纳税款,即构成关税滞纳。为保证海关征收关税决定的有效执行和国家财政收入的及时入库,《海关法》赋予海关对滞纳关税的纳税义务人强制执行的权力。强制执行措施主要有两类:

一是征收关税滞纳金。滞纳金自关税缴纳期限届满之日起至纳税义务人缴纳关税之日止,按滞纳税款万分之五的比例按日征收,周末或法定假日不予扣除。具体计算公式为:

$$关税滞纳金金额 = 滞纳关税税额 \times 滞纳金征收比率 \times 滞纳天数$$

二是强制征收。如纳税义务人自海关填发税收缴款书之日起 3 个月内仍未缴纳税款,经海关关长批准,海关可以采取强制扣缴、变价抵缴等强制措施。

8.5.3 关税退还

关税退还是关税纳税义务人按海关核定的税额缴纳关税后,因某种原因的出现,海关将实际征收多于应当征收的税额(称为溢征关税)退还给原纳税义务人的一种行政行为。根据《海关法》规定,海关多征的关税,海关发现后应当立即退还。

8.5.4 关税补征和追征

关税补征和追征是海关在关税纳税义务人按海关核定的税额缴纳关税后,发现实际征收税额少于应当征收的税额(称为短征关税)时,责令纳税义务人补缴所差税款的一种行政行为。《海关法》根据短征关税的原因,将海关征收原短征关税的行为分为追征和补征两种。由于纳税义务人违反海关规定造成短征关税的,称为追征;非因纳税义务人违反海关规定造成短征关税的,称为补征。区分关税追征和补征的目的是为了区别不同情况适用不同的征收时效,超过时效规定的期限,海关就丧失了追补关税的权力。根据《海关法》规定，因纳税义务人违反规定而造成的少征或者漏征的税款，自纳税义务人应缴纳税款之日起3年以内可以追征，并从缴纳税款之日起按日加收少征或者漏征税款万分之五的滞纳金；进出境货物和物品放行后，海关发现少征或者漏征税款，应当自缴纳税款或者货物、物品放行之日起1年内，向纳税义务人补征。

第 9 章 企业所得税

企业所得税是指以企业的生产经营所得和其他所得为征税对象所征收的一种税。

企业所得税制一直是我国工商税制中的一个重要组成部分。1950 年，前政务院公布的《工商业税暂行条例》包括营业税和所得税两部分。1958 年国家对工商税制实行了一次改革，改革的主要内容是：在基本保持原税负的基础上简化税制，将原来的商品流通税、货物税、工商业税中的营业和印花税等四种税合并为工商统一税。改革以后，原工商业税中的所得税，实际上就成为一个单独税种。以后，明确称为工商所得税，但未另订税法，仍适用 1950 年 12 月颁布的《工商业税暂行条例》的规定。1980 年至 1994 年前，我国对企业征收的所得税，按经济性质设置，具体税种包括外商投资企业和外国企业所得税、国营企业所得税和调节税、集体企业所得税、私营企业所得税等。从 1994 年 1 月 1 日起，将国营企业所得税、集体企业所得税及私营企业所得税三税合并为企业所得税即内资企业所得税，至此，我国企业所得税实行区分内外资企业，分别立法、分别征收的税制分立模式，即内资企业适用《中华人民共和国企业所得税暂行条例》，外资企业适用《中华人民共和国外商投资企业和外国企业所得税法》。2007 年 3 月 16 日，十届全国人大五次会议表决通过了《中华人民共和国企业所得税法》，本法自 2008 年 1 月 1 日起施行，1991 年 4 月 9 日第七届全国人民代表大会第四次会议通过的《中华人民共和国外商投资企业和外国企业所得税法》和 1993 年 12 月 13 日国务院发布的《中华人民共和国企业所得税暂行条例》同时废止。

1. 企业所得税改革的必要性

自上世纪 80 年代改革开放以来，为吸引外资以促进经济发展，对外资企业采取有别于内资企业的税收政策，实践证明是有必要的。但是在经过 20 多年的发展之后，我国经济社会情况发生了巨大的变化，社会主义市场经济体制已初步建立，与国际经济的接轨、交流更加密切，特别是在加入世贸组织之后，内资企业和外资企业不管是在国内市场还是在国际市场都将处于一个相对公平的竞争压力之下，在这样一个新的形势下，我们看到一方面之前确立分立模式的初衷——吸引外资以促进经济发展已经可以由其他相关条件或将来创造相关条件来实现了，比如稳定的政治局面、持续的经济发展势头、优良的投资环境等等；另一方面此种对内资、外资企业采取不同的税收政策本身所具有的弊端却不断显现出来，将严重影响统一、规范、公平竞争的市场环境的建立，这些弊端主要体现在以下几个方面：

（1）内外资企业税负差异巨大，以致削弱内资企业竞争力、危及内资企业生存。原因即在于以往两套税制在税收优惠、税前扣除等政策上对外资企业偏松、对内资企业偏紧,使得内资企业的实际平均税负远远大于外资企业的实际平均税负,这一问题在我国未加入世贸组织之前,由于外资企业尚受到其他相关法律的限制、内外资企业竞争并不激烈,因此并未突现,但随着我国加入世贸组织、对外开放的力度日益加大,外资进入的种种限制,诸如地域限制、市场准入限制、股权份额限制等等逐步被取消,上述问题使得内资企业将真正面临严峻的生存挑战。

(2)税收优惠政策存在漏洞,以致扭曲企业经营行为、造成财政收入减少。比如,有相当一部分外资企业在优惠期结束前不是撤资就是改头换面,注册新企业,将原企业业务注入新企业,照常享受政策优惠,继续钻政策的空子,并让原企业"亏损"歇业或直接注销;而另一方面不少内资企业大肆效仿外资企业避税,许多假外资企业也应运而生,比如一些内资企业通过将资金转到境外再投资境内的"返程投资"方式,从而享受外资企业所得税优惠政策。

(3)普惠制税收优惠政策影响我国利用外资结构的优化和产业结构的调整。由于我国以往在涉外税收上实行以区域性优惠为主的企业所得税优惠政策,这种具有普惠制性质的优惠政策,一方面加剧了区域间经济发展的不平衡,另一方面由于其更多体现的是规模刺激、而缺乏规模结构引导力,使得其并没有对资本密集型和技术密集型产业产生明显的引力作用,反而为那些劳动密集型、技术含量不高的投资项目带来大量利润,甚至一些外国企业把污染重、能耗高的产业转移到我国。

2. 企业所得税改革的指导思想和原则

企业所得税改革的指导思想是:根据科学发展观和完善社会主义市场经济体制的总体要求,按照"简税制、宽税基、低税率、严征管"的税制改革原则,借鉴国际经验,建立各类企业统一适用的科学、规范的企业所得税制度,为各类企业创造公平的市场竞争环境。

按照上述指导思想,企业所得税改革遵循了以下原则:

(1)贯彻公平税负原则,解决目前内资、外资企业税收待遇不同,税负差异较大的问题。

(2)落实科学发展观原则,统筹经济社会和区域协调发展,促进环境保护和社会全面进步,实现国民经济的可持续发展。

(3)发挥调控作用原则,按照国家产业政策要求,推动产业升级和技术进步,优化国民经济结构。

(4)参照国际惯例原则,借鉴世界各国税制改革最新经验,进一步充实和完善企业所得税制度,尽可能体现税法的科学性、完备性和前瞻性。

(5)理顺分配关系原则,兼顾财政承受能力和纳税人负担水平,有效地组织财政收入。

(6)有利于征收管理原则,规范征管行为,方便纳税人,降低税收征纳成本。

3. 新《企业所得税法》的主要变化

（1）纳税人和纳税义务

① 实行法人税制是企业所得税制改革的方向，为迎合这一趋势，新企业所得税法把纳税人的范围确定为企业和其他取得收入的组织，取消了以往内资税法以"独立经济核算"为标准确定纳税人的规定，同时为避免重复征税，又规定个人独资企业和合伙企业不适用新企业所得税法，仍只征收个人所得税。

② 对于纳税义务的范围，新企业所得税法采用规范的"居民企业"和"非居民企业"的概念，前者承担全面纳税义务，即就其境内外全部所得纳税，后者承担有限纳税义务，即一般仅就其来源于我国境内的所得纳税。而对于两者的判断标准，新企业所得税法参照国际的通行做法及结合我国的实际情况，采用"登记注册地标准"和"实际管理机构地标准"相结合的办法。鉴于港澳台地区的特殊性，新企业所得税法把在港澳台地区登记注册的企业视同在我国境外登记注册的企业。

（2）收入和扣除

① 关于收入的确定。新企业所得税法增加对收入总额内涵的界定，即为"企业以货币形式和非货币形式从各种来源取得的收入"，不同于原企业所得税法只就收入总额的外延进行举列，而缺乏对收入总额内涵的界定。新企业所得税法严格区分"不征税收入"和"免税收入"，两者的区别在于前者本身即不构成应税收入，而后者本身已构成应税收入但予以免除，具体规定增加把财政拨款、纳入财政管理的行政事业性收费、政府性基金等属于财政性资金的收入明确规定为"不征税收入"，而把国债利息收入、符合条件的居民企业之间的股息、红利收入等规定为"免税收入"。以上关于收入确定的规定都将使的企业所得税的应税所得范围变得更加明确。

② 关于税前扣除。新企业所得税法统一内、外资企业实际发生的各项支出扣除政策：

- 工资支出。以往税法对于内资企业实行计税工资制度，而外资企业实行据实扣除制度，新法统一采用据实扣除制度，放宽对工资支出税前扣除的限制。
- 捐赠支出。新企业所得税法对于公益性捐赠扣除比例的规定不同于以往税法对于内资企业限定在年应纳税所得额3%以内的部分、对于外资企业实行据实扣除的规定，而是限定在企业年利润总额12%以内的部分。对内资企业来言，新法统一扣除比例提高到12%，对绝大多数企业来讲，等同于捐赠金额得到100%的扣除优惠，也符合国际通行做法。
- 研发费用。以往税法对于研发费用的扣除区分两种情况，即对研发费用增长幅度在10%以内的，研发费用只可据实扣除，而在10%以上的，在据实扣除的基础上可再按实际发生额的50%抵扣当年应纳税所得额，而新企业所得税法则规定企业只要发生研发费用，不管其增长幅度如何，即可按实际发生额的150%抵扣当年应纳税所得额，以此更加鼓励企业进行高新技术的研究和开发、提高科技竞争力。

- 广告费。以往税法对于内资企业广告费的扣除实行分类扣除政策，比较复杂，对于外资企业广告费支出则据实扣除，而新企业所得税法规定对企业广告费支出不超过当年销售收入 15%的部分可据实扣除，超过比例部分可结转到以后年度扣除，变得相对简单明了。另外，新企业所得税法对企业实际发生的有关固定资产、无形资产、长期待摊费用、投资资产和存货等方面的支出扣除作了统一的规定。

（3）税率

新企业所得税法把企业所得税税率确定为 25%，同时对符合规定条件的小型微利企业实行 20%的照顾性税率。旧的内资企业、外资企业的所得税税率为 33%，同时对一些特殊区域的外资企业实行 24%、15%的优惠税率，对内资微利企业分别实行 27%、18%的两档照顾税率。新税率的确定一方面考虑到原税率档次过多，使不同类型企业名义税率和实际税负差距较大，有必要统一税率，另一方面考虑到对内资企业要减轻税负，对外资企业也要尽可能少增加税负，同时要将财政减收控制在可以承受的范围内，还要考虑国际上尤其是周边国家（地区）的税率水平，税率确定为 25%，有利于提高企业竞争力和吸引外商投资。

（4）税收优惠

为统一内、外资企业所得税税负，新企业所得税法采取五种方式对以往税收优惠政策进行整合。第一，在全国范围内对国家高新技术企业实行 15%的优惠税率，同时扩大对创业投资机构、非盈利公益组织等机构的税收优惠及企业投资于环保、节能节水、安全生产等方面的税收优惠；第二，保留对基础设施投资、农林牧渔业的税收优惠政策；第三，对劳服企业、福利企业、资源综合利用企业的直接减免税政策分别用特定的就业人员工资加计扣除政策、残疾职工工资加计扣除政策、减计综合利用资源经营收入政策来替代；第四，对经济特区和上海浦东新区新法实施后设立的国家需要重点扶持的高新技术企业，自投产年度起予以"两免三减半"优惠政策，同时继续执行西部大开发地区的鼓励类企业的所得税优惠政策，即对上述两类企业实施过渡性优惠；第五，取消生产性外资企业、高新技术产业开发区内高新技术企业定期减免税优惠政策及产品主要出口的外资企业减半征税优惠政策。为缓解新法出台对部分老企业增加税负的影响、减少在短期内对引进外资造成的冲击及避免对经济生活造成剧烈的波动，基于法的稳定性要求、纳税人信赖利益保护原则及税法不溯及既往原则，还规定对原享受法定税收优惠的企业实行过渡措施。

（5）征收管理

关于企业所得税的征收管理，新企业所得税法在肯定依照税收征管法的规定执行的基础上，对纳税方式和纳税调整作补充规定：对于前者，以往税法规定内资企业以独立经济核算的单位为纳税人就地纳税，外资企业则实行总机构汇总纳税，而新法统一纳税方式，对居民企业按照企业登记注册地为纳税地点，但登记注册地在境外的，以实际管理机构所在地为纳税地点，而对于居民企业在我国境内设立的不具有法人资格营业机构，汇总于其居民企业缴纳企业所得税，方便纳税人；对于后者，新企业所得税法旨在打击日益严重的避税现象，以此为有效手段防范各种避税行为，为此新法一方面对防止关联方转让定价作明确规定，相对于旧法，增加的内容有：独立交易原则的适用范围扩大到一切业务往来（包括无形资产和劳务方面的成本分摊）、税务机关和关联企业间的预约定价安排、强化关联企业报送关联业务往来报表的义务等等，另一方面增加防范避税地避税、防范资本弱化、一般反避税。

9.1 纳税人、征税对象和税率

9.1.1 纳税人

在中华人民共和国境内，企业和其他取得收入的组织（以下统称企业）为企业所得税的纳税人。

企业分为居民企业和非居民企业。

居民企业，是指依法在中国境内成立，或者依照外国（地区）法律成立但实际管理机构在中国境内的企业。

非居民企业，是指依照外国（地区）法律成立且实际管理机构不在中国境内，但在中国境内设立机构、场所的，或者在中国境内未设立机构、场所，但有来源于中国境内所得的企业。

个人独资企业、合伙企业不征收企业所得税，仍只征收个人所得税。

9.1.2 征税对象

企业所得税的征税对象是纳税人取得的生产经营所得和其他所得。

居民企业应当就其来源于中国境内、境外的所得缴纳企业所得税。

非居民企业在中国境内设立机构、场所的，应当就其所设机构、场所取得的来源于中国境内的所得，以及发生在中国境外但与其所设机构、场所有实际联系的所得，缴纳企业所得税。

非居民企业在中国境内未设立机构、场所的，或者虽设立机构、场所但取得的所得与其所设机构、场所没有实际联系的，应当就其来源于中国境内的所得缴纳企业所得税。

9.1.3 税率

企业所得税的税率为 25%。

非居民企业在中国境内未设立机构、场所的，或者虽设立机构、场所但取得的所得与其所设机构、场所没有实际联系的，应当就其来源于中国境内的所得缴纳企业所得税，适用税率为 20%。

9.2 应纳税所得额的计算

企业每一纳税年度的收入总额，减除不征税收入、免税收入、各项扣除以及允许弥补的以前年度亏损后的余额，为应纳税所得额。应纳税所得额的计算以权责发生制为原则。其计算公式是：

应纳税所得额＝（收入总额－不征税收入－免税收入）－（各项扣除＋允许弥补的以前年度亏损）

应纳税所得额与会计利润是两个不同的概念，两者既有联系又有区别。应纳税所得额是一个税收概念，是根据企业所得税法按照一定的标准确定的、纳税人在一个时期内的计税所得，即企业所得税的计税依据。而会计利润则是一个会计核算概念，反映的是企业一定时期内生产经营的财务成果。它关系到企业经营成果、投资者的权益以及企业与职工的利益。会计利润是确定应纳税所得额的基础，但是不能等同于应纳税所得额。企业按照财务会计制度的规定进行核算得出的会计利润，根据税法规定作相应的调整后，才能作为企业的应纳税所得额。

企业所得税的纳税年度为公历年度，即公历的1月1日至12月31日为一个纳税年度；纳税义务人在一个纳税年度的中间开业，或者终止经营活动，使该纳税年度的实际经营期不足12个月的，以其实际经营期为一个纳税年度；纳税人依法破产清算时，以清算期间为一个纳税年度。

9.2.1 收入总额的确定

企业以货币形式和非货币形式从各种来源取得的收入，为收入总额。具体包括：
（1）销售货物收入；
（2）提供劳务收入；
（3）转让财产收入；
（4）股息、红利等权益性投资收益；
（5）利息收入；
（6）租金收入；
（7）特许权使用费收入；
（8）接受捐赠收入；
（9）其他收入。
收入总额中的下列收入为不征税收入：
（1）财政拨款；
（2）依法收取并纳入财政管理的行政事业性收费、政府性基金；

(3) 国务院规定的其他不征税收入。

9.2.2 准予扣除项目

1. 准予扣除项目的基本范围

在计算应税所得额时准予从收入总额中扣除的项目，是指企业每一纳税年度实际发生的与取得收入有关的、合理的支出，包括成本、费用、税金、损失和其他支出。成本，即生产、经营成本，是纳税人为生产、经营商品和提供劳务等所发生的各项直接费用和各项间接费用；费用，即纳税人为生产、经营商品和提供劳务等所发生的销售（经营）费用、管理费用和财务费用；税金，即纳税人按规定缴纳的消费税、营业税、城乡维护建设税、资源税、土地增值税；教育费附加，可视同税金；损失，即纳税义务人生产、经营过程中的各项营业外支出，已发生的经营亏损和投资损失以及其他损失。

2. 部分扣除项目的范围和标准

（1）工资支出。企业支付给职工的工资和福利费，应当报送其支付标准和所依据的文件及有关资料，经当地税务机关审核同意后，准予列支。

（2）公益性捐赠支出。企业发生的公益性捐赠支出，在年度利润总额12%以内的部分，准予在计算应纳税所得额时扣除。

（3）企业广告费支出不超过当年销售收入15%的部分可据实扣除，超过比例部分可结转到以后年度扣除。

（4）固定资产折旧。在计算应纳税所得额时，企业按照规定计算的固定资产折旧，准予扣除。

下列固定资产不得计算折旧扣除：
① 房屋、建筑物以外未投入使用的固定资产；
② 以经营租赁方式租入的固定资产；
③ 以融资租赁方式租出的固定资产；
④ 已足额提取折旧仍继续使用的固定资产；
⑤ 与经营活动无关的固定资产；
⑥ 单独估价作为固定资产入账的土地；
⑦ 其他不得计算折旧扣除的固定资产。

（5）无形资产摊销。在计算应纳税所得额时，企业按照规定计算的无形资产摊销费用，准予扣除。

下列无形资产不得计算摊销费用扣除：
① 自行开发的支出已在计算应纳税所得额时扣除的无形资产；
② 自创商誉；

③ 与经营活动无关的无形资产；
④ 其他不得计算摊销费用扣除的无形资产。
（6）长期待摊费用。在计算应纳税所得额时，企业发生的下列支出作为长期待摊费用，按照规定摊销的，准予扣除：
① 已足额提取折旧的固定资产的改建支出；
② 租入固定资产的改建支出；
③ 固定资产的大修理支出；
④ 其他应当作为长期待摊费用的支出。
（7）企业使用或者销售存货，按照规定计算的存货成本，准予在计算应纳税所得额时扣除。
（8）企业转让资产，该项资产的净值，准予在计算应纳税所得额时扣除。

9.2.3 亏损弥补

企业纳税年度发生的亏损，准予向以后年度结转，用以后年度的所得弥补，但结转年限最长不得超过五年。5年内不论是盈利或亏损，都作为实际弥补期限计算。这里所说的亏损，是企业财务报表中的亏损额经主管税务机关按税法规定核实调整后的金额。

9.2.4 不得扣除的项目

在计算应纳税所得额时，下列支出不得扣除：
（1）向投资者支付的股息、红利等权益性投资收益款项；
（2）企业所得税税款；
（3）税收滞纳金；
（4）罚金、罚款和被没收财物的损失；
（5）公益性捐赠支出以外的捐赠支出；
（6）赞助支出；
（7）未经核定的准备金支出；
（8）与取得收入无关的其他支出。

9.2.5 纳税特别调整

（1）企业与其关联方之间的业务往来，不符合独立交易原则而减少企业或者其关联方应纳税收入或者所得额的，税务机关有权按照合理方法调整。

企业与其关联方共同开发、受让无形资产，或者共同提供、接受劳务发生的成本，在计算应纳税所得额时应当按照独立交易原则进行分摊。

（2）企业可以向税务机关提出与其关联方之间业务往来的定价原则和计算方法，税务机关与企业协商、确认后，达成预约定价安排。

（3）企业向税务机关报送年度企业所得税纳税申报表时，应当就其与关联方之间的业务往来，附送年度关联业务往来报告表。

税务机关在进行关联业务调查时，企业及其关联方，以及与关联业务调查有关的其他企业，应当按照规定提供相关资料。

（4）企业不提供与其关联方之间业务往来资料，或者提供虚假、不完整资料，未能真实反映其关联业务往来情况的，税务机关有权依法核定其应纳税所得额。

（5）由居民企业，或者由居民企业和中国居民控制的设立在实际税负明显低于本法第四条第一款规定税率水平的国家（地区）的企业，并非由于合理的经营需要而对利润不作分配或者减少分配的，上述利润中应归属于该居民企业的部分，应当计入该居民企业的当期收入。

（6）企业从其关联方接受的债权性投资与权益性投资的比例超过规定标准而发生的利息支出，不得在计算应纳税所得额时扣除。

（7）企业实施其他不具有合理商业目的的安排而减少其应纳税收入或者所得额的，税务机关有权按照合理方法调整。

（8）税务机关依照有关规定作出纳税调整，需要补征税款的，应当补征税款，并按照国务院规定加收利息。

9.2.6　应纳税所得额计算的其它要求

（1）企业在汇总计算缴纳企业所得税时，其境外营业机构的亏损不得抵减境内营业机构的盈利。

（2）非居民企业在中国境内未设立机构、场所的，或者虽设立机构、场所但取得的所得与其所设机构、场所没有实际联系的，其来源于中国境内的所得按照下列方法计算其应纳税所得额：

① 股息、红利等权益性投资收益和利息、租金、特许权使用费所得，以收入全额为应纳税所得额；

② 转让财产所得，以收入全额减除财产净值后的余额为应纳税所得额；

③ 其他所得，参照前两项规定的方法计算应纳税所得额。

（3）本章规定的收入、扣除的具体范围、标准和资产的税务处理的具体办法，由国务院财政、税务主管部门规定。

（4）在计算应纳税所得额时，企业财务、会计处理办法与税收法律、行政法规的规定不一致的，应当依照税收法律、行政法规的规定计算。

9.3 应纳税额的计算

企业的应纳税所得额乘以适用税率,减除依照本法关于税收优惠的规定减免和抵免的税额后的余额,为应纳税额。计算公式为:

$$应纳税额 = 应纳税所得额 \times 适用税率 - 税法规定减免和抵免的税额$$

企业所得税,按年计算,分月或者分季预缴,年终汇算清缴,多退少补。

9.3.1 分月(季)预缴所得税的计算

$$按月(季)预缴所得税 = 当月(季)实际利润 \times 适用税率$$
$$或 = 上年应纳税所得款 \times 1/12(或 1/4) \times 适用税率$$

企业预缴所得税的方法需经主管税务机关核定,一经确定在一个纳税年度内不得随意调整。

9.3.2 年终汇算清缴企业所得税的计算

1. 先计算出全年应纳税所得额
2. 计算出全年应纳所得税额
3. 汇算清缴企业所得税

年终汇算清缴应补(退)企业所得税 = 全年应纳所得税额 - 年中各期累计已预缴所得税

[例 9.3.1] 某国有百货商场 200×年全年取得收入 8020 万元(含兑现到期国库券取得利息收入 20 万元),销售成本 4500 万元,缴纳销售税金及附加 59.5 万元,按规定列支有关费用 1500 万元。上年度尚有未弥补亏损 100 万元。请计算该商场全年应纳企业所得税税额。

(1)计算该企业应纳税收入总额,按税法规定,国库券利息免税,该企业其他收入项目应纳税。所以,该企业年度应纳税收入总额为 8000 万元(8020 万元 - 20 万元 = 8000 万元)。

(2)分析可扣除项目的标准,并据此计算应纳税所得额。销售成本、销售税金及附加及有关费用可据实扣除。

$$\begin{aligned}
全年应纳税所得额 &= (收入总额 - 不征税收入 - 免税收入) - (各项扣除 + 允许弥补\\
&\quad 的以前年度亏损)\\
&= (8020 - 20) - (4\,500 + 59.5 + 1\,500 + 100)\\
&= 8000 - 6159.5
\end{aligned}$$

＝1840.5（万元）

（3）该企业适用税率为 25%。

应纳所得税额＝应纳税所得额×适用税率＝1840.5×25%＝460.125（万元）

9.3.3 境外投资收益的处理

企业取得的下列所得已在境外缴纳的所得税税额，可以从其当期应纳税额中抵免，抵免限额为该项所得依照本法规定计算的应纳税额；超过抵免限额的部分，可以在以后五个年度内，用每年度抵免限额抵免当年应抵税额后的余额进行抵补：

（1）居民企业来源于中国境外的应税所得；

（2）非居民企业在中国境内设立机构、场所，取得发生在中国境外但与该机构、场所有实际联系的应税所得。

居民企业从其直接或者间接控制的外国企业分得的来源于中国境外的股息、红利等权益性投资收益，外国企业在境外实际缴纳的所得税税额中属于该项所得负担的部分，可以作为该居民企业的可抵免境外所得税税额，在按本法规定的抵免限额内抵免。

9.4 税 收 优 惠

（1）国家对重点扶持和鼓励发展的产业和项目，给予企业所得税优惠。

（2）企业的下列收入为免税收入：

① 国债利息收入；

② 符合条件的居民企业之间的股息、红利等权益性投资收益；

③ 在中国境内设立机构、场所的非居民企业从居民企业取得与该机构、场所有实际联系的股息、红利等权益性投资收益；

④ 符合条件的非营利组织的收入。

（3）企业的下列所得，可以免征、减征企业所得税：

① 从事农、林、牧、渔业项目的所得；

② 从事国家重点扶持的公共基础设施项目投资经营的所得；

③ 从事符合条件的环境保护、节能节水项目的所得；

④ 符合条件的技术转让所得；

⑤ 非居民企业在中国境内未设立机构、场所的，或者虽设立机构、场所但取得的所得与其所设机构、场所没有实际联系的，其来源于中国境内的所得。

（4）符合条件的小型微利企业，减按 20% 的税率征收企业所得税。国家需要重点扶持的高新技术企业，减按 15% 的税率征收企业所得税。

（5）民族自治地方的自治机关对本民族自治地方的企业应缴纳的企业所得税中属于地方分享的部分，可以决定减征或者免征。自治州、自治县决定减征或者免征的，须报省、自治区、直辖市人民政府批准。

（6）企业的下列支出，可以在计算应纳税所得额时加计扣除：

① 开发新技术、新产品、新工艺发生的研究开发费用；

② 安置残疾人员及国家鼓励安置的其他就业人员所支付的工资。

（7）创业投资企业从事国家需要重点扶持和鼓励的创业投资，可以按投资额的一定比例抵扣应纳税所得额。

（8）企业的固定资产由于技术进步等原因，确需加速折旧的，可以缩短折旧年限或者采取加速折旧的方法。

（9）企业综合利用资源，生产符合国家产业政策规定的产品所取得的收入，可以在计算应纳税所得额时减计收入。

（10）企业购置用于环境保护、节能节水、安全生产等专用设备的投资额，可以按一定比例实行税额抵免。

（11）企业所得税法规定的税收优惠的具体办法，由国务院规定。

（12）根据国民经济和社会发展的需要，或者由于突发事件等原因对企业经营活动产生重大影响的，国务院可以制定企业所得税专项优惠政策，报全国人民代表大会常务委员会备案。

（13）新《企业所得税法》公布前已经批准设立的企业，依照当时的税收法律、行政法规规定，享受低税率优惠的，按照国务院规定，可以在本法施行后五年内，逐步过渡到本法规定的税率；享受定期减免税优惠的，按照国务院规定，可以在本法施行后继续享受到期满为止，但因未获利而尚未享受优惠的，优惠期限从本法施行年度起计算。

法律设置的发展对外经济合作和技术交流的特定地区内，以及国务院已规定执行上述地区特殊政策的地区内新设立的国家需要重点扶持的高新技术企业，可以享受过渡性税收优惠，具体办法由国务院规定。

国家已确定的其他鼓励类企业，可以按照国务院规定享受减免税优惠。

（14）中华人民共和国政府同外国政府订立的有关税收的协定与本法有不同规定的，依照协定的规定办理。

9.5 征收管理

9.5.1 源泉扣缴

（1）非居民企业在中国境内未设立机构、场所的，或者虽设立机构、场所但取得的所得与其所设机构、场所没有实际联系的,其来源于中国境内的所得应缴纳的所得税,实行源泉扣缴,以支付人为扣缴义务人。税款由扣缴义务人在每次支付或者到期应支付时,从支付或者到期应支付的款项中扣缴。

(2) 对非居民企业在中国境内取得工程作业和劳务所得应缴纳的所得税,税务机关可以指定工程价款或者劳务费的支付人为扣缴义务人。

(3) 依照上述规定应当扣缴的所得税,扣缴义务人未依法扣缴或者无法履行扣缴义务的,由纳税人在所得发生地缴纳。纳税人未依法缴纳的,税务机关可以从该纳税人在中国境内其他收入项目的支付人应付的款项中,追缴该纳税人的应纳税款。

(4) 扣缴义务人每次代扣的税款,应当自代扣之日起七日内缴入国库,并向所在地的税务机关报送扣缴企业所得税报告表。

9.5.2 纳税申报与缴纳

企业所得税采取按年计算,分月或分季预缴。

(1) 企业应当自月份或者季度终了之日起十五日内,向税务机关报送预缴企业所得税纳税申报表,预缴税款。

(2) 企业应当自年度终了之日起五个月内,向税务机关报送年度企业所得税纳税申报表,并汇算清缴,结清应缴应退税款。

企业在报送企业所得税纳税申报表时,应当按照规定附送财务会计报告和其他有关资料。

(3) 企业在年度中间终止经营活动的,应当自实际经营终止之日起六十日内,向税务机关办理当期企业所得税汇算清缴。

企业应当在办理注销登记前,就其清算所得向税务机关申报并依法缴纳企业所得税。

(4) 依照本法缴纳的企业所得税,以人民币计算。

所得以人民币以外的货币计算的,应当折合成人民币计算并缴纳税款。分月或者分季预缴税款时,应当按照月份(季度)最后一日的国家外汇牌价(原则上为中间价)折合成人民币计算应纳税所得额;年度终了后汇算清缴时,对已按月份(季度)预缴税款的外国货币所得,不再重新折合计算,只就全年未纳税的外币所得部分,按照年度最后一日的国家外汇牌价,折合成人民币计算应纳税所得额。

9.5.3 纳税地点

(1) 除税收法律、行政法规另有规定外,居民企业以企业登记注册地为纳税地点;但登记注册地在境外的,以实际管理机构所在地为纳税地点。

居民企业在中国境内设立不具有法人资格的营业机构的,应当汇总计算并缴纳企业所得税。

（2）非居民企业在中国境内设立机构、场所，其所设机构、场所取得的来源于中国境内的所得，以及发生在中国境外但与其所设机构、场所有实际联系的所得，以机构、场所所在地为纳税地点。非居民企业在中国境内设立两个或者两个以上机构、场所的，经税务机关审核批准，可以选择由其主要机构、场所汇总缴纳企业所得税。

非居民企业在中国境内未设立机构、场所的，或者虽设立机构、场所但取得的所得与其所设机构、场所没有实际联系的，其来源于中国境内的所得，以扣缴义务人所在地为纳税地点。

（3）除国务院另有规定外，企业之间不得合并缴纳企业所得税。

第 10 章　个人所得税

　　个人所得税是对个人（自然人）取得的各项应税所得征收的一种税。它最早于 1799 年在英国创立，目前已有 140 多个国家开征了这种税。我国的个人所得税诞生于 1980 年，1980 年 9 月 10 日第五届全国人民代表大会第三次会议审议通过了《个人所得税法》，适用于在中国境内居住和不在中国境内居住但在中国取得所得的个人。1986 年，国务院分别颁布了《城乡个体工商业户所得税暂行条例》和《个人收入调节税暂行条例》，形成了个人所得税三税并存的状况。为了规范和完善个人所得税，适应建立社会主义市场经济体制的要求，有必要对三个个人所得税的法律、法规进行修改、合并，1993 年 10 月 31 日第八届全国人民代表大会常务委员会第四次会议通过并颁布了第一次修正后的《中华人民共和国个人所得税法》，自 1994 年 1 月 1 日起施行；根据 1999 年 8 月 30 日第九届全国人民代表大会常务委员会第十一次会议《关于修改〈中华人民共和国个人所得税法〉的决定》第二次修正；根据 2005 年 10 月 27 日第十届全国人民代表大会常务委员会第十八次会议《关于修改〈中华人民共和国个人所得税法〉的决定》第三次修正。

10.1　纳税义务人

　　个人所得税的纳税义务人包括中国大陆公民以及在中国有所得的外籍人员（包括无国籍人员）和香港、澳门、台湾同胞。纳税义务人根据住所和居住时间两个标准，分为居民纳税义务人和非居民纳税义务人，居民纳税义务人承担无限纳税义务，非居民纳税义务人承担有限纳税义务。

10.1.1　居民纳税义务人

　　居民纳税义务人是指在中国境内有住所，或者无住所而在中国境内居住满 1 年的个人。居民纳税义务人负有全面或无限纳税义务，其来源于中国境内、境外的应纳税所得额都要在中国缴纳个人所得税。

　　所谓"中国境内有住所的个人"，是指因户籍、家庭、经济利益关系而在中国境内习惯性居住的个人。这里所说的习惯性住所，是判断是居民纳税义务人还是非居民纳税义务人的一个重要依据。它是指个人因为学习、工作、探亲、旅游等原因消除后，没有理由在其他地方继续居留时，所要回到的地方，而不是指实际居住地或在某一个特定时期内的居住地。尽管某纳税义务人在一个纳税年度内，甚至连续几个纳税年度内，都未在中国境内居住过1天，但他仍然是中国居民纳税义务人，应就其来自世界各地的应纳税所得，向中国政府缴纳个人所得税。

所谓"境内居住满1年"，是指在一个纳税年度内，即从公历1月1日起至12月31日止在中国境内居住满365日。现行税法所说的"中国境内"，是指中国大陆地区，目前还不包括香港、澳门和台湾地区。对于一次离境累计不超过30天，或多次离境累计不超过90天的临时离境仍视为在中国境内居住，不扣除居住天数。一个人因为学习、工作、探亲、旅游等原因而临时居住的地方是后面所讲的"居所"的概念。凡符合上述居住满1年条件的外国人、海外侨胞以及香港、澳门、台湾同胞均属于中国居民纳税义务人。如某美国专家2000年1月1日至2000年12月31日在我国境内一家大型化工厂进行技术指导，该专家曾在2000年内四次离境累计达81天。根据我国税法，他仍属于居民纳税义务人。

上述规定说明，我国税法规定的住所标准和居住时间标准，是判定居民身份的两个并列标准，只要符合或达到其中任何一个标准，就可以被认定为居民纳税义务人。居民纳税义务人包括在中国境内定居的中国公民和外国侨民，但不包括虽具有中国国籍，却并没有在中国大陆定居，而是侨居海外的华侨和居住在香港、澳门、台湾的同胞。

10.1.2 非居民纳税义务人

非居民纳税义务人是指不符合居民纳税义务人判定标准（条件）的纳税义务人，即指在中国境内无住所又不居住或者无住所而在境内居住不满1年的个人。习惯性住所不在中国境内的个人，只有外籍人员、华侨或香港、澳门和台湾同胞。非居民纳税义务人，实际上只能是在一个纳税年度中没有在中国境内居住，或者在中国境内居住不满1年的外籍人员、华侨或香港、澳门、台湾同胞。非居民纳税义务人承担有限纳税义务，仅就其来源于中国境内的应纳税所得，向中国政府缴纳个人所得税。

自2004年7月1日起，对个人在境内居住的天数和境内实际工作期间按以下规定执行：

（1）判定纳税义务及计算在中国境内居住的天数。对个人在中国境内无住所的个人，需要计算确定其在中国境内居住的天数，以便依照税法和协定或安排的规定判定其在华负有何种纳税义务时，均应以该个人实际在华逗留的天数计算。个人入境、离境、往返或多次往返境内外的当天，均按1天计算实际逗留天数。

（2）对个人入境、出境当日计算在中国境内实际工作期间。对在中国境内、境外机构同时担任职务或仅在境外机构任职的境内无住所的个人，在计算其境内工作期间时，对其入境、离境、往返或多次往返境内外的当日，均按半天计算其在华实际工作天数。

个人所得税的纳税义务人，不仅涉及中国公民，也涉及在华取得所得的外籍人员和港、澳、台同胞，还涉及个体户。

自 2000 年 1 月 1 日起，个人独资企业和合伙企业投资者也成为个人所得税的纳税义务人。

10.2 征税对象

10.2.1 个人所得税所得来源的确定

判断所得来源地是确定该项所得是否应该征收个人所得税的重要依据。由于居民纳税义务人和非居民纳税义务人承担不同的纳税义务，居民纳税义务人就其来源于中国境内、境外的所得缴纳个人所得税，负有全面纳税义务；非居民纳税义务人仅就其来源于中国境内的所得缴纳个人所得税，负有有限纳税义务。因此，应注意区分来源于中国境内的所得和来源于中国境外的所得。

税法所指来源于中国境内的所得是指纳税义务人在中国境内期间取得的所得。税法所指来源于中国境外的所得是指纳税义务人在中国境外期间取得的所得。

对于下列所得，不论支付地点是否在中国境内，均为来源于中国境内的所得：

（1）在中国境内任职、受雇而取得的工资、薪金所得；

（2）在中国境内从事生产、经营活动而取得的生产经营所得；

（3）因任职、受雇、履约等而在中国境内提供劳务取得的劳务报酬所得；

（4）将财产出租给承租人在中国境内使用而取得的所得；

（5）转让中国境内的建筑物、土地使用权等财产，或者在中国境内转让其他财产取得的所得；

（6）提供的专利权、非专利技术、商标权、著作权，或者其他特许权在中国境内使用而取得的所得；

（7）从中国境内的公司、企业或者其他经济组织或者个人取得的利息、股息、红利所得。

所得的来源地和所得的支付地并不是一个概念，有时两者是一致的，有时却不相同。根据上述原则和方法，来源于中国境内的所得有：

（1）在中国境内的公司、企业、事业单位、机关、社会团体、部队、学校等单位或经济组织中任职、受雇而取得的工资、薪金所得；

（2）在中国境内提供各种劳务而取得的劳务报酬所得；

（3）在中国境内从事生产经营活动而取得的所得；

（4）个人出租财产，被承租人在中国境内使用而取得的财产租赁所得；

(5) 转让在中国境内的房屋、建筑物、土地使用权以及在中国境内转让其他财产而取得的财产转让所得；

(6) 提供在中国境内使用的专利权、专有技术、商标权、著作权以及其他各种特许权利而取得的特许权使用费所得；

(7) 因持有中国的企业债券、股票、股权而从中国境内的公司、企业或其他经济组织以及个人取得的利息、股息、红利所得；

(8) 在中国境内参加各种竞赛活动取得名次的奖金所得，参加在中国境内的有关部门和单位组织的有奖活动而取得的中奖所得，购买在中国境内的有关部门和单位发行的彩票取得的中彩所得；

(9) 在中国境内以图书、报刊方式出版、发表作品取得的稿酬所得。

10.2.2 征税对象

个人所得税的征税对象是个人取得的各项应税所得。我国现行个人所得税法中列举征税的个人所得共有11项。各项个人所得的征税范围具体如下。

1. 工资、薪金所得

工资、薪金所得，是指个人因任职或者受雇佣而取得的工资、薪金、奖金、年终加薪、劳动分红、津贴、补贴以及因任职或者受雇而取得的其他所得。

上述应税所得中，年终加薪和劳动分红不分种类和取得情况，一律按工资、薪金所得课税，津贴和补贴等则不同。根据我国目前个人所得税法的相关规定，对于以下津贴和补贴项目不计税。这些项目包括：

(1) 独生子女补贴；

(2) 执行公务员工资制度未纳入基本工资总额的补贴；

(3) 托儿补助费；

(4) 差旅费津贴及误餐补助。

其中，误餐补助是指按照财政部规定，个人因公在城区、郊区工作，不能在工作单位或返回就餐的，根据实际误餐顿数，按规定的标准领取的误餐费。但是，单位以误餐补助名义发给职工的补助和津贴不能包括在内。

奖金特指具有工资性质的奖金，有别于免税奖金范围内的奖金。

对于内部退养人员取得的收入，在办理内部退养手续后至法定退休年龄之间，从原任职单位取得的工资、薪金，不能按免税离退休工资处理，要按正常"工资、薪金所得"项目计征个人所得税。

个人在办理内部退养手续后从原任职单位取得的一次性收入，应按办理内部退养手续后至法定离退休年龄之间的所属月份进行平均，并与当月领取的"工资、薪金所得"合并后减除当月费用扣除标准，以余额为基数确定适用税率，再将当月工资、薪金加上取得的一次性收入，减去费用扣除标准，按适用税率计征个人所得税。

个人在办理内部退养手续后至法定退休年龄之间重新就业取得的工资、薪金所得，应与其从原任职单位取得的同一月份的工资、薪金所得合并，并依法自行向主管税务机关申报缴纳个人所得税。

公司职工取得的用于购买企业国有股权的劳动分红，按"工资、薪金所得"项目计征个人所得税。

出租汽车经营单位对出租汽车驾驶员采取单车承包或承租方式运营，出租汽车驾驶员从事客货营运取得的收入，按工资、薪金所得征税。

2. 个体工商户的生产、经营所得

个体工商户的生产、经营所得具体指以下项目。

（1）个体工商户从事工业、手工业、建筑业、交通运输业、商业、饮食业、服务业、修理业以及其他行业生产、经营取得的所得。

个体工商户或个人专营种植业、养殖业、饲养业、捕捞业，其经营项目属于农业税（包括农业特产税，下同）、牧业税征收范围并已征收了农业税、牧业税的，不再征收个人所得税；不属于农业税、牧业税征收范围的，应对其所得计征个人所得税。兼营以上"四业"并且"四业"的所得单独核算的，比照上述原则办理。对属于征收个人所得税的，应与其他行业的生产、经营所得合并计征个人所得税；对于"四业"的所得不能单独核算的，应就其全部所得计征个人所得税。

（2）个人经政府有关部门批准，取得执照，从事办学、医疗、咨询以及其他有偿服务活动取得的所得。

（3）上述个体工商户和个人取得的与生产、经营有关的各项应税所得。

个体工商户和从事生产、经营的个人，取得的与生产经营活动无关的其他各项应税所得，一般与个体工商户和个人取得的与生产、经营有关的各项应税所得相对应，前者称为独立劳动所得，后者称为非独立劳动所得；前者应按照"个体工商户的生产、经营所得"项目征收个人所得税，后者应按照其他应税项目的有关规定计算征收个人所得税。

从事个体出租汽车运营的出租汽车驾驶员取得的收入，按照"个体工商户的生产、经营所得"项目缴纳个人所得税；出租汽车属于个人所有，但挂靠出租汽车经营单位或企事业单位，驾驶员向挂靠单位缴纳管理费的，或出租汽车经营单位将出租汽车所有权转移给驾驶员的，出租汽车驾驶员从事客货运营取得的收入，比照"个体工商户的生产、经营所得"项目征收个人所得税。

（4）个人因从事彩票代销业务而取得的所得，应按照"个体工商户的生产、经营所得"项目征税。

（5）依法登记成立的各类性质的个人独资企业、合伙企业的出资者，所取得的生产经营所得,参照"个体工商户的生产、经营所得"项目征税。

个人独资企业、合伙企业的个人投资者以企业资金为本人、家庭成员及其相关人员支付与企业生产经营活动无关的消费性支出及购买汽车、住房等的财产性支出,视为企业对个人投资者的利润分配,并入投资者个人的生产经营所得,按"个体工商户的生产、经营所得"项目征税。

3. 对企事业单位的承包经营、承租经营所得

对企事业单位的承包经营、承租经营所得,是指个人承包经营、承租经营以及转租、转包取得的所得,还包括个人按月或者按次取得的工资、薪金性质的所得。个人对企事业单位的承包经营、承租经营形式较多,分配方式也不尽相同。大体上可以分为两类。

(1) 个人对企事业单位承包经营、承租经营后,改变工商登记为个体工商户。这类承包经营、承租经营所得,实际上属于个体工商户的生产、经营所得,应按"个体工商户的生产、经营所得"项目征税。

(2) 个人对企事业单位承包经营、承租经营后,工商登记仍为企业的,不论其分配方式如何,均应先按照企业所得税法的有关规定缴纳企业所得税,然后根据承包经营、承租经营者按照合同(协议)规定取得的所得,依照个人所得税法的有关规定缴纳个人所得税。

其具体规定如下。

① 承包、承租人对企业经营成果不拥有所有权,仅按合同(协议)规定取得一定所得的,应按"工资、薪金所得"项目征收个人所得税。

② 承包、承租人按合同(协议)规定只向发包方、出租人缴纳一定的费用,缴纳承包、承租费后的企业的经营成果归承包、承租人所有的,其取得的所得,按"对企事业单位承包经营、承租经营所得"项目征收个人所得税。

4. 劳务报酬所得

劳务报酬所得,是指个人从事设计、装潢、安装、制图、化验、测试、医疗、法律、会计、咨询、讲学、新闻、广播、审稿、书画、雕刻、影视、录音、录像、演出、表演、广告、展览、技术服务、介绍服务、经济服务、代办服务以及其他劳务所取得的报酬所得。

个人担任董事职务所取得的董事费收入,属于劳务报酬性质,按劳务报酬项目征税。要注意劳务报酬所得和工资、薪金所得的区别。属于劳务报酬所得,还是属于工资、薪金所得的判断标准是是否存在稳定的雇佣与被雇佣关系。劳务报酬所得是个人独立从事某种技艺或独立从事某种劳务而取得的所得,不存在稳定的雇佣与被雇佣关系;工资、薪金所得则是个人从事非独立劳动,从所在单位或雇主领取的报酬,存在稳定的雇佣与被雇佣关系。

5. 稿酬所得

稿酬所得,是指个人因其作品以图书、报刊形式出版、发表而取得的所得。这里所说

的作品,包括文学作品、书画作品、摄影作品以及其他作品。考虑稿酬所得的特殊性,应当将它与劳务报酬所得相区别,并给予适当的优惠政策。

6. 特许权使用费所得

特许权使用费所得,是指个人提供专利权、商标权、著作权、非专利技术以及其他特许权的使用权而取得的所得。

提供著作权的使用权取得的所得,不包括稿酬所得。作者将自己的文字作品手稿原件或复印件公开拍卖或竞价取得的所得,应属于提供著作权的使用权所得,按"特许权使用费所得"项目征收个人所得税,不能按"稿酬所得"计税。

7. 利息、股息、红利所得

利息、股息、红利所得,是指个人因拥有债权、股权而取得的利息、股息、红利所得。

这里的利息一般是指存款、贷款和债券的利息;股息、红利是指个人拥有股权取得的公司、企业分红;按照一定的比率派发的每股息金,称为股息;红利是指根据公司、企业应分配的、超过股息部分的利润,按股派发的红股。

除个人独资企业、合伙企业以外的其他企业的个人投资者,以企业资金为本人、家庭成员及其相关人员支付与企业生产经营无关的消费性支出及购买汽车、住房等的财产性支出,视为企业对个人投资者的利润分配,并入投资者个人的生产经营所得,按"利息、股息、红利所得"项目计征个人所得税。企业的上述支出不允许在企业所得税税前扣除。

纳税年度内个人投资者从其投资企业(个人独资企业、合伙企业除外)借款,在该纳税年度终了后既不归还又未用于企业生产经营的,其未归还的借款可视为企业对个人投资者的红利分配,按"利息、股息、红利所得"项目计征个人所得税。

8. 财产租赁所得

财产租赁所得,是指个人出租建筑物、土地使用权、机器设备、车船以及其他财产取得的所得。

个人取得的财产转租收入,属于"财产租赁所得"的征税范围。若产权所有人死亡,在未办理产权继承手续期间,该财产因出租而有租金收入的,领取租金的个人负有纳税义务。

9. 财产转让所得

财产转让所得,是指个人转让有价证券、股权、建筑物、土地使用权、机器设备、车船以及其他财产取得的所得。

财产转让本质上是一种买卖行为。对个人取得的各项财产转让所得,除股票转让所得外,都要征收个人所得税。具体规定为:

（1）股票转让所得。鉴于我国证券市场发育尚不成熟，股份制还处于试点阶段，对个人股票转让所得的计算、征税办法和纳税期限的确认等都需要作深入的调查研究后，结合国际通行做法，做出适合我国实际的规定。因此，对股票转让所得暂不征收个人所得税。

（2）量化资产股份转让。集体所有制企业在改制为股份合作制企业的过程中，对职工个人以股份形式取得的拥有所有权的企业量化资产，暂缓征收个人所得税；待个人将股份转让时，就其转让收入额减除个人取得该股份时实际支付的费用支出和合理转让费用后的余额，按"财产转让所得"项目征收个人所得税。

（3）个人出售自有住房。个人出售除已购公有住房以外的其他自有住房，其应纳税所得额按照个人所得税法的有关规定执行。个人出售已购公有住房，其应纳税所得额为个人出售已购公有住房的销售价，减除住房面积标准的经济适用房价款、原住房超过住房面积标准的房价款、向财政或原产权单位缴纳的所得收益以及税法规定的合理费用后的余额。职工以成本价（或标准价）出资的集资合作建房、安居工程住房、经济适用住房以及拆迁安置住房，比照已购公有住房确定应纳税所得额。

为鼓励个人换购住房，对出售自有住房并拟在现住房出售后1年内按市场价重新购房的纳税义务人，其出售现住房所应缴纳的个人所得税，视其重新购房的价值可全部或部分予以免税。

对个人转让自用5年以上，并且是家庭唯一生活用住房取得的所得，免征个人所得税。

个人现自有住房房产登记的产权人为个人，在出售后1年内又以产权人配偶名义或产权人夫妻双方名义按市场价重新购房的，产权人出售住房所应缴纳的个人所得税可全部或部分予以免税；以其他人名义按市场价重新购房的，产权人出售住房所应缴纳的个人所得税不予免税。

10. 偶然所得

偶然所得，是指个人得奖、中奖、中彩以及其他偶然性质的所得。其中，得奖，是指参加各种有奖竞赛活动，取得名次获得的奖金；中奖、中彩，是指参加各种有奖活动，如有奖销售、有奖储蓄或购买彩票，经过规定顺序，抽中、摇中号码而取得的奖金。

11. 其他所得

其他所得是指经国务院财政部门确定征税的其他所得。列出其他所得主要是保持税制的灵活性。针对经济发展过程中可能出现的新的需要征税的项目，由国务院财政部门确定征收个人所得税。

个人取得的上述11项应税所得，包括现金、实物和有价证券三种形式。所得为实物的，应当按照取得的凭证上注明的价格计算应纳税所得额；无凭证的实物或者凭证上所注明的价格明显偏低的，由主管税务机关参照当地市场价格核定应纳税所得额；所得为有价证券的由主管税务机关根据票面价格和市场价格核定应纳税所得额。

10.3 税　率

个人所得税按个人所得项目不同,有超额累进税率和比例税率两种形式。

10.3.1 工资、薪金所得

工资、薪金所得适用 5%～45%的九级超额累进税率。具体税率见表 10-1。

表 10-1　工资、薪金所得适用税率表

级数	全月应纳税所得额	税率（%）	速算扣除数
1	不超过 500 元的部分	5	0
2	超过 500 元至 2 000 元的部分	10	25
3	超过 2 000 元至 5 000 元的部分	15	125
4	超过 5 000 元至 20 000 元的部分	20	375
5	超过 20 000 元至 40 000 元的部分	25	1 375
6	超过 40 000 元至 60 000 元的部分	30	3 375
7	超过 60 000 元至 80 000 元的部分	35	6 375
8	超过 80 000 元至 100 000 元的部分	40	10 375
9	超过 100 000 元的部分	45	15 375

注：本表所称全月应纳税所得额是指依照税法的规定,以每月收入额减除费用 1600 元（或 4800 元）后的余额。

表 10-2　个体工商户、承包户的生产、经营所得适用税率表

级数	全月应纳税所得额	税率（%）	速算扣除数
1	不超过 5 000 元的部分	5	0
2	超过 5 000 元至 10 000 元的部分	10	250
3	超过 10 000 元至 30 000 元的部分	20	1 250
4	超过 30 000 元至 50 000 元的部分	30	4 250
5	超过 50 000 元的部分	35	6 750

注：本表所称全年应纳税所得额,对个体工商户的生产、经营所得来源,是指以每一纳税年度的收入总额,减除成本、费用以及损失后的余额；对企事业单位的承包经营、承租经营所得来源,是指以每一纳税年度的收入总额,减除必要费用后的余额。

10.3.2　个体工商户生产经营所得和对企事业单位的承包、承租经营所得

个体工商户的生产经营所得和对企业事业单位的承包经营、承租经营所得适用 5%～35%的五级超额累进税率。具体税率见表 10-2。

10.3.3 其他个人所得项目

稿酬所得、劳务报酬所得、特许权使用费所得、财产租赁所得、财产转让所得、利息、股息、红利所得、偶然所得和其他所得,适用20%的比例税率。

10.3.4 减征和加成征收

(1)减征。由于作者写作或完成制作一件作品往往需要投入较长的时间和较多的精力,为了体现对稿酬这种知识性劳动所得的特殊政策,对稿酬所得,规定在适用20%税率征税时,按应纳税额减征30%。故其实际税率为14%。

(2)加成征收。劳务报酬所得适用20%的比例税率,但是,对劳务报酬所得一次收入畸高的,在适用20%税率征税的基础上,实行加成征收办法。劳务报酬所得一次收入畸高,是指个人一次取得劳务报酬,其应纳税所得额超过20 000元。对应纳税所得额超过20 000元至50 000元的部分,依照税法规定计算应纳税额后,再按照应纳税额加征五成;对超过50 000元的部分,按应纳税额加征十成。因此,对劳务报酬所得实行加成征收办法,实质上是适用20%、30%和40%三级超额累进税率。税率见表10-3。

表10-3 劳务报酬所得适用税率表

级数	每次应纳税所得额	税率(%)	速算扣除数
1	不超过20 000元的部分	20	0
2	超过20 000元至50 000元的部分	30	2 000
3	超过50 000元的部分	40	7 000

10.4 应纳税所得额的计算

个人所得税的计税依据是纳税人取得的应纳税所得额。应纳税所得额是个人取得的某项应税项目的收入额减去税法规定的该项费用减除标准后的余额。由于个人所得税是分项计税的,所以其应纳税所得额的确定方法也各有不同。具体方法如下。

10.4.1 工资、薪金所得

工资、薪金所得以收入额减除费用1 600元后的余额为应纳税所得额。

对于符合以下条件的纳税义务人,每月工资、薪金所得在费用减除1 600元的基础上,每月再减除3 200元的附加费用,即每月减除4 800元。

(1)在中国境内的外商投资企业和外国企业中工作的外籍人员;

(2) 应聘在中国境内的企业、事业单位、社会团体、国家机关中工作的外籍专家；
(3) 在中国境内有住所而在中国境外任职或者受雇取得工资、薪金所得的个人；
(4) 财政部确定的其他人员。

应纳税所得额＝每月工资、薪金收入额－费用扣除额（1600元或4800元）

10.4.2 个体工商户生产、经营所得

个体工商户生产、经营所得的应纳税所得额是每一纳税年度的收入总额，减除成本、费用、损失以及国家允许税前列支的税金后的余额。计算公式为

应纳税所得额＝收入总额－准予扣除项目金额

公式中的准予扣除项目具体内容如下。

（1）收入总额。个体户的收入总额，是指个体户从事生产、经营以及与生产、经营有关的活动所取得的各项收入，包括商品（产品）销售收入、营运收入、劳务服务收入、工程价款收入、财产出租或转让收入、利息收入、其他收入和营业外收入。以上各项收入应当按照权责发生制原则确定。

（2）成本、费用。是指个体户从事生产、经营所发生的各项直接支出和分配计入成本的间接费用以及销售费用、管理费用、财务费用。

（3）损失。是指个体户在生产、经营过程中发生的各项营业外支出。包括：固定资产盘亏、报废、毁损和出售的净损失、自然灾害或意外事故损失、公益救济性捐赠、赔偿金、违约金等。

（4）税金。是指个体户按规定缴纳的消费税、营业税、城市维护建设税、资源税、城镇土地使用税、土地增值税、房产税、车船使用税、印花税、耕地占用税以及教育费附加。

以上计算方法是在纳税义务人财务会计制度健全，能够提供完整准确的纳税资料的情况下使用的。如果纳税义务人不能提供有关收入、成本、费用、损失等的完整、准确的纳税资料，不能正确计算应纳税所得额的，应由主管税务机关核定其应纳税所得额。

个人独资企业的投资者以全部生产经营所得为应纳税所得额；合伙企业的投资者按照合伙企业的全部生产经营所得和合伙协议约定的分配比例，确定应纳税所得额，合伙协议没有约定比例的，以全部生产经营所得和合伙人数量平均计算每个投资者的应纳税所得额。

上述所称生产经营所得，包括企业分配给投资者个人的所得和企业当年留存的所得（利润）。

10.4.3 对企事业单位承包、承租经营所得

对企事业单位承包经营、承租经营所得的应纳税所得额是每一纳税年度的收入总额，减除必要费用后的余额。这里的收入总额是指纳税义务人按照承包经营、承租经营合同规

定分得的经营利润和工资、薪金性质的所得;所说的减除必要费用,是指按月减除 1600 元。具体计算公式为

$$应纳税所得额＝个人承包、承租经营收入总额－1600元×12$$

10.4.4 劳务报酬所得、稿酬所得、特许权使用费所得、财产租赁所得

劳务报酬、稿酬、特许权使用费、财产租赁所得以每次收入所得减除费用扣除额的余额为应纳税所得额。每次收入不超过 4000 元的,费用扣除额为 800 元。每次收入超过 4000 元的,费用扣除额为收入额的 20%。这四项的应纳税所得额计算方法是一样的,计算公式为

$$应纳税所得额 = 每次收入所得 - 800,收入 \leqslant 4000 元时$$
$$= 每次收入所得 \times (1 - 20\%),收入 > 4000 元时$$

每次收入所得是指:

(1) 劳务报酬所得属于一次性收入的,以取得该项收入为一次;属于同一项目连续性收入的,以一个月内取得的收入为一次。

(2) 稿酬所得以每次出版、发表取得的收入为一次。具体又可细分为:

① 同一作品再版取得的所得,应视作另一次稿酬所得计征个人所得税;

② 同一作品先在报刊上连载,然后再出版,或先出版,再在报纸上连续的,应视为两次稿酬所得;

③ 同一作品在报刊上连载取得的收入,以连续完成后取得的所有收入合并为一次,计征个人所得税;

④ 同一作品在出版和发表时,以预付稿酬式分次支付稿酬等形式取得的稿酬,应合并计算为一次;

⑤ 同一作品出版、发表后,因添加印数而追加稿酬的,应与以前出版、发表时取得的稿酬合并计算一次,计征个人所得税。

(3) 特许权使用费所得,以一项特许权的一次许可使用所取得的收入为一次。如果该次转让取得的收入是分笔支付的,则应将各笔收入相加为一次收入,计征个人所得税。对个人从事技术转让所支付的中介费,若能提供有效合法的凭证,也允许从其所得中扣除。

(4) 财产租赁所得,以一个月内取得的收入为一次。

10.4.5 财产转让所得

财产转让所得的应纳税所得额是指转让财产的收入额减除财产原值和合理费用后的余额。

$$应纳税所得额＝财产转让收入－财产原值－合理费用$$

公式中的财产原值具体指以下内容：
（1）有价证券，为买入价及买入时按照规定应纳的有关费用；
（2）建筑物，为建筑费或者购进价格以及其他有关费用；
（3）土地使用权，为取得土地使用权所支付的金额、开发土地的费用以及其他费用；
（4）机器设备、车船，为购进价格、运输费、安装费以及其他有关费用；
（5）其他财产，参照以上方法确定。

纳税义务人未提供完整、准确的财产原值凭证，不能正确计算财产原值的，由主管税务机关核定其财产原值。

10.4.6 利息、股息、红利所得

利息、股息、红利所得的应纳税所得额是指个人每次取得的收入额，不得从收入额中扣除任何费用。其中，每次收入是指支付单位或个人每次支付利息、股息、红利时，个人所取得的收入。对股份制企业以股票形式向股东个人支付的股息、红利，应以派发红股的股票票面金额为收入额，计算征收个人所得税。

$$应纳税所得额 = 每次收入所得$$

10.4.7 偶然所得

个人因得奖、中奖、中彩及其他偶然性质的事件而获得的所得，在计算应纳税所得额时，不扣除任何费用。偶然所得以个人每次取得的收入额为应纳税所得额，除有特殊规定外，每次收入额就是应纳税所得额，以每次取得该项收入为一次。

$$应纳税所得额 = 每次收入所得$$

10.5 应纳税额的计算

依照税法规定的适用税率和费用扣除标准，各项所得的应纳税额，应分别计算如下：

10.5.1 工资、薪金所得应纳税额的计算

工资、薪金所得适用九级超额累进税率，以每月收入额扣除1 600元或4800元后的余额为应纳税所得额，按适用税率计算应纳税额。计算公式为：

应纳税额=应纳税所得额×适用税率－速算扣除数

或　应纳税额=（每月收入额－1 600或4 000元）×适用税率－速算扣除数

应特别注意的是，由于个人所得税适用税率中的各级别均为扣除费用后的应纳税所得额，因而在确定适用税率时，不能直接以每月工资、薪金所得为依据，而应该先以工资、薪金所得扣除规定费用计算出应纳税所得额，然后再找出对应级次的税率。

[例10.5.1]　马先生2005年每月工资收入3800元。全年应缴纳多少个人所得税？
（1）每月应纳税所得额＝3800－1600＝2200元
（2）每月应纳税额＝2200×15%－125＝205元
　　　全年应纳税额＝205×12＝2460元

10.5.2　个体工商户的生产、经营所得应纳税额的计算

（1）个体工商户的生产、经营所得适用五级超额累进税率，以其应纳税所得额按适用税率计算应纳税额。计算公式如下：

应纳税额＝应纳税所得额×适用税率－速算扣除数

目前，对个体工商户生产、经营所得的应纳税额实行按年计算、分月或分季预缴、年终汇算清缴、多退少补的征管方法，因此，需要分别计算按月预缴税额和年终汇算清缴税额。其计算公式：

本月应预缴税额＝本月累计应纳税所得额×适用税率－速算扣除数
　　　　　　　－上月累计已预缴税额

需要注意的是：公式中的适用税率，是指与计算应纳税额的月份累计应纳税所得额相对应的税率，由于个体工商户个人所得税税率表中的税率都是全年应纳税所得额的税率，因此，必须按换算后的税率，即五级超额累进税率换算表中的对应税率来计算，具体见表10-3。

全年应纳税额＝全年应纳税所得额×适用税率－速算扣除数
汇算清缴税额＝全年应纳税额－全年累计已预缴税额

（2）对个人独资企业和合伙企业的生产经营所得，其个人所得税应纳税额的计算有以下两种办法：

第一种：查账征税。

凡实行查账征税办法的，生产经营所得按照《个体工商户个人所得税计税办法（试行）》的规定确定。但下列项目的扣除依照以下规定执行。

① 投资者的扣除标准，由各省、自治区、直辖市地方税务局参照个人所得税法"工资、薪金所得"项目的费用扣除标准确定。投资者的工资不得在税前扣除。

② 企业从业人员的工资支出按标准在税前扣除，具体标准由各省、自治区、直辖市地方税务局参照企业所得税计税工资标准确定。

③ 投资者及其家庭发生的生活费用不允许在税前扣除。投资者及其家庭发生的生活费用与企业生产经营费用混合在一起，并且难以划分的，全部视为投资者个人及其家庭发生的生活费用，不允许在税前扣除。

④ 企业生产经营和投资者及其家庭生活共用的固定资产，难以划分的，由主管税务机关根据企业的生产经营类型、规模等具体情况，核定准予在税前扣除的折旧费用数额或比例。

⑤ 企业实际发生的工会费、职工福利费、职工教育经费分别在其计税工资总额的2%、14%、1.5%的标准内据实扣除。

⑥ 企业每一纳税年度发生的广告和业务宣传费用不超过当年销售（营业）收入2%的部分，可据实扣除；超过部分可无限期向以后的纳税年度结转。

⑦ 企业每一纳税年度发生的与其生产经营业务直接相关的业务招待费，在以下规定比例范围内，可据实扣除：全年销售（营业）收入净额在1 500万元及其以下的，不超过全年销售（营业）收入净额的5‰；全年销售（营业）收入净额超过1 500万元的，不超过全年销售（营业）收入净额的3‰。

⑧ 企业计提的各种准备金不得扣除。

⑨ 投资者兴办两个或两个以上企业，并且企业性质全部是独资的，年度终了后，汇算清缴时，应纳税款的计算按以下方法进行：汇总其投资兴办的所有企业的经营所得作为应纳税所得额，以此确定适用税率，计算出全年经营所得的应纳税额，再根据每个企业的经营所得占所有企业经营所得的比例，分别计算出每个企业的应纳税额和应补缴税额。计算公式如下：

$$应纳税所得额 = \sum 各个企业的经营所得$$

$$应纳税额 = 应纳税所得额 \times 税率 - 速算扣除数$$

$$本企业应纳税额 = 应纳税额 \times 本企业的经营所得 \div \sum 各企业的经营所得$$

$$本企业应补缴的税额 = 本企业应纳税额 - 本企业预缴的税额$$

第二种：核定征税。

核定征税方式，包括定额征收、核定应税所得率征收以及其他合理的征收方式。

实行核定应税所得率征收方式的，应纳所得税税额的计算公式如下：

$$应纳所得税税额 = 应纳税所得额 \times 适用税率$$

$$应纳税所得额 = 收入总额 \times 应税所得率$$

或

$$应纳税所得额 = 成本费用支出额 \div (1 - 应税所得率) \times 应税所得率$$

应税所得率应按表10-4规定的标准执行：

表10-4 个人所得税应税所得率表

行　　业	应税所得率（%）
工业、交通运输业、商业	5～20
建筑业、房地产开发业	7～20
饮食服务业	7～25
娱乐业	20～40
其他行业	10～30

企业经营多业的,无论其经营项目是否单独核算,均应根据其主营项目确定其适用的应税所得率。

实行查账征税方式的个人独资企业和合伙企业改为核定征税方式后,在查账征税方式下认定的年度经营亏损未弥补完的部分,不得再继续弥补。

实行核定征税的投资者,不能享受个人所得税的优惠政策。

10.5.3 对企事业单位的承包、承租经营所得应纳税额的计算

对企事业单位承包经营、承租经营所得适用五级超额累进税率,以其应纳税所得额按适用税率计算应纳税额。计算公式如下:

$$应纳税额 = 应纳税所得额 \times 适用税率 - 速算扣除数$$

实际工作中,纳税义务人可能会在一年内分次取得承包经营、承租经营所得。在这种情况下,应在每次分得承包经营、承租经营所得后,先预缴税款,年终再汇算清缴,多退少补。

另外,如果纳税义务人的承包、承租期不足一年的,或者在一个纳税年度内,承包、承租经营不足 12 个月的,以其实际承包经营、承租经营的期限为一个纳税年度计算纳税。

10.5.4 劳务报酬所得应纳税额的计算

对劳务报酬所得,其个人所得税应纳税额的计算公式为:

(1) 每次收入的应纳税所得额未超过 20000 元的:

$$应纳税额 = 应纳税所得额 \times 20\%$$

(2) 每次收入的应纳税所得额超过 20 000 元的:

$$应纳税额 = 应纳税所得额 \times 适用税率 - 速算扣除数$$

[例 10.5.2] 某歌星王某一次取得表演收入 30000 元,扣除 20% 的费用后,应纳税所得额为 24 000 元。

请计算其应纳税额:

$$\begin{aligned}应纳税额 &= 每次收入额 \times (1-20\%) \times 适用税率 - 速算扣除数 \\ &= 30000 \times (1-20\%) \times 30\% - 2000 \\ &= 5200 （元）\end{aligned}$$

10.5.5 稿酬所得应纳税额的计算

稿酬所得适用 20% 的比例税率,并按规定减征税额的 30%。其应纳税额的计算公式为:

$$应纳税额 = 应纳税所得额 \times 适用税率 \times (1-30\%)$$

[例 10.5.3] 某作家取得一书稿酬收入 20 000 元,计算其应纳个人所得税税额:

$$应纳税额 = 应纳税所得额 × 适用税率 × (1-30\%)$$
$$= 20000 × (1-20\%) × 20\% × (1-30\%)$$
$$= 2240（元）$$

10.5.6 特许权使用费所得应纳税额的计算

特许权使用费所得适用 20% 的比例税率，其应纳税额的计算公式如下：
$$应纳税额 = 应纳税所得额 × 20\%$$

10.5.7 利息、股息、红利所得应纳税额的计算

利息、股息、红利所得适用 20% 的比例税率。并且其所得收入不允许扣除任何费用。其应纳税额的计算公式为
$$应纳税额 = 应纳税所得额 × 20\%$$

10.5.8 财产租赁所得应纳税额的计算

财产租赁所得适用 20% 的比例税率。应纳税额的计算公式为
$$应纳税额 = 应纳税所得额 × 适用税率$$

在确定财产租赁的应纳税所得额时，纳税人在出租财产过程中缴纳的税金和教育费附加，可持完税（缴款）凭证，从其财产租赁收入中扣除。对于能够提供有效、准确凭证，证明由纳税人负担的该出租财产实际开支的修缮费用也准予扣除。允许扣除的修缮费用以每次 800 元为限。一次扣除不完的，准予下次继续扣除，直至扣完为止。另外，2001 年 1 月 1 日起，对个人按市场价出租的住房，暂减按 10% 的税率征收个人所得税。

实际计算应纳税所得额时，可按以下计算公式计算：

每次（月）收入不超过 4000 元的：
$$应纳税所得额 = 每次（月）收入额 - 准予扣除项目 - 修缮费用（800 元为限） - 800 元$$

每次（月）收入超过 4000 元的：
$$应纳税所得额 = [每次（月）收入额 - 准予扣除项目 - 修缮费用（800 元为限）] × (1-20\%)$$

[例 10.5.4] 居民刘某于 2004 年上半年将其自有房屋出租给他人居住。每月取得租金 2 000 元，一月份房屋水管破裂，支付维修费 500 元。问：刘某租赁财产每月应纳的个人所得税是多少？

$$一月份应纳税额 = (2\,000 - 800 - 500) × 10\% = 70（元）$$
$$二月至七月份每月应纳税额 = (2000 - 800) × 10\% = 120（元）$$

本例在计算个人所得税时未考虑其他税、费。如果对租金收入计征营业税、城市维护

建设税、房产税和教育费附加等，还应将其从税前的收入中先扣除后才计算应缴纳的个人所得税。

10.5.9 财产转让所得应纳税额的计算

财产转让所得适用20%的比例税率，应纳税额的计算公式为：

$$应纳税额 = 应纳税所得额 \times 税率$$

［例10.5.5］ 2004年吴先生建房一栋，造价70 000元，支付费用4 000元。2005年7月，吴先生转让房屋，售价113 000元，在卖房过程中按规定支付交易费等有关费用4 700元，其应纳个人所得税计算过程为：

$$应纳税所得额 = 财产转让收入 - 财产原值 - 合理费用$$
$$= 113\,000 - (70\,000 + 4\,000) - 4\,700 = 34\,300（元）$$
$$应纳税额 = 34\,300 \times 20\% = 6\,860（元）$$

对住房转让所得征收个人所得税时，以实际成交价格为转让收入。纳税人申报的住房成交价格明显低于市场价格且无正当理由的，征收机关依法有权根据有关信息核定其转让收入，但必须保证各税种计税价格一致。

自2006年8月1日起，对转让住房收入计算个人所得税应纳税所得额时，纳税人可凭原购房合同、发票等有效凭证，经税务机关审核后，允许从其转让收入中减除房屋原值、转让住房过程中缴纳的税金及有关合理费用。

1. 房屋原值具体为

（1）商品房：购置该房屋时实际支付的房价款及交纳的相关税费。

（2）自建住房：实际发生的建造费用及建造和取得产权时实际交纳的相关税费。

（3）经济适用房（含集资合作建房、安居工程住房）：原购房人实际支付的房价款及相关税费，以及按规定交纳的土地出让金。

（4）已购公有住房：原购公有住房标准面积按当地经济适用房价格计算的房价款，加上原购公有住房超标准面积实际支付的房价款以及按规定向财政部门（或原产权单位）交纳的所得收益及相关税费。

已购公有住房是指城镇职工根据国家和县级（含县级）以上人民政府有关城镇住房制度改革政策规定，按照成本价（或标准价）购买的公有住房。

经济适用房价格按县级（含县级）以上地方人民政府规定的标准确定。

（5）城镇拆迁安置住房：根据《城市房屋拆迁管理条例》（国务院令第305号）和《建设部关于印发〈城市房屋拆迁估价指导意见〉的通知》（建住房〔2003〕234号）等有关规定，其原值分别为：

① 房屋拆迁取得货币补偿后购置房屋的，为购置该房屋实际支付的房价款及交纳的相

关税费。

② 房屋拆迁采取产权调换方式的，所调换房屋原值为《房屋拆迁补偿安置协议》注明的价款及交纳的相关税费。

③ 房屋拆迁采取产权调换方式，被拆迁人除取得所调换房屋，又取得部分货币补偿的，所调换房屋原值为《房屋拆迁补偿安置协议》注明的价款和交纳的相关税费，减去货币补偿后的余额。

④ 房屋拆迁采取产权调换方式，被拆迁人取得所调换房屋，又支付部分货币的，所调换房屋原值为《房屋拆迁补偿安置协议》注明的价款，加上所支付的货币及交纳的相关税费。

2. 转让住房过程中缴纳的税金

转让住房过程中缴纳的税金是指：纳税人在转让住房时实际缴纳的营业税、城市维护建设税、教育费附加、土地增值税、印花税等税金。

3. 合理费用

合理费用是指：纳税人按照规定实际支付的住房装修费用、住房贷款利息、手续费、公证费等费用。

（1）支付的住房装修费用。纳税人能提供实际支付装修费用的税务统一发票，并且发票上所列付款人姓名与转让房屋产权人一致的，经税务机关审核，其转让的住房在转让前实际发生的装修费用，可在以下规定比例内扣除：

① 已购公有住房、经济适用房，最高扣除限额为房屋原值的 15%；

② 商品房及其他住房，最高扣除限额为房屋原值的 10%。

纳税人原购房为装修房，即合同注明房价款中含有装修费（铺装了地板、装配了洁具、厨具等）的，不得再重复扣除装修费用。

（2）支付的住房贷款利息。纳税人出售以按揭贷款方式购置的住房的，其向贷款银行实际支付的住房贷款利息，凭贷款银行出具的有效证明据实扣除。

（3）纳税人按照有关规定实际支付的手续费、公证费等，凭有关部门出具的有效证明据实扣除。

纳税人未提供完整、准确的房屋原值凭证，不能正确计算房屋原值和应纳税额的，税务机关可根据《中华人民共和国税收征收管理法》第三十五条的规定，对其实行核定征税，即按纳税人住房转让收入的一定比例核定应纳个人所得税额。具体比例由省级地方税务局或者省级地方税务局授权的地市级地方税务局根据纳税人出售住房的所处区域、地理位置、建造时间、房屋类型、住房平均价格水平等因素，在住房转让收入 1%～3% 的幅度内确定。

10.5.10 偶然所得应纳税额的计算

偶然所得以所得额为应纳税所得额，不得扣除任何费用，适用20%的比例税率。应纳税额的计算公式为：

$$应纳税额 = 应纳税所得额 \times 20\%$$

10.5.11 其他所得应纳税额的计算

其他所得应纳税额的计算公式为：

$$应纳税额 = 应纳税所得额 \times 20\%$$

10.5.12 应纳税额计算中的几个特殊问题

（1）对在中国境内有住所的个人取得全年一次性奖金或年终加薪、劳动分红（以下简称奖金，不包括应按月支付的奖金）的计算征税问题

全年一次性奖金是指行政机关、企事业单位等扣缴义务人根据其全年经济效益和对雇员全年工作业绩的综合考核情况，向雇员发放的一次性奖金。也包括年终加薪、实行年薪制和绩效工资办法的单位根据考核情况兑现的年薪和绩效工资。

个人取得的全年一次性奖金、年终加薪或劳动分红，实行年薪制和绩效工资的单位年终兑现的年薪和绩效工资，可将其单独作为一个月的工资、薪金所得，计算纳税。自2005年1月1日起按以下计算办法，由扣缴义务人发放时代扣代缴，一个纳税年度内该办法只允许使用一次。

① 先将雇员当月取得的全年一次性奖金，除以12个月，按其商数确定适用税率和速算扣除数。其应纳税额的计算公式是：

$$应纳税额 = 雇员当月取得的全年一次性奖金 \times 适用税率 - 速算扣除数$$

如果在发放年终一次性奖金的当月，雇员当月工资薪金所得低于税法规定的费用扣除额，应将全年奖金减除雇员当月工资薪金所得与费用扣除额的差额后的余额，按上述办法确定全年一次性奖金的适用税率和速算扣除数，其应纳税额的计算公式是：

$$应纳税额 = （雇员当月取得的全年一次性奖金 - 雇员当月工资薪金所得与费用扣除额的差额） \times 适用税率 - 速算扣除数$$

② 雇员取得除全年一次性奖金以外的其他各种名目奖金，如半年奖、季度奖、加班奖、先进奖、考勤奖等，一律与当月工资、薪金收入合并，按税法规定缴纳个人所得税。

由于对每月的工资、薪金所得计税时已按月扣除了费用，因此，对上述奖金原则上不再减除费用，全额作为应纳税所得额直接按适用税率计算应纳税款。如果纳税人取得奖金而当月的工资、薪金所得不足1 600元的，可将奖金收入减除"当月工资与1 600元的差额"后的余额作为应纳税所得额，并据以计算应纳税款。

[例 10.5.6] 公民刘先生月工资为 1 800 元,12 月份一次性领取年终奖金 6 600 元。请计算刘先生 12 月份应纳个人所得税额。

12 月份工资应纳税额=(1 800－1 600)×5%＝10(元)

12 月份奖金应纳税额：先确定适用税率和速算扣除数：应纳税所得额 6 600 元除以 12 后商为 550 元,适用税率为 10%,速算扣除数为 25。

12 月份奖金应纳税额=6 600×10%－25＝635(元)

刘先生 12 月份应纳个人所得税额为 645 元(10＋635＝645(元))。

[例 10.5.7] 如果上例公民刘先生月工资为 1 400 元,12 月份一次性领取年终奖金 6 600 元。请计算刘先生 12 月份应纳个人所得税额。

应纳税所得额=6 600－(1 600－1 400)＝6 400(元)

先确定适用税率和速算扣除数：应纳税所得额 6400 元除以 12 后为商 533.33 元,适用税率为 10%,速算扣除数为 25。

12 月份应纳税额=6 400×10%－25＝615(元)

(2) 对在中国境内无住所的个人一次取得数月奖金或年终加薪、劳动分红(以下简称奖金,不包括应按月支付的奖金)的计算征税问题

对上述个人取得的奖金,可单独作为一个月的工资、薪金所得计算纳税。由于对每月的工资、薪金所得计税时已按月扣除了费用,因此,对上述奖金不再减除费用,全额作为应纳税所得额直接按适用税率计算应纳税款,并且不再按居住天数进行划分计算。上述个人应在取得奖金月份的次月 7 日内申报纳税。但有一种特殊情况,即：在中国境内无住所的个人在担任境外企业职务的同时,兼任该外国企业在华机构的职务,但并不实际或不经常到华履行该在华机构职务,对其一次取得的数月奖金中属于全月未在华的月份奖金,依照劳务发生地原则,可不作为来源于中国境内的奖金收入计算纳税。

(3) 特定行业职工取得的工资、薪金所得的计税问题

为了照顾采掘业、远洋运输业、远洋捕捞业因季节、产量等因素的影响,职工的工资、薪金收入呈现较大幅度波动的实际情况,对这三个特定行业的职工取得的工资、薪金所得,可按月预缴,年度终了后 30 日内,合计其全年工资、薪金所得,再按 12 个月平均并计算实际应纳的税款,多退少补。用公式表示为：

应纳所得税额=[(全年工资、薪金收入÷12－费用扣除标准)×税率－速算扣除数]×12

(4) 关于个人取得公务交通、通讯补贴收入征税问题

个人因公务用车和通讯制度改革而取得的公务用车、通讯补贴收入,扣除一定标准的公务费用后,按照"工资、薪金"所得项目计征个人所得税。按月发放的,并入当月"工资、薪金"所得计征个人所得税；不按月发放的,分解到所属月份并与该月份"工资、薪金"所得合并后计征个人所得税。

公务费用的扣除标准,由省级地方税务局根据纳税人公务交通、通讯费用的实际发生情况调查测算,报经省级人民政府批准后确定,并报国家税务总局备案。

(5) 关于失业保险费（金）征税问题

城镇企业事业单位及其职工个人按照《失业保险条例》规定的比例，实际缴付的失业保险费，均不计入职工个人当期的工资、薪金收入，免予征收个人所得税；超过《失业保险条例》规定的比例缴付失业保险费的，应将其超过规定比例缴付的部分计入职工个人当期的工资薪金收入，依法计征个人所得税。

具备《失业保险条例》规定条件的失业人员，领取的失业保险金，免予征收个人所得税。

(6) 关于企业改组改制过程中个人取得的量化资产征税问题

对职工个人以股份形式取得的仅作为分红依据，不拥有所有权的企业量化资产，不征收个人所得税。

对职工个人以股份形式取得的拥有所有权的企业量化资产，暂缓征收个人所得税；待个人将股份转让时，就其转让收入额，减除个人取得该股份时实际支付的费用支出和合理转让费用后的余额，按"财产转让所得"项目计征个人所得税。

对职工个人以股份形式取得的企业量化资产参与企业分配而获得的股息、红利，应按"利息、股息、红利"项目征收个人所得税。

(7) 关于个人因与用人单位解除劳动关系而取得的一次性补偿收入征免税问题

① 个人因与用人单位解除劳动关系而取得的一次性补偿收入（包括用人单位发放的经济补偿金、生活补助费和其他补助费用），其收入在当地上年职工平均工资 3 倍数额以内的部分，免征个人所得税；超过的部分按照《国家税务总局关于个人因解除劳动合同取得经济补偿金征收个人所得税问题的通知》的有关规定，计算征收个人所得税。

② 个人领取一次性补偿收入时，按照国家和地方政府规定的比例实际缴纳的住房公积金、医疗保险费、基本养老保险费、失业保险费可以计征其一次性补偿收入的个人所得税时予以扣除。

③ 企业按照国家有关法律规定宣告破产，企业职工从该破产企业取得的一次性安置收入，免征个人所得税。

(8) 在外商投资企业、外国企业和外国驻华机构工作的中方人员取得的工资、薪金所得的征税问题

① 在外商投资企业、外国企业和外国驻华机构工作的中方人员取得的工资、薪金收入，凡是由雇佣单位和派遣单位分别支付的，支付单位应按税法规定代扣代缴个人所得税。同时，按税法规定，纳税义务人应以每月全部工资、薪金收入减除规定费用后的余额为应纳税所得额。为了有利于征管，对雇佣单位和派遣单位分别支付工资、薪金的，采取由支付者中的一方减除费用的方法，即只由雇佣单位在支付工资、薪金时，按税法规定减除费用，计算扣缴个人所得税；派遣单位支付的工资、薪金不再减除费用，以支付金额直接确定适用税率，计算扣缴个人所得税。

上述纳税义务人，应持两处支付单位提供的原始明细工资、薪金单（书）和完税凭证原件，选择并固定到一地税务机关申报每月工资、薪金收入，汇算清缴其工资、薪金收入

的个人所得税,多退少补。具体申报期限,由各省、自治区、直辖市税务机关确定。

[例 10.5.8] 王先生为一外商投资企业雇佣的中方人员,2006年2月,该外商投资企业支付给王先生的薪金为8 000元,同月,王某还收到其所在的派遣单位发给的工资1 900元。请问:该外商投资企业、派遣单位应如何扣缴个人所得税?王某实际应缴纳的个人所得税为多少?

① 外商投资企业为王先生扣缴的个人所得税为:

$$扣缴税额 = (每月收入额 - 1\ 600) \times 适用税率 - 速算扣除数$$
$$= (8\ 000 - 1\ 600) \times 20\% - 375 = 905\ 元$$

② 派遣单位应为王先生扣缴的个人所得税为:

$$扣缴税额 = 每月收入额 \times 适用税率 - 速算扣除数$$
$$= 1\ 900 \times 10\% - 25 = 165\ 元$$

③ 王先生实际应缴的个人所得税为:

$$应纳税额 = (每月收入额 - 1\ 600) \times 适用税率 - 速算扣除数$$
$$= (80\ 00 + 1\ 900 - 1\ 600) \times 20\% - 375 = 1\ 285\ 元$$

因此,在王先生到某税务机关申报时,还应补缴215元(1285元-905元-165元)。

② 对外商投资企业,外国企业和外国驻华机构发放给中方工作人员的工资、薪金所得,应全额征税,但对可以提供有效合同或有关凭证,能够证明其工资、薪金所得的一部分按照有关规定上交派遣单位的,可扣除其实际上交的部分,按其余额计征个人所得税。

(9)在中国境内无住所的个人取得工资薪金所得的征税问题

依照《个人所得税法》及其实施条例和我国对外签订的避免双重征税协定(以下简称税收协定)的有关规定,对在中国境内无住所的个人由于在中国境内公司、企业、经济组织(以下简称中国境内企业)或外国企业在中国境内设立的机构、场所以及税收协定所说常设机构(以下简称中国境内机构)担任职务,或者由于受雇或履行合同而在中国境内从事工作,取得的工资薪金所得应分别按不同情况确定。

① 关于工资、薪金所得来源地的确定。根据规定,属于来源于中国境内的工资薪金所得应为个人实际在中国境内工作期间取得的工资薪金,即:个人实际在中国境内工作期间取得的工资薪金,不论是由中国境内还是境外企业或个人雇主支付的,均属来源于中国境内的所得;个人实际在中国境外工作期间取得的工资薪金,不论是由中国境内还是境外企业或个人雇主支付的,均属于来源于中国境外的所得。

② 关于在中国境内无住所而在一个纳税年度中在中国境内连续或累计居住不超过90日或在税收协定规定的期间中在中国境内连续或累计居住不超过183日的个人纳税义务的确定。

根据有关规定,在中国境内无住所而在一个纳税年度中在中国境内连续或累计工作不超过90日或在税收协定规定的期间中在中国境内连续或累计居住不超过183日的个人,由中国境外雇主支付并且不是由该雇主的中国境内机构负担的工资薪金,免于申报缴纳个人所得税。对前述个人应仅就其实际在中国境内工作期间由中国境内企业或个人雇主支付或者由中国境内机构负担的工资薪金所得申报纳税。凡是该中国境内企业、机构属于采取核定利润方法计征企业所得税或没有营业收入而不征收企业所得税的，在该中国境内企业、机构任职、受雇的个人实际在中国境内工作期间取得的工资薪金，不论是否在该中国境内企业、机构会计账簿中有记载，均应视为该中国境内企业支付或由该中国境内机构负担的工资薪金。

上述个人每月应纳的税款应按税法规定的期限申报缴纳。

自2004年7月1日起，在中国境内无住所而在一个纳税年度内在中国境内连续或累计工作不超过90日，或者在税收协定规定的期间内，在中国境内连续或累计居住不超过183日的个人，负有限纳税义务，应适用下述公式计算：

应纳税额=（当月境内外工资薪金应纳税所得额×适用税率－速算扣除数）
×当月境内支付工资总额÷当月境内外支付工资总额
×当月境内工作天数÷当月天数

③ 关于在中国境内无住所而在一个纳税年度中在中国境内连续或累计居住超过90日或在税收协定规定的期间中在中国境内连续或累计居住超过183日但不满1年的个人纳税义务的确定。

根据有关规定，在中国境内无住所而在一个纳税年度中在中国境内连续或累计工作超过90日或在税收协定规定的期间中在中国境内连续或累计居住超过183日但不满1年的个人，其实际在中国境内工作期间取得的由中国境内企业或个人雇主支付和由境外企业或个人雇主支付的工资薪金所得，均应申报缴纳个人所得税；其在中国境外工作期间取得的工资薪金所得，除中国境内企业或高层管理人员，不予征收个人所得税。

上述个人每月应纳的税款应按规定的期限申报缴纳。其中，取得的工资薪金所得是由境外雇主支付并且不是由中国境内机构负担的个人，事先可预定在一个纳税年度中连续或累计居住超过90日或在税收协定规定的期间中连续或累计居住超过183日的，其每月应纳的税款应按规定期限申报纳税；对事先不能预定在一个纳税年度或税收协定规定的有关期间中连续或累计居住超过90日或183日的，可以待达到90日或183日后的次月7日内，就其以前月份应纳的税款一并申报缴纳。

④ 关于在中国境内无住所但在境内居住满1年的个人纳税义务的确定。自2004年7月1日起，对于在中国境内无住所，但居住满1年而未超过5年的个人，就其来源于中国境内的所得征税。对于其临时离境来源于中国境外的各种所得，经主管税务机关批准，并入其由中国境内公司、企业以及其他经济组织或个人支付的部分一同缴纳个人所得税；居住超过5年的个人，从第6年起，开始就其来源于中国境内、境外的全部所得缴纳个人所得税。

个人在中国境内居住满5年，是指个人在中国境内连续居住满5年，即在连续5年的每一个纳税年度内均居住满1年。如果个人从第6年起在以后的各年度中，凡在境内居住满1年的,应当就其来源于境内、境外的全部所得申报纳税;凡在境内居住不满1年的,仅就其该年内来源于境内的所得和临时离境期间获得的所得申报纳税。若该个人在第6年以后的某一个纳税年度内在境内居住不满90天,其来源于中国境内的所得,由境外雇主支付并且不由该雇主在中国境内的机构、场所负担的部分,免于缴纳个人所得税,并从再次居住满1年的年度起计算5年期限。需要注意的是:在中国境内有住所的居民纳税义务人不适用上述规定。

⑤ 中国境内企业董事、高层管理人员纳税义务的确定。担任中国境内企业董事或高层管理职务的个人(注:指公司正、副(总)经理、各职能技师、总监及其他类似公司管理层的职务),其取得的由该中国境内企业支付的董事费或工资薪金,不适用前述2项、3项的规定,而应自其担任该中国境内企业董事或高层管理职务起,至其解除上述职务止的期间,不论其是否在中国境外履行职务,均应申报缴纳个人所得税;其取得的由中国境外企业支付的工资薪金,应依照前述规定确定纳税义务。

⑥ 不满1个月的工资薪金所得应纳税款的计算。属于前述情况中的个人,凡应仅就不满1个月期间的工资薪金所得申报纳税的,均应按全月工资薪金所得计算实际应纳税额,其计算公式如下:

$$应纳税额 = (当月工资薪金应纳税所得额 \times 适用税率 - 速算扣除数) \times 当月实际在中国天数 \div 当月天数$$

如果属于上述情况的个人取得的是日工资薪金,应以日工资薪金乘以当月天数换算成月工资薪金后,按上述公式计算应纳税额。

下面,我们举例说明在中国境内无住所的个人取得的工资薪金所得的征税问题。

[例10.5.9] 某外籍个人在2006年1月1日起担任中国境内某外商投资企业的副总经理,由该企业每月支付其工资20000元,同时,该企业外方的境外总机构每月也支付其工资4000美元。其大部分时间是在境外履行职务,2006年来华工作时间累计为180天。根据规定,其2006年度在我国的纳税义务确定为:

① 由于其系属企业的高层管理人员,因此,根据规定,该人员于2006年1月1日起至12月31日在华任职期间,由该企业支付的每月20000元工资、薪金所得,应按月依照税法规定的期限申报缴纳个人所得税。

② 由于其2006年来华工作时间未超过183天,根据税收协定的规定,其境外雇主支付的工资、薪金所得,在我国可免予申报纳税(如果该个人属于与我国未签订税收协定国家的居民或港、澳、台居民,则其由境外雇主按每月4000美元标准支付的工资、薪金,凡属于在我国境内180天工作期间取得的部分,应与我国境内企业每月支付的20000元工资合并计算缴纳个人所得税)。

(10)两个以上的纳税人共同取得同一项所得的计税问题

两个或两个以上的纳税义务人共同取得同一项所得的(如共同写作一部著作而取得稿酬所得),可以对每个人分得的收入分别减除费用,并计算各自应纳的税款。

[例 10.5.10]　甲、乙两个人合著一本书，共得稿费收入 1600 元。若每人平分，即一人各得 800 元，那么。两人分别减除费用 800 元后，没有余额，也就不用纳税。若甲分得 1000 元，乙分得 600 元，则甲需纳税 28 元[（1000—800）×20%×（1—30%）]，而乙则不用缴纳个人所得税。

在个人所得税应纳税额的计算时，还有一个问题需要解决，即企业和个人的外币收入如何折合成人民币计算纳税的问题。根据国家税务总局 1995 年 9 月 12 日通知规定，企业和个人取得的收入和所得为美元、日元、港币的，仍统一使用中国人民银行公布的人民币对上述三种货币的基准汇价，折合成人民币计算缴纳税款；企业和个人取得的收入和所得为上述三种货币以外的其他货币的，应根据美元对人民币的基准汇价和国家外汇管理局提供的纽约外汇市场美元对主要外币的汇价进行套算，按套算后的汇价作为折合汇率计算缴纳税款。套算公式为：

某种货币对人民币的汇价 = 美元对人民币的基准汇价
÷纽约外汇市场美元对该种货币的汇价

（11）关于个人取得退职费收入征免个人所得税问题

① 《个人所得税法》第四条第七款所说的可以免征个人所得税的"退职费"，是指个人符合《国务院关于工人退休、退职的暂行办法》（国发［1978］104 号）规定的退职条件并按该办法规定的退职费标准所领取的退职费。

② 个人取得的不符合上述办法规定的退职条件和退职费标准的退职费收入，应属于与其任职、受雇活动有关的工资、薪金性质的所得，应在取得的当月按工资、薪金所得计算缴纳个人所得税。但考虑到作为雇主给予退职人员经济补偿的退职费，通常为一次性发给，且数额较大，以及退职人员有可能在一段时间内没有固定收入等实际情况，依照《个人所得税法》有关工资、薪金所得计算征税的规定，对退职人员一次取得较高退职费收入的，可视为其一次取得数月的工资、薪金收入，并以原每月工资、薪金收入总额为标准，划分为若干月份的工资。薪金收入后，计算个人所得税的应纳税所得额及税额。但按上述方法划分超过了 6 个月工资、薪金收入的，应按 6 个月平均划分计算。个人取得全部退职费收入的应纳税款，应由其原雇主在支付退职费时负责代扣并于次月 7 日内缴入国库。个人退职后 6 个月内又再次任职、受雇的，对个人已缴纳个人所得税的退职费收入，不再与再次任职、受雇取得的工资、薪金所得合并计算补缴个人所得税。

（12）关于企业经营者试行年薪制后征收个人所得税问题

对试行年薪制的企业经营者取得的工资、薪金所得应纳的税款，可以实行按年计算、分月预缴的方式计征，即企业经营者按月领取的基本收入，应在减除 800 元的费用后，按适用税率计算应纳税款并预缴，年度终了领取效益收入后，合计其全年基本收入和效益收入，再按 12 个月平均计算实际应纳的税款。用公式表示为：

应纳税额＝[（全年基本收入和效益收入÷12－费用扣除标准）
×税率－速算扣除数]×12

10.5.13 捐赠扣除及境外所得税额扣除

个人所得税的计算除了上述应税项目的计税方法以外,在实践中,还有一些特殊问题需要采用特殊方法来计算个人所得税税额。这些问题主要包括以下几个方面。

1. 涉及捐赠扣除的计税方法

根据税法规定,个人将其所得通过中国境内的社会团体、国家机关向教育和其他社会公益事业以及遭受严重自然灾害地区、贫困地区的捐赠,以及个人通过中国金融教育发展基金会、中国国际民间组织合作促进会、中国社会工作协会孤残儿童救助基金管理委员会、中国发展研究基金会、陈嘉庚科学奖基金会、中国友好和平发展基金会、中华文学基金会、中华农业科教基金会、中国少年儿童文化艺术基金会和中国公安英烈基金会用于公益救济性捐赠,允许从其应纳税所得额中扣除。捐赠额的扣除限额为30%,超过纳税义务人应纳税所得额的30%的捐赠部分,不得扣除。具体计算方法如下:

$$捐赠扣除限额 = 应纳税所得额 \times 30\%$$

允许扣除的捐赠额:若实际捐赠额小于捐赠限额,按实际捐赠额扣除;若实际捐赠额大于捐赠限额,按捐赠限额扣除。

$$扣除捐赠额后应纳税所得额 = (应纳税所得额 - 允许扣除的捐赠额)$$

个人将其所得通过中国教育发展基金会、中国医药卫生事业发展基金会、中国老龄事业发展基金会、中国华文教育基金会、中国绿化基金会、中国妇女发展基金会、中国关心下一代健康体育基金会、中国生物多样性保护基金会、中国儿童少年基金会和中国光彩事业基金会用于公益救济性捐赠,准予在缴纳个人所得税前全额扣除。

2. 境外所得已纳税款抵免的计税方法

为了避免发生重复征税,我国税法规定,纳税义务人从中国境外取得的所得,准予其在应纳税额中扣除已在境外实际缴纳的个人所得税税款,但扣除额不得超过该纳税义务人境外所得依照本法规定计算的应纳税额(即抵免限额)。已在境外实际缴纳的税额,是指纳税义务人从中国境外取得的所得,依照所得来源国或地区的法律应当缴纳并且实际已经缴纳的税额。具体计税方法如下:

(1)抵免限额的计算。抵免限额实际上是指将境外所得按我国个人所得税法的规定计算出的税额。我国采取分国限额法确定抵免限额。即先分别按来自不同国家或地区的不同应税项目,计算出各国家或地区的单项抵免限额,然后加总同一国家或地区的不同应税项目抵免限额,以各项抵免限额之和作为来自该国或该地区所得的抵免限额。注意,不能将不同国家或地区的抵免限额相加。

$$来自某国或地区的抵免限额 = \sum (来自某国或地区的某项应税所得 - 费用扣除标准) \times 适用税率 - 速算扣除数$$

(2) 允许抵免税额。允许抵免税额要分国确定，即在计算出的来自一国或地区所得的抵免限额与实缴该国或地区的税款之间相比较，若境外实际缴纳税款小于抵免限额，允许抵免税额为境外实际缴纳税款；若境外实际缴纳税款大于抵免限额，允许抵免税额为抵免限额，超过抵免限额部分当期不得抵扣。但可在以后5年内有不足限额时抵扣。若5年内仍未抵扣完，则不再允许抵扣。

(3) 应纳税额的计算。

$$应纳税额 = \sum（来自某国或地区的所得-费用扣除标准）\times 适用税率 - 速算扣除数 - 允许抵免税额$$

10.6 税收优惠

目前，我国个人所得税的减免税优惠主要为三个方面。一是个人所得税法对有关所得项目的免税、减税规定；二是各省、自治区、直辖市人民政府根据税法规定确定的减税项目；三是根据财政部、国家税务总局关于个人所得税政策问题的通知规定，对某些项目给予免于征税。

10.6.1 对下列各项个人所得，免征个人所得税

(1) 省级人民政府、国务院部委和中国人民解放军军以上单位以及外国组织、国际组织颁发的科学、教育、技术、文化、卫生、体育、环境保护等方面的奖金。

(2) 国债和国家发行的金融债券利息。其中，国债利息是指个人持有中华人民共和国财政部发行的债券而取得的利息；国家发行的金融债券利息，是指个人持有经国务院批准发行的金融债券而取得的利息。

(3) 按照国家统一规定发给的补贴、津贴，是指按照国务院规定发给的政府特殊津贴、院士津贴、资深院士津贴，以及国务院规定免纳个人所得税的其他补贴、津贴。

(4) 福利费、抚恤金、救济金。其中，福利费是指根据国家有关规定，从企业、事业单位、国家机关、社会团体提留的福利费或者从工会经费中支付给个人的生活补助费；救济金是指国家民政部门支付给个人的生活困难补助费。

(5) 保险赔款。

(6) 军人的转业安置费、复员费。

(7) 按照国家统一规定发给干部、职工的安家费、退职费、退休工资、离休工资、离休生活补助费。其中，退职费是指符合《国务院关于工人退休、退职的暂行办法》规定的退职条件，并按该办法规定的退职费标准所领取的退职费。

（8）依照我国有关法律规定应予免税的各国驻华使馆、领事馆的外交代表、领事官员和其他人员的所得。

（9）中国政府参加的国际公约、签订的协议中规定免税的所得。

（10）对乡、镇人民政府或经县以上人民政府主管部门批准成立的有机构、有章程的见义勇为基金或者类似性质的组织，奖励见义勇为者的奖金或奖品，经主管税务机关核准，免征个人所得税。

（11）企事业单位按照国家或省（自治区、直辖市）人民政府规定的缴费比例或办法实际缴付的基本养老保险费、基本医疗保险费和失业保险费，免征个人所得税；个人按照国家或省（自治区、直辖市）人民政府规定的缴费比例或办法实际缴付的基本养老保险费、基本医疗保险费和失业保险费，允许在个人应纳税所得额中扣除。

企事业单位和个人超过规定的比例和标准缴付的基本养老保险费、基本医疗保险费和失业保险费，应将超过部分并入个人当期的工资、薪金收入，计征个人所得税。

根据《住房公积金管理条例》、《建设部 财政部 中国人民银行关于住房公积金管理若干具体问题的指导意见》（建金管[2005]5号）等规定精神，单位和个人分别在不超过职工本人上一年度月平均工资12%的幅度内，其实际缴存的住房公积金，允许在个人应纳税所得额中扣除。单位和职工个人缴存住房公积金的月平均工资不得超过职工工作地所在设区城市上一年度职工月平均工资的3倍，具体标准按照各地有关规定执行。

单位和个人超过上述规定比例和标准缴付的住房公积金，应将超过部分并入个人当期的工资、薪金收入，计征个人所得税。

个人实际领（支）取原提存的基本养老保险金、基本医疗保险金、失业保险金和住房公积金时，免征个人所得税。

（12）对个人领取的教育储蓄存款利息所得以及国务院财政部门确定的其他专项储蓄存款或者储蓄性专项基金存款的利息所得免征个人所得税。

（13）储蓄机构内从事代扣代缴工作的办税人员取得的扣缴利息所得税的手续费所得免征个人所得税。

（14）其他经国务院财政部门批准免税的所得。

10.6.2 有下列情形之一的，经批准可以减征个人所得税

（1）残疾、孤老人员和烈属的所得。

（2）因严重自然灾害造成重大损失的。

（3）其他经国务院财政部门批准减税的。

上述减税项目的减征幅度和期限，由各省、自治区、直辖市人民政府规定。

10.6.3 下列所得暂免征收个人所得税

(1) 外籍个人以非现金形式或实报实销形式取得的住房补贴、伙食补贴、搬迁费、洗衣费。

(2) 外籍个人按合理标准取得的境内、境外出差补贴；外籍个人从外商投资企业取得的利息、红利所得。

(3) 外籍个人取得的探亲费、语言训练费、子女教育费等，经当地税务机关审核批准为合理的部分。

(4) 个人举报、协查各种违法犯罪行为而获得的奖金。

(5) 凡符合下列条件之一的外籍专家取得的工资、薪金所得，可免征个人所得税：

① 根据世界银行专项贷款协议由世界银行直接派往我国工作的外国专家；

② 联合国组织直接派往我国工作的专家；

③ 为联合国援助项目来华工作的专家；援助国派往我国专为该国无偿援助项目工作的专家；

④ 根据两国政府签订的文化交流项目来华工作 2 年以内的文教专家，其工资、薪金所得由该国负担的；

⑤ 根据我国大专院校国际交流项目来华工作 2 年以内的文教专家，其工资、薪金所得由该国负担的；

⑥ 通过民间科研协定来华工作的专家，其工资、薪金所得由该国政府机构负担的。

(6) 个人转让自用达 5 年以上、并且是唯一的家庭生活用房取得的所得。

(7) 对个人购买福利彩票、体育彩票，一次中奖收入在 1 万元以下的（含 1 万元）暂免征收个人所得税，超过 1 万元的全额征收个人所得税。

(8) 达到离休、退休年龄，但确因工作需要，适当延长离休、退休年龄的高级专家（指享受国家发放的政府特殊津贴的专家、学者），其在延长离休、退休期间的工资、薪金所得，视同离休、退休工资免征个人所得税。

(9) 对国有企业职工，因企业依照《中华人民共和国企业破产法（试行）》宣告破产，从破产企业取得的一次性安置费收入，免予征收个人所得税。

(10) 国有企业职工与企业解除劳动合同取得的一次性补偿收入，在当地上年企业职工年平均工资的 3 倍数额内，可免征个人所得税。具体免征标准由各省、自治区、直辖市和计划单列市地方税务局规定。超过该标准的一次性补偿收入，应按照《国家税务总局关于个人因解除劳动合同取得经济补偿征收个人所得税问题的通知》（国税发[1999]178 号）的有关规定，全额征收个人所得税。

(11) 城镇企业事业单位及其职工个人按照《失业保险条例》规定的比例，实际缴付的失业保险费，均不计入职工个人当期的工资、薪金收入，免予征收个人所得税。

城镇企业，是指国有企业、城镇集体企业、外商投资企业、城镇私营企业以及其他城镇企业。其职工不包括城镇企业事业单位招用的农民合同制工人。

（12）城镇企业事业单位和职工个人超过上述规定的比例缴付失业保险费的，应将其超过规定比例缴付的部分计入职工个人当期的工资、薪金收入，依法计征个人所得税。

（13）具备《失业保险条例》规定条件的失业人员，领取的失业保险金，免予征收个人所得税。

（14）下岗职工从事社区居民服务业，对其取得的经营所得和劳务报酬所得，从事个体经营的自其领取税务登记证之日起，从事独立劳务服务的自其持下岗证明在当地主管税务机关备案之日起，3年内免征个人所得税；第1年免税期满后由县以上主管税务机关就免税主体及范围按规定逐年审核，符合条件的，可继续免征1至2年。

社区居民服务业的界定及免税范围：家庭清洁卫生服务；初级卫生保健服务；婴幼儿看护和教育服务；残疾儿童教育训练和寄托服务；养老服务；病人看护和幼儿、学生接送服务（不包括出租汽车接送）；避孕节育咨询；优生优育优教咨询。

（15）根据《中华人民共和国个人所得税法》第四条第一款的规定，对陈嘉庚科学奖2006年度获奖者个人取得的奖金收入，免予征收个人所得税。在陈嘉庚科学奖业务主管、组织结构、评选办法不变的情况下，以后年度的陈嘉庚科学奖获奖个人的奖金收入，可根据《中华人民共和国个人所得税法》第四条第一款的规定，继续免征个人所得税。

10.7 纳税申报与缴纳

为了便于征收和管理，我国对个人所得税采取了源泉扣缴税款和自行申报纳税两种纳税方法，分别在不同情况下使用。

10.7.1 扣缴义务人源泉扣缴

所谓"源泉扣缴"的方式是指扣缴义务人在向纳税义务人支付其所得时，预先将税款扣除，直接支付其税后所得。

1. 个人所得税的扣缴义务人

凡支付个人应纳税所得的企业（公司）、事业单位、机关、社团组织、军队、驻华机构、个体户等单位或个人，都是个人所得税的扣缴义务人。

2. 代扣代缴的范围

扣缴义务人向个人支付以下各项应纳税所得时，必须履行代扣代缴税款的义务。

(1) 工资、薪金所得；
(2) 对企事业单位的承包、承租所得；
(3) 劳务报酬所得；
(4) 稿酬所得；
(5) 特许权使用费所得；
(6) 利息、股息、红利所得；
(7) 财产租赁所得；
(8) 财产转让所得；
(9) 偶然所得；
(10) 经国务院财政部门确定征税的其他所得。

3. 扣缴义务人的义务及责任

按照税法规定代扣代缴个人所得税，是扣缴义务人的法定义务，必须认真依法履行。对扣缴义务人按规定履行代扣代缴税款义务的,税务机关应根据扣缴义务人所扣缴的税款，付给2%的手续费。

扣缴义务人在扣缴税款时，必须向纳税义务人开具税务机关统一印制的代扣代收税款凭证，并详细注明纳税义务人姓名、工作单位、家庭住址和身份证或护照号码（无上述证件的，可用其他能有效证明身份的证件）等个人情况。对工资、薪金所得和股息、利息、红利所得等，因纳税义务人众多、不便一一开具代扣代收税款凭证的，经主管税务机关同意，可不开具代扣代收税款凭证，但应通过一定的形式告知纳税义务人已扣缴税款。纳税义务人为持有完税依据而向扣缴义务人索取代扣代收税款凭证的，扣缴义务人不得拒绝。扣缴义务人向纳税义务人提供非正式扣税凭证的，纳税义务人可以拒收。

扣缴义务人应设立代扣代缴税款账簿，正确反映个人所得税的扣缴情况，并如实填写《扣缴个人所得税报告表》及其他有关资料。扣缴义务人每月扣缴的税款，应当在次月7日内缴入国库，并向主管税务机关报送（扣缴个人所得税报告表）、代扣代收税款凭证和包括每一纳税义务人姓名、单位、职务、收入、税款等内容的支付个人收入明细表以及税务机关要求报送的其他有关资料。扣缴义务人有偷税或者抗税行为的，除依法追缴税款、处以罚款（罚金）外，对情节严重的，还需追究其直接责任人的刑事责任。

10.7.2 纳税义务人自行申报纳税

为加强个人所得税征收管理，完善个人所得税自行纳税申报制度，维护纳税人的合法权益，根据《中华人民共和国个人所得税法》及其实施条例、《中华人民共和国税收征收管理法》及其实施细则和税收有关规定，国家税务总局于2006年11月6日发布《个人所得税自行纳税申报办法（试行）》（以下简称《办法》），自2006年1月1日起执行。

1. 自行申报纳税的范围

凡依据个人所得税法负有纳税义务的纳税人，有下列五种情形之一的，应当按照本《办法》的规定办理纳税申报：

（1）年所得12万元以上的；
（2）从中国境内两处或者两处以上取得工资、薪金所得的；
（3）从中国境外取得所得的；
（4）取得应税所得，没有扣缴义务人的；
（5）国务院规定的其他情形。

第（1）项年所得12万元以上的纳税人，无论取得的各项所得是否已足额缴纳了个人所得税，均应当按照本办法的规定，于纳税年度终了后向主管税务机关办理纳税申报。年所得12万元以上的纳税人，不包括在中国境内无住所，且在一个纳税年度中在中国境内居住不满1年的个人。

第（2）项至第（4）项情形的纳税人，均应当按照本办法的规定，于取得所得后向主管税务机关办理纳税申报。其纳税申报办法根据具体情形另行规定。

"从中国境外取得所得的"纳税人，是指在中国境内有住所，或者无住所而在一个纳税年度中在中国境内居住满1年的个人。

2. 申报内容

（1）申报时需要报送的资料。年所得12万元以上的纳税人，年度纳税申报时，需要根据一个纳税年度内的所得、应纳税额、已缴（扣）税额、抵免（扣）税额、应补（退）税额等情况，如实填写并报送《个人所得税纳税申报表（适用于年所得12万元以上的纳税人申报）》（以下简称纳税申报表）、个人有效身份证件复印件，以及主管税务机关要求报送的其他有关资料。个人有效身份证件，主要有中国公民的居民身份证、华侨和外籍人员的护照、港澳台同胞的回乡证、中国人民解放军的军人身份证件等。

（2）申报时需要填的一些信息。年所得12万元以上的纳税人，在年度终了后的纳税申报时，一般需要填写个人的相关基础信息、各项所得的年所得额、应纳税额、已缴（扣）税额、抵免税额、应补（退）税额。个人的相关基础信息包括姓名、身份证照类型及号码、职业、任职受雇单位、经常居住地、中国境内有效联系地址及邮编、联系电话，如果是外籍人员，除上述内容外，还需填报国籍、抵华日期等信息。

（3）各个所得项目的年所得计算方法。年所得12万元以上的，是指一个纳税年度内取得须在中国境内缴纳个人所得税11个应税项所得的合计数；同时，从方便纳税人和简化计算的角度出发，在不违背上位法的前提下，《办法》明确了各个所得项目年所得的具体计算方法：

① 工资、薪金所得，是指未减除费用（每月1600元）及附加减除费用（每月3200元）

的收入额。也就是与任职、受雇有关的各种所得（单位所发的工资单内外的所得），剔除按照国家统一规定发给的补贴、津贴以及"三费一金"以后的余额。

② 个体工商户的生产、经营所得，是指应纳税所得额。即：实行查账征收的，按照每一纳税年度的收入总额减除成本、费用以及损失后的余额计算；实行定期定额征收的，按照纳税人自行申报的年度应纳税所得额计算，或按照其自行申报的年度应纳税经营额乘以应税所得率计算。个人独资企业和合伙企业投资者的应纳税所得额，比照上述方法计算。

③ 对企事业单位的承包经营、承租经营所得，按照每一纳税年度的收入总额计算。即：按照承包经营、承租经营者实际取得的经营利润，加上从承包、承租的企事业单位中取得的工资、薪金性质的所得。

④ 劳务报酬所得，稿酬所得，特许权使用费所得，是指未减除法定费用（每次800元或者每次收入的20%）的收入额。

⑤ 财产租赁所得，是指未减除法定费用（每次800元或者每次收入的20%）和修缮费用（每月不超过800元）的收入额。

⑥ 财产转让所得，是指转让财产的收入额减除财产原值和转让财产过程中缴纳的税金及有关合理费用后的余额，即应纳税所得额。

⑦ 利息、股息、红利所得，偶然所得和其他所得，均指不减除任何费用的收入额。

［例10.7.1］ 2006年，某纳税人全年取得工资收入144 000元，国务院颁发的政府特殊津贴2 400元，国债利息10 000元，企业债券利息5 000元，稿酬所得6 000元，保险赔款3 500元，房屋出租收入12 000元，个人按照规定缴纳了"三费一金"14 000元，单位也按照规定为个人缴付"三费一金"28 000元，则该纳税人应申报的年所得为153 000元。具体计算过程是：工资收入144 000元－个人按照规定缴纳的"三费一金"14 000元+企业债券利息5 000元+稿酬所得6 000元＋房屋出租收入12 000元。国务院颁发的政府特殊津贴2 400元、国债利息10 000元、保险赔款3500元、单位为个人缴付的"三费一金"28 000元（未计入个人工资收入）不需计入年所得，个人按照规定缴纳的"三费一金"140 00元可以从工资收入中剔除。

(4) 各个所得项目的年所得不含以下所得：

① 个人所得税法第四条第一项至第九项规定的免税所得，即本章11.6.1的第1至9项；

② 个人所得税法实施条例第六条规定可以免税的来源于中国境外的所得；

③ 个人所得税法实施条例第二十五条规定的按照国家规定单位为个人缴付和个人缴付的基本养老保险费、基本医疗保险费、失业保险费、住房公积金。

3. 申报地点

(1) 年所得12万元以上的纳税人，纳税申报地点规定如下。

① 在中国境内有任职、受雇单位的，向任职、受雇单位所在地主管税务机关申报。

② 在中国境内有两处或者两处以上任职、受雇单位的，选择并固定向其中一处单位所

在地主管税务机关申报。

③ 在中国境内无任职、受雇单位，年所得项目中有个体工商户的生产、经营所得或者对企事业单位的承包经营、承租经营所得（以下统称生产、经营所得）的，向其中一处实际经营所在地主管税务机关申报。

④ 在中国境内无任职、受雇单位，年所得项目中无生产、经营所得的，向户籍所在地主管税务机关申报。在中国境内有户籍，但户籍所在地与中国境内经常居住地不一致的，选择并固定向其中一地主管税务机关申报。在中国境内没有户籍的，向中国境内经常居住地主管税务机关申报。

（2）取得"自行申报纳税的范围"的第（2）至第（4）项所得的纳税人，纳税申报地点规定如下。

① 从两处或者两处以上取得工资、薪金所得的，选择并固定向其中一处单位所在地主管税务机关申报。

② 从中国境外取得所得的，向中国境内户籍所在地主管税务机关申报。在中国境内有户籍，但户籍所在地与中国境内经常居住地不一致的，选择并固定向其中一地主管税务机关申报。在中国境内没有户籍的，向中国境内经常居住地主管税务机关申报。

③ 个体工商户向实际经营所在地主管税务机关申报。

④ 个人独资、合伙企业投资者兴办两个或两个以上企业的，区分不同情形确定纳税申报地点。

- 兴办的企业全部是个人独资性质的，分别向各企业的实际经营管理所在地主管税务机关申报。
- 兴办的企业中含有合伙性质的，向经常居住地主管税务机关申报。
- 兴办的企业中含有合伙性质，个人投资者经常居住地与其兴办企业的经营管理所在地不一致的，选择并固定向其参与兴办的某一合伙企业的经营管理所在地主管税务机关申报。

⑤ 除以上情形外，纳税人应当向取得所得所在地主管税务机关申报。

纳税人不得随意变更纳税申报地点，因特殊情况变更纳税申报地点的，须报原主管税务机关备案。

上述第（2）条第④项第三目规定的纳税申报地点，除特殊情况外，5年以内不得变更。

经常居住地，是指纳税人离开户籍所在地最后连续居住一年以上的地方。

4. 申报期限

从2006年1月1日起，年所得12万元以上的纳税人，在纳税年度终了后3个月内，应当向主管税务机关办理纳税申报。也就是说，每年的公历1月1日至3月31日期间的任何一天，纳税人均可办理纳税申报。以2006年为例，2006年年所得达到12万元的纳税人，应该在2007年1月1日至3月31日到主管地方税务机关办理纳税申报。

个体工商户和个人独资、合伙企业投资者取得的生产、经营所得应纳的税款,分月预缴的,纳税人在每月终了后 7 日内办理纳税申报;分季预缴的,纳税人在每个季度终了后 7 日内办理纳税申报。纳税年度终了后,纳税人在 3 个月内进行汇算清缴。

纳税人年终一次性取得对企事业单位的承包经营、承租经营所得的,自取得所得之日起 30 日内办理纳税申报;在 1 个纳税年度内分次取得承包经营、承租经营所得的,在每次取得所得后的次月 7 日内申报预缴,纳税年度终了后 3 个月内汇算清缴。

从中国境外取得所得的纳税人,在纳税年度终了后 30 日内向中国境内主管税务机关办理纳税申报。

纳税人取得其他各项所得须申报纳税的,在取得所得的次月 7 日内向主管税务机关办理纳税申报。

纳税人不能按照规定的期限办理纳税申报,需要延期的,按照税收征管法第二十七条和税收征管法实施细则第三十七条的规定办理。

5. 申报方式

申报纳税方式有三种,一是采取数据电文、邮寄等方式申报;二是直接到主管税务机关申报;三是采取符合主管税务机关规定的其他方式申报。其中,纳税人采取数据电文方式申报的,应当按照税务机关规定的期限和要求保存有关纸质资料。纳税人采取邮寄方式申报的,以邮政部门挂号信函收据作为申报凭据,以寄出的邮戳日期为实际申报日期。纳税人可以委托有税务代理资质的中介机构或者他人代为办理纳税申报。

6. 申报管理

主管税务机关应当将各类申报表,登载到税务机关的网站上,或者摆放到税务机关受理纳税申报的办税服务厅,免费供纳税人随时下载或取用。主管税务机关应当在每年法定申报期间,通过适当方式,提醒年所得 12 万元以上的纳税人办理自行纳税申报。纳税人变更纳税申报地点,并报原主管税务机关备案的,原主管税务机关应当及时将纳税人变更纳税申报地点的信息传递给新的主管税务机关。主管税务机关对已办理纳税申报的纳税人建立纳税档案,实施动态管理。

根据税收征管法第八条的规定,税务机关应当依法为纳税人的情况保密。如果一旦税务机关和税务人员没有依法为纳税人保密,外泄了纳税人的有关信息,按照税收征管法第八十七条的规定,对直接负责的主管人员和其他直接责任人员,由所在单位或者有关单位依法给予行政处分。

第 11 章 资 源 税

资源税是为了调节资源开发过程中的级差收入，以自然资源为课税对象征收的一种税。1984 年 9 月 18 日国务院颁布了《中华人民共和国资源税条例（草案）》，从当年 10 月 1 日起对原油、天然气、煤炭三种资源征收资源税。1993 年 12 月 25 日国务院颁布了《中华人民共和国资源税暂行条例》，并于 1994 年 1 月 1 日起施行。财政部于 1993 年 12 月 30 日颁布了《中华人民共和国资源税暂行条例实施细则》，在原有征收范围基础之上，将金属矿产品和其他非金属矿产品纳入征收范围，并取消了盐税，将盐作为资源税的一个税目，纳入资源税的征税范围。征收资源税，对保护和促进国有自然资源的合理开发和利用，调节资源级差收入，具有重要意义。

11.1 纳税义务人、征税范围和税率

11.1.1 纳税义务人

资源税的纳税义务人是指在中华人民共和国境内开采应税矿产品或者生产盐的单位和个人。具体包括：国有企业、集体企业、私有企业、股份制企业、外商投资企业、外国企业及外籍人员、其他企业和行政单位、事业单位、军事单位、社会团体、其他单位、个体经营者及其他个人。中外合作开采石油、天然气的，按照现行规定只征收矿区使用费，暂不征收资源税。

收购未税矿产品的单位为资源税的扣缴义务人，具体包括独立矿山、联合企业和其他收购未税矿产品的单位。独立矿山是指只采矿或者只采矿和选矿，独立核算、自负盈亏的单位，其生产的原矿和精矿主要用于对外销售；联合企业是指采矿、选矿、冶炼（或加工）连续生产的企业，或采矿、冶炼（或加工）连续生产的企业，其采矿单位，一般是该企业的二级或二级以下核算单位。

11.1.2 征税范围

目前，我国资源税的征税范围仅限于矿产品和盐。具体包括：
（1）原油，指开采的天然原油，不包括人造原油。

(2) 天然气，指专门开采的或与原油同时开采的天然气，不包括煤矿伴生的天然气。

(3) 煤炭，指原煤，不包括洗煤、选煤及其他煤炭制品。

(4) 其他非金属矿原矿，指上述所列产品和井矿盐以外的非金属矿原矿。

(5) 黑色金属原矿，是指纳税义务人开采后自用或销售的，用于直接入炉冶炼或作为主产品先入选精矿，制造人工矿，再最终入炉冶炼的金属矿原矿，包括铁矿石、锰矿石和铬矿石等。

(6) 有色金属矿原矿，包括铜矿石、铅矿石、锌矿石、铝土矿石、镍矿石、钨矿石、镁矿石、钴矿石、锡矿石、铋矿石、钼矿石、汞矿石、锑矿石和黄金矿石等。

(7) 盐，包括固体盐和液体盐，固体盐是指海盐原盐、湖盐原盐和井矿盐；液体盐俗称卤水，指氯化钠含量达到一定浓度的溶液，是用于生产碱和其他产品的原料。

11.1.3 税率

资源税共设 7 个税目和若干子目，实行定额税率，从量定额征收。资源税具有调节资源级差收入的作用，即对资源条件好、级差收入大的品种，税额定得相对高些；对资源条件差、级差收入小的品种，税额定得相对低些。资源税税目、税额的调整，由国务院确定。税额幅度见表 11-1。

表 11-1　资源税税目税额幅度表

税　目	税　额　幅　度
一、原油	8—30 元/吨
二、天然气	2—15 元/千立方米
三、煤炭	0.3—5 元/吨
四、其他非金属矿原矿	0.5—20 元/吨（立方米）
五、黑色矿金属矿原矿	2—30 元/吨
六、有色矿金属矿原矿	0.4—30 元/吨（立方米）
七、盐	
固体盐	10—16 元/吨
液体盐	2—10 元/吨

资源税纳税义务人具体适用的税额，由财政部和国务院有关部门根据纳税义务人的资源状况，在规定的税额幅度内确定，按《资源税税目税额明细表》执行。

《资源税税目税额明细表》未列举名称的其他非金属矿原矿和其他有色金属矿原矿，由省、自治区、直辖市人民政府决定征收或暂缓征收资源税，并报财政部和国家税务总局备案。

独立矿山、联合企业收购的未税矿产品，按照本单位应税产品税额标准代扣代缴资源税;其他收购单位收购的未税矿产品,按税务机关核定的应税产品税额标准代扣代缴资源税。矿产品的等级划分,按《几个主要品种的矿山资源等级表》执行。《几个主要品种的矿山资源等级表》中未列举名称的纳税义务人适用的税额,由各省、自治区、直辖市人民政府根据纳税义务人的资源状况,参照表中确定的税额,依照邻近矿山的税额标准,在浮动30%的幅度内核定,并报财政部和国家税务总局备案。

纳税义务人开采或者生产不同税目应税产品的,应分别核算不同税目应税产品的课税数量,未分别核算或者不能准确提供不同税目应税产品的课税数量的,从高适用税额。

纳税义务人在开采主矿产品的过程中伴采的其他应税矿产品,凡未单独规定适用税额的,一律按主矿产品或视同主矿产品税目征收资源税。

11.2 应纳税额的计算

11.2.1 资源税的计税依据

资源税是针对资源原矿征税。资源税以课税数量为计税依据。课税数量的确定方法如下。

(1) 纳税义务人开采或者生产应税产品销售的,以销售数量为课税数量。

(2) 纳税义务人开采或者生产应税产品自用的,以移送时的自用数量为课税数量。自产自用包括生产自用和非生产自用。

(3) 扣缴义务人代扣代缴资源税的,以收购未税矿产品的数量为课税数量。

(4) 纳税义务人不能准确提供应税产品销售数量或者移送使用数量的,以应税产品的产量或者主管税务机关确定的折算比换算成的数量为课税数量。其中:

纳税义务人不能准确提供销售或自用量的原油、天然气,以应税产品的产量为课税数量。

煤炭,对于连续加工前无法正确计算原煤移送使用量的,可按加工产品的综合回收率,将加工产品实际销量和自用量折算成原煤数量作为课税数量。综合回收率的计算公式为:

综合回收率 = 基期原煤加工成选煤、煤泥等的数量或价值÷基期耗用的原煤量或价值×100%

纳税义务人自产自用,因无法提供移送使用量而采取折算比换算课税数量的金属矿产品和非金属矿产品,将其精矿按选矿比折算成原矿数量作为课税数量。计算公式为:

$$选矿比 = 精矿数量 ÷ 耗用原矿数量$$

纳税义务人以自产的液体盐加工成固体盐,按固体盐征税,以加工的固体盐的销售数量为课税数量。纳税义务人以外购的液体盐加工成固体盐,其加工的固体盐所耗用的液体盐的已纳税额准予抵扣。

（5）原油中的稠油、高凝油与稀油划分不清或者不容易划分的，一律以原油的数量为课税数量。

（6）资源税的扣缴义务人代扣代缴资源税的，以收购数量为课税数量。

11.2.2 应纳税额的计算

资源税的应纳税额，按照应税产品的课税数量和规定的单位税额计算。应纳税额的计算公式为：

$$应纳税额 = 课税数量 \times 单位税额$$

$$代扣代缴应纳税额 = 收购未税矿产品的数量 \times 适用的单位税额$$

［例 11.2.1］ 某煤矿 2 月份销售原煤 60 万吨（单位税额为每吨 3 元），另自用生产的原煤 30 万吨。该矿本月应纳资源税为：

$$课税数量 = 60 + 30 = 90 \text{ 万吨}$$

$$应纳税额 = 90 \times 3 = 270（万元）$$

［例 11.2.2］某煤矿 3 月入洗炼焦等用煤，耗用原煤数量为 100 万吨，入洗后的冶炼用焦煤 20 万吨，其他用焦煤 30 万吨、非炼焦用洗精煤 20 万吨，则该矿 3 月原煤加工产品综合回收率为：

$$(20 + 30 + 20) \div 100 \times 100\% = 70\%$$

［例 11.2.3］ 某矿 4 月以生产的原煤加工成洗煤 100 万吨，已无法正确计算原煤移送使用量。已知该矿加工产品的综合回收率为 80%；其单位税额为 2.4 元/吨。该矿某月应纳资源税为：

$$课税数量 = 100 \div 80\% = 125 \text{ 万吨}$$

$$应纳税额 = 125 \times 2.4 = 300 \text{ 万元}$$

［例 11.2.4］ 某铜矿将一批铜矿石原矿入选铜精矿销售，因某种原因税务机关无法准确掌握入选精矿时移送使用的原矿量，但知入选后精矿量为 3 125 吨，选矿比为 1∶32。该矿为一等矿区，

其适用单位税额为 1.60 元/吨。该批铜精矿的应纳税额为：

$$课税数量 = 3\,125 \times 32 = 100\,000 \text{ 吨}$$

$$应纳税额 = 100\,000 \times 1.6 = 160\,000（元）$$

［例 11.2.5］ 某南方生产海盐的盐场，某年以自产的液体盐 500 万吨加工成固体盐 140 万吨；另以外购已税的液体盐 175 万吨全部用于加工成固体盐 50 万吨。南方固体盐单位税额为 12 元/吨，液体盐单位税额为 3 元/吨。

$$课税数量 = 140 + 50 = 190 \text{ 万吨}$$

$$应纳税额 = 190 \times 12 - 175 \times 3 = 1\,755（万元）$$

11.3 税收优惠

11.3.1 资源税的减免税项目

（1）开采原油过程中用于加热、修井的原油，免税。

（2）纳税义务人开采或者生产应税产品过程中，因意外事故或者自然灾害等原因遭受重大损失的，由省、自治区、直辖市人民政府酌情决定减税或者免税。

（3）从 2002 年 4 月 1 日起，对冶金联合企业矿山铁矿石资源税减按规定税额标准的 40%征收。对于由此造成的地方财政减少的收入，中央财政将予以适当补助。对有色金属矿的资源税在规定税额的基础上减征 30%，按规定税额标准的 70%征收。例：某采矿企业 6 月份共开发锡矿石 50 000 吨，销售锡矿石 40 000 吨，适用税额每吨 6 元，则该企业 6 月份应纳资源税为 40 000×6×（1－30%）＝168 000 元。

（4）纳税义务人的减税、免税项目，应当单独核算课税数量；未单独核算或者不能准确提供数量的，不予减税或免税。

11.3.2 出口应税产品不退（免）资源税

资源税仅对在中国境内开采或生产应税产品的单位和个人征收，进口的矿产品和盐不征收资源税。由于对进口应税产品不征收资源税，相应地对出口应税产品也不免征或退还已纳资源税。所以，资源税也具有进口不征，出口不退的规则。

11.4 征收管理

11.4.1 纳税义务发生时间

（1）纳税义务人销售应税产品，其纳税义务发生时间为收讫销售款或者取得索取销售款凭据的当天。具体规定如下。

① 纳税义务人采取除分期收款和预收货款外的其他结算方式销售应税产品，其纳税义务发生时间为收讫货款或者取得索取贷款凭证的当天。

② 纳税义务人采取分期收款结算方式销售应税产品，其纳税义务发生时间为销售合同规定的收款日当天。

③ 纳税义务人采取预收货款结算方式销售应税产品，其纳税义务发生时间为发出商品的当天。

（2）纳税义务人自产自用应税产品，其纳税义务发生时间为移送使用应税产品的当天。

(3) 扣缴义务人代扣代缴税款义务发生时间,为支付首笔货款或者开具应支付货款凭据的当天。

11.4.2 纳税期限

资源税纳税期限为 1 日、3 日、5 日、10 日、15 日或者 1 个月,纳税义务人的纳税期限由主管税务机关根据实际情况具体核定。不能按固定期限计算纳税的,可以按次计算纳税。以 1 个月为一期纳税的,自期满之日起 10 日内申报纳税;以 1 日、3 日、5 日、10 日和 15 日为一期纳税的,自期满之日起 5 日内预缴税款,于次月 10 日内申报纳税并结清上月税款。

11.4.3 纳税地点

(1) 资源税的纳税地点为应税产品的开采地(或者生产所在地)。

(2) 对跨省开采资源税应税产品的单位,其下属单位与核算单位不在同一省、自治区、直辖市的,对其开采的应税矿产品,在开采地(或者生产地)纳税,其应纳税款由独立核算、自负盈亏的单位按照开采地(或者生产地)的实际销售量(或者自用量)及适用的税额计算划拨。

(3) 纳税义务人在本省、自治区、直辖市范围内开采或者生产应税产品,其纳税地点需要调整的,由省、自治区、直辖市税务机关决定。

(4) 扣缴义务人代扣代缴的资源税,应当向收购地主管税务机关缴纳。

第 12 章　土地增值税

土地增值税是对转让国有土地使用权、地上建筑物及其附着物并取得收入的单位和个人，就其转让房地产所取得的增值额征收的一种税。

对土地增值税额的征税实质是对土地收益或者是对地租的征税。它起源于 20 世纪初，根据西方学者约翰·穆勒等人关于地租课税理论即租税学说，首先在美国一些地区尝试征收。到目前为止，世界上有 60 多个国家和地区征收土地增值税。我国现行土地增值税的基本规范，是 1993 年 12 月 31 日国务院颁布，自 1994 年元月 1 日起施行的《中华人民共和国土地增值税暂行条例》（以下简称《土地增值税暂行条例》）。我国开征土地增值税有以下主要目的。

第一，开征土地增值税，是为了规范国家参与土地增值收益的分配方式，增加国家财政收入。第三产业是我国今后在很长一段时间内重点发展的行业，其中房地产业又是高附加值的支柱产业。1994 年元月 1 日前，我国涉及到房地产交易市场的税收，主要有营业税、企业所得税、个人所得税、契税等。这些税种对转让房地产收益可以起一般调节作用，对土地增值所获得的过高收入起不到特殊调节作用。在土地增值税开征以前，有些地区已通过征收土地增值费的办法，对土地增值过高收益进行调控，既增加了财政收入，也抑制了炒买炒卖房地产的投机行为。但各地办法不统一，收取标准差别也比较大，开征土地增值税可以统一和规范国家参与土地增值收益分配的方式，增加国家财政收入。

第二，开征土地增值税，是进一步改革和完善税制，增强国家对房地产开发和房地产市场调控力度的客观需要。1993 年前后，我国房地产开发和房地产市场的发展非常迅速，这对于合理配置土地资源，提高土地使用效益，改善城市设施和人民生活居住条件，以及带动相关产业的发展，都有积极作用。但也一度出现了问题，如房地产开发过热，一度炒买炒卖房地产的投机行为盛行，土地资源浪费严重，国家收回土地增值收益较少，不同程度上对国民经济发展造成了不良影响。在这种情况下，国家为了兴利抑弊，要发挥税收经济杠杆作用进行调控，以促进其健康发展。另外，根据我国地方税收入规模过小的实际情况，开征土地增值税作为地方收入，也是完全必要的。

第三，开征土地增值税，有利于抑制房地产的炒买炒卖行为，防止国家土地收益的流失。土地收益主要来源于土地的增值收益，包括自然增值和投资增值。特别是土地的自然增值，随着经济的发展和土地资源的相对短缺，将会越来越大。土地资源属于国家所有，国家为整治和开发国土投入了巨额资金，应当在土地增值收益的分配中获取较多的份额。由于土地增值税以转让房地产收入的增值额为计税依据，并实行四级超率累进税率。对转让房地产的过高增值收益进行合理调节分配,一方面维护了国家权益,也对房地产正当开发者的合法权益给予保护;另一方面使投机者不能再获取暴利,从根本上抑制炒买炒卖房地产的现象。

12.1 征税范围、纳税人和税率

12.1.1 征税范围

土地增值税是以转让国有土地使用权、地上建筑物及其附着物取得的增值额为征税对象征收的一种税。这里所说的"国有土地"是指按国家法律规定属于国家所有的土地。这里所说的"地上建筑物"是指建于土地上的一切建筑物,包括地上地下的各种附属设施。这里所说的"附着物"是指附着于地上的不能移动或一经移动即遭损坏的物品。

1. 土地增值税的征税范围的准确界定标准

准确界定土地增值税的征税范围十分重要。实际工作中可以通过以下几条标准来判定。

(1) 土地增值税是对转让国有土地使用权及其地上建筑物和附着物的行为征税。

转让的土地,其使用权是否归国家所有,是判定是否属于土地增值税征税范围的标准之一。

根据《中华人民共和国宪法》和《土地管理法》的规定,城市的土地属于国家所有。农村和城建的土地除由法律规定属于国家所有的外,属于集体所有。国家可以依法对集体土地实行征用,依法被征用后的土地属于国家所有。对于依照上述法律规定属于国家所有的土地,其土地使用权在转让时,按照《土地增值税暂行条例》规定,属于增值税的征税范围。而农村集体所有的土地,依据国家有关法规规定是不得自行转让的,只有由国家依法征用后变为国家所有时,才能进行转让。故集体土地的转让是一种违法行为,应由有关部门处理。对于目前违法将集体土地转让给其他单位或个人的情况,应在有关部门处理、补办土地征用或出让手续变为国家所有之后,再纳入土地增值税的征税范围。

(2) 土地增值税是对国有土地使用权及其地上的建筑和附着物的转让行为征税。

这里,土地使用权、地上建筑物及其附着物的产权是否发生转让是判定是否属于土地增值税征税范围的标准之二。

这里有两层含义:第一,国有土地使用权出让所取得的收入不属土地增值税的征税范围。国有土地使用权出让是指国家以土地所有者的身份将土地使用权在一定年限内让与土地使用者,并由土地使用者向国家支付土地使用权出让金的行为。这种行为属于由政府垄断的土地一级市场。作为土地使用权出让方的国家凭借其对土地的所有权向土地使用者收取土地的租金。出让的目的是实行国有土地的有偿使用制度,合理开发、利用、经营土地,因此，该行为不属于土地增值税的征税范围。国有土地使用权的转让是指土地使用者通过出让等形式取得土地使用权后，将土地使用权再转让的行为，它属于土地的二级市场。土地使用权转让，其地上的建筑物、其他附着物的所有权随之转让。土地使用权的转让，属于土地增值税的征税范围。第二，土地增值税的征税范围不包括未转让土地使用权、房产产权的行为。

（3）土地增值税是对转让房地产并取得收入的行为征税。是否取得收入是判定是否属于土地增值税征税范围的标准之三。

土地增值税的征收范围不包括房地产的权属虽转让但未取得收入的行为。如房地产的继承，尽管房地产的权属发生了变更，但权属人并没有取得收入，因此不属于土地增值税的征税范围。

需要强调的是，无论是单独转让国有土地使用权，还是房屋产权与国有土地使用权一并转让的，只要取得收入，均属于土地增值税的征税范围，应对之征收土地增值税。

2. 对以下若干具体情况征税范围的判定

根据以上三条标准，我们就可以对以下若干情况是否属于土地增值税的征税范围进行判定：

（1）以出售方式转让国有土地使用权的、取得国有土地使用权后进行房屋开发建造然后出售的，存量房地产的买卖即已经建成并投入使用的房地产其房屋所有人将房屋产权和土地使用权一并转让给其他单位和个人的，因其同时符合上述三个标准，属于土地增值税的纳税范围。

（2）以继承、赠与方式转让房地产的，因其行为只发生房地产产权的转让，没有取得相应的收入，属于无偿转让房地产的行为，故不能将其纳入土地增值税的征税范围。

"赠与"是指如下情况：

① 房产所有人、土地使用权所有人将房屋产权、土地使用权赠与直系亲属或承担直接赡养义务人的；

② 房产所有人、土地使用权所有人通过中国境内非营利的社会团体、国家机关将房屋产权、土地使用权赠于教育、民政和其他社会福利、公益事业的。

上述社会团体是指中国青少年发展基金会、希望工程基金会、宋庆龄基金会、减灾委员会、中国红十字会、中国残疾人联合会、全国老年基金会、老区促进会以及经民政部门批准成立的其他非营利的公益性组织。

（3）房地产的出租，出租人虽取得了租金收入，但没有发生房产产权、土地使用权的转让，因此，不属于土地增值税的征税范围。

（4）房地产的交换是指一方以房地产与另一方的房地产进行交换的行为。由于这种行为既发生了房产产权、土地使用权的转移，交换双方又取得了实物形态的收入，按《土地增值税暂行条例》规定，它属于征税范围。但对个人之间互换自有居住用房地产的，经当地税务机关核实，可以免征土地增值税。

（5）以房地产进行投资联营的，投资、联营的一方将房地产转让到所投资、联营的企业中时，暂免征收土地增值税。对投资、联营企业将上述房地产再转让的，应征收土地增值税。

（6）房地产的抵押，在抵押期间不征收土地增值税。待抵押期满后，视该房地产是否转移占有而确定是否征收土地增值税。对于以房地产抵债而发生房地产权属转让的，应列入土地增值税的征税范围。

（7）房地产的代建房行为是指房地产开发公司代客户进行房地产开发，开发完成后向客户收取代建收入的行为。因其收入属于劳务收入性质，故不属于土地增值税征税范围。

（8）对于一方出地，一方出资金，双方合作建房的，若建成后按比例分房自用，暂免征收土地增值税；若建成后转让，应征收土地增值税。

（9）房地产的重新评估增值，因其既没有发生房地产权属的转移，房产产权、土地使用权人也未取得收入，所以不属于土地增值税的征税范围。

（10）因国家收回国有土地使用权、征用地上的建筑物及其附着物而使房地产权属发生转让的，原房产所有人、土地使用权人也取得了一定收入，但根据《土地增值税暂行条例》的有关规定，可以免征土地增值税。

另外，对于因城市规划、国家建设的需要而搬迁，由纳税人自行转让原房地产的，可以免征土地增值税。

12.1.2 纳税人

土地增值税的纳税义务人为转让国有土地使用权、地上建筑物及其附着物（以下简称转让房地产）并取得收入的单位和个人。单位包括各类企业、事业单位、国家机关和社会团体及其他组织。个人包括个体经营者。

也就是说，土地增值税的纳税义务，不论法人与自然人、不论经济性质、不论部门、也不论内资企业与外资企业、中国公民与外籍个人、不论是兼营还是专营房地产，只要在我国境内有偿转让房地产，都是土地增值税的纳税义务人。

12.1.3 税率

土地增值税实行四级超率累进税率：
增值额未超过扣除项目金额50%的部分，税率为30%；
增值额超过扣除项目金额50%、未超过扣除项目金额100%的部分，税率为40%；
增值额超过扣除项目金额100%、未超过扣除项目金额200%的部分，税率为50%；
增值额超过扣除项目金额200%的部分，税率为60%。
具体见表12-1。

表 12-1　土地增值税税率表

级数	增值额与扣除项目金额的比率（%）	税率（%）	速算扣除系数（%）
1	增值额未超过扣除项目金额 50%的部分	30	0
2	增值额超过扣除项目金额 50%—未超过扣除项目金额 100%的部分	40	5
3	增值额超过扣除项目金额 100%—未超过扣除项目金额 200%的部分	50	15
4	增值额超过扣除项目金额 200%的部分	60	35

12.2　土地增值额的计算

12.2.1　应税收入的确定

根据《土地增值税暂行条例》及其实施细则的规定，纳税人转让房地产取得的应税收入，应包括转让房地产的全部价款及有关的经济效益。从收入的形式来看，包括货币收入、实物收入和其他收入。

（1）货币收入是指纳税人转让房地产而取得的现金、银行存款、支票、银行本票、汇票等各种信用票据和国库券、金融债券、企业债券、股票等有价证券。货币收入一般比较容易确定。

（2）实物收入是指纳税人转让房地产而取得的各种实物形态的收入，如钢材、水泥等建材，房屋、土地等不动产。实物收入的价值不太容易确定，一般要对这些实物形态的财产进行估价。

（3）其他收入是指纳税人转让房地产而取得的无形资产或具有财产价值的权利，如专利权、商标权、专有技术等。这种类型的收入比较少见，其价值需进行专门的评估。

12.2.2　确定土地增值税的扣除项目

土地增值税的征税对象是纳税人在转让房地产中获取的增值额，这个增值额，并不是纳税人转让房地产所取得的收入额，而是收入额减除国家规定的各项扣除项目金额后的余额。因此，要计算增值额，首先，必须确定扣除项目。《土地增值税暂行条例》规定准予纳税人从转让收入额减除的扣除项目包括以下几项。

1．取得土地使用权所支付的金额

它包括两方面的内容：

（1）纳税人为取得土地使用权所支付的价款。凡是通过有偿出让方式如协议、招标、拍卖等取得土地使用权的,地价款为纳税人在受让国有土地使用权时所支付的出让金。凡是通过行政划拨方式取得土地使用权的,地价款为按国家有关规定补交的土地出让金。凡是以转让方式取得土地使用权的,地价款为向原土地使用权人实际支付的地价款。

(2) 纳税人在取得土地使用权时按国家统一规定交纳的有关费用。如纳税人在取得土地使用权过程中为办理有关手续,按国家统一规定缴纳的有关登记、过户手续费。

2. 房地产开发成本

它是指纳税人房地产开发项目实际发生的成本。

(1) 土地征用及拆迁补偿费。包括土地征用费、耕地占用税、劳动力安置费及有关地上、地下附着物拆迁补偿的净支出、安置运迁用房支出等。

(2) 前期工程费。包括规划、设计、项目可行性研究和水文、地质、勘察、测绘、"三通一平"等支出。

(3) 建筑安装工程费。包括以出包方或支付给承包单位的建筑安装工程费和以自营方式发生的建筑安装工程费。

(4) 基础设施费。包括开发小区内道路、供水、供电、供气、排污、排洪、通讯、照明、环卫、绿化等工程发生的支出。

(5) 公共配套设施费。包括不能有偿转让的开发小区内公共配套设施发生的支出。

(6) 开发间接费用。指直接组织、管理开发项目发生的费用,包括工资、职工福利费、折旧费、修理费、办公费、水电费、劳动保护费、周转房摊销等。

3. 房地产开发费用

它指与房地产开发项目有关的销售费用、管理费用和财务费用。

根据现行财务会计制度规定,这三项费用作为期间费用,直接计入当期损益,不按成本核算对象进行分摊。故作为土地增值税扣除项目的房地产开发费用,不按纳税人房地产开发项目实际发生的费用进行扣除,而按《土地增值税暂行条例实施细则》(财政部发布自1995年1月27日起施行,以下简称《实施细则》)的标准进行扣除。

(1) 财务费用中的利息支出,凡能够按转让房地产项目计算分摊并提供金融机构证明的,允许据实扣除,但最高不能超过按商业银行同类同期贷款利率计算的金额。其他房地产开发费用,按取得土地使用权所支付的金额和房地产开发成本之和的 5% 以内计算扣除。计算公式为:

$$允许扣除的房地产开发费用 = 利息 + (取得土地使用权所支付的金额 + 房地产开发成本) \times 5\%以内$$

(注:利息最高不能超过商业银行同类同期贷款利率计算的金额。)

(2) 财务费用中的利息支出,凡不能按转让房地产项目计算分摊或不能提供金融机构证明的,房地产开发费用按取得土地使用权所支付的金额和房地产开发成本之和的 10% 以

内扣除。计算公式为:

$$允许扣除的房地产开发费用 = (取得土地使用权所支付的金额 + 房地产开发成本) \times 10\%以内$$

计算扣除的具体比例,由省、自治区、直辖市人民政府规定。

此外,财政部、国家税务总局还对扣除项目金额中利息支出的计算问题作了两点专门的规定:一是利息的上浮幅度按国家的有关规定执行,超过上浮幅度的部分不允许扣除;二是超过贷款期限的利息部分和加罚的利息不允许扣除。

4. 旧房及建筑物的评估价格

它是指已使用的房屋及建筑物在出售时,由政府批准设立的房地产评估机构评定的重置价乘以成新度折扣率后的价格。重置价的含义是:对旧房及建筑物,按转让时的建材价格及人工费用计算,建造同样面积、同样层次、同样结构、同样建设标准的新房及建筑物所需花费的成本费用。成新度折扣率的含义是:按旧房及建筑物的新旧程度作一定比例的折扣。

如:一栋房屋已使用 8 年,建造时的造价为 10 000 元,按转让时的建材及人工费用计算,建同样的新房要花费 35 000 元,该房有七成新,则该房的评估价格为:

$$35\,000 \times 70\% = 24\,500(元)$$

对于转让旧房及建筑物,既没有评估价格,又不能提供购房发票的,地方税务机关可以根据《中华人民共和国税收征收管理法》第 35 条的规定,实行核定征收。

5. 与转让房地产有关的税金

与转让房地产有关的税金是指在转让房地产时缴纳的营业税、城市维护建设税、印花税。因转让房地产交纳的教育费附加,也可视同税金予以扣除。

需要说明的是:房地产开发企业按照《施工、房地产开发企业财务制度》有关规定,其在转让时缴纳的印花税因列入管理费用,故在此不允许扣除。其他纳税人缴纳的印花税允许在此扣除。

6. 财政部规定的其他项目

《实施细则》规定,对从事房地产开发的纳税人可按《实施细则》第 7 条(一)、(二)项规定计算的金额之和,加计 20%的扣除。这样规定,目的是为了抑制炒买炒卖房地产的投机行为,保护正常开发投资者的积极性。计算公式为:

$$财政部规定的其他项目金额 = (取得土地使用权所支付的金额 + 房地产开发成本) \times 20\%$$

此规定只适用于从事房地产开发的纳税人,除此以外的其他纳税人不适用。

以上扣除项目如按转让房地产的不同情况归纳如下。

转让土地使用权的，扣除：(1) 取得土地使用权所支付的金额；(2) 房地产开发成本、费用；(3) 与转让房地产有关的税金。

建造商品房出售的，扣除：(1) 取得土地使用权所支付的金额；(2) 新建房及配套设施的成本、费用；(3) 与转让房地产有关的税金。

转让旧房的，扣除：(1) 取得土地使用权所支付的地价款；(2) 房屋及建筑物的评估价格；(3) 按国家统一规定交纳的有关费用及在转让环节缴纳的税金。

对取得土地使用权未支付地价款或不能提供已支付地价款凭据的，在计征土地增值税时不允许扣除。

12.2.3 土地增值额

土地增值税纳税人转让房地产所取得的收入减除规定的扣除项目金额后的余额，为增值额。它是土地增值税的计税依据。计算公式为：

$$土地增值额 = 转让房地产所取得的收入 - 规定的扣除项目金额$$

增值额是土地增值税的本质所在。由于计算土地增值税是以增值额与扣除项目金额的比率大小按相适应的税率累进计算征收的，增值额与扣除项目金额的比率越大，适用的税率越高，缴纳的税款越多，因此准确核算增值额是很重要的。在实际房地产交易中，有些纳税人由于不能准确提供房地产转让价格或扣除项目金额，致使增值额不准确，直接影响应纳税额的计算和缴纳。因此，《土地增值税暂行条例》规定，有下列情形之一的，按照房地产评估价格计算征收：(1) 隐瞒、虚报房地产成交价格的；(2) 提供扣除项目金额不实的；(3) 转让房地产成交价格低于房地产评估价格，又无正当理由的。

这里所说的"房地产评估价格"，是指由政府批准设立的房地产评估机构根据相同地段，同类房地产进行综合评定，经当地税务机关确认的价格。

隐瞒、虚报房地产成交价格，应由评估机构参照同类房地产的市场交易价格进行评估。税务机关根据评估价格确定转让房地产的收入。

提供扣除项目金额不实的，应由评估机构按照房屋重置成本价乘以成新度折扣率计算的房屋成本价和取得土地使用权时的基本地价进行评估。税务机关根据评定估价确定扣除项目金额。

转让房地产的成交价格低于房地产评估价格，又无正当理由的，由税务机关参照房地产评估价格确定转让房地产收入。

12.3 应纳税额的计算

《土地增值税暂行条例》规定，土地增值税按照纳税人转让房地产所取得的增值额和规定的税率计算征收。

第 12 章　土地增值税

由于土地增值税的税率是按照转让房地产增值额与扣除项目金额的比例即增值比例的大小，分档设计的，因此，在计算土地增值税的应纳税额时，先要求出增值比例，以确定适用于哪几档税率。增值比例的计算公式为：

$$增值额占扣除项目金额的\% = 增值额 \div 扣除项目金额 \times 100\%$$

然后可以用以下两种方法计算其应纳税额。

1. 第一种方法是，先逐级计算应税增值额及其应纳税额，然后相加，其和即为纳税人的土地增值税税额。计算公式如下：

$$应纳税额 = \sum（每级距的土地增值额 \times 适用税率）$$

上式中每级距应税增值额为：

$$第一级距增值额 = 扣除项目金额 \times 50\%$$
$$第二级距增值额 = 扣除项目金额 \times (100\% - 50\%)$$
$$第三级距增值额 = 扣除项目金额 \times (200\% - 100\%)$$
$$第四级距增值额 = 增值额 - \sum 以上各级距增值额$$
$$= 扣除项目金额 \times 200\%$$

2. 第二种方法是速算扣除法，即计算土地增值税税额，可按增值额乘以适用的税率减去扣除项目金额乘以速算扣除系数的简便方法计算。计算公式如下：

$$应纳税额 = 增值额 \times 相应级次的税率 - 扣除项目金额 \times 相应级次的速算扣除系数$$

[例 12.3.1]　某纳税人出售房地产所取得的收入为 480 万元，其扣除项目金额为 150 万元，请计算其应纳土地增值税的税额。

第一步：计算增值额。

$$增值额 = 480 - 150 = 330（万元）$$

第二步：计算增值额占扣除项目金额的%。

$$增值比 = 330 \div 150 \times 100\% = 220\%$$

第三步：计算应纳税额。

（1）按第一种方法，逐级计算应纳税额。

① 增值额未超过扣除项目金额 50%的部分，适用 30%的税率。

$$第一级距增值额 = 150 \times 50\% = 75（万元）$$

这部分增值额应纳的土地增值税税额为：

$$75 \times 30\% = 22.5（万元）$$

② 增值额超过扣除项目金额 50%，未超过扣除项目金额 100%的部分，适用 40%的税率：

$$第二级距增值额 = 150 \times (100\% - 50\%) = 75（万元）$$

这部分增值额应纳的土地增值税税额为：

$$75 \times 40\% = 30（万元）$$

③ 增值额超过扣除项目金额 100%，未超过扣除项目金额 200%的部分，适用 50%的

税率：

$$第三级距增值额=150×（200\%-100\%）=150（万元）$$

这部分增值额应纳的土地增值税税额为：

$$150×50\%=75（万元）$$

④ 增值额超过扣除项目金额200%的部分，适用60%的税率：

$$第四级距增值额=330-（75+75+150）=30（万元）$$
$$或者=330-（150×200\%）=30（万元）$$

这部分增值额应纳的土地增值税税额为：

$$30×60\%=18（万元）$$

⑤将各级应纳的土地增值税税额相加，得出应纳税总额：

应纳土地增值税税额为：

$$22.5+30+75+18=145.5（万元）$$

（2）按第二种方法，即《实施细则》规定的速算扣除法计算。

由于增值额与扣除项目之比为220%，超过了200%，其适用的简便计算公式为：

$$应纳税额=增值额×60\%-扣除项目金额×35\%$$
$$=330×60\%-150×35\%$$
$$=145.5（万元）$$

不难看出，两种计算方法所得出的结果是一样的。因此，在实际工作中，分步计算比较麻烦，一般可以采用速算扣除法计算。

12.4 税收优惠

12.4.1 对建造普通标准住宅的税收优惠

根据《土地增值税暂行条例》规定：纳税人建造普通标准住宅出售，增值额未超过扣除项目金额20%的，免征土地增值税。

普通标准住宅，是指按所在地一般民用住宅标准建造的居住住宅。高级公寓、别墅、度假村等不属于普通标准住宅。普通标准住宅与其他住宅的具体划分标准由省、自治区、直辖市人民政府规定。纳税人建造普通标准住宅出售，若增值额超过扣除项目金额20%的，应就其全部增值额按规定计税。

纳税人既建普通标准住宅又搞其他房地产开发的，应分别核算增值额。不分别核算增值额或不能准确核算增值额的，其建造的普通标准住宅不能适用这一免税规定。

12.4.2 对国家征用收回的房地产的税收优惠

根据《土地增值税暂行条例》的规定，因国家建设需要依法征用、收回的房地产，免征土地增值税。因城市规划，国家建设的需要而搬迁，由纳税人自行转让原房地产的，比照有关规定免征土地增值税。

因"城市规划"而搬迁，是指因旧城改造或因企业污染、扰民（指产生过量废气、废水、废渣和噪音，使城市居民生活受到一定危害），而由政府或政府有关主管部门根据已审批通过的城市规划确定进行搬迁的情况；因"国家建设的需要"而搬迁，是指因实施国务院、省级人民政府、有关部委批准的建设项目而进行搬迁的情况。

12.4.3 对个人转让房地产的税收优惠

《实施细则》规定，个人因工作调动或改善居住条件而转让原自用住房，经向税务机关申报核准，凡居住满5年或5年以上的，免予征收土地增值税；居住满3年未满5年的，减半征收土地增值税。居住未满3年的，按规定计征土地增值税。

12.5 纳税申报与缴纳

12.5.1 纳税申报

纳税人应自转让房地产合同签订之日起七日内，向房地产所在地主管税务机关办理纳税申报，并在税务机关核定的期限内缴纳土地增值税。办理纳税申报时，需同时向税务机关提高房屋及建筑物产权、土地使用权证书，土地转让、房产买卖合同，房地产评估报告及其他与转让房地产有关的资料。纳税人因经常发生房地产转让而难以在每次转让后申报的，经税务机关审核同意后，可以定期进行纳税申报，具体期限由税务机关根据情况确定。

根据《实施细则》的有关规定，对于纳税人预售房地产所取得的收入，凡当地税务机关规定预征土地增值税的，纳税人应当到主管税务机关办理纳税申报，并按规定比例预交，待办理决算后，多退少补；凡当地税务机关规定不预征土地增值税的，也应在取得收入时先到税务机关登记或备案。

1995年5月17日，国家税务总局制定下发了《土地增值税纳税申报表》。此表包括适用于从事房地产开发纳税人的《土地增值税项目登记表》和《土地增值税纳税申报表（一）》，及适用于非从事房地产开发纳税人的《土地增值税纳税申报表（二）》。国家税务总局同时规定，纳税人必须按照税法的有关规定，向房地产所在地主管税务机关如实申报转让房地产所取得的收入、扣除项目金额以及应纳土地增值税税额，并按期缴纳税款。

12.5.2 纳税地点

土地增值税的纳税人向房地产所在地（即房地产的座落地）主管税务机关办理纳税申报，并在税务机关核定的期限内缴纳土地增值税。纳税人转让的房地产座落在两个或两个以上地区的，应按房地产所在地分别申报纳税。

在实际工作中，纳税地点的确定又可分为以下两种情况。

（1）纳税人是法人的。当转让的房地产坐落地与其机构所在地或经营所在地一致时，则在办理税务登记的原管辖税务机关申报纳税；当转让的房地产坐落地与其机构所在地或经营所在地不一致时，则应在房地产坐落地所管辖的税务机关申报纳税。

（2）纳税人是自然人的。当转让的房地产座落地与其居住所在地一致时，则在住所所在地税务机关申报纳税；当转让的房地产座落地与其住所所在地不一致时，在办理过户手续所在地的税务机关申报纳税。

第13章 城镇土地使用税

13.1 概 述

13.1.1 概念

城镇土地使用税是对在城市、县城、建制镇和工矿区范围内使用土地的单位和个人,按其实际占用土地的面积,分等定额征收的一种税。它是一种级差资源税。

土地是人类赖以生存和从事生产活动必不可少的物质条件和珍贵资源。珍惜土地对拥有13亿人口的中国来说尤为重要,因而我国把节约用地、合理用地作为一项基本国策写进了相关法律、法规、方针、政策之中,用行政和经济两种手段来规范用地,减少浪费。在土地的开发利用上,除严格执行行政审批程序外,早在新中国成立初期,我国就开征了地产税。1951年,中央人民政府政务院颁布《城市房地产税暂行条例》,规定在城市中合并征收房产税和地产税,称之为城市房地产税。1973年简化税制时,把对国内企业征收的房地产税并入工商税。长期以来,我国对非农业土地基本上实行的是行政划拨、无偿使用的办法,实践证明,这种做法不利于合理和节约使用土地。为了控制乱占滥用土地,国务院于1987年9月颁布了《中华人民共和国耕地占用税暂行条例》,用经济手段加强对耕地的管理,但是,城镇非农业用地的浪费现象依然存在。为了合理利用城镇土地,加强对土地的控制和管理,调节不同地区、不同地段之间的土地级差收入,促使土地使用者节约用地,提高土地使用效益,国务院又于1988年颁布了《中华人民共和国城镇土地使用税暂行条例》,于当年11月1日起施行。

13.1.2 立法意义

单独设立开征城镇土地使用税,是为了保护土地资源合理利用和开发,调节土地级差收入,提高土地使用效益,加强土地管理,尤其耕地的使用管理。它具有远比原地产税更为广泛和深远的立法意义,具体地讲有以下四个方面。

(1) 有利于城镇和工矿区土地资源的合理配置和有效使用。过去,我国对非农业用地基本上采取的是行政划拨、无偿使用的办法,即配给制,国家对城镇的土地所有权,很大程度上实际被转移到一些部门、单位手里。助长了一些部门、单位对土地多征、多占、多用,或者多征、多占而少用、不用,以及早占晚用,好地劣用等。开征城镇土地使用税后,国有土地不再由单位、个人无偿使用,而要按规定向国家纳税。由于土地使用税的税额按大、中、小城市及县城、建制镇、工矿区分为四个档次，每个档次又由地方政府根据土地所处位置的好坏确定高低不等的适用税额。企业多占地、占好地就要多缴税；少占地、占次地，就可少缴税。这样，就可以促使企业在用地时精打细算，合理、高效使用国土资源。

（2）有利于平衡企业利润水平，创造较公平的竞争环境。在城镇以至同一城镇的不同地段间，由于地理位置、交通设施等多种因素，直接影响企业的运输成本、流通费用，进而影响企业利润，由于地理位置差异而形成的土地级差收入与企业自身经营状况无关，如果对土地级差收入不征税，既不利于企业经济核算，也无法对企业的主观经营成果进行比较。征收城镇土地使用税，并按城镇土地的不同位置设置差别税额，土地位置好、级差收入多的，多征税；土地位置差、级差收入少的，少征税。这样，将国有土地的级差收入纳入国家财政，不仅有利于理顺国家和土地使用者的分配关系，还为企业之间的平等竞争创造了一个公平的用地环境。

（3）有利于抑制城市无序膨胀，促进地区间生产力布局合理化。近年来城镇非农业建设乱占滥用耕地问题较为普遍。开征土地使用税，有利于制约这种无偿占用情况，既保证了企业、城建对土地的需要，又防止过多挤占耕地，有利于抑制城市规模过分膨胀；对我国经济发达地区与经济不发达地区，对大小不同城镇，按其土地级差收入大小采取高低不同税额征税，适当平衡地区间的利润率水平，也有利于促使把资金投向经济不发达的我国西部和一些中小城镇，使全社会的生产力布局更趋合理化。

（4）有利于充实地方税源，广集财政资金，完善地方税体系。土地是一种税源稳定且具有非流动性的税基，通常是地方财政的主要收入来源之一。根据1994年分税制财政体制的规定，城镇土地使用税是地方税，收入归地方政府支配。由于我国土地资源广阔，该税种又在所有大、中、小城市和县城、建制镇、土矿区开征，收入额较大，因此，它可以成为地方财政的一项稳定收入来源，为完善地方税收体系和分税制财政体制创造条件。

13.1.3 特点

（1）是对占用或使用土地的行为征税。广义上，土地是一种财产，对土地课税在国外属于财产税。但是根据我国宪法规定，城镇土地的所有权归国家，单位和个人对占用的土地只有使用权而无所有权。因此，现行的城镇土地使用税在实质上是对占用或使用土地的行为进行课税，属于准财产税，而非严格意义上的财产税。

（2）征税对象是国有土地。城镇土地属国有财产，国家在参与土地收益分配时，既可以凭借财产权力对土地使用人获取的收益进行分配，又可以凭借政治权力对土地使用者进行征税——城镇土地使用税，有效地将纳税人获取的本应属于国家的土地收益集中到国家手中。对于非国有土地，比如农业用地，因其属于集体所有性质，故不纳入城镇土地使用税的征税对象。

（3）征税范围广泛。根据1994年税制改革设想，现行的城镇土地使用税对在我国境内使用土地的单位和个人征收，且拟将使用土地的外商投资企业和外国企业，以及外籍人员纳入征税范围，虽然这一改革设想尚未转化为税收立法，但征税范围依然覆盖了除外商投资企业、外国企业和外籍人员用地以外的几乎所有的城镇土地。因此，城镇土地使用税的征税范围比较广泛，并且它将在筹集地方财政资金、调节土地使用和收益分配方面，发挥积极作用。

（4）实行差别幅度税额。我国开征城镇土地使用税的立法原则，是调节土地的级差收入，而级差收入的形成主要取决于土地的位置。纳税人占有的土地位置优越，交通便利或消费群体集中的地域，就可以节约运输和流通费用，有效促进销售，取得额外收益。为了创造公平竞争的环境，调节级差收入，城镇土地使用税实行差别幅度税额。对不同城镇适用不同税额，对同一城镇的不同地段，根据市政建设状况和经济繁荣程度也确定不等的负担水平。

13.2 纳税人和征税范围

13.2.1 纳税人

凡在城市、县城、建制镇、工矿区范围内使用土地的单位和个人为城镇土地使用税的纳税义务人。

由于在现实经济生活中，使用土地的情况十分复杂，为确保将土地使用税及时、足额地征收入库，税法根据用地者的不同情况，对纳税人作出如下具体规定：

（1）城镇土地使用税由拥有土地使用权的单位或个人缴纳；
（2）土地使用权未确定或权属纠纷未解决的，由实际使用人纳税；
（3）土地使用权共有的，由共有各方分别纳税。即共有各方均为纳税人；
（4）对外商投资企业和外国企业暂不适用城镇土地使用税。

13.2.2 征税范围

城镇土地使用税的征税范围为城市、县城、建制镇和工矿区。其中，城市是指经国务院批准设立的市，其征税范围包括市区和郊区；县城是指县人民政府所在地，其征税范围为县人民政府所在地的城镇；建制镇是指经省、自治区、直辖市人民政府批准设立的，符合国务院规定的镇制标准的镇，其征税范围为镇人民政府所在地；工矿区是指工商业比较发达，人口比较集中的大中型工矿企业所在地，工矿区的设立同样必须经省、自治区、直辖市人民政府批准。

但是，由于城镇、工矿区内的不同区位，其自然条件和经济繁荣程度各不相同，税法很难对全国城镇的具体征税范围作出统一规定。因此，国家在《关于土地使用税若干具体问题的解释和暂行规定》中确定:"城市、县城、建制镇、工矿区的具体征税范围,由各省、自治区、直辖市人民政府划定。"

自2006年5月1日起,在城镇土地使用税征税范围内实际使用应税集体所有建设用地、但未办理土地使用权流转手续的,由实际使用集体土地的单位和个人按规定缴纳城镇土地使用税。

13.3 应纳税额的计算

13.3.1 计税依据

城镇土地使用税以纳税义务人实际占用的土地面积为计税依据。土地面积计算标准为平方米。纳税义务人实际占用的土地面积按下列办法确定。

(1) 凡由省、自治区、直辖市人民政府确定的单位组织测定土地面积的,以测定的面积为准。

(2) 尚未组织测量,但纳税义务人持有政府部门核发的土地使用证书的,以证书确定的土地面积为准。

(3) 尚未核发土地使用证书的,应由纳税义务人据实申报土地面积,据以纳税,待核发土地使用证书以后再作调整。

13.3.2 税率

城镇土地使用税实行分级幅度税额,即定额税率,按大、中、小城市和县城、建制镇、工矿区分别规定每平方米土地适用税年应纳税额。城镇土地使用税税率见表13-1。

表13-1 城镇土地使用税税率表

级 别	人口(人)	每平方米税额(元)
大城市	50万以上	0.5~10
中等城市	20万~50万	0.4~8
小城市	20万以下	0.3~6
县城、建制镇、工矿区		0.2~4

(1) 各省、自治区、直辖市人民政府,应当在规定税额幅度内,根据市政建设状况、经济繁荣程度等条件,确定所辖地区的适用税额幅度。经济落后地区土地使用税的适用税额标准可以适当降低,但降低额不得超过上述规定最低税额的30%。经济发达地区土地使用税的适用税额标准可以适当提高,但须报经财政部批准。

（2）市、县人民政府应当根据实际情况，将本地区土地划分为若干等级，在省、自治区、直辖市人民政府确定的税额幅度内，制定相应的适用税额标准，报省、自治区、直辖市人民政府批准执行。

13.3.3 应纳税额的计算

城镇土地使用税的应纳税额依据纳税人实际占用的土地面积和适用单位税额计算。计算公式如下：

$$应纳税额 = 计税土地面积 \times 适用税额$$

如若土地使用权由几方共有的，由共有各方按照各省实际使用的土地面积占总面积的比例，分别计算缴纳土地使用税。

［例 13.3.1］ 某地红星机械厂占地面积 45 000 平方米，当地政府规定土地使用税每平方米土地年税额为 5 元，税款分季缴纳，1～3 季度已纳税金 175 000 元，计算其年终应补缴纳的土地使用税税额？

$$企业全年应纳税额 = 45\,000 \times 5 = 225\,000（元）$$
$$年终应补缴税额 = 225\,000 - 175\,000 = 50\,000（元）$$

［例 13.3.2］ 某县一商场座落在该县繁华地段，企业土地使用证书记载占用土地的面积为 6 000 平方米，经确定属一等地段；该商场另设两个分店均座落在县区三等地段，共占地 8 500 平方米；一座仓库位于县郊，属五等地段，占地面积 1 500 平方米；另外，该商场自办托儿所占地面积 2 500 平方米，属三等地段。根据该县政府规定：一等地段年税额 4 元/平方米；三等地段年税额为 1 元/平方米；五等地段年税额为 0.4 元/平方米。计算该商场全年应纳城镇土地使用税税额？

① 商场占地应纳税额 = 6 000×4 = 24 000（元）
② 分店占地应纳税额 = 8 500×1 = 8 500（元）
③ 仓库占地应纳税额 = 1 500×0.4 = 600（元）
④ 商场自办托儿所按税法规定免税。
⑤ 全年应纳城镇土地使用税税额 = 24 000 + 8 500 + 600 = 3 3100（元）

13.4 税 收 优 惠

13.4.1 下列土地免缴土地使用税

（1）国家机关、人民团体、军队自用的土地。

① 人民团体是指经国务院授权的政府部门批准设立或登记备案并由国家拨付行政事业费的各种社会团体。

② 国家机关、人民团体、军队自用的土地，是指这些单位本身的办公用地和公务用地。

（2）由国家财政部门拨付事业经费的单位自用的土地。

① 由国家财政部门拨付事业经费的单位，是指由国家财政部门拨付经费，实行全额预算管理或差额预算管理的事业单位。不包括实行自收自支、自负盈亏的事业单位。

② 事业单位自用的土地，是指这些单位本身的业务用地。

③ 企业办的学校、医院、托儿所、幼儿园，其用地能与企业其他用地明确区分的，可以比照由国家财政部门拨付事业经费的单位自用的土地，免征土地使用税。

（3）宗教寺庙、公园、名胜古迹自用的土地。

① 宗教寺庙自用的土地，是指举行宗教仪式等的用地和寺庙内的宗教人员生活用地。

② 公园、名胜古迹自用的土地，是指供公共参观游览的用地及其管理单位的办公用地。公园、名胜古迹中附设的营业单位，如影剧院、饮食部、茶社、照相馆等使用的土地，应征收土地使用税。

（4）市政街道、广场、绿化地带等公共用地。但非社会性的公共用地不能免税，如企业内的广场、道路、绿化等占用的土地。

（5）直接用于农、林、牧、渔业的生产用地。指直接从事种植、养殖、饲养的专业用地。农副产品加工厂占地和从事农、林、牧、渔业生产单位的生活、办公用地不包括在内。

另外，按照规定，对林区的有林地、运材道、防火道、防火设施用地，免征城镇土地使用税。林业系统的森林公园、自然保护区，可比照公园免征城镇土地使用税。

（6）以开山填海整治的土地和改造的废弃土地，从使用的月份起免缴土地使用税5年至10年。

开山填海整治的土地和改造的废弃用地以土地管理机关出具的证明文件为依据确定；具体免税期限由各省、自治区、直辖市税务局在规定的期限内自行确定。

（7）由财政部另行规定免税的能源、交通、水利用地和其他用地。包括武警部队举办的专门为武警部门内部生产弹药、军训器材、部队装备的工厂用地；矿山企业的采矿场、排土场、炸药库安全区等的用地。

此外，个人所有的居住房屋及院落用地，房产管理部门在房租调整改革前经租的居民住房用地，免税单位职工家属的宿舍用地，民政部门举办的安置残疾人占一定比例的福利工厂用地，集体和个人举办的各类学校、医院、托儿所、幼儿园用地等的免征税，由省、自治区、直辖市税务局确定。

13.4.2 相关问题解释

1. 城镇土地使用税与耕地占用税的征税范围衔接

为避免对一块土地同时征收耕地占用税和土地使用税，税法规定，凡是缴纳了耕地占用税的，从批准征用之日起满1年后征收土地使用税；征用非耕地因不需要缴纳耕地占用税，应从批准征用之次月起征收土地使用税。

2. 免税单位与纳税单位之间无偿使用的土地

对免税单位无偿使用的纳税单位的土地（如公安、海关等单位使用铁路、民航等单位的土地），免征土地使用税；对纳税单位无偿使用免税单位的土地，纳税单位应照章缴纳土地使用税。

3. 房地产开发公司建造商品房的用地

房地产开发公司建造商品房的用地，原则上应按规定计征土地使用税。但在商品房出售之前纳税确有困难的，其用地是否给予缓征或减征、免征照顾，可由各省、自治区、直辖市税务局根据从严的原则，结合具体情况确定。

4. 基建项目在建期间的用地

对基建项目在建期间使用的土地，原则上应征收土地使用税。但对有些基建项目，特别是国家产业扶持发展的大型基建项目，占地面积大，建设周期长，在建期间又没有经营收入，为了照顾其实际情况，对纳税人纳税确有困难的，可由各省、自治区、直辖市税务局根据具体情况予以免征或减征土地使用税；对已经完工或已经使用的建设项目，其用地应照章征收土地使用税。

5. 城镇内的集贸市场（农贸市场）用地

城镇内的集贸市场（农贸市场）用地，按规定应征收土地使用税。为了促进集贸市场的发展及照顾各地的不同情况，各省、自治区、直辖市税务局可根据具体情况，自行确定对集贸市场用地征收或者免征土地使用税。

6. 防火、防爆、防毒等安全防范用地

对于各类危险品仓库、厂房所需的防火、防爆、防毒等安全防范用地，可由各省、自治区、直辖市税务局确定，暂免征收土地使用税；对仓库库区、厂房本身用地，应依法征收土地使用税。

7. 关闭、撤销的企业占地

企业关闭、撤销后，其占地未作他用的，经各省、自治区、直辖市税务局批准，可暂免征收土地使用税；如土地转让给其他单位使用或企业重新用于生产经营的，应依照规定征收土地使用税。

8. 搬迁企业的用地

企业搬迁后，其原有场地和新场地都使用的，均应照章征收土地使用税；原有场地不使用的，经各省、自治区、直辖市税务局审批，可暂免征收土地使用税。

9. 企业的铁路专用线、公路等用地

对企业的铁路专用线、公路等用地，除另有规定者外，在企业厂区（包括生产、办公及生活区）以内的，应照章征收土地使用税；在厂区以外，与社会公用地段未加隔离的，暂免征收土地使用税。

10. 企业范围的荒山、林地、湖泊等占用土地

对企业范围内的荒山、林地、湖泊等占地，尚未利用的，经各省、自治区、直辖市税务局审批，可暂免征收土地使用税。

11. 企业的绿化用地

对企业厂区（包括生产、办公及生活区）以内的绿化用地，应照章征收土地使用税，厂区以外的公共绿化用地和向社会开放的公园用地，暂免征收土地使用税。

12. 中国物资储运总公司所属物资储运企业用地的征免税

对物资储运企业的仓库库房用地，办公、生活区用地，以及其他非直接从事储运业务的生产、经营用地，应按规定征收土地使用税；对物资储运企业的露天货场、库区道路、铁路专用线等非建筑物用地征免土地使用税问题。可由省、自治区、直辖市税务局按照下述原则处理：

（1）对经营情况较好，有负税能力的企业，应恢复征收土地使用税；

（2）对经营情况差，纳税确有困难的企业，可在授权范围内给予适当减免土地使用税的照顾。

13. 中国石油天然气总公司所属单位用地的征免税

下列油气生产建设用地暂免征收土地使用税：
（1）石油地质勘探、钻井、井下作业、油田地面工程等施工临时用地；
（2）各种采油（气）井、注水（气）井、水源井用地；
（3）油田内办公、生活区以外的公路、铁路专用线及输油（气、水）管道用地；
（4）石油长输管线用地；
（5）通讯、输变电线路用地。
在城市、县城、建制镇以外工矿区内的下列油气生产、生活用地，暂免征收土地使用税：

(1) 与各种采油（气）井相配套的地面设施用地，包括油气采集、计量、接转、储运、装卸、综合处理等各种站的用地；

(2) 与注水（气）井相配套的地面设施用地，包括配水、取水、转水以及供气、配气、压气、气举等各种站的用地；

(3) 供（配）电、供排水、消防、防洪排涝、防风、防沙等设施用地；

(4) 职工和家属居住的简易房屋、活动板房、野营房、帐篷等用地。

除上述列举免税的土地外，其他在开征范围内的油气生产及办公、生活区用地，均应依照规定征收土地使用税。

14. 林业系统用地的征免税

对林区的育林地、运材道、防火道、防火设施用地，免征土地使用税。林业系统的森林公园、自然保护区，可比照公园免征土地使用税。

除上述列举免税的土地外，对林业系统的其他生产用地及办公、生活区用地，均应征收土地使用税。

15. 盐场、盐矿用地的征免税

对盐场、盐矿的生产厂房、办公、生活区用地，应照章征收土地使用税。盐场的盐滩、盐矿的矿井用地，暂免征收土地使用税。对盐场、盐矿的其他用地，由省、自治区、直辖市税务局根据实际情况，确定征收土地使用税或给予定期减征、免征的照顾。

16. 矿山企业用地的征免税

矿山的采矿场、排土场、尾矿库、炸药库的安全区、以及运矿运岩公路、尾矿输送管道及回水系统用地，免征土地使用税。矿山企业采掘地下矿造成的塌陷地以及荒山占地，在未利用之前，暂免征收土地使用税。

除上述规定外，对矿山企业的其他生产用地及办公、生活区用地，均应征收土地使用税。

17. 电力行业用地的征免税

火电厂厂区围墙内的用地，均应征收土地使用税。对厂区围墙外的灰场、输灰管、输油（气）管道、铁路专用线用地，免征土地使用税；厂区围墙外的其他用地，应照章征税。水电站的发电厂房用地（包括坝内、坝外式厂房），生产、办公、生活用地，应征收土地使用税；对其他用地给予免税照顾。对供电部门的输电线路用地、变电站用地，免征土地使用税。

18. 水利设施用地的征免税

水利设施及其管护用地（如水库库区、大坝堤防、灌渠、泵站等用地），免征土地使用税；其他用地，如生产、办公、生活用地，应照章征税。对兼有发电的水利设施用地征免土地使用税,具体办法比照电力行业征免土地使用税的有关规定办理。

19. 核工业总公司所属企业用地的征免税

对生产核系列产品的厂矿,为照顾其特殊情况,除生活区、办公区用地应依照规定征收土地使用税外,其他用地暂予免征土地使用税。对除生产核系列产品厂矿以外的其他企业,如仪表企业、机械修造企业、建筑安装企业等,应依照规定征收土地使用税。上述企业纳税确有困难,需要给予照顾的,可由企业向所在地的税务机关提出减免税申请,经省、自治区、直辖市税务局审核后,报国家税务总局核批。

20. 中国海洋石油总公司及其所属公司用地的征免税

下列用地暂免征收土地使用税:
(1) 导管架、平台组块等海上结构物建造用地;
(2) 码头用地;
(3) 输油气管线用地;
(4) 通讯天线用地;
(5) 办公、生活区以外的公路、铁路专用线、机场用地。

除上述列举免税的土地外,其他在开征范围内的油气生产及办公、生活区用地,均应依照规定征收土地使用税。

21. 交通部门港口用地的征免税

对港口的码头(即泊位、包括岸边码头、伸入水中的浮码头、堤岸、堤坝、栈桥等)用地,免征土地使用税。对港口的露天堆货场用地,原则上应征收土地使用税。企业纳税确有困难的,可由省、自治区、直辖市税务局根据其实际情况,给予定期减征或免征土地使用税的照顾。

除上述规定外,港口的其他用地,应按规定征收土地使用税。

22. 民航机场用地的征免税

机场飞行区(包括跑道、滑行道、停机坪、安全带、夜航灯光区)用地、场内外通讯导航设施用地和飞行区四周排水防洪设施用地,免征土地使用税。在机场道路中,场外道路用地免征土地使用税;场内道路用地依照规定征收土地使用税。机场工作区(包括办公、生产和维修用地及候机楼、停车场)用地、生活区用地、绿化用地,均须依照规定征收土地使用税。

23. 司法部所属劳改劳教单位用地的征免税

少年犯管教所的用地和由国家财政部门拨付事业经费的劳教单位自用的土地,免征土地使用税。劳改单位及经费实行自收自支的劳教单位的工厂、农场等，凡属于管教或生活用地，例如办公室、警卫室、职工宿舍、犯人宿舍、储藏室、食堂、礼堂、图书室、阅览室、浴室、理发室、医务室等房屋、建筑物用地及其周围土地，均免征土地使用税。对监狱用地，若主要用于关押犯人，只有极少部分用于生产经营的，可以从宽掌握，免征土地用税。劳改劳教单位警戒围墙外的其他生产经营用地，应照章征收土地使用税。

24. 军队、武警部队系统用地的征免税

军办、武警办企业（包括军办集体企业）的用地、与地方联营或合资的企业用地，均应依照规定征收土地使用税。军队、武警部队出租出借的房产占地，由使用人代缴土地使用税。对于军需工厂用地，凡专门生产军品的免征土地使用税；生产经营民品的，依照规定征收土地使用税；既生产军品又生产经营民品的，可按各占的比例划分征免土地使用税。从事武器修理的军需工厂，其所需的靶场、试验场、危险品销毁场用地及周围的安全区用地，免予征收土地使用税。对于军人、武警人员服务社用地，专为军人、武警人员及其家属服务的免征土地使用税；对外营业的应按规定征收土地使用税。军队、武警部队实行企业经营的招待所（包括饭店、宾馆），专为军、警内服务的，免征土地使用税；兼有对外营业的，按各占的比例划分征免土地使用税。军队、武警部队其他部门出租、营业等房产占地，应依照规定征收土地使用税。

13.5　纳税申报与缴纳

13.5.1　纳税期限

城镇土地使用税按年计算，分期缴纳。缴纳期限由省、自治区、直辖市人民政府确定。各省、自治区、直辖市税务机关结合当地情况，一般分别确定按月、季或半年等不同的期限缴纳。

13.5.2　纳税申报

纳税人应依照当地税务机关规定的期限，填写《城镇土地使用税纳税申报表》，将其占用土地的权属、位置、用途、面积和税务机关规定的其他内容，据实向当地税务机关办理纳税申报登记，并提供有关的证明文件资料。纳税人新征用的土地，原属耕地的，自批准征用之日起满一年时开始纳税；属于非耕地的，必须于批准征用之日起30日内申报登记。纳税人如有住址变更、土地使用权属转换等情况，从转移之日起，按规定期限办理申报变更登记。

13.5.3 纳税地点

城镇土地使用税的纳税地点为土地所在地，由土地所在地的税务机关负责征收。纳税人使用的土地不属于同一市（县）管辖范围内的，由纳税人分别向土地所在地的税务机关申报缴纳。在同一省（自治区、直辖市）管辖范围内，纳税人跨地区使用的土地，由省、自治区、直辖市地方税务局确定纳税地点。

第14章 耕地占用税

14.1 立法目的

14.1.1 意义和特点

耕地占用税是对占用耕地建房或从事其他非农业建设的单位和个人一次性征收的一种税。国家为了大力发展农业，加强土地管理，保护农业耕地，合理利用土地资源，鉴于我国人口不断增加、而耕地面积急剧减少的特殊情况，于1987年4月1日在全国范围内开征了耕地占用税。它有以下几个特点。

（1）它是特别土地税。依据占用耕地建房或者从事其他非农业建设的行为，就其占用耕地的土地面积计算征收。以所占用的耕地为课税对象，既是一种对土地资源的课税，又是对占用农用耕地行为的课税，因而具有特别行为税和资源税双重性。

（2）税率差别大。以县为单位按人均耕地面积多少为标准，确定按平方米计算的高低不同单位税额。人多地少地区单位税额高，人少地多地区单位税额低，一般是与经济发达的程度相适应。税率差别很大，最高的每平方米税额可达10元，最低的只有1元。

（3）一次课征制。实行一次性征收耕地占用税，除获准征用但占而不用超过两年者，要按规定加倍征税以外，以后不再征税。

（4）不论纳税人的性质如何，都要依法缴税。不管国家、集体或个人，不论占用国家或集体的耕地，甚至本单位占用自己使用的耕地建房或从事其他非农业建设，除规定的某些特殊用途外，都要缴纳耕地占用税。

（5）税款用途专一。征收的税款全部用于发展农业，增加农业投资。其中上交中央部分，作为农业综合开发基金的主要来源；地方留成部分作为农业发展基金，用于开垦宜耕荒地，开发滩涂、草场，兴修农田水利，改造和整治中低产田，增加农业生产后劲，以弥补占用耕地给农业带来的损失。

14.1.2 立法目的

开征耕地占用税是国家运用税收杠杆，控制乱占滥用耕地（也包括一些其他农用土地），保护和合理利用耕地资源，筹集农业开发资金，振兴企业，加强农业基础地位的战略措施。它的立法目的如下。

（1）有利于加强土地管理，控制乱占滥用土地，保护和合理利用土地资源。建国50多年来，我国耕地被侵蚀的速度是惊人的。据国土资源部最新公布的2005年度全国土地利用变更调查结果显示，截至2005年10月31日，全国耕地面积18.31亿亩，人均耕地由2004年的1.41亩减少到1.40亩。离"十一五"规划确定的未来5年耕地保有量18亿亩约束性指标仅剩3100万亩。各级政府必须要高度警惕。"土地是财富之母，劳动是财富之父"，珍惜每寸土地，切实控制管理，已纳入我们的国策，耕地占用税正是其有力工具之一。它通过调节占用者的经济利益，调节农村经济运行，促使少占或尽量不占农用耕地，从而控制占用数量，促进国家土地管理政策的落实。

（2）有利于促进农业综合开发，增强农业发展的后劲。要大力发展农业，除了保护好现有农用土地资源，控制一定占用数量外，还必须进行农业综合开发，改造自然，改善农业生产条件。开发宜农荒地，开发滩涂、草场，改造整治中、低产田，改进农田灌溉条件，加强农田基本建设，不断提高土地质量。这些需要来自各方面大量资金的综合投入。耕地占用税正是在这方面能起到一种启动和吸引作用。它是国家建立的一项农业发展专用基金，全部用于农业综合开发，是宜耕荒地开垦、现有耕地改良的启动基金。同时它也吸引和带动了地方财政、外资、集体、农民个人向农业开发综合投资。因此，正是国家建立了耕地占用税这笔专项收入，才启动了多渠道、多方面的农业开发投资，有效保证了农业发展方面较为稳定的资金来源。为农业基础地位的巩固，为农业产业的振兴，为发展农村经济，增强农业发展后劲提供了一定的资金保障。

14.2 主要税制内容

14.2.1 纳税人

耕地占用税的纳税义务人，是在我国境内占用耕地建房或者从事其他非农业建设的单位和个人。

14.2.2 征税范围

征税范围限于建房或从事其他非农业建设用途占用的耕地。非耕地占用或占用耕地用于农业生产建设的，以及农业内部结构调整占用耕地，如退耕还林、退耕还牧等，均不在征税范围。

具体地说，包括国家所有和集体所有的一切耕地。耕地是指用于种植农作物的土地。占用前三年内曾用于种植农作物的土地，也视为耕地。占用鱼塘及其他农用土地建房或从事其他非农业建设，也视同占用耕地，必须依法征收本税。园地包括苗圃、花圃、茶园、果园、桑园和其他种植经济林木的土地。占用其他农用土地。例如占用已开发从事种植、养殖的滩涂、草场、水面和林地等从事非农业建设，是否征税，由省、自治区、直辖市本着有利于保护农用土地资源和保护生态平衡的原则，结合具体情况加以确定。

14.2.3 计税依据和税率

耕地占用税的征税对象是占用耕地从事非农业建设的行为。

耕地占用税以纳税人用于建房或从事其他非农业建设实际占用的耕地面积为计税依据。按照规定的税率，实行一次性征收。征税后，按规定向土地管理部门办理退还耕地的，也不退还已纳税款。

耕地占用税实行有幅度的定额税率，以县为单位按人均占有耕地分设四个档次的税额。税额具体规定为：

人均耕地在1亩以下（含1亩）的地区，每平方米为2元至10元；

人均耕地在1亩至2亩（含2亩）的地区，每平方米为1.60元至8元；

人均耕地在2亩至3亩（含3亩）的地区，每平方米为1.30元至6.5元；

人均耕地在3亩以上的地区，每平方米为1元至5元。

经济特区、经济技术开发区和经济发达、人均耕地特别少的地区，适用税额可适当提高，但最高不得超过上述规定的50%。

以上规定的原则是，人均耕地面积愈少，单位税额愈高。它体现了强化对人多地少地区耕地占用的限制政策，有利于缓解这些地区耕地紧张状况。

公路建设占用耕地，原由各地按最低税率征税，后来财政部统一规定，核定的平均税率，每平方米在5元以上的地区，征税2元；核定每平方米不足5元的地区，征税1.5元。国家在老、少、边、穷地区，采取以工代赈办法修筑公路所占耕地，交税确有困难的，由省、自治区财政厅核实，报财政部批准，可酌情照顾。

为了从经济上制裁滥占耕地，对单位或者个人获准征用或者占用耕地超过两年不使用的，按规定税额加征两倍以下耕地占用税。对未经批准或者超过批准限额、超过农民住宅建房规定标准的，则由土地管理部门依照《中华人民共和国土地管理法》的有关规定处理。

14.3 税额的计算和缴纳

1. 减、免税规定

（1）下列占用耕地者，经有关部门批准，可酌情减税：

① 农村革命烈士家属、革命残疾军人、鳏寡孤独以及革命老根据地、少数民族聚居地区和边远贫困山区生活困难的农户，在规定用地标准以内新建住宅纳税确有困难的；

② 国家在老少边穷地区，采取以工代赈办法修筑公路所占用的耕地，交税确有困难的；

③ 民政部门所办福利工厂，确属安置残疾人员就业的，可按残疾人占工厂人员的比例，酌情减税。

（2）下列经批准征用耕地的免征耕地占用税：

① 部队（包括武警部队）军事设施用地；

② 铁路沿线用地，指铁路线路以及按规定两侧留地和沿线的车站、装卸用货场、仓库用地，但不包括铁路系统堆货场、仓库、招待所、职工宿舍等用地；

③ 民用机场用地，指民用机场跑道、停车坪、候机楼、指挥塔、雷达设施用地；

④ 炸药库用地，指国家炸药储备库以及为保证安全所必须的用地；

⑤ 学校、幼儿园、敬老院用地，其中学校专指全日制学校；

⑥ 医院用地，包括部队和部门企业的各类医院，但疗养院不在免税之列；

⑦ 直接为农业生产服务的农田水利设施用地。以发电、旅游为主的水利工程用地除外；

⑧ 安置水库移民、灾民、难民建房用地；

⑨ 殡仪馆、火葬场用地。

上述免税用地，凡改变用途后不再属于免税范围的，须在改变用途时，补缴耕地占用税。

2. 应纳税额的计算

$$应纳税额 = 应税耕地面积 \times 单位税额$$

农业户口居民（包括农民、渔民、牧民）占用耕地新建自用住宅，按当地适用税额减半计征。单位和个人经批准临时占用耕地超过一年未满二年的，按规定税额减半计征；占用超过二年的，从第三年起，按规定税额全额计征。

[例 14.3.1] 某地某月发生以下耕地占用事项：机械厂经批准扩建，占用耕地 15 亩；公路拓宽占用耕地 10 亩；部队新建营房占用耕地 20 亩；新批准 10 户农民新建住宅，占用耕地 3 亩。该地区耕地占用税适用税率为 4.5 元/平方米；公路用地适用税额 1.5 元/平方米；一亩耕地折算 666.67 平方米。则各纳税人应纳耕地占用税为：

机械厂应纳税额＝15×666.67×4.5＝45 000.23（元）

公路部门应纳税额＝10×666.67×1.5＝10 000.05（元）

10 户农民应纳税额＝3×666.67×（4.5÷2）＝4 500.02（元）

军队用地免税。

3. 税款的缴纳

耕地占用税按"先缴税后用地"的原则一次性征收，即纳税人在获准征用或占用耕地之日起 30 天内，持县以上土地管理部门的批准文件，向征收机关申报纳税；然后由土地管理部门凭财政机关开出的"耕地占用税完税证"或"耕地占用税免税证"，按征用批准文件划拨土地。

第15章 房产税与契税

15.1 房产税

房产税是以城市、县城、建制镇和工矿区的房产为征税对象，依据房产价格或房产租金收入向房产所有人或经营人征收的一种税。开征房产税的目的在于：运用税收杠杆，加强对房屋的管理，提高房屋使用效率，配合国家房产政策的调整，合理调节房产所有人和经营人的收入，为城镇建设积累资金。现行房产税的基本规范，是1986年9月15日国务院颁布的《中华人民共和国房产税暂行条例》（以下简称《房产税暂行条例》），同年10月1日起正式实施。

15.1.1 纳税人、征税范围和税率

1. 纳税人

房产税的纳税义务人是征税范围内的房屋的产权所有人，包括国家所有和集体、个人所有房屋的产权所有人、承典人、代管人或使用人三类，具体规定如下：

（1）产权属于国家所有的，由经营管理的单位缴纳；产权属于集体和个人的，由集体和个人缴纳。

（2）房屋产权出典的，由承典人缴纳。

（3）房屋产权所有人、承典人不在房产所在地，或者产权未确定或租典纠纷未解决的，由房产代管人或者使用人纳税。

（4）产权所有人，简称产权人、业主、房东，是指拥有房产的单位和个人，即房产的使用、收益、出卖、赠送等权利归其所有；承典人是指以押金形式并付出一定费用，在一定的期限内享有房屋的使用权、收益权的人；代管人是指接受产权所有人、承典人的委托代为管理房屋或虽未受委托而在事实上已代管房屋的人；使用人是直接使用房屋的人。

（5）无租使用其他房产的问题。纳税单位或个人无租使用房产管理部门、免税单位及纳税单位的房产，应由使用人代为缴纳房产税。

外商投资企业、外国企业和外国人经营的房产不适用房产税。

2. 征税范围

房产税的征税对象是房产,即有屋面和围护结构(有墙或两边有柱),能够遮风避雨,可供人们在其中生产、学习、工作、娱乐、居住或储藏物资的场所。

房产税的征税范围是在城市、县城、建制镇、工矿区内的房产,在其他地区的房产不征房产税。其中:

(1) 城市是指经国务院批准设立的市;

(2) 县城是指县人民政府所在地的地区;

(3) 建制镇,是指经省、自治区、直辖市人民政府批准设立的建制镇,建制镇是否征收房产税,何时征收,由省辖市人民政府、地区行政公署确定,建制镇的征税范围为镇人民政府所在地,不包括所辖的行政村;

(4) 工矿区,是指工商业比较发达、人口比较集中,符合国务院规定的建制镇标准,但还未设立建制镇的大中型工矿企业所在地,工矿区必须经省、自治区、直辖市人民政府划定。

3. 税率

现行房产税采用的是比例税率。具体有两种税率:

(1) 按房产原值一次减除10%—30%后的余值计征的,税率为1.2%;

(2) 按房产出租的租金收入计征的,税率为12%。

从2001年1月1日起,对个人按市场价格出租的居民住房,可暂减按4%的税率征收房产税。

15.1.2 应纳税额的计算

1. 计税依据

房产税的计税依据是房产的计税价值或房产的租金收入。按照房产计税价值征收的,称为从价计征;按照房产租金收入征收的,称为从租计征。

(1) 从价计征。《房产税暂行条例》规定,房产税依照房产原值一次减除10%—30%后的余值计算缴纳。具体减除幅度由省、自治区、直辖市人民政府确定。

① 房产原值,是指纳税义务人按照会计制度规定,在账簿"固定资产"科目中记载的房屋原价。因此,凡按会计制度规定在账簿中记载有房屋原价的,应以房屋原价按规定减除一定比例后作为房产余值计征房产税;没有记载房屋原价的,按照上述原则,并参照同类房屋,确定房产原值,按规定计征房产税。房产原值应包括与房屋不可分割的各种附属设备或一般不单独计价的配套设施。纳税义务人对原有房屋进行改、扩建的,要相应增加房屋的原值。

② 房产余值是房产的原值减除规定比例后的剩余价值。另外注意：对投资联营的房产，在计征房产税时应予以区别对待。对于以房产投资联营，投资者参与投资利润分红，共担风险的，按房产余值作为计税依据计征房产税；对以房产投资，收取固定收入，不承担联营风险的，实际是以联营名义取得房产租金，由出租方按租金收入计缴房产税。

对融资租赁房屋的情况，融资租赁实际是一种变相的分期付款购买固定资产的形式，在计征房产税时应以房产余值计算征收，至于租赁期内房产税的纳税义务人，由当地税务机关根据实际情况确定。

（2）从租计征。房产出租的，以房产租金收入为房产税的计税依据。

所谓房产的租金收入，是房屋产权所有人出租房产使用权所得的报酬，包括货币收入和实物收入。如果是以劳务或者其他形式为报酬抵付房租收入的，应根据当地同类房产的租金水平，确定一个标准租金额从租计征。

2. 房产税应纳税额的计算

（1）从价计征房产税的计算。从价计征是按房产原值减除一定比例后的余值计征。计算公式为

$$应纳税额 = 应税房产原值 \times (1 - 扣除比例) \times 1.2\%$$

（2）从租计征房产税的计算。从租计征是按房产租金收入计征。计算公式为

$$应纳税额 = 租金收入 \times 12\%$$

[例 15.1.1] 某国有企业在其所在城市市区有房屋三幢，其中二幢用于本企业生产经营，两幢房产账面原值共为 400 万元，另外一幢房屋租给某私营企业，年租金收入 20 万元，当地政府规定允许按房产原值一次扣除 30%。请计算该企业当年应纳多少房产税？

① 用于生产经营的房产应纳房产税 = $400 \times (1 - 30\%) \times 1.2\% = 3.36$（万元）

② 出租房产应纳房产税 = $20 \times 12\% = 2.4$（万元）

该企业应纳房产税合计 5.76 万元。

15.1.3 税收优惠

1. 根据《房产税暂行条例》以及细则等有关规定，下列房产免征房产税

（1）国家机关、人民团体、军队自用的房产。

（2）由国家财政部门拨付事业经费的单位（包括差额预算管理的事业单位、中国人民银行总行机关、由主管工会拨付或差额补贴工会经费的全额预算单位或差额预算单位）自用的房产。

（3）宗教寺庙、公园（文化宫）、名胜古迹自用的房产。

（4）个人所有非营业用的房产，主要是指居民住房，不分面积多少一律免征房产税；

对个人拥有的营业用房或者出租的房产,应征房产税。

(5) 工矿企业办的学校、医院、幼儿园、职工食堂自用的房产。

(6) 工会办的疗养院自用的房产。

(7) 经省财政厅批准免税的其他房产。

(8) 经财政部批准免税的其他房产。

① 经有关部门(房管部门)鉴定,已经毁损、不堪居住,并停止使用的房屋或危房。

② 房屋大修停用半年以上,经纳税义务人申请,税务机关审核批准,在大修期间免征房产税。

③ 企业停产、撤销后,对它们原有房产闲置不用的,经税务机关批准,可暂不征收房产税;如果这些房产转给其他纳税单位使用或者企业恢复生产时,应按规定征收房产税。

④ 在基建工地为基建工地服务的各种工棚、材料棚、休息棚和办公室、食堂、茶炉房、汽车房等临时性房屋,在施工期间,免征房产税;但工程结束后,施工企业将这些临时性房屋交还或估价转让给基建单位的,应从基建单位接受的次月起,照章征税。

⑤ 为鼓励利用地下人防设施,对作营业用的地下人防设施暂不征收房产税。

⑥ 对微利企业和亏损企业的房产,为了照顾企业的实际负担能力,可由地方根据实际情况在一定期限内暂免征收房产税。

⑦ 工商管理部门的集贸市场用房,暂缓征收房产税。

⑧ 司法部门所属的少年犯管教所专用的房产以及劳改工厂、劳改农场等单位专门用作管教或生活用房的。

⑨ 国家财政拨付事业经费(非自收自支)的劳教单位的用房。

⑩ 从1988年1月1日起,对房管部门经租的居民住房,在房租调整改革之前收取租金偏低的,可暂不征收房产税;对房管部门经租的其他非营业用房,是否给予照顾,由省、自治区、直辖市人民政府根据当地具体情况按税收管理体制的规定办理。

其他纳税有困难需要减免税照顾的,由省、自治区、直辖市人民政府确定。

2. 财政部和国家税务总局的具体规定

(1) 关于对开征地区范围之外的工厂、仓库征税的问题。根据《房产税暂行条例》的规定,不在开征地区范围之内的工厂、仓库,不应征收房产税。

(2) 关于未记入"固定资产"项目的房产征税问题。企业房产凡是记入"固定资产"房屋项目的,不论结构、形态及用途如何,都应当按照规定征收房产税;未记入"固定资产"房屋项目内的建筑物,如果确具房屋条件的(如:顶盖、壁、门窗)也应征收房产税;未具房屋条件的不征收房产税。

(3) 关于新建房屋征税问题。纳税义务人自建的房屋,自建成次月起征收房产税;纳税义务人委托施工企业建设的房屋,从办理验收手续次月起征收房产税;纳税义务人在办理验收手续前已使用或出租、出借的新建房屋,应按规定征收房产税。

（4）关于纳税单位和个人无租使用其他单位的房产征税问题。纳税单位和个人无租使用房产管理部门、免税单位及纳税单位的房产，应由使用人代缴纳房产税。

（5）关于纳税单位与免税单位共同使用的房产征税问题。纳税单位与免税单位共同使用的房屋，按各自使用的部分划分，分别征收或免征房产税，不能划分的，应全部征税。

（6）关于纳税单位的家属宿舍计算缴纳房产税问题。纳税单位的家属宿舍应依照房产原值减除30%后的余值计算缴纳房产税。

（7）关于同一纳税单位房屋既有自用又有出租的征税问题。根据《房产税暂行条例》规定，同一纳税单位房屋既有自用又有出租的，按各自使用的部分划分，分别按房产余值和租金收入计算缴纳房产税。

（8）关于公园、名胜古迹中附设的营业单位使用或出租的房产征税问题。公园、名胜古迹中附设的营业单位，如影剧院、饮食部、茶社、照相馆等所使用的房产及出租的房产，应征收房产税。

（9）关于房产出租由承租人修理不支付房租征税问题。房屋多次转租，只就第一次出租时按租金收入征收房产税。再转租不再征收房产税，可按规定征收营业税。凡不在房产税开征范围内的房屋租金收入，仍一律征收营业税。

（10）关于房改中个人购买的住宅征免房产税问题。个人以标准价向单位购买公有住房以及通过集资、合作建房等形式取得住房，用于自住的免征该住房个人出资部分的房产税。单位出资部分以及个人按标准价购买住房不用于自住的，均按规定计征房产税。

（11）关于售货亭征税的问题。以收取租金为目的，在街道两旁修造的售货亭（包括小木房、小金属房等），对其收取的租金，按规定征收房产税；对自用的售货亭，暂缓征收房产税。

（12）企业资产评估后，房产原值增加的，应于评估后的次月起，按评估后的房产原值征收房产税。

（13）对房屋中央空调征免税问题。新建房屋交付使用时，如中央空调设备是计算在房产原值之中，则房产原值应包括中央空调设备；如中央空调设备作单项固定资产入账，单项核算并提取折旧，则房产原值不应包括中央空调设备。旧房安装空调设备，一般都作为单项固定资产入账，不应记入房产原值。

（14）对银行、保险系统征免房产税问题。中国人民银行总行是国家机关，对其自用的房产免征房产税；中国人民银行所属并由国家财政部门拨付事业经费的单位的房产，按房产税有关规定办理；中国人民银行分行及其所属的房产，应征房产税。

各商业银行都是独立核算的经济实体，对其房产应征房产税。

对其他金融机构（包括信托投资公司、城乡信用合作社以及经中国人民银行批准设立的其他金融组织）和保险公司的房产，均应按规定征收房产税。

15.1.4 征收管理

1. 纳税义务发生时间

(1) 纳税义务人将原有房产用于生产经营,从生产经营月起,缴纳房产税。

(2) 纳税义务人将自行新建房屋用于生产经营,从建成次月起,缴纳房产税。

(3) 纳税义务人委托施工企业建设的房屋,从办理验收手续次月起,缴纳房产税。纳税义务人在办理手续前,即已使用或出租、出借的,从当月起,缴纳房产税。

(4) 纳税义务人购置新建的商品房,自房屋交付使用次月起,缴纳房产税。

(5) 纳税义务人购置存量房,自办理房屋权属转移、变更登记手续,从房地产权属登记机关签发权属证书次月起,缴纳房产税。

(6) 纳税义务人出租、出借房产,从交付出租、出借房产次月起,缴纳房产税。

(7) 房地产开发企业自用、出租、出借本企业建造的商品房,自房屋使用或交付使用次月起,缴纳房产税。

2. 纳税期限

房产税按年征收,分期缴纳。具体纳税期限由省、自治区、直辖市人民政府确定。

3. 纳税地点

房产税在房产所在地缴纳。房产不在一地的纳税义务人,应按房产的坐落地点,分别向房产所在地的税务机关缴纳房产税。纳税义务人应根据税法的规定,将现有房屋的坐落地点、结构、面积、原值、出租收入等情况,据实向当地税务机关办理纳税申报。房产税由房产所在地的地方税务局征收管理。

15.2 契 税

契税是以所有权发生转移变动的不动产为征税对象,向产权承受人征收的一种财产税。就是说,只要发生转移土地、房屋权属的行为,就要依据当事人所订的契约,按不动产价的一定比例,向承受人征收的一次性税收。

契税在我国历史悠久,最早起源于东晋的"估税"。新中国成立以后,废止了旧中国的契税。1950 年 4 月政务院颁布了《契税暂行条例》,沿用了 40 多年。为适应我国房地产业政策实行的住房商品化、住房制度改革和土地所有权与使用权分离的新情况,建立稳定的房地产交易秩序,发挥税收的调节作用,增加财政收入,1997 年 7 月 7 日国务院重新颁布了《中华人民共和国契税暂行条例》(以下简称《契税暂行条例》),于 1997 年 10 月 1 日起开始实施。

15.2.1 纳税义务人、征税对象和税率

1. 纳税人

根据《契税暂行条例》的规定：凡在我国境内转移土地、房屋权属，承受的单位和个人为契税的纳税义务人。所说的"境内"，是指中华人民共和国实际税收行政管辖范围内。所说的"土地、房屋权属"，是指土地使用权和房屋所有权。所说的"承受"，是指以受让、购买、受赠、交换等方式取得土地、房屋权属的行为。所说的"单位"，是指企业单位、事业单位、国家机关、军事单位和社会团体以及其他组织。所说的"个人"，是指个体经营者及其他个人，包括中国公民和外籍人员。

2. 征税对象

（1）契税的征税对象的一般规定。根据《契税暂行条例》的规定，征税对象为境内转移的土地使用权和房屋权属。

① 国有土地使用权出让，是指土地使用者向国家交付土地使用权出让费用，国家将国有土地使用权在一定年限内让予土地使用者的行为。

② 土地使用权转让，是指土地使用者以出售、赠与、交换或者其他方式将土地使用权转移给其他单位和个人的行为（不包括农村集体土地承包经营权的转移）。

土地使用权出售，是指土地使用者以土地使用权作为交易条件，取得货币、实物、无形资产或者其他经济利益的行为。

土地使用权赠与，是指土地使用者将其土地使用权无偿转让给受赠者的行为。

土地使用权交换，是指土地使用者之间相互交换土地使用权的行为。

③ 房屋买卖，是指房屋所有者将其房屋出售，由承受者交付货币、实物、无形资产或者其他经济利益的行为。

④ 房屋赠与，是指房屋所有者将其房屋无偿转让给受赠者的行为。房屋赠与缴纳契税的前提是产权物纠纷，赠与人和受赠人双方自愿。

⑤ 房屋交换，是指房屋所有者之间相互交换房屋的行为。

⑥ 土地、房屋权属以下列方式转移的，视同土地使用权转让、房屋买卖或者房屋赠与征税。

- 以土地、房屋权属作价投资、入股或作股权转让。
- 以土地、房屋权属抵债或实物交换房屋。
- 以获奖方式承受土地、房屋权属。
- 以预购方式或者预付集资建房款方式承受土地、房屋权属。

● 买房拆料或翻建新房。

（2）契税征税对象的特殊规定。

① 非公司制改造成公司的公司制改造中，对不改变投资主体和出资比例改建成的公司制企业承受原企业土地、房屋权属的，不征契税；对独立发起、募集设立的股份有限公司承受发起人土地、房屋权属的，免征契税；对国有、集体企业改建成全体职工持股的有限责任公司或股份有限公司承受原企业土地、房屋权属的免征契税；对其余涉及土地、房屋权属转移的，征收契税。

② 企业合并中，新设方或者存续方承受被解散方土地、房屋权属，如合并前各方为相同投资主体的，则不征契税，其余征收契税。

③ 企业分立中，对派生方、新设方承受原企业土地、房屋权属的，不征契税。

④ 股权转让中，单位、个人承受企业股权，企业的土地、房屋权属不发生转移，不征契税；增资扩股中，对以土地、房屋权属作价入股或作为出资投入企业的，征收契税。

⑤ 企业破产，对债权人承受破产企业土地、房屋权属以抵偿债务的，免征契税；对非债权人承受破产企业土地、房屋权属的，征收契税。

3. 税率

由于我国经济发展的不平衡，各地经济差别较大，契税实行3%—5%的幅度税率。

契税的适用税率，由省、自治区、直辖市人民政府在规定的幅度内按照本地区的实际情况确定，并报财政部和国家税务总局备案。

财政部、国家税务总局发出通知，从1999年8月1日起，个人购买自用普通住宅，契税暂时减半征收。从2005年3月22日起，对拆迁居民因拆迁重新购置住房的，对购房成交价格中相当于拆迁补偿款的部分免征契税，成交价格超过拆迁补偿款的，对超过部分征收契税。

15.2.2 应纳税额的计算

1. 计税依据

契税的计税依据为不动产的价格。由于土地、房屋权属转移方式不同，定价方法不同，具体计税依据如下。

（1）国有土地使用权出让、土地使用权出售、房屋买卖，为成交价格；包括承受者应支付的货币、实物、无形资产或其他经济利益。

（2）土地使用权赠与、房屋赠与，由征收机关参照土地使用权出售、房屋买卖的市场价格核定。

（3）土地使用权交换、房屋交换，为所交换的土地使用权、房屋的价格的差额。土地使用权交换、房屋交换,交换价格不相等的,由多交付货币、实物、无形资产或者其他经济利益的一方缴纳税款;交换价格相等的,免征契税。

(4)以划拨方式取得土地使用权的,经批准转让房地产时,应由房地产转让者补缴契税。其计税依据为补缴的土地使用权出让费用或者土地收益。

(5)房屋附属设施征收契税的依据。采取分期付款方式购买房屋附属设施土地使用权、房屋所有权的,应按合同规定的总价款计征契税;承受房屋附属设施权属如为单独计价的,按照当地确定的适用税率征收契税;如与房屋统一计价的,适用与房屋相同的契税税率。

上述成交价格明显低于市场价格并且无正当理由的,或者所交换土地使用权、房屋的价格的差额明显不合理并且无正当理由的,由征收机关参照市场价格核定。

2. 应纳税额的计算

契税应纳税额,依照《契税暂行条例》规定的税率和计税依据计算征收。计算公式为

$$应纳税额=计税依据×税率$$

[例 15.2.1] 居民甲将一栋私有房屋出售给居民乙,房屋成交价格为 200 000 元。甲另将两套一室一厅住房与居民丙交换一套三室二厅住房并支付换房差价款 55 000 元。当地政府规定的契税税率为 4%。请计算有关人员应纳的契税。

(1)甲应纳契税税额=55 000×4%=2 200(元)

(2)乙应纳契税税额=20 000×4%=8 000(元)

(3)丙不交纳契税。

[例 15.2.2] 某企业 2004 年 2 月份取得政府无偿划拨的一块土地的使用权,2004 年 5 月份该企业向政府主管部门提出转让土地使用权的申请,经审核,主管部门批准其转让该土地使用权,并要求该企业补交土地使用权出让费用 1 500 000 元。当地政府规定的契税税率 3%。请计算该企业应纳的契税。

企业转让土地使用权应纳的契税税额=1 500 000×3%=45 000(元)

15.2.3 税收优惠

根据《契税暂行条例》的规定,契税的减税、免税规定如下。

(1)国家机关、事业单位、社会团体、军事单位承受土地、房屋用于办公、教学、医疗、科研和军事设施的,免征契税。所称用于办公的,是指办公室(楼)以及其他直接用于办公的土地、房屋。所称用于教学的,是指教室(教学楼)以及其他直接用于教学的土地、房屋。所称用于医疗的,是指门诊部以及其他直接用于医疗的土地、房屋。所称用于科研的,是指科学试验的场所以及其他直接用于科研的土地、房屋。所称用于军事设施的,是指:

① 地上和地下的军事指挥作战工程;

② 军用的机场、港口、码头；
③ 军用的库房、营区、训练场、试验场；
④ 军用的通信、导航、观测台站；
⑤ 其他直接用于军事设施的土地、房屋。

本条所称其他直接用于办公、教学、医疗、科研的以及其他直接用于军事设施的土地、房屋的具体范围，由各省、自治区、直辖市人民政府确定。

对事业单位承受土地、房屋免征契税应同时符合两个条件：一是纳税义务人必须是按《事业单位财务规则》进行财务核算的事业单位；二是所承受的土地、房屋必须用于办公、教学、医疗、科研项目。凡不符合上述两个条件的，一律照章征收契税。

（2）城镇职工按规定第一次购买公有住房，免征契税。此项规定仅限于第一次，并且经县以上人民政府批准在国家规定标准面积以内购买的公有住房。

（3）因不可抗力灭失住房而重新购买住房的，酌情减免。不可抗力是指自然灾害、战争等不能预见、不可避免，并不能克服的客观情况。

（4）土地、房屋被县级以上人民政府征用、占用后，重新承受土地、房屋权属的，由省级人民政府确定是否减免。

（5）承受荒山、荒沟、荒丘、荒滩土地使用权，并用于农、林、牧、渔业生产的，免征契税。

（6）经外交部确认，依照我国有关法律规定以及我国缔结或参加的双边和多边条约或协定，应当予以免税的外国驻华使馆、领事馆、联合国驻华机构及其外交代表、领事官员和其他外交人员承受土地、房屋权属。

经批准减征、免征契税的纳税义务人改变有关土地、房屋的用途，不再属于减征、免征契税范围的，应当补缴已经减征、免征的税款。

15.2.4　契税的征收管理

（1）纳税义务发生的时间。纳税义务人签订土地、房屋权属转移合同的当天，或者取得其他具有土地、房屋权属转移合同性质凭证的当天为纳税义务发生时间。具有土地、房屋权属转移合同性质凭证，是指具有合同效力的契约、协议、和约、单据、确认书以及由省、自治区、直辖市人民政府确定的其他凭证。

（2）纳税期限。纳税义务人应当自纳税义务发生之日起10日内，向土地、房屋所在地的契税征收机关办理纳税申报，并在契税征收机关核定的期限内缴纳税款，索取完税凭证。

纳税义务人出具契税完税凭证，土地管理部门、房产管理部门才能给予办理变更登记手续。

（3）征收地点。契税在土地、房屋所在地的征收机关缴纳。

（4）征收机关。契税征收机关为土地、房产所在地的财政机关或者地方税务机关。具体征收机关由省、自治区、直辖市人民政府确定。土地管理部门、房产管理部门应当向契税征收机关提供有关资料，并协助征收机关依法征收契税。根据国家税务总局决定，各级征收机关在 2004 年 12 月 31 日前停止代征委托，直接征收契税。

第16章 车船使用税和车辆购置税

16.1 车船使用税

车船使用税，是指国家对行驶于境内公共道路的车辆和航行于境内河流、湖泊或者邻海的船舶，依法征收的一种税。我国对车船征税始于20世纪50年代初期。征收车船使用税的目的是促使纳税义务人提高车船使用效率，督促纳税义务人合理利用车船；通过税收手段开辟财源、集中财力，缓解发展交通运输事业资金短缺的矛盾，以此加强对车船的管理。

现行车船使用税的基本规范，是1986年9月15日国务院颁布并于同年10月1日起实施的《中华人民共和国车船使用税暂行条例》(以下简称《车船使用税暂行条例》)。车船使用税只对国内企业、单位和个人征收。

16.1.1 征税范围、纳税义务人和税率

1. 征税范围

车船使用税的征税范围包括：应税车辆和应税船舶。
（1）应税车辆包括机动车辆和非机动车辆。
① 机动车辆包括乘人汽车、载货汽车、拖拉机拖车、手扶拖拉机、二轮摩托车、三轮摩托车、特种机动车。
② 非机动车辆包括人力驾驶车辆、畜力驾驶车辆、自行车。
③ 应税船舶包括机动船舶和非机动船舶。
（2）车船使用税是以行驶的车船为征税对象。对于不使用的车辆或船舶，在企业内部行驶，不领取行驶执照，不上公路行驶的车辆，不征收车船使用税。

2. 纳税人

根据《车船使用税暂行条例》的规定，凡在我国境内拥有并且使用车船的单位和个人，均为车船使用税的纳税义务人。原则上，车船的使用人为纳税义务人。一般情况下，拥有并且使用车船的单位和个人是同一的，纳税义务人既是车船的使用人，又是车船的拥有人。如有租赁关系，拥有人与使用人不一致时，则应由租赁双方协商确定纳税义务人；租赁双方未商定的，由使用人纳税。如无租使用的车船，由使用人纳税。

外商投资企业、外国企业和外籍人员不征收车船使用税。

3. 税率

车船使用税实行定额税率。车船使用税的单位税额,采取幅度税额,省、自治区、直辖市人民政府可在国家规定的幅度范围内,结合本地区的实际情况,规定本地的单位税额。

表 16-1 车辆税额表

类别		计税标准	单位税额	备注
机动车	乘人汽车	每辆	60～320 元	包括电车
	载货汽车	按净吨位每吨	16～60 元	
	二轮摩托车	每辆	20～60 元	
	三轮摩托车	每辆	32～80 元	
非机动车	人力驾驶	每辆	1.2～24 元	包括三轮车及其他人力拖行车辆
	畜力驾驶	每辆	4～32 元	
	自行车	每辆	2～4 元	

对车辆税额的确定,还有以下几种情况。

(1) 上述车辆净吨位,其尾数在 0.5 吨以下的按 0.5 吨计算,超过 0.5 吨者,按 1 吨计算。

(2) 机动车挂车,按机动载货汽车税额的 70%计算征收车船使用税。

(3) 对拖拉机,主要从事运输业务的,按拖拉机所挂拖车的净吨位计算,税额按机动载货汽车税额的 50%计征车船使用税。

对客货两用汽车,载人部分按乘人汽车税额 50%征税,载货部分按机动载货汽车税额征税。

表 16-2 船舶税额表

类别	计税标准	每年税额(元)	备注
机动船	150 吨以下(含 150 吨)	每吨 1.20	按净吨位计征
	151～500 吨	每吨 1.60	
	501～1 500 吨	每吨 2.20	
	1 501～3 000 吨	每吨 3.20	
	3 001～10 000 吨	每吨 4.20	
	10 001 吨以上	每吨 5.00	
非机动船	10 吨以下(含 10 吨)	每吨 0.60	按载重吨位计征
	11～50 吨	每吨 0.80	
	51～150 吨	每吨 1.00	
	151～300 吨	每吨 1.20	
	301 吨以上	每吨 1.40	

对船舶税额的确定,还应注意以下两种情况。

（1）船舶不论净吨位或载重吨位，其尾数在 0.5 吨以下者免算，超过 0.5 吨者，按 1 吨计算。但不及 1 吨的小型船只，一律按 1 吨计算。拖轮本身不能载货，其计税标准可按马力计算，1 马力折合净吨位 0.5 吨。

（2）载重量不超过 1 吨的渔船，是指 1 吨或 1 吨以下的渔船。至于超过 1 吨而在 1.5 吨以下的渔船，可以按照非机动船 1 吨税额计征。

16.1.2 应纳税额的计算

1. 计税依据

车船使用税的计税依据，按车船的种类和性能，分别确定为辆、净吨位和载重吨位三种。

（1）乘人汽车、电车、摩托车、自行车、人力车和畜力车，以"辆"为计税依据。

（2）载货汽车、机动船，以"净吨位"为计税依据。所谓净吨位，是指暂定（或称预定）装运货物的船舱（或车厢）所占用的空间容积。载货汽车的净吨位，一般按额定的载重量计算，机动船的净吨位，一般是额定装运货物和载运旅客的船舱所占有的空间容积，即船舶各个部位的总容积，扣除按税法规定的非营业用所占容积，包括驾驶室、轮机间、业务办公室、船员生活用房等容积后的容积。

（3）非机动船，以"载重吨位"为计税依据。所谓载重吨位，是指船舶的实际载重量。

2. 应纳税额的计算

（1）以"净吨位"为计税依据的应税载货汽车和机动船，应纳税额的计算公式为

$$应纳税额 = 应税车船的净吨位数 \times 适用年税额/吨$$

（2）以"载重吨位"为计税依据的应税非机动船，应纳税额的计算公式为

$$应纳税额 = 应税非机动船的载重吨位数 \times 适用年税额/吨$$

（3）以"辆"为计税依据的应税车辆（载货汽车除外），应纳税额的计算公式为

$$应纳税额 = 应税车辆数 \times 适用年税额/辆$$

（4）客货两用汽车，应纳税额计算公式为

$$应纳税额 = 乘人部分税额 + 载货部分税额$$

其中：乘人部分税额 = 辆数 ×（适用乘人汽车税额 × 50%）

载货部分税额 = 净吨位 × 适用税额

[例 16.1.1] 某国有企业拥有车辆情况如下：乘人客车 5 辆，其中 4 辆用于接送本单位职工上下班，1 辆由其自办的学校、幼儿园专用；轿车 2 辆；客货两用车 1 辆，载人部分有 4 个座位，载货部分净吨位为 2.2 吨；三轮摩托车 2 辆；净吨位为 10 吨的载货汽车 4 辆、净吨位为 5 吨的载货汽车 2 辆（其挂车净吨位均为 3.6 吨）；另有 2 辆无行驶执照，仅在厂区内部行驶的载货汽车，净吨位均为 2.5 吨。请计算该企业全年应纳车船使用税。（该企业所在省规定乘人客车每辆年税额为 180 元，乘坐 4 人的客车及小轿车每辆年税额 240 元，三轮摩托

车每辆年税额 50 元，载货汽车按净吨位每吨年税额 40 元）

（1）乘人客车应纳税额＝4×180＝720（元），其中学校、幼儿园专用的 1 辆按规定可免税。

（2）小轿车应纳税额＝2×240＝80（元）。

（3）客货两用车，载人部分按乘人汽车税额减半征税；载货部分按机动载货汽车税额征税（净吨位尾数在半吨以下者，按半吨计算，因此，题中 2.2 吨按 2.5 吨计算）。

$$客货两用车应纳税额＝载人部分应纳税额＋载货部分应纳税额$$
$$＝1×240×50\%＋2.5×40＝220（元）$$

（4）三轮摩托车应纳税额＝2×50＝100（元）。

（5）机动车挂车，按机动载货汽车税额的 7 折计征，车辆净吨位尾数超过半吨者，按 1 吨计算，因此，题中 3.6 吨应按 4 吨计算：

$$载货汽车应纳税额＝10×4×40＋5×2×40＋4×2×40×70\%＝2\ 224（元）$$

（6）内部使用的 2 辆载货汽车免税。

（7）全年应纳车船使用税额＝720＋480＋220＋100＋2 224＝3 744（元）。

16.1.3 税收优惠

1. 下列范围内的车船给予免税照顾

（1）国家机关、人民团体、军队自用的车船。

（2）由国家财政部门拨付事业经费的单位自用的车船。

（3）载重量不超过 1 吨的渔船。

（4）专供上下客货及存货用的趸船、浮船。

（5）特定车船，指各种消防车船、洒水车、囚车、警车、防疫车、救护车船、垃圾车船、港作船、工程船。

（6）按有关规定缴纳船舶吨税的船。

（7）专供农、林、牧业生产使用的拖拉机。

（8）残疾人的专用车辆。

（9）经财政部、省财政厅批准免税的其他车船。

上述（1）、（2）项中，用于生产经营的车船，不能减、免车船使用税，而应照常征收税款。

2. 综合政策规定

（1）关于新购置车辆征免税规定。新购置的车辆如果暂不使用，即尚未享受市政建设利益，可以不向税务机关申报登记纳税，但要使用时，则应于使用前 15 日，依照有关规定办理，否则按违章论处。

(2) 关于免税单位与纳税单位合并办公所用车辆的征免税规定。免税单位与纳税单位合并办公所用车辆,能划分者分别征免车船使用税;不能划分者,应一律照章征收车船使用税。

(3) 关于拖拉机征免税的规定。对专供农、林、牧业生产使用的拖拉机免税;对兼营运输业务的如何征税,由市、县地方税务局根据实际情况确定。

(4) 关于专用汽车（改装车）的征免税规定。专用汽车是指装置有专用设备,具有特定的专用功能,用于承担专门运输任务或专项作业的汽车。凡环卫部门的路面清扫车、环保监测车,公安部门的勘察车、交通监理车等,不论是否收费,均免征车船使用税;凡用于生产经营的专用汽车,如流动餐车、液化石油气罐车、冷藏车等应征收车船使用税;凡专用于石油地质作业、建筑作业、机场作业、农林牧渔业等的专用车辆,如沥青撒布车、混凝土搅拌车、架线车、轧路机等暂免征收车船使用税。

(5) 关于对国家机关、人民团体车船征免税的规定。对国家机关、人民团体本身自有自用的车船,免征车船使用税;对国家机关、人民团体所办的营业性宾馆、招待所以及商店自用的车船应按规定征税。

(6) 关于对军队车船征免税的规定。军队本身自有自用的车船,凡挂军用牌照的,免缴车船使用税;挂地方牌照的,应按规定缴纳车船使用税。军队营运、出租等非本身使用的车船,应按规定缴纳车船使用税。军队所办的营业性宾馆、招待所以及商店自用的车船,应按规定缴纳车船使用税。

(7) 关于武警部队车船征免税的规定。武警部队本身自有自用的车船,凡挂武警专用牌照（WJ）的,免缴车船使用税;挂地方牌照的,应按规定缴纳车船使用税。武警部队营运、出租等非本身使用的车船,应按规定缴纳车船使用税。武警部队所办的营业性宾馆、招待所以及商店自用的车船,应按规定缴纳车船使用税。

(8) 关于对银行、保险公司系统车船征免税的规定。中国人民银行各省、自治区、直辖市分行及其所属机构的车船,应征收车船使用税。对其他各商业银行的车船,应按规定征收车船使用税。对其他金融机构（包括信托投资公司、城乡信用合作社以及经中国人民银行批准设立的其他金融组织）和保险公司的车船,均应按规定征收车船使用税。

(9) 关于劳改部门车船征免税的规定。少年犯管教所的车船,免征车船使用税。劳改工厂、劳改农场等单位的车船,应照章征收车船使用税。国家财政拨付事业经费的劳教单位所有的车船,免征车船使用税。对经费实行自收自支的劳教单位所有的车船,从自收自支之日起,应按规定征收车船使用税。

(10) 关于邮电部门车船征免税的规定。邮政企业和电信企业的车船,应按规定征收车船使用税。邮电部门所属的工业、供销、建筑施工等企业的车船,均应按规定征收车船使用税。

(11) 关于对各级工会举办的疗养院自用车船征免税的规定。各级工会举办的疗养院,其本身自用车船,可免征车船使用税。

（12）关于市内公共汽车、电车、出租汽车征免税的规定。市内公共汽车、电车，由于目前票价较低，可暂免征收车船使用税。但对出租汽车不免征车船使用税。

（13）关于供销社车船征免税的规定。县以上供销社（指县、地、市、省社）本身自用的车船，暂免征收车船使用税；但对各级、各类公司商店和县以下供销社的车船，应按规定征收车船使用税。

（14）关于对高等学校，中、小学校车船征免税的规定。高等学校，中、小学校自用的车船，免征车船使用税。高等学校，中、小学校校办企业用的车船及其举办的商店、营业性宾馆、招待所等自用的车船，应按规定征收车船使用税。高等学校，中、小学校举办的非独立核算的校办企业的车船，应按规定征收车船使用税。

（15）关于对企业办的学校、医院、托儿所、幼儿园、职工食堂自用车船征免税的规定。企业办的学校、医院、托儿所、幼儿园、职工食堂自用的车船，如果能够明确划分清楚是完全自用的，可免征车船使用税；划分不清的，应按规定征收车船使用税。

16.1.4 征收管理

1. 纳税地点

（1）车船使用税的纳税地点为纳税义务人所在地。所谓纳税义务人所在地，对单位，是指经营所在地或机构所在地；对个人，是指住所所在地。需要注意的是，企业的车船上了外省的车船牌照，仍应在企业经营所在地纳税，而不应在领取牌照所在地纳税。

（2）总机构与分支机构不是同一地区的，应分别向所在地税务机关纳税。

（3）车船使用税实行源泉控制，一律由纳税义务人所在地税务机关负责征收和管理，各地对外省、市来的车船不再查补税款。

2. 纳税义务发生时间

车船使用税的纳税义务发生时间，可分为下列三种情况：
（1）纳税义务人使用应税车船，从使用之日起，发生车船使用税纳税义务。
（2）纳税义务人新购置车船使用的，从购置使用的当月起，发生车船使用税纳税义务。
（3）已向航运管理机关上报全年停运或者报废的车船，当年不发生车船使用税纳税义务。停运后又重新使用的，从重新使用的当月起，发生车船使用税纳税义务。

3. 纳税期限

车船使用税按年征收，分期缴纳。纳税期限由省、自治区、直辖市人民政府确定。对个体应税车辆，由于量大且难于控管，为便于源泉控制，原则上规定在核发完税标志时，实行按年征收，一次性缴纳。

4. 纳税申报登记的要求

征管法对纳税义务人有如下要求。

（1）将现有的车辆的数量、种类、用途等情况如实地向税务机关申报登记，由税务机关核实后，按税务总局的要求，填写建立《记录卡》。

（2）纳税义务人新增的车船在投入使用前，免予征税，但应于增加之日起30日内办理纳税登记。

新购置和恢复行驶的车船，使用人（或拥有人）必须在投入行驶前持有关证明，向当地税务机关申请登记，自准予行驶之日起，当月超过15日的，按全月征收；15日以下的（含15日），按半月征收。

（3）纳税义务人的住址变更、产权转移、用途变化时，应于变更、转移、变化之日起15日内向税务机关申报变更或重新办理税务登记。

16.2 车辆购置税

车辆购置税是对有取得并自用应税车辆的行为的单位和个人征收的一种税。2000年10月22日，国务院颁布了《中华人民共和国车辆购置税暂行条例》（以下简称《车辆购置税暂行条例》），从2001年1月1日起执行。

16.2.1 基本制度

（1）征税范围。车辆购置税的征收范围包括汽车、摩托车、电车、挂车、农用运输车。车辆购置税征收范围的调整，由国务院决定并公布。

（2）车辆购置税的纳税义务人。根据《车辆购置税暂行条例》规定，凡在我国境内购置应税车辆的单位和个人，为车辆购置税的纳税义务人。所称购置，包括购买、进口、自产、受赠、获奖或者以其他方式取得并自用应税车辆的行为；所称单位，包括国有企业、集体企业、私营企业、股份制企业、外商投资企业、外国企业以及其他企业和事业单位、社会团体、国家机关、部队以及其他单位；所称个人，包括个体工商户以及其他个人。

（3）车辆购置税的税率。车辆购置税的税率为10%。车辆购置税税率的调整，由国务院决定并公布。

16.2.2 应纳税额的计算

1. 车辆购置税的计税依据

车辆购置税的计税价格根据不同情况，按照下列规定确定：

（1）纳税义务人购买自用的应税车辆的计税价格，为纳税义务人购买应税车辆而支付给销售者的全部价款和价外费用，不包括增值税税款。

（2）纳税义务人进口自用的应税车辆的计税价格的计算公式为

$$计税价格＝关税完税价格＋关税＋消费税$$

（3）纳税义务人自产、受赠、获奖或者以其他方式取得并自用的应税车辆的计税价格，由主管税务机关参照应税车辆市场平均交易价格规定的最低计税价格核定。

（4）纳税义务人购买自用或者进口自用应税车辆，申报的计税价格低于同类型应税车辆的最低计税价格，又无正当理由的，按照最低计税价格征收车辆购置税。

2. 应纳税额的计算

车辆购置税实行从价定率的办法计算应纳税额。应纳税额的计算公式为

$$应纳税额＝计税价格\times税率$$

表 16-3　车辆购置税征收范围表

应税车辆	具体范围	注　　释
汽　车	各类汽车	
摩托车	轻便摩托车	最高设计时速不大于 50km/h， 发动机汽缸总排量不大于 50 cm^2 的两个或者三个车轮的机动车
	二轮摩托车	最高设计时速大于 50km/h， 或者发动机汽缸总排量大于 50 cm^2 的两个车轮的机动车
	三轮摩托车	最高设计时速大于 50km/h，或者发动机汽缸总排量大于 50 cm^2，空车重量不大于 400 kg 的三个车轮的机动车
电　车	无轨电车	以电能为动力，由专用输电电缆线供电的轮式公共车辆
	有轨电车	以电能为动力，在轨道上行驶的公共车辆
挂　车	全挂车	无动力设备，独立承载，由牵引车辆牵引行驶的车辆
	半挂车	无动力设备，与牵引车辆共同承载，由牵引车辆牵引行驶的车辆
农用运输车	三轮农用运输车	柴油发动机，功率不大于 7.4kW，载重量不大于 500 kg，最高车速不大于 40km/h 的三个车轮的机动车
	四轮农用运输车	柴油发动机，功率不大于 28kW，载重量不大于 1 500 kg，最高车速不大于 50km/h 的四个车轮的机动车

16.2.3　税收优惠

车辆购置税的免税、减税规定如下。

（1）外国驻华使馆、领事馆和国际组织驻华机构及其外交人员自用的车辆，免税。

（2）中国人民解放军和中国人民武装警察部队列入军队武器装备订货计划的车辆，免税。

（3）设有固定装置的非运输车辆，免税。

（4）有国务院规定予以免税或者减税的其他情形的，按照规定免税或者减税。

16.2.4 征收管理

1. 纳税申报

（1）购买自用应税车辆的，应当自购买之日起 60 日内申报纳税。
（2）进口自用应税车辆的，应当自进口之日起 60 日内申报纳税。
（3）自产、受赠、获奖或者以其他方式取得自用应税车辆的，应当自取得之日起 60 日内申报纳税。
（4）免税、减税车辆因转让、改变用途等原因不再属于免税、减税范围的，应当在办理车辆过户手续前或者办理变更车辆登记注册手续前缴纳车辆购置税。

2. 纳税地点

纳税义务人购置应税车辆，应当向车辆登记注册地的主管税务机关申报纳税；购置不需要办理车辆登记注册手续的应税车辆，应当向纳税义务人所在地的主管税务机关申报纳税。

3. 税款征收

车辆购置税由国家税务总局征收。车辆购置税税款应当一次缴清。购置已征车辆购置税的车辆，不再征收车辆购置税。税务机关发现纳税义务人未按照规定缴纳车辆购置税的，有权责令其补缴；纳税义务人拒绝缴纳的，税务机关可以通知公安机关车辆管理机构暂扣纳税义务人的车辆牌照。

第 17 章 印 花 税

印花税是对经济活动和经济交往中书立、领受、使用的应税经济凭证所征收的一种税。因纳税人主要是通过在应税凭证上粘贴印花税票来完成纳税义务，故名印花税。印花税是一种具有行为税性质的凭证税，凡发生书立、领受、使用应税凭证的行为，就必须依照印花税的有关规定履行纳税义务。

印花税是世界各国普遍征收的一个税种。它的历史悠久，最早始于 1624 年的荷兰。在中国，北洋政府曾颁布过《印花税法》，并于 1913 年正式开征印花税。新中国成立之初曾征收过印花税，之后被简并，不再单独征收。党的十一届三中全会以后，随着经济的迅速发展，书立和领受的各种凭证迅速增加，经济合同法、商标法、工商企业登记管理条例等一系列经济法规的出台，为了在税收上适应发展变化的客观经济情况，广泛筹集财政资金，增加地方财政收入，维护经济凭证书立、领受人的合法权益，提高纳税人的纳税意识，1988 年 8 月，国务院公布了《中华人民共和国印花税暂行条例》，于同年 10 月 1 日起恢复征收印花税。

印花税不论是在性质上，还是在征税方面，都具有不同于其他税种的特点。

1. 具有行为税性质

印花税是对单位和个人书立、领受、使用的应税凭证征收的一种税，具有凭证税性质；另一方面，任何一种应税经济凭证反映的都是某种特定的经济行为，因此，对凭证征税在实质上是对经济行为的课税。

2. 征税范围广泛

印花税的征税对象包括了经济活动和经济交往中的各种应税凭证，凡书立、领受和使用这些凭证的单位和个人都要缴纳印花税，其征税范围是极其广泛的。

3. 税收负担比较轻

印花税与其他税种相比较，税率要低得多，其税负也比较轻，具有广集资金，积少成多的财政效益。

4. 由纳税人自行完纳税收义务

纳税人通过自行计算，购买并粘贴印花税票的方法完成纳税义务，并在印花税票和凭证的骑缝处自行盖戳注销。这也与其他税种的缴纳方法存在较大区别。

17.1 纳税人、征税范围和税率

17.1.1 纳税人

印花税的纳税义务人，是在中国境内书立、使用、领受应税凭证的单位和个人。所谓单位和个人，是指国内各类企业、事业、机关、团体、部队以及中外合资企业、中外合作企业、外资企业、外国公司和其他经济组织及其在华机构等单位和个人。

上述单位和个人，按照书立、使用、领受应税凭证的不同，可以分别确定为立合同人、立据人、立账簿人、领受人和使用人五种。

（1）立合同人。指合同的当事人。所谓当事人，是指对凭证有直接权利义务关系的单位和个人，但不包括合同的担保人、证人、鉴定人。各类合同的立合同人即为纳税人。当事人的代理人有代理纳税的义务，他与纳税人负有同等的税收法律义务和责任。

（2）立据人。自立各种财产转移书据，以立据人为纳税人。如立据人未贴或少贴印花，书据的持有人应负责补贴印花。所立书据以合同方式签订的，应收持有书据的各方分别按全额贴花。

（3）立账簿人。建立营业账簿的，以立账簿人为纳税人。立账簿人，指设立并使用营业账簿的单位和个人。

（4）领受人。权利、许可证照的纳税人是领受人。领受人是指领取或接受并持有该项凭证的单位和个人。

（5）使用人。在国外书立、领受，但在国内使用的应税凭证，其纳税人是使用人。

需注意的是，对应税凭证，凡由两方或两方以上当事人共同书立的，其当事人各方都是印花税的纳税人，应各就其所持凭证的计税金额履行纳税义务。

17.1.2 征税范围

印花税的征税范围为税法所列举的应税凭证，包括在我国境内书立、领受、使用和在我国境外书立、但在我国境内使用并具有法律效力、受我国法律保护的凭证。税法没有列举的凭证不征税。具体征税范围包括以下五类（分设13个税目）。

（1）各类经济合同或具有合同性质的凭证。合同是指当事人之间为实现一定目的，经协商一致，明确当事人各方权利、义务关系的协议。以经济业务活动作为内容的合同，通常称为经济合同。印花税税目中的合同比照我国《经济合同法》对经济合同的分类，在税目税率表中列举了10大类合同，它们包括购销合同、加工承揽合同、建设工程勘察设计合同、建筑工程安装承包合同、财产租赁合同、货物运输合同、仓储保管合同、借款合同、财产保险合同、技术合同。

具有合同性质的凭证是指具有合同效力的协议、契约、合约、单据，确认书及其他各种名称的凭证。

上述应税的各类经济合同及具有合同性质的凭证，是指具有独立民事主体资格的当事人之间书立的凭证。企业法人的内部合同，对外不承担民事责任，一般不作为应税凭证。但对于分别具有法人资格的母子公司之间、上下级公司之间经济往来所签订的合同及具有合同性质的凭证，则应按规定缴纳印花税。对合同，凭证双方，一方具有独立民事主体资格，另一方不具有独立民事主体资格的，也认定为应税凭证。

（2）产权转移书据。产权转移书据是在产权的买卖、交换、继承、赠与、分割等产权主体变更过程中，由产权出让人与受让人之间订立的民事法律文书。

产权转移书据包括财产所有权、版权、商标专用权、专利权、专有技术使用权共5项产权的转移书据。

（3）营业账簿。营业账簿归属于财务会计财簿，是按照财务会计制度的要求设置的，反映生产经营活动的账册。按照反映的内容不同，在税目中分为记载资金的账簿（简称资金账簿）和其他营业账簿两类，以便于分别采用按金额计税和按件计税两种计税方法。

（4）权利许可证照。权利许可证照是政府授予单位、个人某种法定权利和准予从事特定经济活动的各种证照的统称。包括政府部门发放给的房屋产权证、工商营业执照、商标注册证、专利证、土地使用证以及企业股权转让所立的书据等。

（5）经财政部门确定征税的其他凭证。

17.1.3　税率

印花税的税率设计，遵循税负从轻，共同负担的原则。所以，税率比较低；凭证的当事人，即对凭证有直接权利业务关系的单位和个人均应就其所持凭证依法纳税。

印花税的税率有两种形式，即比例税率和定额税率。

1. 比例税率

在印花税的税目中，对各类合同及合同性质的凭证、产权转移书据、营业账簿中记载资金的账簿等，采用比例税率。现行印花税的比例税率分为四档：分别是0.05‰、0.3‰、0.5‰、1‰，见表17-1。

（1）适用0.05‰税率的为"借款合同"。

（2）适用0.3‰税率的为"购销合同"、"建筑安装工程承包合同"、"技术合同"。

（3）适用0.5‰税率的为"加工承揽合同"、"建筑工程勘察设计合同"、"货物运输合同"、"产权转移书据"、"营业账簿"税目中记载资金的账簿。

（4）适用 1‰税率的为"财产租赁合同"、"仓储保管合同"、"财产保险合同"、"股权转让书据"。

表 17-1 印花税税目税率表

税　目	征税范围	税　率	纳税义务人	说明
1. 购销合同	供应、预购、采购、购销结合及协作、调剂补偿、易货等合同	按购销金额万分之三贴花	立合同人（双方）	
2. 加工承揽合同	加工、定做、修缮、修理、印刷、广告、测绘、测试等合同	按加工或承揽收入万分之五贴花	立合同人	
3. 建设工程勘察设计合同	勘察、设计合同	按收取费用万分之五贴花	立合同人	
4. 建筑安装工程承包合同	包括建筑、安装工程承包合同	按承包金额万分之三贴花	立合同人	
5. 财产租赁合同	租赁房屋、船舶、飞机、机动车辆、机械、器具、设备等合同	按租赁金额千分之一贴花	立合同人	税额不足1元，按1元贴花
6. 货物运输合同	民用航空运输、铁路运输、海上运输、内河运输、公路运输和联运合同	按运输费用万分之五贴花	立合同人	单据作为合同使用的,按合同贴花
7. 仓储保管合同	包括仓储、保管合同	按仓储保管费用千分之一贴花	立合同人	仓单、栈单作为合同使用的,按合同贴花
8. 借款合同	银行及其他金融组织和借款人（不包括银行同业拆借）所签订的借款合同	按借款金额万分之零点五贴花	立合同人	单据作为合同使用的,按合同贴花
9. 财产保险合同	财产、责任、保证、信用等保险合同	按保险费收入千分之一贴花	立合同人	单据作为合同使用的,按合同贴花
10. 技术合同	技术开发、转让、咨询、服务等合同	按所载金额万分之三贴花	立合同人	
11. 产权转移书据	财产所有权和版权、商标专用权、专利权、专有技术使用权等转移书据	按所载金额万分之五贴花	立票据人	
12. 营业账簿	生产、经营用账册和记载资金的账簿	按实收资本和资本公积金的合计金额的万分之五贴花	立账簿人	其他账簿按件贴花5元
13. 权利、许可证照	政府部门发给的房屋产权证、工商营业执照、商标注册证、专利证、土地使用证	按件贴花5元	领受人	

2. 定额税率

在印花税的税目中,"权利、许可证照"和"营业账簿"税目中的其他账簿,适用定额税率,均为按件贴花,税额为5元。这样规定,主要是考虑到上述应税凭证有的是无法计算金额的,如权利、许可证照;有的虽载有金额,但以其作为计税依据又明显不合理,如其他账簿。采用定额税率,便于纳税义务人缴纳,便于税务机关征管。

17.2 应纳税额的计算

17.2.1 计税依据

印花税计税依据是应税凭证所记载金额或应税凭证件数。对一些载有金额的凭证,包括经济合同和具有合同性质的凭证、记载资金的账簿,以凭证所载金额为计税依据。对一些无法计算金额的凭证,如各种权利许可证照,或虽载有金额,但作为计税依据明显不合理的凭证,如其他账簿,以凭证件数为计税依据,按件贴花。

(1) 购销合同的计税依据为购销金额。

(2) 加工承揽合同的计税依据为加工或承揽收入。加工或承揽收入额是指合同中规定的受托方的加工费收入和提供的辅助材料之和。对于由受托方提供原材料的加工,定作合同,凡在合同中分别记载加工费金额和原材料金额的,应分别按"加工承揽合同"、"购销合同"计税,两项税额相加,即为合同应贴印花;若合同中未分别记载,则应就全部金额依照加工承揽合同计税贴花。

(3) 建设工程勘察设计合同的依税依据为收取的费用。

(4) 建筑安装工程承担合同的计税依据为承包金额。

(5) 财产租赁合同的计税依据为租赁金额;经计算,税额不足1元的,按1元贴花。

(6) 货物运输合同的计税依据为仓储保管费用,但不包括装卸费用。

(7) 仓储保管合同的计税依据为仓储保管费用。

(8) 借款合同的计税依据为借款金额。

(9) 财产保险合同的计税依据为保险费收入。

(10) 技术合同的计税依据为合同所载金额。

(11) 产权转移书据的计税依据为所载金额。

(12) 营业账簿税目中记载资金的账簿的计税依据为"实收资本"与"资本公积"两项的合计金额。实收资本包括现金实物、无形资产和材料物质。现金按实际收或存入的开户银行的金额确定。实物,指房屋、机器等,按评估确认的价值或者合同、协议约定的价格确定。无形资产和材料物质,按评估确认的价值确定。资本公积包括接受捐赠,法定财产重估增值，资本折算差额，资本溢价等。如果是实物捐赠，则按同类资产的市场价格或有关凭据确定。其他账簿的计税依据为应税凭证件数。

（13）权利、许可证照的计税依据为应税凭证件数。

17.2.2 应纳税额的计算

1. 计算公式

（1）经济合同，具有合同性质的凭证、产权转移书据，资金账簿，其应纳税额的计算公式：

$$应纳税额 = 应税凭证所载金额 \times 适用税率$$

（2）其他账簿，权利许可证照，其应纳税额的计算公式：

$$应纳税额 = 应税凭证件数 \times 单位税额$$

2. 印花税计算时需要注意的问题

（1）应税凭证以"金额"、"收入"、"费用"作为计税依据的，应当全额计税，不得作任何扣除。

（2）同一凭证，载有两个或两个以上经济事项而适用不同税目税率，如分别记载金额的，应分别计算应纳税额，相加后按合计税额贴花；如未分别记载金额的，按税率高的计税贴花。

（3）按金额比例贴花的应税凭证，未标明金额，应按照凭证所载数量及国家牌价计算金额；没有国家牌价的，按市场价格计算金额，然后按规定税率计算应纳税额。

（4）应税凭证所记载金额为外国货币的，应按凭证书立当日国家外汇管理局公布的外汇牌价折合成人民币，然后计算应纳税额。

（5）应纳税额不足1角的，免纳印花税；1角以上的，其税额尾数不满5分的不计，满5分的按1角计算。

（6）有些合同，在签订时无法确定计税金额，如技术转让合同中的转让收入，是按销售收入的一定比例收取或是按实现利润分成的；财产租赁合同，只是规定了月（天）租金标准而无租赁期限。对这类合同，可在签订时先按定额5元贴花，以后结算时再按实际金额计税，补贴印花。

（7）应税合同在签订时纳税义务即已产生，应计算应纳税额并贴花。所以，不论合同是否兑现或是否按期兑现，均应贴花。对已履行并贴花的合同，所载金额与合同履行后实际结算金额不一致的，只要双方未修改合同金额，一般不再办理完税手续。

（8）对有经营收入的事业单位，凡属由国家财政拨付事业经费、实行差额预算管理的单位，其记载经营业务的账簿，按其他账簿定额贴花，不记载经营业务的账簿不贴花；凡属经费来源实行自收自支的单位，其营业账簿，应对记载资金的账簿和其他账簿分别计算应纳税额。

跨地区经营的分支机构使用的营业账簿，应由各分支机构于其所在地计算贴花。对上级单位核拨资金的分支机构，其记载资金的账簿按核拨的账面资金额计税贴花，其他账簿按定额贴花；对上级单位不核拨资金的分支机构，只就其他账簿按件定额贴花。为避免对同一资金重复计税贴花，上级单位记载资金的账簿，应按扣除拨给下属机构资金数额后的其余部分计税贴花。企业发生分立、合并和联营等变更后，凡依法办理法人登记的新企业所设立的资金账簿，应于启用时计税贴花；凡无需重新进行法人登记的企业原有资金账簿，已贴印花继续有效。

（9）商品购销活动中，采用以货换货方式进行商品交易签订的合同，是反映既购又销双重经济行为的合同。对此，应按合同所载的购、销合计金额计税贴花。合同未列明金额的，应按合同所载购、销数量依照国家牌价或者市场价格计算应纳税额。

（10）施工单位将自己承包的建设项目，分包或者转包给其他施工单位所签订的分包合同或者转包合同，应按新的分包合同或转包合同所载金额计算应纳税额。

（11）对股票交易征收印花税，始于深圳和上海两地证券交易的不断发展。现行印花税规定：股份制试点企业向社会公开发行的股票，因购买、继承、赠与所书立的股权转让书据，均依书立时证券市场当日实际成交价格计算金额，由立据双方当事人分别按 1‰的税率缴纳印花税。

（12）对国内各种形式的货物联运，凡在起运地统一结算全程运费的，应以全程运费作为计税依据，由起运地运费结算双方缴纳印花税；凡分程结算运费的，应以分程的运费作为计税依据，分别由办理运费结算的各方缴纳印花税。对国际货运，凡由我国运输企业运输的，不论在我国境内、境外起运或中转分程运输，我国运输企业所持的一份运费结算凭证，均按本程运费计算应纳税额；托运方所持的一份运输结算凭证，按全程运费计算应纳税额。由外国运输企业运输进出口货物的，外国运输企业所持的一份运费结算凭证免纳印花税；托运方所持的一份运费结算凭证应缴纳印花税。国际货运运费结算凭证在国外办理的，应在凭证转回我国境内时按规定缴纳印花税。

（13）外商投资企业和外国企业在 1993 年 12 月 31 日前书立，领受的各种应税凭证不征印花税。但在 1994 年 1 月 1 日后修改合同增加金额或原合同到期续签合同的，以及原取得的产权转移书据和权利许可证照，有更改换证、换照、转让行为的，按规定计税贴花。

必须明确的是，印花税票为有价证券，其票面金额以人民币为单位，分为 1 角、2 角、5 角、1 元、2 元、5 元、10 元、50 元、100 元九种。

[**例** 17.2.1]　甲、乙两企业签订一项易货合同，甲企业向乙企业提供价值 30 万元的材料，乙企业向甲企业提供价值 33 万元的材料，差额由甲企业付款补足。则甲、乙两企业分别应缴纳的印花税额应为：

应纳税额＝（30 万＋33 万）×0.3‰＝189（元）

[例 17.2.2] 某商店委托某服装厂加工一批服装,并按有关签订了合同。现分别假设有三种情况:(1)合同中已明确由委托方提供价值8万元的布料,由受托方提供0.2万元的辅助材料,并列明加工费为3万元。(2)合同中明确8万元布料和0.2万元辅助材料全部由受托方提供,并注明加工费为3万元。(3)合同中明确布料和辅助材料全部由受托方提供,但未分别列明布料,辅助材料和加工费金额,只列明委托方应支付材料价款和加工费金额共11.2万元。试分别计算应纳印花税额。

(1)双方应就辅助材料和加工费金额之和按加工承揽合同计税贴花

$$应纳税额=(0.2万+3万)\times 0.5‰=16(元)$$

(2)双方应就布料价款部分按购销合同计税,辅助材料和加工费部分按加工承揽合同计税,然后合并贴花。

$$应纳税额=8万\times 0.3‰+(0.2万+3万)\times 0.5‰=40(元)$$

(3)双方应就全部金额之和按加工承揽合同计税贴花。

$$应纳税额=11.2万\times 0.5‰=56(元)$$

[例 17.2.3] 某研究所与某公司签订一项技术开发合同,公司提供经费100万元,其中的80万作为开发成本,20万元作为给研究所的报酬,计算双方应纳印花税税额。

为了鼓励技术开发,对技术开发合同,只就合同所载报酬额计税贴花。

$$双方各应纳税花税税额=20万\times 0.3‰=60(元)$$

[例 17.2.4] 某企业与某运输公司签订一项运输合同,(1)合同中载明运输费用为2万元,仓储保管费用为0.3万元;(2)若合同未分别列明两项费用的金额,只载明运费和保管费共2.3万元。分别计算双方应纳印花税税额。

(1)应纳印花税税额$=2万\times 0.5‰+0.3万\times 1‰=13(元)$

(2)应纳印花税税额$=2.3万\times 1‰=23(元)$

17.3 减免和缴纳

17.3.1 税收优惠

印花税的税收优惠政策如下。

(1)对已缴纳印花税的凭证的副本或者抄本免税。但以副本或者抄本视同正本使用的,则应另贴印花。

(2)对财产所有人将财产赠给政府、社会福利单位、学校所立的书据免税。

(3)对国家指定的收购部门与村民委员会、农民个人书立的农副产品收购合同免税。

(4)对无息、贴息贷款合同免税。

(5)对外国政府或者国际组织向我国政府及国家金融机构提供优惠贷款所书立的合同

免税。

(6) 对房地产管理部门与个人签订的用于生活居住的租赁合同免税。

(7) 对农牧业保险合同免税。

(8) 对特殊货运凭证免税。

① 军事物资运输凭证,即附有军事运输命令或使用专用的军事物资运费结算凭证。

② 抢险救灾物资运输凭证,即附有县级以上(含县级)人民政府抢险救灾物资运输证明文件的运费结算凭证。

③ 新建铁路的工程临管线运输凭证,即为新建铁路运输施工所需物资,使用工程临管线专用的运费结算凭证。

(9) 企业改制过程中有关印花税的征免税的规定。

① 资金账簿的印花税。实行公司制改造的企业在改制过程中成立的新企业(重新办理法人登记的),其新启用的资金账簿记载的资金或因企业建立资本纽带关系而增加的资金,凡原已贴花的部分可不再贴花,未贴花的部分和以后新增加的资金按规定贴花。

以合并或分立方式成立的新企业,其启用的资金账簿记载的资金,凡原已贴花的部分可不再贴花,未贴花的部分和以后新增加的资金按规定贴花。

企业债权转股权新增加的资金按规定贴花;企业改制中经评估增加的资金按规定贴花;企业其他会计科目记载的资金转为实收资本或资本公积的资金按规定贴花。

② 各类应税合同的印花税。企业改制前签订但尚未履行完的各类应税合同,改制后需要变更执行主体的,对仅改变执行主体、其余条款未作变动且改制前已贴花的,不再贴花。

③ 产权转移书据的印花税。企业因改制签订的产权转移书据免予贴花。

17.3.2 纳税期限

印花税的纳税期限根据不同种类的凭证分别确定。经济合同和具有合同性质的凭证在合同正式签订时贴花;各种产权转移书据在书据立具时贴花;各种营业账簿,在账簿正式启用时贴花;各种权利许可证照,在证照领受时贴花。

17.3.3 纳税办法

印花税的纳税办法,根据税额大小、贴花次数以及税收征收管理的需要,分别采用以下三种纳税办法。

(1) 自行贴花。在书立、领受、使用应税凭证,发生纳税义务时,由纳税人按照应税凭证的性质、计税依据和适用税率自行计算应纳税额,向税务机关购买印花税票,并将印花税票粘贴在应税凭证上,在每枚税票的骑缝处盖戳注销或者画销。即采用自行计算、自行购花、自行贴花、自行注销的"四自"纳税方法。(有的书籍中将"自行贴花"和"自行注销"合并为"自行完成纳税义务",则此法称为"三自"纳税方法。此法适用于应税凭证较少或同一凭证缴纳次数较少的纳税人。已经贴花的凭证,凡修改后所载金额有增加的,应补足印花税票。凡多贴印花税票者,不得申请退税或者抵用。

(2) 汇贴或汇缴。对一份凭证应纳税数额较大(税额超过 500 元)时,纳税人可向税务机关申请,用填开完税证或缴款书的办法纳税,不再贴花。采用此法的纳税人应将其中一联缴款书或完税凭证贴在凭证上,或者由税务机关在凭证上加注完税标记代替贴花。这就是通常所说的"汇贴"办法。

同一类应税凭证,需频繁贴花的,应向当地税务机关申报按期汇总缴纳印花税。获准汇总缴纳印花税的纳税人,应持有税务机关发给的汇缴许可证。汇总缴纳的期限额由当地税务机关确定,但最长期限不得超过 1 个月。

(3) 委托代征。凡通过国家有关部门发放签证、公证或仲裁的应税凭证,可由税务机关委托这些部门代征。

纳税人不论采用哪一种纳税办法,均应对纳税凭证妥善保存。凭证的保存期限,凡国家已有明确规定的,按规定办理;其余凭证均应在履行完毕后保存 1 年。

17.3.4 违章处理

印花税轻税重罚,违章处理的主要规定有:

(1) 纳税人在应税凭证上贴花后,不同时注销或画销的,可处以未注销或画销印花税票金额的 1 倍至 3 倍罚款。

(2) 纳税人在应税凭证上未贴或少贴印花税票的,除补贴足印花税票外,可处以应补税票金额 3 倍至 5 倍的罚款。

(3) 纳税人将已贴用在应税凭证上的印花税票揭下重用的,可处以重用印花税票金额 5 倍或者 2 000 元以上 10 000 元以下的罚款。

(4) 纳税人对汇总缴纳印花税的凭证不按规定办理并保存备查的,由税务机关处以 5000 元以下罚款;情节严重的,撤销其汇缴许可证。

(5) 纳税人未按规定保存纳税凭证的,由税务机关酌情处以 5 000 元以下罚款。

(6) 对伪造印花税票的,由税务机关提请司法机关依法追究刑事责任。

(7) 代售户对取得的税款逾期不缴或挪作他用;或者违反合同将所领印花税票转托他人代售或者转至其他地区销售;或者未按规定详细提供领、售印花税票情况的,税务机关可视情节轻重,给予警告或者取消其代售资格的处罚。

第18章 税收征收管理法

税收征收管理法是有关税收征收管理法律规范的总称，包括《中华人民共和国税收征收管理法》及其实施细则、《中华人民共和国发票管理办法》及其实施细则等法律文件。此外，刑法中有关危害税收征管罪的有关规定，是税收征收管理法的有机组成部分。

《中华人民共和国税收征管法》于1992年9月4日第七届全国人民代表大会常务委员会第二十七次会议通过，1993年1月1日起施行。1995年2月28日第八届全国人民代表大会常务委员会第十二次会议修正。2001年4月28日第九届全国人民代表大会常务委员会第二十一次会议通过了修订后的《中华人民共和国税收征管法》（以下简称《征管法》），于2001年5月1日起施行。

《征管法》共六章：总则、税管理、税款征收、税务检查、法律责任、附则。该法对税务机关在征管过程中的征、管、查、处等职权，征纳双方的基本权利和义务，办税程序方面的行为规范等问题，均作出了明确、具体的规定。

18.1 《征管法》概述

18.1.1 税收征收管理法立法目的

《征管法》第一条规定："为了加强税收征收管理，规范税收征收和缴纳行为，保障国家税收收入，保护纳税人的合法权益，促进经济和社会发展，制定本法。"此条规定对《征管法》的立法目的作了高度概括。

（1）加强税收征收管理。税收征收管理是国家征税机关依据国家税收法律、行政法规的规定，按照统一的标准，通过一定的程序，对纳税人应纳税额组织入库的一种行政活动，是国家将税收政策贯彻实施到每个纳税人，有效地组织税收收入，及时、足额入库的一系列活动的总称。税收征管工作的好坏，直接关系到税收职能作用能否很好地发挥。理所当然，加强税收征收管理，成为《征管法》立法的首要目的。

（2）规范税收征收和缴纳行为。《征管法》既要为税务机关、税务人员依法行政提供标准和规范，税务机关、税务人员必须依照该法的规定进行税收征收，其一切行为都要依法进行，违者要承担法律责任；同时也要为纳税人缴纳税款提供标准和规范，纳税人只有按照法律规定的程序和办法缴纳税款，才能更好地保障自身的权益。因此，在法中加入"规范税收征收和缴纳行为"的目的,是对依法治国、依法治税思想的深刻理解和运用,为《征管法》其他条款的修订指明了方向。

(3) 保障国家税收收入。税收收入是国家财政的主要来源,组织税收收入是税收基本职能之一。《征管法》是税收征收管理的标准和规范,其根本目的是保证税收收入的及时、足额入库,这也是任何一部《征管法》都具有的目的。

(4) 保护纳税人的合法权益。税收征收管理作为国家的行政行为,一方面要维护国家的利益,另一方面要保护纳税人的合法权益不受侵犯。纳税人按照国家税收法律、行政法规的规定缴纳税款之外的任何其他款项,都是对纳税人合法权益的侵害。保护纳税人的合法权益一直是《征管法》的立法目的。

(5) 促进经济发展和社会进步。税收是国家宏观调控的重要杠杆,《征管法》是市场经济的重要法律规范,这就要求税收征收管理的措施,如税务登记、纳税申报、税款征收、税收检查以及税收政策等以促进经济发展和社会进步为目标,方便纳税人,保护纳税人。因此,在法中加入"促进经济和社会发展"的目的,表明了税收征收管理的历史使命和前进方向。

18.1.2 税收征收管理法适用范围

《征管法》第二条规定:"凡依法由税务机关征收的各种税收的征收管理,均适用本法。"这是对本法适用范围和调整对象的规定。按照本条规定,在中华人民共和国境内,除香港、澳门特别行政区和台湾地区以外,不论是中国人或外国人,不论是自然人或法人,只要是属于税务机关征收的各种税收的征收管理活动,包括税务机关的征收行为和纳税人的缴纳行为以及其他有关当事人的行为,都必须遵守本法的规定。

《征管法》第九十条规定:"耕地占用税、契税、农业税、牧业税征收管理的具体办法,由国务院另行规定。关税及海关代征税收的征收管理,依照法律、行政法规的有关规定执行。"关税及海关代征的增值税、消费税是由海关负责征收的,对此,我国的海关法作了专门规定,不适用本法。耕地占用税、契税、农业税、牧业税的征收管理在我国实行税制改革前由财政部门负责,税制改革后划归税务机关负责,目前这项移转工作在全国范围内尚未结束。因为农业税、牧业税相继退出历史舞台,为了对耕地占用税、契税实施有效的征收管理,依照本条规定,其征收管理的具体办法由国务院另行制定。

值得注意的是,目前还有一部分费由税务机关征收,如教育费附加。这些费不适用《征管法》,不能采取《征管法》规定的措施,其具体管理办法由各种费的条例和规章决定。

18.1.3 税收征收管理法的遵守主体

1. 税务行政主体——税务机关

国务院税务主管部门主管全国税收征收管理工作。各地国家税务局和地方税务局应当按照国务院规定的税收征收管理范围分别进行征收管理。税务机关是指各级税务局、税务分局、税务所和省以下税务局的稽查局。稽查局专司偷税、逃避追缴欠税、骗税、抗税案件的查处。国家税务总局应明确划分税务局和稽查局的职责，避免职责交叉。上述规定既明确了税收征收管理的行政主体（即执法主体），也明确了《征管法》的遵守主体。

2. 税务行政管理相对人——纳税人、扣缴义务人和其他有关单位

法律、行政法规规定负有纳税义务的单位和个人为纳税人。法律、行政法规规定负有代扣代缴、代收代缴税款义务的单位和个人为扣缴义务人。纳税人、扣缴义务人必须依照法律、行政法规的规定缴纳税款、代扣代缴、代收代缴税款。

纳税人、扣缴义务人和其他有关单位应当按照国家有关规定如实向税务机关提供与纳税和代扣代缴、代收代缴税款有关的信息。纳税人、扣缴义务人和其他有关单位是税务行政管理的相对人，是《征管法》的遵守主体，必须按照《征管法》的有关规定接受税务管理，享受合法权益。

3. 有关单位和部门

地方各级人民政府应当依法加强对本行政区域内税收管理工作的领导或者协调，支持税务机关依法执行职务，依照法定税率计算税额，依法征收税款。各有关部门和单位应当支持、协助税务机关依法执行职务。地方各级人民政府在内的有关单位和部门同样是《征管法》的遵守主体，必须遵守《征管法》的有关规定。

4. 税收征收管理权利和义务的设定

（1）税务机关和税务人员的权利和义务

① 税务机关和税务人员的权利
- 负责税收征收管理工作。
- 税务机关依法执行职务，任何单位和个人不得阻挠。

② 税务机关和税务人员的义务
- 税务机关应当广泛宣传税收法律、行政法规，普及纳税知识，无偿地为纳税人提供纳税咨询服务。
- 税务机关应当加强队伍建设，提高税务人员的政治业务素质。
- 税务机关、税务人员必须秉公执法、忠于职守、清正廉洁、礼貌待人、文明服务，尊重和保护纳税人、扣缴义务人的权利，依法接受监督。
- 税务人员不得索贿受贿、徇私舞弊、玩忽职守，不征或者少征应征税款；不得滥用职权多征税款或者故意刁难纳税人和扣缴义务人。
- 各级税务机关应当建立、健全内部制约和监督管理制度。
- 上级税务机关应当对下级税务机关的执法活动依法进行监督。

- 各级税务机关应当对其工作人员执行法律、行政法规和廉洁自律准则的情况进行监督检查。
- 税务机关负责征收、管理、稽查、行政复议的人员的职责应当明确，并相互分离、相互制约。
- 税务机关应为检举人保密，并按照规定给予奖励。
- 税务人员在核定应纳税额、调整税收定额、进行税务检查、实施税务行政处罚、办理税务行政复议时，与纳税人、扣缴义务人或者其法定代表人、直接责任人有下列关系之一的，应当回避：夫妻关系；直接血亲关系；三代以内旁系血亲关系；近姻亲关系；可能影响公正执法的其他利益关系。

(2) 纳税人、扣缴义务人的权利与义务

① 纳税人、扣缴义务人的权利

- 纳税人、扣缴义务人有权向税务机关了解国家税收法律、行政法规的规定以及与纳税程序有关的情况。
- 纳税人、扣缴义务人有权要求税务机关为纳税人、扣缴义务人的情况保密。税务机关应当为纳税人、扣缴义务人的情况保密。保密是指纳税人、扣缴义务人的商业秘密及个人隐私。纳税人、扣缴义务人的税收违法行为不属于保密范围。
- 纳税人依法享有申请减税、免税、退税的权利。
- 纳税人、扣缴义务人对税务机关所作出的决定，享有陈述权、申辩权；依法享有申请行政复议、提起行政诉讼、请求国家赔偿等权利。
- 纳税人、扣缴义务人有权控告和检举税务机关、税务人员的违法违纪行为。

② 纳税人、扣缴义务人的义务

- 纳税人、扣缴义务人必须依照法律、行政法规的规定缴纳税款、代扣代缴、代收代缴税款。
- 纳税人、扣缴义务人和其他有关单位应当按照国家有关规定如实向税务机关提供与纳税和代扣代缴、代收代缴税款有关的信息。
- 纳税人、扣缴义务人和其他有关单位应当接受税务机关依法进行的税务检查。

(3) 地方各级人民政府、有关部门和单位的权利与义务

① 地方各级人民政府、有关部门和单位的权利

- 地方各级人民政府应当依法加强对本行政区域内税收征收管理工作的领导或者协调，支持税务机关依法执行职务，依照法定税率计算税额，依法征收税款。
- 各有关部门和单位应当支持、协助税务机关依法执行职务。
- 任何单位和个人都有权检举违反税收法律、行政法规的行为。

② 地方各级人民政府、有关部门和单位的义务

- 任何机关、单位和个人不得违反法律、行政法规的规定，擅自作出税收开征、停征以及减税、免税、退税，补税和其他与税收法律、行政法规相抵触的决定。

- 收到违反税收法律、行政法规行为检举的机关和负责查处的机关应当为检举人保密。

18.2 税务管理

18.2.1 税务登记管理

税务登记是税务机关对纳税人的生产、经营活动进行登记并据此对纳税人实施税务管理的一种法定制度。税务登记又称纳税登记，它是税务机关对纳税人实施税收管理的首要环节和基础工作，是征纳双方法律关系成立的依据和证明，也是纳税人必须依法履行的义务。

根据《征管法》和国家税务总局印发的《税务登记管理办法》，我国税务登记制度大体包括以下内容。

1. 开业税务登记

（1）开业税务登记的对象

根据有关规定，开业税务登记的纳税人分以下两类：

① 领取营业执照从事生产、经营的纳税人，包括：
- 企业，即从事生产经营的单位成组织，包括国有、集体、私营企业，中外合资合作企业、外商独资企业，以及各种联营、联合、股份制企业等；
- 企业在外地设立的分支机构和从事生产、经营的场所；
- 个体工商户；
- 从事生产、经营的事业单位。

② 其他纳税人。根据有关法规规定，不从事生产、经营，但依照法律、法规的规定负有纳税义务的单位和个人，除临时取得应税收入或发生应税行为以及只缴纳个人所得税、车船使用税的外，都应按规定向税务机关办理税务登记。

（2）开业税务登记的时间和地点

① 从事生产、经营的纳税人，应当自领取营业执照之日起 30 日内，向生产、经营地或者纳税义务发生地的主管税务机关申报办理税务登记，如实填写税务登记表并按照税务机关的要求提供有关证件、资料。

② 除上述以外的其他纳税人，除国家机关和个人外，应当自纳税义务发生之日起 30 日内，持有关证件向所在地主管税务机关申报办理税务登记。

以下几种情况应比照开业登记办理。

① 扣缴义务人应当自扣缴义务发生之日起 30 日内，向所在地的主管税务机关申报办理扣缴税款登记，领取扣缴税款登记证件；税务机关对已办理税务登记的扣缴义务人．可

以只在其税务登记证件上登记扣缴税款事项,不再发给扣缴税款登记证件。

② 跨地区的非独立核算分支机构应当自设立之日起 30 日内,向所在地税务机关办理注册税务登记。

③ 从事生产、经营的纳税人到外县(市)临时从事生产、经营活动的,应当持税务登记证副本和所在地税务机关填开的外出经营活动税收管理证明,向营业地税务机关报验登记,接受税务管理。

从事生产、经营的纳税人外出经营,在同一地累计超过 180 天的,应当在营业地办理税务登记手续。在同一地累计超过 180 天,是指纳税人在同一县(市)实际经营或提供劳务之日起,在连续的 12 个月内累计超过 180 天。自期满之日起,向生产经营所在地税务机关申报办理税务登记证,税务机关核发临时税务登记证。

(3) 开业税务登记的内容

① 单位名称、法定代表人或业主姓名及其居民身份证、护照或者其他证明身份的合法证件。

② 住所、经营地点。

③ 登记注册类型及所属主管单位。

④ 核算方式。

⑤ 行业、经营范围、经营方式。

⑥ 注册资金(资本)、投资总额、开户银行及账号。

⑦ 经营期限、从业人数、营业执照号码。

⑧ 财务负责人、办税人员。

⑨ 其他有关事项。

企业在外地的分支机构或者从事生产、经营的场所,还应当登记总机构名称、地址、法人代表、主要业务范围、财务负责人。

(4) 开业税务登记程序

① 税务登记的申请。

办理税务登记是为了建立正常的征纳秩序,是纳税人履行纳税义务的第一步。为此,纳税人必须严格按照规定的期限,向当地主管税务机关及时申报办理税务登记手续,实事求是地填报登记项目,并如实回答税务机关提出的问题。纳税人所属的本县(市)以外的非独立经济核算的分支机构,除由总机构申报办理税务登记外,还应当自设立之日起 30 日内,向分支机构所在地税务机关申报办理注册税务登记。在申报办理税务登记时,纳税人应认真填写《税务登记表》。

② 纳税人办理税务登记时应提供的证件、资料。

- 营业执照或其他核准执业证件及工商登记表,或其他核准执业登记表复印件。
- 有关机关、部门批准设立的文件。
- 有关合同、章程、协议书。

- 法定代表人和董事会成员名单。
- 法定代表人（负责人）或业主居民身份证、护照或者其他证明身份的合法证件。
- 组织机构统一代码证书。
- 住所或经营场所证明。
- 委托代理协议书复印件。
- 属于享受税收优惠政策的企业，还应包括需要提供的相应证明、资料，税务机关需要的其他资料、证件。

企业在外地的分支机构或者从事生产、经营的场所，在办理税务登记时，还应当提供由总机构所在地税务机关出具的在外地设立分支机构的证明。

③ 税务登记表的种类、适用对象。

- 内资企业税务登记表。适用于核发税务登记证的国有企业、集体企业、股份合作企业、国有联营企业、集体联营企业、国有与集体联营企业、其他联营企业、国有独资公司、其他有限责任公司、股份有限公司、私营独资企业、私营合作企业、私营有限责任公司、私营股份有限公司、其他企业填用。
- 分支机构税务登记表。主要适用于核发注册税务登记证的各种类型企业的非独立核算分支机构填用。
- 个体经营税务登记表。主要适用于核发税务登记证的个体工商业户填用。
- 其他单位税务登记表。主要适用于除工商行政管理机关外，其他部门批准登记核发税务登记证的纳税人。
- 涉外企业税务登记表。主要适用于中外合资经营企业、中外合作经营企业和外国企业填用。

④ 税务登记表的受理、审核。

- 受理。税务机关对申请办理税务登记的单位和个人所提供的《申请税务登记报告书》，及要求报送的各种附列资料、证件进行查验，对手续完备符合要求的，方可受理登记，并根据其经济类型发给相应的税务登记表。
- 审核。税务登记审核工作，既是税务机关税务登记工作的开始，也是税务登记管理工作的关键。为此，加强税务登记申请的审核就显得十分必要。通过税务登记申请的审核，可以发现应申报办理税务登记户数，实际办理税务登记户数，进而掌握申报办理税务登记户的行业构成等税务管理信息。

为此，税务机关对纳税人填报的《税务登记表》、提供的证件和资料，应当在收到之日起30日内审核完毕，符合规定的，予以登记；对不符合规定的不予以登记，也应在30日内予以答复。

⑤ 税务登记证的核发。

税务机关应当自收到申报之日起30日内审核并发给税务登记证件。税务机关对纳税人填报的税务登记表及附送资料、证件审核无误的，应在30日内发给税务登记证件。具体规定如下。
- 对从事生产、经营并经工商行政管理部门核发营业执照的纳税人，核发税务登记证及其副本。
- 对未取得营业执照或工商登记核发临时营业执照从事生产经营的纳税人，暂核发税务登记证及其副本。并在正副本右角加盖"临时"章。
- 对纳税人非独立核算的分支机构及非从事生产经营的纳税人（除临时取得应税收入或发生应税行为以及只缴纳个人所得税、车船使用税的外），核发注册税务登记证及其副本。
- 对外商投资企业、外国企业及外商投资企业分支机构，分别核发外商投资企业税务登记证及其副本、外国企业税务登记证及其副本、外商投资企业分支机构税务注册证及其副本。

对既没有税收纳税义务又不需领用收费(经营)票据的社会团体等，可以只登记不发证。

2. 变更、注销税务登记

变更税务登记是纳税人税务登记内容发生重要变化向税务机关申报办理的税务登记手续；注销税务登记则是指纳税人税务登记内容发生了根本性变化，需终止履行纳税义务时向税务机关申报办理的税务登记手续。

(1) 变更税务登记的范围及时间要求

① 适用范围。纳税人办理税务登记后，如发生下列情形之一，应当办理变更税务登记：发生改变名称、改变法定代表人、改变经济性质或经济类型、改变住所和经营地点（不涉及主管税务机关变动的）、改变生产经营或经营方式、增减注册资金（资本）、改变隶属关系、改变生产经营期限、改变或增减银行账号、改变生产经营权属以及改变其他税务登记内容的。

② 时间要求。纳税人税务登记内容发生变化的，应当自工商行政管理机关或者其他机关办理变更登记之日起 30 日内，持有关证件向原税务登记机关申报办理变更税务登记。

纳税人税务登记内容发生变化，不需要到工商行政管理机关或者其他机关办理变更登记的，应当自发生变化之日起 30 日内，持有关证件向原税务登记机关申报办理变更税务登记。

(2) 变更税务登记的程序、方法

① 申请。纳税人申请办理变更税务登记时，应向主管税务机关领取《税务登记变更表》，如实填写变更登记事项、变更登记前后的具体内容。

② 提供相关证件、资料。

③ 税务登记变更表的内容。主要包括纳税人名称、变更项目、变更前内容、变更后内容、上缴的证件情况。

④ 受理。税务机关对纳税人填报的表格及提交的附列资料、证件要进行认真审阅，在

符合要求及资料证件提交齐全的情况下，予以受理。

⑤ 审核。主管税务机关对纳税人报送的已填登完毕的变更表及相关资料，进行分类审核。

⑥ 发证。对需变更税务登记证内容的，主管税务机关应收回原《税务登记证》（正、副本），按变更后的内容，重新制发《税务登记证》（正、副本）。

（3）注销税务登记的适用范围及时间要求

① 适用范围。纳税人因经营期限届满而自动解散；企业由于改组、分级、合并等原因而被撤销；企业资不抵债而破产；纳税人住所、经营地址迁移而涉及改变原主管税务机关的；纳税人被工商行政管理部门吊销营业执照；以及纳税人依法终止履行纳税义务的其他情形。

② 时间要求。纳税人发生解散、破产、撤销以及其他情形，依法终止纳税义务的，应当在向工商行政管理机关办理注销登记前，持有关证件向原税务登记管理机关申报办理注销税务登记；按照规定不需要在工商管理机关办理注销登记的，应当自有关机关批准或者宣告终止之日起15日内，持有关证件向原税务登记管理机关申报办理注销税务登记。

纳税人因住所、生产、经营场所变动而涉及改变主管税务登记机关的，应当在向工商行政管理机关申请办理变更或注销登记前，或者住所、生产、经营场所变动前，向原税务登记机关申报办理注销税务登记，并在30日内向迁达地主管税务登记机关申报办理税务登记。

纳税人被工商行政管理机关吊销营业执照的，应当自营业执照被吊销之日起15日内，向原税务登记机关申报办理注销税务登记。

（4）注销税务登记的程序、方法

① 纳税人办理注销税务登记时，应向原税务登记机关领取《注销税务登记申请审批表》，如实填写注销登记事项内容及原因。

② 提供有关证件、资料。纳税人如实填写《注销税务登记申请审批表》，连同下列资料、证件报税务机关：

● 注销税务登记申请书；
● 主管部门批文或董事会、职代会的决议及其他有关证明文件；
● 营业执照被吊销的应提交工商机关发放的注销决定；
● 主管税务机关原发放的税务登记证件（税务登记证正、副本及登记表等）；
● 其他有关资料。

③ 注销税务登记申请审批表的内容。由纳税人填写的项目主要包括纳税人名称(含分支机构名称)、注销原因、批准机关名称、批准文号及日期。

由税务机关填写的项目主要包括纳税人实际经营期限、纳税人已享受税收优惠、发票缴销情况，税款清缴情况、税务登记证件收回情况。

④ 受理。税务机关受理纳税人填写完毕的表格，审阅其填报内容是否符合要求，所附

资料是否齐全后，督促纳税人做好下列事宜：纳税人持《注销税务登记申请审批表》、未经税务机关查验的发票和《发票领购簿》到发票管理环节申请办理发票缴销；发票管理环节按规定清票后，在《注销税务登记申请审批表》上签署发票缴销情况，同时将审批表返还纳税人；纳税人向征收环节清缴税款；征收环节在纳税人缴纳税款后，在《注销税务登记申请审批表》上签署意见，同时将审批表返还纳税人。

⑤ 核实。纳税人持由上述两个环节签署意见后的审批表交登记管理环节；登记管理环节审核确认后，制发《税务文书领取通知书》给纳税人，同时填制《税务文书传递单》，并附《注销税务登记申请审批表》送稽查环节。

若稽查环节确定需对申请注销的纳税人进行实地稽查的，应在《税务文书传递单》上注明的批复期限内稽查完毕，在《注销税务登记申请审批表》上签署税款清算情况，及时将《税务文书传递单》和《注销税务登记申请审批表》交还税务登记环节，登记部门在纳税人结清税款（包括滞纳金、罚款）后据以办理注销税务登记手续。

纳税人因生产、经营场所发生变化需改变主管税务登记机关的，在办理注销税务登记时，原税务登记机关在对其注销税务登记的同时，应向迁达地税务登记机关递交《纳税人迁移通知书》，并附有《纳税人档案资料移交清单》，由迁达地税务登记机关重新办理税务登记。如遇纳税人已经或正在享受税收优惠待遇的，迁出地税务登记机关应当在《纳税人迁移通知书》上注明。

3. 停业、复业登记

实行定期定额征收方式的纳税人，在营业执照核准的经营期限内需要停业的，应当向税务机关提出停业登记，说明停业的理由、时间、停业前的纳税情况和发票的领、用、存情况，并如实填写申请停业登记表。税务机关经过审核（必要时可实地审查），应当责成申请停业的纳税人结清税款并收回税务登记证件、发票领购簿和发票，办理停业登记。纳税人停业期间发生纳税义务，应当及时向主管税务机关申报，依法补缴应纳税款。

纳税人应当于恢复生产、经营之前，向税务机关提出复业登记申请，经确认后，办理复业登记，领回或启用税务登记证件和发票领购簿及其领购的发票，纳入正常管理。

纳税人停业期满不能及时恢复生产、经营的，应当在停业期满前向税务机关提出延长停业登记。纳税人停业期满未按期复业又不申请延长停业的，税务机关应当视为已恢复营业，实施正常的税收征收管理。

5. 税务登记证的作用和管理

（1）税务登记证的作用

除按用规定不需要发给税务登记证件的外，纳税人办理下列事项时，必须持税务登记证件：

① 开立银行账户；

② 申请减税、免税、退税；
③ 申请办理延期申报、延期缴纳税；
④ 领购发票；
⑤ 申请开具外出经营活动税收管理证明；
⑥ 办理停业、歇业；
⑦ 其他有关税务事项。

（2）税务登记证管理

① 税务机关对税务登记证件实行定期验证和换证制度。纳税人应当在规定的期限内持有关证件到主管税务机关办理验证或者换证手续。

② 纳税人应当将税务登记证件正本在其生产、经营场所或者办公场所公开悬挂，接受税务机关检查。

③ 纳税人遗失税务登记证件的，应当在 15 日内书面报告主管税务机关，并登报声明作废。同时，凭报刊上刊登的遗失声明向主管税务机关申请补办税务登记证件。

6. 银行账户管理

从事生产、经营的纳税人应当自开立基本存款账户或者其他存款账户之日起 15 日内，向主管税务机关书面报告其全部账号；发生变化的，应当自变化之日起 15 日内，向主管税务机关书面报告。

18.2.2 账簿、凭证管理

账簿是纳税人、扣缴义务人连续地记录其各种经济业务的账册或簿籍。凭证是纳税人用来记录经济业务，明确经济责任，并据以登记账簿的书面证明。账簿、凭证管理是继税务登记之后税收征管的又一重要环节，在税收征管中占有十分重要的地位。

1. 账簿、凭证管理

（1）关于对账簿、凭证设置的管理

① 设置账簿的范围。根据《征管法》第十九条和《细则》第二十二条的有关规定，所有的纳税人和扣缴义务人都必须按照有关法律、行政法规和国务院财政、税务主管部门的规定设置账簿。

所称账簿，是指总账、明细账、日记账以及其他辅助性账簿。总账、日记账应当采用订本式。

从事生产、经营的纳税人应当自领取营业执照或者发生纳税义务之日起 15 日内设置账簿。

扣缴义务人应当自税收法律、行政法规规定的扣缴义务发生之日起 10 日内，按照所代扣、代收的税种，分别设置代扣代缴、代收代缴税款账簿。生产，经营规模小又确无建账能力的纳税人，可以聘请经批准从事会计代理记账业务的专业机构或者经税务机关认可的财会人员代为建账和办理账务；聘请上述机构或者人员有实际困难的，经县以上税务机关批准，可以按照税务机关的规定，建立收支凭证粘贴簿、进货销货登记簿或者使用税控装置。

② 对会计核算的要求。所有纳税人和扣缴义务人都必须根据合法、有效的凭证进行账务处理。纳税人建立的会计电算化系统应当符合国家有关规定，并能正确、完整核算其收入或者所得。

纳税人使用计算机记账的，应当在使用前将会计电算化系统的会计核算软件、使用说明书及有关资料报送主管税务机关备案。

纳税人、扣缴义务人会计制度健全，能够通过计算机正确、完整计算其收入和所得或者代扣代缴、代收代缴税款情况的，其计算机输出的完整的书面会计记录，可视同会计账簿。

纳税人、扣缴义务人会计制度不健全，不能通过计算机正确、完整计算其收入和所得或者代扣代缴、代收代缴税款情况的，应当建立总账及与纳税或者代扣代缴、代收代缴税款有关的其他账簿。

账簿、会计凭证和报表，应当使用中文。民族自治地方可以同时使用当地通用的一种民族文字。外商投资企业和外国企业可以同时使用一种外国文字。如外商投资企业、外国企业的会计记录不使用中文的，应按照《征管法》第六十三条第二款"未按照规定设置、保管账簿或者保管记账凭证和有关资料"的规定处理。

(2) 关于对财务会计制度的管理

① 备案制度。凡从事生产、经营的纳税人必须将所采用的财务、会计制度和具体的财务、会计处理办法，按税务机关的规定，自领取税务登记证件之日起15日内，及时报送主管税务机关备案。

② 财会制度、办法与税收规定相抵触的处理办法。当从事生产、经营纳税人、扣缴义务人所使用的财务会计制度和具体的财务、会计处理办法与国务院和财政部、国家税务总局有关税收方面的规定相抵触时，纳税人、扣缴义务人必须按照国务院制定的税收法规的规定或者财政部、国家税务总局制定的有关税收的规定计缴税款。

(3) 关于账簿、凭证的保管

从事生产经营的纳税人、扣缴义务人必须按照国务院财政、税务主管部门规定的保管期限保管账簿、记账凭证、完税凭证及其他有关资料。账簿、记账凭证、报表、完税凭证、发票、出口凭证以及其他有关涉税资料不得伪造、变造或者擅自损毁。

账簿、记账凭证、报表、完税凭证、发票、出口凭证以及其他有关涉税资料的保管期限，除另有规定者外，应当保存10年。

2. 发票管理

税务机关是发票的主管机关,负责发票的印制、领购、开具、取得、保管、缴销的管理和监督。

(1) 发票印制管理。增值税专用发票由国务院税务主管部门指定的企业印制;其他发票,按照国务院税务主管部门的规定,分别由省、自治区、直辖市国家税务局、地方税务局指定企业印制。

(2) 发票领购管理。依法办理税务登记的单位和个人,在领取税务登记证后,向主管税务机关申请领购发票。对无固定经营场地或者财务制度不健全的纳税人申请领购发票,主管税务机关有权要求其提供担保人,不能提供担保人的,可以视其情况,要求其提供保证金,并限期缴销发票。对发票保证金应设专户储存,不得挪作他用。纳税人可以根据自己的需要申请领购普通发票。增值税专用发票只限于增值税一般纳税人领购使用。

(3) 发票开具、使用、取得管理。单位、个人在购销商品、提供或者接受经营服务以及从事其他经营活动中,应当按照规定开具、使用、取得发票。普通发票开具、使用、取得的管理,应注意以下几点(增值税专用发票开具、使用、取得的管理,按增值税有关规定办理):

① 销货方按规定填开发票;

② 购买方按规定索取发票;

③ 纳税人进行电子商务必须开具或取得发票;

④ 发票要全联一次填写;

⑤ 发票不得跨省、直辖市、自治区使用。发票限于领购单位和个人在本省、自治区、直辖市内开具,发票领购单位未经批准不得跨规定使用区域携带、邮寄、运输空白发票,禁止携带、邮寄或者运输空白发票出入境;

⑥ 开具发票要加盖财务印章或发票专用章;

⑦ 开具发票后,如发生销货退回需开红字发票的,必须收回原发票并注明"作废"字样或取得对方有效证明;发生销售折让的,在收回原发票并证明"作废"后,重新开具发票。

(4) 发票保管管理。根据发票管理的要求,发票保管分为税务机关保管和用票单位、个人保管两个层次,都必须建立严格的发票保管制度。包括:专人保管制度;专库保管制度;专账登记制度;保管交接制度;定期盘点制度。

(5) 发票缴销管理。发票缴销包括发票收缴和发票销毁。发票收缴是指用票单位和个人按照规定向税务机关上缴已经使用或者未使用的发票;发票销毁是指由税务机关统一将自己或者他人已使用或者未使用的发票进行销毁。发票收缴与发票销毁既有联系又有区别,发票销毁首先必须收缴;但收缴的发票不一定都要销毁,一般都要按照法律法规保存一定时期后才能销毁。

3. 税控管理

税控管理是税收征收管理的一个重要组成部分,也是近期提出来的一个崭新的概念。它是指税务机关利用税控装置对纳税人的生产经营情况进行监督和管理,以保障国家税收收入,防止税款流失,提高税收征管工作效率,降低征收成本的各项活动的名称。

国家根据税收征收管理的需要,积极推广使用税控装置。纳税人应当按照规定安装、使用税控装置,不得损毁或者擅自改变税控装置。不能按照规定安装、使用税控装置,或者损毁或者擅自改动税控装置的,由税务机关责令限期改正,可以处以 2 000 元以下的罚款;情节严重的,处 2 000 元以上 1 万元以下的罚款。这样不仅使推广使用税控装置有法可依,而且可以打击在推广使用税控装置中的各种违法犯罪活动。

18.2.3 纳税申报管理

纳税申报是纳税人按照税法规定的期限和内容,向税务机关提交有关纳税事项书面报告的法律行为,是纳税人履行纳税义务、界定纳税人法律责任的主要依据,是税务机关税收管理信息的主要来源和税务管理的重要制度。

1. 纳税申报的对象

纳税申报的对象为纳税人和扣缴义务人。纳税人在纳税期内没有应纳税款的,也应当按照规定办理纳税申报。纳税人享受减税、免税待遇的,在减税、免税期间应当按照规定办理纳税申报。

2. 纳税申报的内容

纳税申报的内容,主要在各税种的纳税申报表和代扣代缴、代收代缴税款报告表中体现,还有的是随纳税申报表附报的财务报表和有关纳税资料中体现。纳税人和扣缴义务人的纳税申报和代扣代缴、代收代缴税款报告的主要内容包括:税种、税目、应纳税项目或者应代扣代缴、代收代缴税款项目,计税依据,扣除项目及标准,适用税率或者单位税额,应退税项目及税额、应减免税项目及税额,应纳税额或者应代扣代缴、代收代缴税额,税款所属期限、延期缴纳税款、欠税、滞纳金等。

3. 纳税申报的期限

《征管法》规定纳税人和扣缴义务人都必须按照法定的期限办理纳税申报。申报期限有两种:一种是法律、行政法规明确规定的;另一种是税务机关按照法律、行政法规的原则规定,结合纳税人生产经营的实际情况及其所应缴纳的税种等相关问题予以确定的。两种期限具有同等的法律效力。

4. 纳税申报的要求

纳税人办理纳税申报时，应当如实填写纳税申报表，并根据不同的情况相应报送下列有关证件、资料：

（1）财务会计报表及其说明材料；

（2）与纳税有关的合同、协议书及凭证；

（3）税控装置的电子报税资料；

（4）外出经营活动税收管理证明和异地完税凭证；

（5）境内或者境外公证机构出具的有关证明文件；

（6）税务机关规定应当报送的其他有关证件、资料；

（7）扣缴义务人办理代扣代缴、代收代缴税款报告时，应当如实填写代扣代缴、代收代缴税款报告表，并报送代扣代缴、代收代缴税款的合法凭证以及税务机关规定的其他有关证件、资料。

5. 纳税申报的方式

纳税人、扣缴义务人可以直接到税务机关办理纳税申报或者报送代扣代缴、代收代缴税款报告表，也可以按照规定采取邮寄、数据电文或者其他方式办理上述申报、报送事项。目前，纳税申报的形式主要有以下三种方式。

（1）直接申报。直接申报，是指纳税人自行到税务机关办理纳税申报。这是一种传统申报方式。

（2）邮寄申报。邮寄申报，是指经税务机关批准的纳税人使用统一规定的纳税申报特快专递专用信封，通过邮政部门办理交寄手续，并向邮政部门索取收据作为申报凭据的方式。

纳税人采取邮寄方式办理纳税申报的，应当使用统一的纳税申报专用信封，并以邮政部门收据作为申报凭据。邮寄申报以寄出的邮戳日期为实际申报日期。

（3）数据电文。数据电文，是指经税务机关确定的电话语音、电子数据交换和网络传输等电子方式等等。例如目前纳税人的网上申报，就是数据电文申报方式的一种形式。

纳税人采取电子方式办理纳税申报的，应当按照税务机关规定的期限和要求保存有关资料，一并定期书面报送主管税务机关。纳税人、扣缴义务人采取数据电文方式办理纳税申报的，其申报日期以税务机关计算机网络系统收到该数据电文的时间为准。

除上述方式外，实行定期定额缴纳税款的纳税人，可以实行简易申报、简并征期等申报纳税方式。"简易申报"是指实行定期定额缴纳税款的纳税人在法律、行政法规规定的期限内或税务机关依据法规的规定确定的期限内缴纳税款的，税务机关可以视同申报；"简并征期"是指实行定期定额缴纳税款的纳税人，经税务机关批准，可以采取将纳税期限合并为按季、半年、年的方式缴纳税款。

6. 延期申报管理

延期申报是指纳税人、扣缴义务人不能按照税法规定的期限办理纳税申报或扣缴税款报告。纳税人因有特殊情况，不能按期进行纳税申报的，经县以上税务机关核准，可以延期申报。但应当在规定的期限内向税务机关提出书面延期申请，经税务机关核准，在核准的期限内办理。如纳税人、扣缴义务人因不可抗力，不能按期办理纳税申报或者报送代扣代缴、代收代缴税款报告表的，可以延期办理，但应当在不可抗力情形消除后立即向税务机关报告。

经核准延期办理纳税申报的，应当在纳税期内按照上期实际缴纳的税额或者税务机关核定的税额预缴税款，并在核准的延期内办理纳税结算。

18.3 税款征收

税款征收是税收征收管理工作中的中心环节，是全部税收征管工作的目的和归宿，在整个税收工作中占据着极其重要的地位。

18.3.1 税款征收的原则

（1）税务机关是征税的惟一行政主体的原则。除税务机关、税务人员以及经税务机关依照法律、行政法规委托的单位和个人外，任何单位和个人不得进行税款征收活动。采取税收保全措施、强制执行措施的权利，不得由法定的税务机关以外的单位和个人行使。

（2）税务机关只能依照法律、行政法规的规定征收税款。未经法定机关和法定程序调整，征纳双方均不得随意变动。税务机关代表国家向纳税人征收税款，不能任意征收，只能依法征收。

（3）税务机关不得违反法律、行政法规的规定开征、停征、多征、少征、提前征收或者延缓征收税款或者摊派税款。税务机关依照法律、行政法规的规定征收税款，不得违反法律、行政法规的规定开征、停征、多征、少征、提前征收、延缓征收或者摊派税款。税务机关是执行税法的专职机构，既不得在税法生效之前先行向纳税人征收税款，也不得在税法尚未失效时，停止征收税款，更不得擅立章法，新开征一种税。

在税款征收过程中，税务机关应当按照税收法律、行政法规预先规定的征收标准进行征税。不得擅自增减改变税目、调高或降低税率、加征或减免税款、提前征收或延缓征收税款以及摊派税款。

（4）税务机关征收税款必须遵守法定权限和法定程序的原则。税务机关执法必须遵守法定权限和法定的程序，这也是税款征收的一项基本原则。例如，采取税收保全措施或强制执行措施时，办理减税、免税、退税时；核定应纳税额时，进行纳税调整时，针对纳税人的欠税，进行清理，采取各种措施时，税务机关都必须按照法律或者行政法规规定的审批权限和程序进行操作，否则就是违法。

（5）税务机关征收税款或扣押、查封商品、货物或其他财产时，必须向纳税人开具完税凭证或开付扣押、查封的收据或清单。税务机关征收税款时，必须给纳税人开具完税凭证。税务机关扣押商品、货物或者其他财产时，必须开付收据；查封商品、货物或者其他财产时，必须开付清单。这是税款征收的又一原则。

（6）税款、滞纳金、罚款统一由税务机关上缴国库。国家税务局和地方税务局应当按照国家规定的税收征管范围和税款入库预算级次，将征收的税款缴入国库。这也是税款征收的一个基本原则。

（7）税款优先的原则。《征管法》第四十五条的规定，第一次在税收法律上确定了税款优先的地位，确定了税款征收在纳税人支付各种款项和偿还债务时的顺序。税款优先的原则不仅增强了税法的刚性，而且增强了税法在执行中的可操作性。

① 税收优先于无担保债权。这里所说的税收优先于无担保债权是有条件的，也就是说并不是优先于所有的无担保债权，对于法律上另有规定的无担保债权，不能行使税收优先权。

② 纳税人发生欠税在前的，税收优先于抵押、质权和留置权的执行。这里有两个前提条件：其一，纳税人有欠税；其二，欠税发生在前。即纳税人的欠税发生在以其财产设定抵押、质押或被留置之前。纳税人在有欠税的情况下设置抵押权、质权、留置权时，纳税人应当向抵押权人、质权人说明其欠税情况。

欠缴的税款是指纳税人发生纳税义务，但未按照法律、行政法规规定的期限或者未按照税务机关依照法律、行政法规的规定确定的期限向税务机关申报缴纳的税款或者少缴的税款。纳税人应缴纳税款的期限届满之次日即是纳税人欠缴税款的发生时间。

③ 税收优先于罚款、没收非法所得。
- 纳税人欠缴税款，同时要被税务机关决定处以罚款、没收非法所得的，税收优先于罚款、没收非法所得。
- 纳税人欠缴税款，同时又被税务机关以外的其他行政部门处以罚款、没收非法所得的，税款优先于罚款、没收非法所得。

18.3.2 税款征收的方式

税款征收方式是指税务机关根据各税种的不同特点、征纳双方的具体条件而确定的计算征收税款的方法和形式。税款征收的主要方式如下。

（1）查账征收。查账征收是指税务机关按照纳税人提供的账表所反映的经营情况，依照适用税率计算缴纳税款的方式。这种方式一般适用于财务会计制度较为健全，能够认真履行纳税义务的纳税单位。

（2）查定征收。查定征收是指税务机关根据纳税人的从业人员、生产设备、采用原材料等因素,对其产制的应税产品查实核定产量、销售额并据以征收税款的方式。这种方式一般适用于账册不够健全,但是能够控制原材料或进销货的纳税单位。

(3) 查验征收。查验征收是指税务机关对纳税人应税商品,通过查验数量,按市场一般销售单价计算其销售收入并据以征税的方式。这种方式一般适用于经营品种比较单一、经营地点、时间和商品来源不固定的纳税单位。

(4) 定期定额征收。定期定额征收是指税务机关通过典型调查,逐户确定营业所得额并据以征税的方式。这种方式一般适用于无完整考核依据的小型纳税单位。

(5) 委托代征税款。委托代征税款是指税务机关委托代征人以税务机关的名义征收税款,并将税款缴入国库的方式。这种方式一般适用于小额、零散税源的征收。

(6) 邮寄纳税。邮寄纳税是一种新的纳税方式。这种方式主要适用于那些有能力按期纳税,但采用其他方式纳税又不方便的纳税人。

(7) 其他方式。如利用网络申报、用IC卡纳税等方式。

18.3.3 税款征收制度

1. 代扣代缴、代收代缴税款制度

(1) 对法律、行政法规没有规定负有代扣、代收税款义务的单位和个人,税务机关不得要求其履行代扣、代收税款义务。

(2) 税法规定的扣缴义务人必须依法履行代扣、代收税款义务。如果不履行义务,就要承担法律责任。除按征管法及实施细则的规定给予处罚外,应当责成扣缴义务人限期将应扣未扣、应收未收的税款补扣或补收。

(3) 扣缴义务人依法履行代扣、代收税款义务时,纳税人不得拒绝。纳税人拒绝的,扣缴义务人应当在一日之内报告主管税务机关处理。不及时向主管税务机关报告的,扣缴义务人应承担应扣未扣、应收未收税款的责任。

(4) 扣缴义务人代扣、代收税款,只限于法律、行政法规规定的范围,并依照法律、行政法规规定的征收标准执行。对法律、法规没有规定代扣、代收的,扣缴义务人不能超越范围代扣、代收税款。扣缴义务人也不得提高或降低标准代扣、代收税款。

(5) 税务机关按照规定付给扣缴义务人代扣、代收手续费。代扣、代收税款手续费只能由县(市)以上税务机关统一办理退库手续,不得在征收税款过程中坐支。

2. 延期缴纳税款制度

纳税人和扣缴义务人必须在税法规定的期限内缴纳、解缴税款。但考虑到纳税人在履行纳税义务的过程中,可能会遇到特殊困难的客观情况,为了保护纳税人的合法权益,《征管法》规定:"纳税人因有特殊困难,不能按期缴纳税款的,经省、自治区、直辖市国家税务局、地方税务局批准,可以延期缴纳税款,但最长不得超过 3 个月。"

特殊困难的主要内容:一是因不可抗力,导致纳税人发生较大损失,正常生产经营活动受到较大影响的;二是当期货币资金在扣除应付职工工资、社会保险费后,不足以缴纳税款的。

纳税人在申请延期缴纳税款时应当注意以下几个问题。

(1) 在规定期限内提出书面申请。纳税人需要延期缴纳税款的,应当在缴纳税款期限届满前提出申请,并报送下列材料:申请延期缴纳税款报告,当期货币资金余额情况及所有银行存款账户的对账单,资产负债表,应付职工工资和社会保险费等税务机关要求提供的支出预算。

税务机关应当自收到申请延期缴纳税款报告之日起 20 日内作出批准或者不予批准的决定;不予批准的,从缴纳税款期限届满之日起加收滞纳金。

(2) 税款的延期缴纳,必须经省、自治区、直辖市国家税务局、地方税务局批准,方为有效。

(3) 延期期限最长不得超过 3 个月,同一笔税款不得滚动审批。

(4) 批准延期内免予加收滞纳金。

3. 税收滞纳金征收制度

纳税人未按照规定期限缴纳税款的,扣缴义务人未按照规定期限解缴税款的,税务机关除责令限期缴纳外,从滞纳税款之日起,按日加收滞纳税款万分之五的滞纳金。

加收滞纳金的具体操作应按下列程序进行。

(1) 先有税务机关发出催缴税款通知书,责令限期缴纳或解缴税款,告知纳税人如不按期履行纳税义务,将依法按日加收滞纳税款万分之五的滞纳金。

(2) 从滞纳之日起加收滞纳金(加收滞纳金的起止时间为法律、行政法规规定或者税务机关依照法律、行政法规的规定确定的税款缴纳期限届满次日起至纳税人、扣缴义务人实际缴纳或者解缴税款之日止)。

(3) 拒绝缴纳滞纳金的,可以按不履行纳税义务实行强制执行措施、强行划拨或者强制征收。

4. 减免税收制度

办理减税、免税应注意下列事项。

(1) 减免税必须有法律、行政法规的明确规定(具体规定在税收实体法中有具体体现)。地方各级人民政府、各级人民政府主管部门、单位和个人违反法律、行政法规规定,擅自作出的减税、免税决定无效,税务机关不得执行,并向上级税务机关报告。

(2) 纳税人申请减免税,应向主管税务机关提出书面申请,并按规定附送有关资料。

(3) 减免税的申请须经法律、行政法规规定的减税、免税审查批准机关审批。

（4）纳税人在享受减免税待遇期间，仍应按规定办理纳税申报。

（5）纳税人享受减税、免税的条件发生变化时，应当自发生变化之日起15日内向税务机关报告，经税务机关审核后，停止其减税、免税；对不报告的，又不再符合减税、免税条件的，税务机关有权追回已减免的税款。

（6）减税、免税期满，纳税人应当自期满次日起恢复纳税。

5. 税额核定和税收调整制度

（1）税额核定制度

纳税人（包括单位纳税人和个人纳税人）有下列情形之一的，税务机关有权核定其应纳税额：

① 依照法律、行政法规的规定可以不设置账簿的；

② 依照法律、行政法规的规定应当设置但未设置账簿的；

③ 擅自销毁账簿或者拒不提供纳税资料的；

④ 虽设置账簿，但账目混乱或者成本资料、收入凭证、费用凭证残缺不全，难以查账的；

⑤ 发生纳税义务，未按照规定的期限办理纳税申报，经税务机关责令限期申报，逾期仍不申报的；

⑥ 纳税人申报的计税依据明显偏低，又无正当理由的。

目前税务机关核定税额的方法主要有以下四种：

① 参照当地同类行业或者类似行业中，经营规模和收入水平相近的纳税人的收入额和利润率核定；

② 按照成本加合理费用和利润的方法核定；

③ 按照耗用的原材料、燃料、动力等推算或者测算核定；

④ 按照其他合理的方法核定。

采用以上一种方法不足以正确核定应纳税额时，可以同时采用两种以上的方法核定。

纳税人对税务机关采取规定的方法核定的应纳税额有异议的，应当提供相关证据，经税务机关认定后，调整应纳税额。

（2）税收调整制度

这里所说的税收调整制度、主要指的是关联企业的税收调整制度。

企业或者外国企业在中国境内设立的从事生产、经营的机构、场所与其关联企业之间的业务往来，应当按照独立企业之间的业务往来收取或者支付价款、费用；不按照独立企业之间的业务往来收取或者支付价款、费用，而减少其应纳税的收入或者所得额的，税务机关有权进行合理调整。

所称关联企业，是指有下列关系之一的公司、企业和其他经济组织：

① 在资金、经营、购销等方面，存在直接或者间接的拥有或者控制关系；

② 直接或者间接地同为第三者所拥有或者控制；

③ 在利益上具有相关联的其他关系。

纳税人与其关联企业之间的业务往来有下列情形之一的，税务机关可以调整其应纳税额：

① 购销业务未按照独立企业之间的业务往来作价；

② 融通资金所支付或者收取的利息超过或者低于没有关联关系的企业之间所能同意的数额，或者利率超过或者低于同类业务的正常利率；

③ 提供劳务，未按照独立企业之间业务往来收取或者支付劳务费用；

④ 转让财产、提供财产使用权等业务往来，未按照独立企业之间业务往来作价或者收取、支付费用；

⑤ 未按照独立企业之间业务往来作价的其他情形。

纳税人有上述所列情形之一的，税务机关可以按照下列方法调整计税收入额或者所得额：

① 按照独立企业之间进行的相同或者类似业务活动的价格；

② 按照再销售给无关联关系的第三者的价格所应取得的收入和利润水平；

③ 按照成本加合理的费用和利润；

④ 按照其他合理的方法。

调整期限：纳税人与其关联企业未按照独立企业之间的业务往来支付价款、费用的，税务机关自该业务往来发生的纳税年度起3年内进行调整；有特殊情况的，可以自该业务往来发生的纳税年度起10年内进行调整。

上述所称"特殊情况"是指纳税人有下列情形之一：

①纳税人在以前年度与其关联企业间的业务往来累计达到或超过10万元人民币的；

②经税务机关案头审计分析，纳税人在以前年度与其关联企业业务往来，预计需调增其应纳税收入或所得额达50万元人民币的；

③纳税人在以前年度与设在避税地的关联企业有业务往来的；

④纳税人在以前年度未按规定进行关联企业间业务往来年度申报，或申报内容不实，或不提供有关价格、费用标准的。

6. 未办理税务登记的从事生产、经营的纳税人，以及临时从事经营纳税人的税款征收制度

对未按照规定办理税务登记的从事生产、经营的纳税人以及临时从事生产、经营的纳税人，由税务机关核定其应纳税额，责令缴纳；不缴纳的，税务机关可以扣押其价值相当于应纳税款的商品、货物。扣押后缴纳应纳税款的，税务机关必须立即解除扣押，并归还所扣押的商品、货物；扣押后仍不缴纳应纳税款的，经县以上税务局（分局）局长批准，依法拍卖或者变卖所扣押的商品、货物，以拍卖或者变卖所得抵缴税款。

根据上述规定,应特别注意其适用对象及执行程序两个方面。

(1) 适用对象:未办理税务登记的从事生产、经营的纳税人及临时从事经营的纳税人。

(2) 执行程序。

① 核定应纳税额。税务机关要按一定的标准,尽可能合理地确定其应纳税额。

② 责令缴纳。税务机关核定应纳税额后,应责令纳税人按核定的税款缴纳税款。

③ 扣押商品、货物。对经税务机关责令缴纳而不缴纳税款的纳税人,税务机关可以扣押其价值相当于应纳税款的商品、货物。纳税人应当自扣押之日起15日内缴纳税款。

对扣押的鲜活、易腐烂变质或者易失效的商品、货物,税务机关根据被扣押物品的保质期,可以缩短前款规定的扣押期限。

④ 解除扣押或者拍卖、变卖所扣押的商品、货物。扣押后缴纳应纳税款的,税务机关必须立即解除扣押,并归还所扣押的商品、货物。

⑤ 抵缴税款。税务机关拍卖或者变卖所扣押的商品、货物后,拍卖或者变卖所得抵缴税款。

7. 税收保全措施

税收保全措施是指税务机关对可能由于纳税人的行为或者某种客观原因,致使以后税款的征收不能保证或难以保证的案件,采取限制纳税人处理或转移商品、货物或其他财产的措施。

税务机关有根据认为从事生产、经营的纳税人有逃避纳税义务行为的,可以在规定的纳税期之前,责令限期缴纳税款;在限期内发现纳税人有明显的转移、隐匿其应纳税的商品、货物以及其他财产迹象的,税务机关应责令其提供纳税担保。如果纳税人不能提供纳税担保,经县以上税务局(分局)局长批准,税务机关可以采取下列税收保全措施。

(1) 书面通知纳税人开户银行或者其他金融机构冻结纳税人的金额相当于应纳税款的存款。

(2) 扣押、查封纳税人的价值相当于应纳税款的商品、货物或者其他财产。其他财产包括纳税人的房地产、现金、有价证券等不动产和动产。

纳税人在上款规定的限期内缴纳税款的,税务机关必须立即解除税收保全措施;限期期满仍未缴纳税款的,经县以上税务局(分局)局长批准,税务机关可以书面通知纳税人开户银行或者其他金融机构,从其冻结的存款中扣缴税款,或者依法拍卖或者变卖所扣押、查封的商品、货物或者其他财产,以拍卖或者变卖所得抵缴税款。

采取税收保全措施不当,或者纳税人在期限内已缴纳税款,税务机关未立即解除税收保全措施,使纳税人的合法利益遭受损失的,税务机关应当承担赔偿责任。

个人及其所抚养家属维持生活必需的住房和用品,不在税收保全措施的范围之内。个人所抚养家属,是指与纳税人共同居住生活的配偶、直系亲属以及无生活来源并由纳税人抚养的其他亲属。生活必需的住房和用品不包括机动车辆、金银饰品、古玩字画、豪华住宅或者一处以外的住房。税务机关对单价 5000 元以下的其他生活用品，不采取税收保全措施和强制执行措施。

根据上述规定，采取税收保全措施应注意以下几个方面。

（1）采取税收保全措施的前提和条件

税务机关采取税收保全措施的前提是，从事生产、经营的纳税人有逃避纳税义务行为的。也就是说，税务机关采取税收保全措施的前提是对逃税的纳税人采取的。采取措施时，应当符合下列两个条件：

① 纳税人有逃避纳税义务的行为。没有逃避纳税义务行为的，不能采取税收保全措施。逃避纳税义务的行为的最终目的是为了不缴或少缴税款，其采取的方法主要是转移、隐匿可以用来缴纳税款的资金或实物。

② 必须是在规定的纳税期之前和责令限期缴纳应纳税款的限期内。如果纳税期和责令缴纳应纳税款的限期届满，纳税人又没有缴纳应纳税款的，税务机关可以按规定采取强制执行措施，就无所谓税收保全了。

（2）采取税收保全措施的法定程序

① 责令纳税人提前缴纳税款。

税务机关有根据认为从事生产、经营的纳税人有逃避纳税义务行为的，可以在规定的纳税期之前，责令限期缴纳应纳税款。税务机关对有逃税行为的纳税人在规定的纳税期之前，责令限期缴纳税款时，主管税务机关应下达给有逃税行为的纳税人执行。同时主管税务机关填制由纳税人签章的《税务文书送达回执》。

执行时应注意的问题：

- "有根据认为"，是指税务机关依据一定线索作出的符合逻辑的判断，根据不等于证据。证据是能够表明真相的事实和材料，证据须依法定程序收集和取得。税收保全措施是针对纳税人即将转移、隐匿应税的商品、货物或其他财产的紧急情况下采取的一种紧急处理措施。不可能等到事实全部查清，取得充分的证据以后再采取行动，如果这样，纳税人早已将其收入和财产转移或隐匿完毕，到时再想采取税收保全措施就晚了。当然，这并不是说税务机关采取税收保全措施想什么时候采取就什么时候采取。
- 可以采取税收保全措施的纳税人仅限于从事生产、经营的纳税人，不包括非从事生产、经营的纳税人，也不包括扣缴义务人和纳税担保人。

② 责成纳税人提供纳税担保。

在限期内，纳税人有明显转移、隐匿应纳税的商品、货物以及其他财产或者应纳税的收入迹象的，税务机关可以责成纳税人提供纳税担保。

纳税担保的具体内容。纳税担保是纳税人为按时足额履行纳税义务而向税务机关作出的保证。纳税担保人，是指在中国境内具有纳税担保能力的公民、法人或其他经济组织。国家机关不得作为纳税担保人。

纳税担保的提供。纳税担保人同意为纳税人提供纳税担保的，填写纳税担保书，写明担保对象、担保范围、担保期限和担保责任以及其他有关事项。担保书须经纳税人、纳税担保人和税务机关签字盖章后方为有效。纳税人以其所拥有的未设置抵押权的财产作纳税担保的，应当填写作为纳税担保的财产清单，并写明担保财产的价值以及其他有关事项。纳税担保清单须经纳税人和税务机关签字盖章后方为有效。

③ 冻结纳税人的存款。

纳税人不能提供纳税担保的，经县以上税务局(分局)局长批准，书面通知纳税人开户银行或者其他金融机构，冻结纳税人的金额相当于应纳税款的存款。

税务机关在采取此项措施时，应当注意的问题：

- 应经县以上税务局（分局）局长批准。
- 冻结的存款数额要以相当于纳税人应纳税款的数额为限，而不是全部存款。
- 注意解除保全措施的时间。如果纳税人在税务机关采取税收保全措施后按照税务机关规定的期限缴纳了税款的，税务机关应当自收到税款或银行转回的完税凭证之日起1日内解除税收保全。

④ 查封、扣押纳税人的商品、货物或其他财产。

纳税人在开户银行或其他金融机构中没有存款，或者税务机关无法掌握其存款情况的，税务机关可以扣押、查封纳税人的价值相当于应纳税款的商品、货物或其他财产。

查封、扣押应注意以下几个问题。

- 税务机关执行扣押、查封商品、货物或者其他财产时，必须由两名以上税务人员执行，并通知被执行人。被执行人是个人的，应当通知被执行人本人或成年家属到场；被执行人是法人或者其他组织的，应当通知其法定代表人或者主要负责人到场；拒不到场的，不影响执行。
- 税务机关按照前款方法确定应扣押、查封的商品、货物或者其他财产的价值时，还应当包括滞纳金和扣押、查封、保管、拍卖、变卖所发生的费用。
- 扣押、查封价值相当于应纳税款的商品、货物或者其他财产时，参照同类商品的市场价、出厂价或者评估价估算。
- 税务机关扣押商品、货物或者其他财产时，必须开付收据；查封商品、货物或者其他财产时，必须开付清单。
- 税务人员私分所扣押、查封的商品、货物或者其他财产的，必须责令退回并给予行政处分；情节严重、构成犯罪的，移送司法机关依法追究刑事责任。

（3）税收保全措施的终止

税收保全的终止有两种情况：一是纳税人在规定的期限内缴纳了应纳税款的，税务机关必须立即解除税收保全措施；二是纳税人超过规定的期限仍不缴纳税款的，经税务局(分局)局长批准，终止保全措施，转入强制执行措施，即：书面通知纳税人开户银行或者其他金融机构从其冻结的存款中扣缴税款，或者拍卖、变卖所扣押、查封的商品、货物或其他财产，以拍卖或者变卖所得抵缴税款。

8. *税收强制执行措施*

税收强制执行措施是指当事人不履行法律、行政法规规定的义务，有关国家机关采用法定的强制手段，强迫当事人履行义务的行为。

从事生产、经营的纳税人、扣缴义务人未按照规定的期限缴纳或者解缴税款，纳税担保人未按照规定的期限缴纳所担保的税款，由税务机关责令限期缴纳，逾期仍未缴纳的，经县以上税务局(分局)局长批准，税务机关可以采取下列强制执行措施。

（1）书面通知其开户银行或者其他金融机构从其存款中扣缴税款。

（2）扣押、查封、依法拍卖或者变卖其价值相当于应纳税款的商品、货物或者其他财产，以拍卖或者变卖所得抵缴税款。

税务机关采取强制执行措施时，对上款所列纳税人、扣缴义务人、纳税担保人未缴纳的滞纳金同时强制执行。

个人及其所抚养家属维持生活必需的住房和用品，不在强制执行措施的范围之内。

根据上述规定，采取税收强制执行措施应注意以下五个方面。

（1）税收强制执行的适用范围。强制执行措施的适用范围仅限于未按照规定的期限缴纳或者解缴税款，经责令限期缴纳，逾期仍未缴纳的从事生产、经营的纳税人。需要强调的是，采取强制执行措施适用于扣缴义务人、纳税担保人，采取税收保全措施时则不适用。

（2）税收强制执行应坚持的原则。税务机关采取税收强制执行措施时，必须坚持告诫在先的原则，即纳税人、扣缴义务人、纳税担保人未按照规定的期限缴纳或者解缴税款的，应当先行告诫，责令限期缴纳。逾期仍未缴纳的，再采取税收强制执行措施。如果没有责令限期缴纳，就采取强制执行措施，也就违背了告诫在先的原则，所采取的措施和程序是违法的。

（3）采取税收强制执行措施的程序

① 税款的强制征收（扣缴税款）。

纳税人、扣缴义务人、纳税担保人在规定的期限内未缴纳或者解缴税款或者提供担保的，经主管税务机关责令限期缴纳，逾期仍未缴纳的，经县以上税务局(分局)局长批准，书面通知其开户银行或者其他金融机构，从其存款中扣缴税款。

在扣缴税款的同时，主管税务机关可以处以不缴或者少缴的税款50%以上5倍以下的罚款。

② 扣押、查封、拍卖或者变卖，以拍卖或者变卖所得抵缴税款。

扣押、查封、拍卖或者变卖等行为具有连续性，即扣押、查封后，不再给纳税人自动履行纳税义务的期间，税务机关可以直接拍卖或者变卖其价值相当于应纳税款的商品、货物或者其他财产，以拍卖或者变卖所得抵缴税款。

（4）滞纳金的强行划拨。采取税收强制执行措施时，对纳税人、扣缴义务人、纳税担保人未缴纳的滞纳金必须同时强制执行。对纳税人已缴纳税款，但拒不缴纳滞纳金的，税务机关可以单独对纳税人应缴未缴的滞纳金采取强制执行措施。

（5）其他注意事项

① 实施扣押、查封、拍卖或者变卖等强制执行措施时，应当通知被执行人或其成年家属到场，否则不能直接采取扣押和查封措施。但被执行人或其成年家属接到通知后拒不到场的，不影响执行。同时，应当通知有关单位和基层组织，他们是扣押、查封财产的见证人，也是税务机关执行工作的协助人。

② 扣押、查封、拍卖或者变卖被执行人的商品、货物或者其他财产，应当以应纳税额和滞纳金等为限。对于被执行人必要的生产工具，他本人及他所供养的家属的生活必需品应当予以保留，不得对其进行扣押、查封、拍卖或者变卖。

③ 对价值超过应纳税额且不可分割的商品、货物或者其他财产，税务机关在纳税人、扣缴义务人或者纳税担保人无其他可供强制执行的财产的情况下，可以整体扣押、查封、拍卖，以拍卖所得抵缴税款、滞纳金、罚款以及扣押、查封、保管、拍卖等费用。

④ 实施扣押、查封时，对有产权证件的动产或者不动产，税务机关可以责令当事人将产权证件交税务机关保管，同时可以向有关机关发出协助执行通知书，有关机关在扣押、查封期间不再办理该动产或者不动产的过户手续。

⑤ 对查封的商品、货物或者其他财产，税务机关可以指令被执行人负责保管，保管责任由被执行人承担。

继续使用被查封的财产不会减少其价值的，税务机关可以允许被执行人继续使用；因被执行人保管或者使用的过错造成的损失，由被执行人承担。

⑥ 税务机关将扣押，查封的商品、货物或者其他财产变价抵缴税款时，应当交由依法成立的拍卖机构拍卖；无法委托拍卖或者不适于拍卖的，可以交由当地商业企业代为销售，也可以责令纳税人限期处理；无法委托商业企业销售，纳税人也无法处理的，可以由税务机关变价处理，具体办法由国家税务总局规定。国家禁止自由买卖的商品，应当交由有关单位按照国家规定的价格收购。

拍卖或者变卖所得抵缴税款、滞纳金、罚款以及扣押、查封、保管、拍卖、变卖等费用后，剩余部分应当在3日内退还被执行人。

9. 欠税清缴制度

欠税是指纳税人未按照规定期限缴纳税款，扣缴义务人未按照规定期限解缴税款的行为。《征管法》在欠税清缴方面主要采取了以下措施：

（1）严格控制欠缴税款的审批权限。缓缴税款的审批权限集中在省、自治区、直辖市国家税务局、地方税务局。这样规定，一方面能帮助纳税人渡过暂时的难关，另一方面也体现了严格控制欠税的精神，保证国家税收免遭损失。

（2）限期缴税时限。从事生产、经营的纳税人、扣缴义务人未按照规定的期限缴纳或者解缴税款的，纳税担保人未按照规定的期限缴纳所担保的税款的，由税务机关发出限期缴纳税款通知书，责令缴纳或者解缴税款的最长期限不得超过 15 日。

(3) 建立欠税清缴制度，防止税款流失

① 阻止出境对象的范围。欠缴税款的纳税人及其法定代表需要出境的，应当在出境前向税务机关结清应纳税款或者提供担保。未结清税款，又不提供担保的，税务机关可以通知出境管理机关阻止其出境。

执行离境清税制度应注意下列问题：

- 离境清税制度适用于依照我国税法规定，负有纳税义务且欠缴税款的所有自然人、法人的法定代表人和其他经济组织的负责人，包括外国人、无国籍人和中国公民。
- 纳税人以其所拥有的未作抵押的财产作纳税担保的，应当就作为纳税担保的财产的监管和处分等事项在中国境内委托代理人，并将作为纳税担保的财产清单和委托代理证书(副本)交税务机关。担保使用的所有文书和手续如前所述。
- 需要阻止出境的，税务机关应当书面通知出入境管理机关执行。阻止出境是出入境管理机关依法对违反我国法律或者有未了结民事案件，以及其他法律规定不能离境等原因的外国人、中国公民告之不准离境、听候处理的一项法律制度，是国家实施主权管理的重要方面。

② 建立改制纳税人欠税的清缴制度。纳税人有合并、分立情形的，应当向税务机关报告，并依法缴清税款。纳税人合并时未缴清税款的，应当由合并后的纳税人继续履行未履行的纳税义务；纳税人分立时未缴清税款的，分立后的纳税人对未履行的纳税义务应当承担连带责任。

③ 大额欠税处分财产报告制度。欠缴税款数额在 5 万元以上的纳税人，在处分其不动产或者大额资产之前，应当向税务机关报告。这一规定有利于税务机关及时掌握欠税企业处置不动产和大额资产的动向。税务机关可以根据其是否侵害了国家税收，是否有转移资产、逃避纳税义务的情形，决定是否行使税收优先权，是否采取税收保全措施或者强制执行措施。

④ 税务机关可以对欠缴税款的纳税人行使代位权、撤销权，即对纳税人的到期债权等财产权利，税务机关可以依法向第三者追索以抵缴税款。《征管法》第五十条规定了在哪些情况下税务机关可以依据《中华人民共和国合同法》行使代位权、撤销权。税务机关代表国家，拥有对欠税的债权，是纳税人应该偿还国家的债务。

如果欠税的纳税人，怠于行使其到期的债权，怠于收回其到期的资产、款项等，税务机关可以向人民法院请求以自己的名义代为行使债权。

⑤ 建立欠税公告制度。税务机关应当对纳税人欠缴税款的情况，在办税场所或者广播、电视、报纸、期刊、网络等新闻媒体上定期予以公告。定期公告是指税务机关定期向社会公告纳税人的欠税情况。同时税务机关还可以根据实际情况和实际需要，制定纳税人的纳税信用等级评比制度。

10. 税款的退还和追征制度

（1）税款的退还

纳税人超过应纳税额缴纳的税款，税务机关发现后应当立即退还；纳税人自结算缴纳税款之日起3年内发现的，可以向税务机关要求退还多缴的税款并加算银行同期存款利息，税务机关及时查实后应当立即退还；涉及从国库中退库的，依照法律、行政法规有关国库管理的规定退还。

根据上述规定，税务机关在办理税款退还时应注意以下几个问题。

① 税款退还的前提是纳税人已经缴纳了超过应纳税额的税款。

② 税款退还的范围包括：

- 技术差错和结算性质的退税。
- 为加强对收入的管理，规定纳税人先按应纳税额如数缴纳入库，经核实后再从中退还应退的部分。

③ 退还的方式有：

- 税务机关发现后立即退还。
- 纳税人发现后申请退还。

④ 退还的时限有：

- 纳税人发现的，可以自结算缴纳税款之日起3年内要求退还。
- 税务机关发现的多缴税款，《征管法》没有规定多长时间内可以退还。法律没有规定期限的，推定为无限期。因此，税务机关发现的多缴税款，无论多长时间，都应当退还给纳税人。
- 对纳税人超过应纳税额缴纳的税款，无论是税务机关发现的，还是纳税人发现后提出退还申请的，税务机关经核实后都应当立即办理退还手续，不应当拖延。《细则》第七十八条规定："税务机关发现纳税人多缴税款的，应当自发现之日起10日内办理退还手续。纳税人发现多缴税款，要求退还的，税务机关应当自接到纳税人退还申请之日起30日内查实并办理退还手续。"

（2）税款的追征

因税务机关责任，致使纳税人、扣缴义务人未缴或者少缴税款的，税务机关在3年内可要求纳税人、扣缴义务人补缴税款，但是不得加收滞纳金。因纳税人、扣缴义务人计算等失误，未缴或者少缴税款的，税务机关在3年内可以追征税款、滞纳金；有特殊情况的追征期可以延长到5年。

所称特殊情况，是指纳税人或者扣缴义务人因计算错误等失误，未缴或者少缴、未扣或者少扣、未收或者少收税款，累计数额在10万元以上的。

对偷税、抗税、骗税的，税务机关追征其未缴或者少缴的税款、滞纳金或者所骗取的税款，不受前款规定期限的限制。

根据上述规定,税务机关在追征税款时应注意以下几个方面。
① 对于纳税人、扣缴义务人和其他当事人偷税、抗税和骗取税款的,应无限期追征。
② 纳税人、扣缴义务人未缴或者少缴税款的,其补缴和追征税款的期限,应自纳税人、扣缴义务人应缴未缴或少缴税款之日起计算。
③ 应注意明确划分征纳双方的责任。

11. 税款入库制度

(1) 审计机关、财政机关依法进行审计、检查时,对税务机关的税收违法行为作出的决定,税务机关应当执行;发现被审计、检查单位有税收违法行为的,向被审计、检查单位下达决定、意见书,责成被审计、检查单位向税务机关缴纳应当缴纳的税款、滞纳金。税务机关应当根据有关机关的决定、意见书,依照税收法律、行政法规的规定,将应收的税款、滞纳金按照国家规定的税收征收管理范围和税款入库预算级次缴入国库。

(2) 税务机关应当自收到审计机关、财政机关的决定、意见书之日起 30 日内将执行情况书面回复审计机关、财政机关。

有关机关不得将其履行职责过程中发现的税款、滞纳金自行征收入库或者以其他款项的名义自行处理、占压。

18.4 税务检查

18.4.1 税务检查的形式和方法

1. 税务检查的形式

(1) 重点检查。指对公民举报、上级机关交办或有关部门转来的有偷税行为或偷税嫌疑的,纳税申报与实际生产经营情况有明显不符的纳税人及有普遍逃税行为的行业的检查。

(2) 分类计划检查。指根据纳税人历来纳税情况、纳税人的纳税规模及税务检查间隔时间的长短等综合因素,按事先确定的纳税人分类、计划检查时间及检查频率而进行的检查。

(3) 集中性检查。指税务机关在一定时间、一定范围内,统一安排、统一组织的税务检查,这种检查一般规模比较大,如以前年度的全国范围内的税收、财务大检查就属于这类检查。

(4) 临时性检查。指由各级税务机关根据不同的经济形势、偷逃税趋势、税收任务完成情况等综合因素,在正常的检查计划之外安排的检查。如行业性解剖、典型调查性的检查等。

(5) 专项检查。指税务机关根据税收工作实际,对某一税种或税收征收管理某一环节进行的检查。如增值税一般纳税专项检查、漏征漏管户专项检查等。

2. 税务检查的方法

（1）全查法。全查法是对被查纳税人一定时期内所有会计凭证、账簿、报表及各种存货进行全面、系统检查的一种方法。

（2）抽查法。抽查法是对被查纳税人一定时期内的会计凭证、账簿、报表及各种存货，抽取一部分进行检查的一种方法。

（3）顺查法。顺查法与逆查法对称，是对被查纳税人按照其会计核算的顺序，依次检查会计凭证、账簿、报表，并将其相互核对的一种检查方法。

（4）逆查法。逆查法与顺查法对称，指逆会计核算的顺序，依次检查会计报表、账簿及凭证，并将其相互核对的一种稽查方法。

（5）现场检查法。现场检查法与调账检查法对称，指税务机关派人员到检查纳税人的机构办公地点对其账务资料进行检查的一种方法。

（6）调账检查法。调账检查法与现场检查法对称，指将被查纳税人的账务资料调到税务机关进行检查的一种方法。

（7）比较分析法。比较分析法是将被查纳税人检查期有关财务指标的实际完成数进行纵向或横向比较，分析其异常变化情况，从中发现纳税问题线索的一种方法。

（8）控制计算法。控制计算法也称逻辑推算法，指根据被查纳税人财务数据的相互关系，用可靠或科学测定的数据，验证其检查期账面记录或申报的资料是否正确的一种检查方法。

（9）审阅法。审阅法指对被查纳税人的会计账簿、凭证等账务资料，通过直观地审查阅览，发现在纳税方面存在问题的一种检查方法。

（10）核对法。核对法指通过对被查纳税人的各种相关联的会计凭证、账簿、报表及实物进行相互核对，验证其纳税方面存在问题的一种检查方法。

（11）观察法。观察法指通过被查纳税人的生产经营场所、仓库、工地等现场，实地察看其生产经营及存货等情况，以发现纳税问题或验证账中可疑问题的一种检查方法。

（12）外调法。外调法指对被查纳税人有怀疑或已掌握一定线索的经济事项，通过向与其有经济联系的单位或个人进行调查，予以查证核实的一种方法。

（13）盘存法。盘存法指通过对被查纳税人的货币资金、存货及固定资产等实物进行盘点清查，核实其账实是否相符，进而发现纳税问题的一种检查方法。

（14）交叉稽核法。国家为加强增值税专用发票管理，应用计算机将开出的增值税专用发票抵扣联与存根联进行交叉稽核，以查出虚开及假开发票行为，避免国家税款流失。目前这种方法通过"金税工程"体现，对利用增值税专用发票偷逃税款行为起到了极大的遏止作用。

（1）税务机关有权进行下列税务检查：

① 检查纳税人的账簿、记账凭证、报表和有关资料，检查扣缴义务人代扣代缴、代收代缴税款账簿、记账凭证和有关资料。

因检查需要时，经县以上税务局(分局)局长批准，可以将纳税人、扣缴义务人以前会计年度的账簿、记账凭证、报表和其他有关资料调回税务机关检查，但是税务机关必须向纳税人、扣缴义务人开付清单，并在3个月内完整退还；有特殊情况的，经设区的市、自治州以上税务局局长批准，税务机关可以将纳税人、扣缴义务人当年的账簿、记账凭证、报表和其他有关资料调回检查，但是税务机关必须在30日内退还。

② 到纳税人的生产、经营场所和货物存放地检查纳税人应纳税的商品、货物或者其他财产，检查扣缴义务人与代扣代缴税款有关的经营情况。

③ 责成纳税人、扣缴义务人提供与纳税或者代扣代缴、代收代缴税款有关的文件、证明材料和有关资料。

④ 询问纳税人、扣缴义务人与纳税或者代扣代缴、代收代缴税款有关的问题和情况。

⑤ 到车站、码头、机场、邮政企业及其分支机构检查纳税人托运、邮寄、应税商品、货物或者其他财产的有关单据凭证和资料。

⑥ 经县以上税务局（分局）局长批准，凭全国统一格式的检查存款账户许可证明，查询从事生产、经营的纳税人、扣缴义务人在银行或者其他金融机构的存款账户。税务机关在调查税收违法案件时，经设区的市、自治州以上税务局（分局）局长批准，可以查询案件涉嫌人员的储蓄存款。税务机关查询所获得的资料，不得用于税收以外的用途。

上述所称的"经设区的市、自治州以上税务局局长"包括地（市）一级（含直辖市下设区）的税务局局长。

税务机关查询的内容，包括纳税人存款账户余额和资金往来情况。查询时应当指定专人负责，凭全国统一格式的检查存款账户许可证明进行，并有责任为被检查人保守秘密。

(2) 税务机关对纳税人以前纳税期的纳税情况依法进行税务检查时，发现纳税人有逃避纳税义务的行为，并有明显的转移、隐匿其应纳税的商品、货物、其他财产或者应纳税收入的迹象的，可以按照批准权限采取税收保全措施或者强制执行措施。这里的批准权限是指县级以上税务局(分局)局长批准。

税务机关采取税收保全措施的期限一般不得超过6个月；重大案件需要延长的，应当报国家税务总局批准。

(3) 纳税人、扣缴义务人必须接受税务机关依法进行的税务检查，如实反映情况，提供有关资料，不得拒绝、隐瞒。

(4) 税务机关依法进行税务检查时，有权向有关单位和个人调查纳税人、扣缴义务人和其他当事人与纳税或者代扣代缴、代收代缴税款有关的情况，有关单位和个人有义务向税务机关如实提供有关资料及证明材料。

(5) 税务机关调查税务违法案件时，对与案件有关的情况和资料，可以记录、录音、录像、照相和复制。

（6）税务人员进行税务检查时，应当出示税务检查证和税务检查通知书；无税务检查证和税务检查通知书的，纳税人、扣缴义务人及其他当事人有权拒绝检查。税务机关对集贸市场及集中经营业户进行检查时，可以使用统一的税务检查通知书。

税务机关对纳税人、扣缴义务人及其他当事人处以罚款或者没收违法所得时，应当开付罚没凭证；未开付罚没凭证的，纳税人、扣缴义务人以及其他当事人有权拒绝给付。

对采用电算化会计系统的纳税人，税务机关有权对其会计电算化系统进行检查，并可复制与纳税有关的电子数据作为证据。

税务机关进入纳税人电算化系统进行检查时，有责任保证纳税人会计电算化系统的安全性，并保守纳税人的商业秘密。

18.5 法律责任

18.5.1 违反税务管理基本规定行为的处罚

（1）纳税人有下列行为之一的，由税务机关责令限期改正，可以处2 000元以下的罚款；情节严重的，处2000元以上1万元以下的罚款。
① 未按照规定的期限申报办理税务登记、变更或者注销登记的；
② 未按照规定设置、保管账簿或者保管记账凭证和有关资料的；
③ 未按照规定将财务、会计制度或者财务、会计处理办法和会计核算软件报送税务机关备查的；
④ 未按照规定将其全部银行账号向税务机关报告的；
⑤ 未按照规定将安装、使用税控装置，或者损毁或擅自改动税控装置的；
⑥ 纳税人未按照规定办理税务登记证件验证或者换证手续的。

（2）纳税人不办理税务登记的，由税务机关责令限期改正；逾期不改正的，由工商行政管理机关吊销其营业执照。

（3）纳税人未按照规定使用税务登记证件，或者转借、涂改、损毁、买卖、伪造税务登记证件的，处2000元以上1万元以下的罚款；情节严重的，处1万元以上5万元以下的罚款。

18.5.2 扣缴义务人违反账簿、凭证管理的处罚

扣缴义务人未按照规定设置、保管代扣代缴、代收代缴税款账簿或者保管代扣代缴、代收代缴记账凭证及有关资料的，由税务机关责令限期改正，可以处2000元以下的罚款；情节严重的，处2000元以上5000元以下的罚款。

18.5.3　纳税人、扣缴义务人未按规定进行纳税申报的法律责任

纳税人未按照规定的期限办理纳税申报和报送纳税资料的，或者扣缴义务人未按照规定的期限向税务机关报送代扣代缴、代收代缴税款报告表和有关资料的，由税务机关责令限期改正，可以处2 000元以下的罚款；情节严重的，可以处2 000元以上1万元以下的罚款。

18.5.4　对偷税的认定及其法定责任

（1）纳税人伪造、变造、隐匿、擅自销毁账簿、记账凭证，或者在账簿上多列支出或者不列、少列收入，或者经税务机关通知申报而拒不申报或者进行虚假的纳税申报，不缴或者少缴应纳税款的，是偷税。对纳税人偷税的，由税务机关追缴其不缴或者少缴的税款、滞纳金，并处不缴或者少缴的税款50%以上5倍以下的罚款；构成犯罪的，依法追究刑事责任。

扣缴义务人采取上述手段，不缴或者少缴已扣、已收税款，由税务机关追缴其不缴或者少缴的税款、滞纳金，并处不缴或者少缴的税款50%以上5倍以下的罚款；构成犯罪的，依法追究刑事责任。

（2）《中华人民共和国刑法》(以下简称《刑法》)第二百零一条规定："纳税人采取伪造、变造、隐匿、擅自销毁账簿、记账凭证，在账簿上多列支出或者不列、少列收入，经税务机关通知申报而拒不申报或者进行虚假的纳税申报的手段，不缴或者少缴应纳税款，偷税数额占应纳税额的10%以上不满30%并且偷税数额在1万元以上不满10万元的，或者因偷税被税务机关给予二次行政处罚又偷税的，处3年以下有期徒刑或者拘役，并处偷税数额1倍以上5倍以下罚金；偷税数额占应纳税额的30%以上并且偷税数额在10万元以上的，处3年以上7年以下有期徒刑，并处偷税数额1倍以上5倍以下罚金。

"扣缴义务人采取前款所列手段，不缴或者少缴已扣、已收税款，数额占应缴税额的10%上并且数额在1万元以上的，依照前款的规定处罚。

"对多次犯有前两款行为，未经处理的，按照累计数额计算。"

18.5.5　进行虚假申报或不进行申报行为的法律责任

纳税人、扣缴义务人编造虚假计税依据的、由税务机关责令限期改正，并处5万元以下的罚款。

纳税人不进行纳税申报，不缴或者少缴应纳税款的，由税务机关追缴其不缴或者少缴的税款、滞纳金，并处不缴或者少缴税款50%以上5倍以下的罚款。

18.5.6 逃避追缴欠税的法律责任

纳税人欠缴应纳税款,采取转移或者隐匿财产的手段,妨碍税务机关追缴欠缴的税款的,由税务机关追缴欠缴的税款、滞纳金,并处欠缴税款50%以上5倍以下的罚款;构成犯罪的,依法追究刑事责任。

《刑法》第二百零三条规定:"纳税人欠缴应纳税款,采取转移或者隐匿财产的手段,致使税务机关无法追缴欠缴的税款,数额在1万元以上不满10万元的,处3年以下有期徒刑或者拘役,并处或者单处欠缴税款1倍以上5倍以下罚金;数额在10万元以上的,处3年以上7年以下有期徒刑,并处欠缴税款1倍以上5倍以下罚金。"

18.5.7 骗取出口退税的法律责任

以假报出口或者其他欺骗手段,骗取国家出口退税款的,由税务机关追缴其骗取的退税款,并处骗取税款1倍以上5倍以下的罚款;构成犯罪的,依法追究刑事责任。

对骗取国家出口退税款的,税务机关可以在规定期间内停止为其办理出口退税。

《刑法》第二百零四条规定:"以假报出口或者其他欺骗手段、骗取国家出口退税款,数额较大的,处5年以下有期徒刑或者拘役,并处骗取税款1倍以上5倍以下罚金;数额巨大或者有其他严重情节的,处5年以上10年以下有期徒刑,并处骗取税款1倍以上5倍以下罚金;数额特别巨大或者有其他特别严重情节的,处10年以上有期徒刑或者无期徒刑,并处骗取税款1倍以上5倍以下罚金或者没收财产。"

18.5.8 抗税的法律责任

以暴力、威胁方法拒不缴纳税款的,是抗税,除由税务机关追缴其拒缴的税款、滞纳金外,依法追究刑事责任。情节轻微,未构成犯罪的,由税务机关追缴其拒缴的税款、滞纳金,并处拒缴税款1倍以上5倍以下的罚款。

《刑法》第二百零二条规定:"以暴力、威胁方法拒不缴纳税款的,处3年以下有期徒刑或者拘役,并处拒缴税款1倍以上5倍以下罚金;情节严重的,处3年以上7年以下有期徒刑,并处拒缴税款1倍以上5倍以下罚金。"

18.5.9 在规定期限内不缴或者少缴税款的法律责任

纳税人、扣缴义务人在规定期限内不缴或者少缴应纳或者应解缴的税款,经税务机关责令限期缴纳,逾期仍未缴纳的,税务机关除依照本法第四十条规定采取强制执行措施追缴其不缴或者少缴的税款外,可以处不缴或者少缴税款50%以上5倍以下的罚款。

18.5.10 扣缴义务人不履行扣缴义务的法律责任

扣缴义务人应扣未扣、应收而不收税款的，由税务机关向纳税人追缴税款．对扣缴义务人处应扣未扣、应收未收税款50%以上3倍以下的罚款。

18.5.11 不配合税务机关依法检查的法律责任

（1）纳税人、扣缴义务人逃避、拒绝或者以其他方式阻挠税务机关检查的，由税务机关责令改正，可以处1万元以下的罚款；情节严重的，处1万元以上5万元以下的罚款。

逃避、拒绝或者以其他方式阻挠税务机关检查的情形如下：

① 提供虚假资料，不如实反映情况，或者拒绝提供有关资料的；
② 拒绝或者阻止税务机关记录、录音、录像、照相和复制与案件有关的情况和资料的；
③ 在检查期间，纳税人、扣缴义务人转移、隐匿、销毁有关资料的；
④ 有不依法接受税务检查的其他情形的。

（2）税务机关依照《征管法》第五十四条第五项的规定，到车站、码头、机场、邮政企业及其分支机构检查纳税人有关情况时，有关单位拒绝的，由税务机关责令改正，可以处1万元以下的罚款；情节严重的，处1万元以上5万元以下的罚款。

18.5.12 非法印制发票的法律责任

（1）非法印制发票的，由税务机关销毁非法印制的发票，没收违法所得和作案工具，并处1万元以上5万元以下的罚款；构成犯罪的，依法追究刑事责任。

（2）《刑法》第二百零六条规定："伪造或者出售伪造的增值税专用发票的，处3年以下有期徒刑、拘役或者管制，并处2万元以上20万元以下罚金；数量较大或者有其他严重情节的，处3年以上10年以下有期徒刑，并处5万元以上50万元以下罚金；数量巨大或者有其他特别严重情节的，处10年以上有期徒刑或者无期徒刑，并处5万元以上50万元以下罚金或者没收财产。

"伪造并出售伪造的增值税专用发票，数量特别巨大，情节特别严重，严重破坏经济秩序的，处无期徒刑或者死刑，并处没收财产。

"单位犯本条规定之罪的，对单位判处罚金，并对其直接负责的主管人员和其他直接责任人员，处3年以下有期徒刑、拘役或者管制；数量较大或者有其他严重情节的，处3年以上10年以下有期徒刑；数量巨大或者有其他特别严重情节的，处10年以上有期徒刑或者无期徒刑。"

（3）《刑法》第二百零九条规定："伪造、擅自制造或者出售伪造、擅自制造的可以用于骗取出口退税、抵扣税款的其他发票的，处3年以下有期徒刑、拘役或者管制，并处2万元以上20万元以下罚金；数量巨大的，处3年以上7年以下有期徒刑，并处5万元以上

50万元以下罚金;数量特别巨大的,处7年以上有期徒刑,并处5万元以上50万元以下罚金或者没收财产。

"伪造、擅自制造或者出售伪造、擅自制造的前款规定以外的其他发票的,处2年以下有期徒刑、拘役或者管制,并处或者单处1万元以上5万元以下罚金;情节严重的,处2年以上7年以下有期徒刑,并处5万元以上50万元以下罚金。"

(4)非法印制、转借、倒卖、变造或者伪造完税凭证的,由税务机关责令改正,处2 000元以上1万元以下的罚款;情节严重的,处1万元以上5万元以下的罚款;构成犯罪的,依法追究刑事责任。

18.5.13 有税收违法行为而拒不接受税务机关处理的法律责任

从事生产、经营的纳税人、扣缴义务人有本法规定的税收违法行为,拒不接受税务机关处理的,税务机关可以收缴其发票或者停止向其发售发票。

18.5.14 银行及其他金融机构拒绝配合税务机关依法执行职务的法律责任

(1)银行和其他金融机构未依照《征管法》的规定在从事生产、经营的纳税人的账户中登录税务登记证件号码,或者未按规定在税务登记证件中登录从事生产、经营的纳税人的账户账号的,由税务机关责令其限期改正,处2 000元以上2万元以下的罚款;情节严重的,处2万元以上5万元以下的罚款。

(2)为纳税人、扣缴义务人非法提供银行账户、发票、证明或者其他方便,导致未缴、少缴税款或者骗取国家出口退税款的,税务机关除没收其违法所得外,可以处未缴、少缴或者骗取的税款1倍以下的罚款。

(3)纳税人、扣缴义务人的开户银行或者其他金融机构拒绝接受税务机关依法检查纳税人、扣缴义务人存款账户,或者拒绝执行税务机关作出的冻结存款或者扣缴税款的决定,或者在接到税务机关的书面通知后帮助纳税人、扣缴义务人转移存款,造成税款流失的,由税务机关处10万元以上50万元以下的罚款,对直接负责的主管人员和其他直接责任人员处1 000元以上1万元以下的罚款。

18.5.15 擅自改变税收征收管理范围的法律责任

税务机关违反规定擅自改变税收征收管理范围和税款入库预算级次的,责令限期改正,对直接负责的主管人员和其他直接责任人员依法给予降级或者撤职的行政处分。

18.5.16 不移送的法律责任

纳税人、扣缴义务人的行为涉嫌犯罪的,税务机关应当依法移送司法机关追究刑事责任。

税务人员徇私舞弊,对依法应当移送司法机关追究刑事责任的不移送,情节严重的,依法追究刑事责任。

18.5.17 税务人员不依法行政的法律责任

税务人员与纳税人、扣缴义务人勾结,唆使或者协助纳税人、扣缴义务人构成犯罪行为的,按照《刑法》关于共同犯罪的规定处罚;尚不构成犯罪的,依法给予行政处分。

税务人员私分扣押、查封的商品、货物或者其他财产,情节严重,构成犯罪的,依法追究刑事责任;尚不构成犯罪的,依法给予行政处分。

18.5.18 渎职行为

(1) 税务人员利用职务上的便利,收受或者索取纳税人、扣缴义务人财物或者谋取其他不正当利益,构成犯罪的,依法追究刑事责任;尚不构成犯罪的,依法给予行政处分。

(2) 税务人员徇私舞弊或者玩忽职守,不征收或者少征应征税款,致使国家税收遭受重大损失,构成犯罪的,依法追究刑事责任;尚不构成犯罪的,依法给予行政处分。

税务人员滥用职权,故意刁难纳税人、扣缴义务人的,调离税收工作岗位,并依法给予行政处分。

税务人员对控告、检举税收违法违纪行为的纳税人、扣缴义务人以及其他检举人进行打击报复,依法给予行政处分;构成犯罪的,依法追究刑事责任。

(3)《刑法》第四百零四条规定:"税务机关的工作人员徇私舞弊,不征或者少征应征税款,致使国家税收遭受重大损失的,处 5 年以下有期徒刑或者拘役;造成特别重大损失的,处 5 年以上有期徒刑。"

(4)《刑法》第四百零五条规定:"税务机关的工作人员违反法律、行政法规的规定,在办理发售发票、抵扣税款、出口退税工作中,徇私舞弊,致使国家利益遭受重大损失的,处 5 年以下有期徒刑或者拘役;致使国家利益遭受特别重大损失的,处 5 年以上有期徒刑。"

18.5.19 不按规定征收税款的法律责任

违反法律、行政法规的规定提前征收、延缓征收或者摊派税款的,由其上级机关或者行政监察机关责令改正,对直接负责的主管人员和其他直接责任人员依法给予行政处分。

违反法律、行政法规的规定,擅自作出税收的开征、停征或者减税、免税、退税、补税以及其他同税收法律、行政法规相抵触的决定的，除依照本法规定撤销其擅自作出的决定外，补征应征未征税款，退还不用征收而征收的税款，并由上级机关追究直接负责的主管人员和其他直接责任人员的行政责任；构成犯罪的，依法追究刑事责任。

此外，《征管法》还对行政处罚的权限作出了规定，指出："罚款额在 2 000 元以下的，可以由税务所决定。"

18.5.20　违反税务代理的法律责任

税务代理人违反税收法律、行政法规，造成纳税人未缴或者少缴税款的，除由纳税人缴纳或者补缴应纳税款、滞纳金外，对税务代理人处纳税人未缴或者少缴税款 50% 以上 3 倍以下的罚款。

第 19 章 税务行政法制

19.1 税务行政处罚

为了保障和监督行政机关有效实施行政管理，保护公民、法人和其他组织的合法权益，1996 年 3 月 17 日第八届全国人民代表大会第四次会议通过了《中华人民共和国行政处罚法》（以下简称《行政处罚法》），于 1996 年 10 月 1 日实施。它的颁布实施，进一步完善了我国的社会主义民主法制制度。

税务行政处罚是行政处罚的主要组成部分。为了贯彻实施《行政处罚法》，规范税务行政处罚的实施，保护纳税人和其他税务当事人的合法权益，1996 年 9 月 28 日国家税务总局发布了《税务案件调查取证与处罚决定分开制度实施办法（试行）》和《税务行政听证程序实施办法（试行）》，并于 1996 年 10 月 1 日施行。

税务行政处罚是指公民、法人或者其他组织有违反税收征收管理秩序的违法行为，尚未构成犯罪，依法应当承担行政责任的，由税务机关给予行政处罚。它包括以下几方面内容。

（1）当事人行为违反了税收法律规范，客体是侵犯了税收征收管理秩序，应当承担的税务行政责任。

（2）从当事人主观说，并不区分是否具有主观故意或者过失，只要有税务违法行为存在，并有法定依据给予行政处罚的，就要承担行政责任，依法给予税务行政处罚。

（3）尚未构成犯罪，依法应当给予行政处罚的行为。需要注意的是，一要区分税收违法与税收犯罪的界限。对此界限，《征管法》和新修订的《刑法》已经作了规定。进行税务行政处罚的必须是尚不构成税收犯罪的行为，如果构成了危害税收征管罪，就应当追究刑事责任。二要区分税收违法行为是不是轻微。并不是对所有的税务违法行为都一定要处罚，如果税务违法行为显著轻微，没有造成危害后果，只要予以纠正，经过批评教育后可以不必给予处罚。

（4）给予行政处罚的主体是税务机关。

19.1.1 税务行政处罚的原则

（1）法定原则。包括四个方面的内容。

① 对公民和组织实施税务行政处罚必须有法定依据，法无明文规定不得处罚。

② 税务行政处罚必须由法定的国家机关，即全国人大及其常务委员会、国务院、国家税务总局在其职权范围内设定。

③ 税务行政处罚必须由法定的税务机关在其职权范围内实施。

④ 税务行政处罚必须由税务机关按照法定程序进行实施。

（2）公正、公开原则。公正就是要防止偏听偏信，要使当事人了解其违法行为的性质，并给其申辩的机会。公开一是指税务行政处罚的规定要公开，凡是需要公开的法律规范都要事先公布；二是指处罚程序要公开，如依法举行听证会等。

（3）以事实为依据原则。

（4）过罚相当原则。过罚相当是指在税务行政处罚的设定和实施方面，都要根据税务违法行为的性质、情节、社会危害性的大小而定，防止畸轻畸重或者一刀切的行政处罚现象。

（5）处罚与教育相结合原则。税务行政处罚的目的是纠正违法行为，教育公民自觉守法，处罚只是手段。因此，税务机关在实施行政处罚时，要责令当事人改正或者限期改正违法行为，对情节轻微的违法行为也不一定都实施处罚。

（6）监督、制约原则。对税务机关实施行政处罚实行两方面的监督制约。一是内部的，如对违法行为的调查与处罚决定的分开，决定罚款的机关与收缴的机构分离，当场作出的处罚决定向所属行政机关备案等。二是外部的，包括税务系统上下级之间的监督制约和司法监督，具体体现主要是税务行政复议和诉讼。

19.1.2 税务行政处罚的设定和种类

1. 税务行政处罚的设定

税务行政处罚的设定是指由特定的国家机关通过一定形式独立规定公民、法人或者其他组织的行为规范，并规定违反该行为规范的行政制裁措施。我国现行税收法制的原则是税权集中，税法统一。税收的立法权主要集中在中央，地方没有税收立法权，因而地方性法规和地方性规章均不得设定税务行政处罚。

（1）全国人民代表大会及其常务委员会可以通过法律的形式设定各种税务行政处罚。

（2）国务院可以通过行政法规的形式设定除限制人身自由以外的税务行政处罚。

（3）国家税务总局可以通过规章的形式设定警告和罚款。税务行政规章对非经营活动中的违法行为设定罚款不得超过 1 000 元；对经营活动中的违法行为，有违法所得的，设定罚款不得超过违法所得的 3 倍，且最高不得超过 30 000 元，没有违法所得的，设定罚款不得超过 10 000 元；超过限额的，应当报国务院批准。

省、自治区、直辖市和计划单列市国家税务局、地方税务局及其以下各级税务机关制定的税收法律、法规、规章以外的规范性文件，在税收法律、法规、规章规定给予行政处罚的行为、种类和幅度的范围内作出具体规定，是一种执行税收法律、法规、规章的行为，不是对税务行政处罚的设定。因此，这类规范性文件与行政处罚法规定的处罚设定原则并不矛盾，是有效的，是可以执行的。

2. 税务行政处罚的种类

根据税务行政处罚的设定原则，税务行政处罚的种类是可变的，它将随着税收法律、法规、规章设定的变化而变化或者增减。根据税法的规定，现行执行的税务行政处罚种类主要有三种：

(1) 罚款；
(2) 没收非法所得；
(3) 停止出口退税权。

19.1.3 税务行政处罚的主体与管辖

1. 主体

税务行政处罚的实施主体是县以上的税务机关。税务机关是指能够独立行使税收征收管理职权，具有法人资格的行政机关。我国税务机关的组织构成包括国家税务总局，省、自治区、直辖市国家税务局和地方税务局，地（市、州、盟）国家税务局和地方税务局，县（市、旗）国家税务局和地方税务局四级。这些税务机关都具有税务行政处罚主体资格。各级税务机关的内设机构、派出机构不具处罚主体资格，不能以自己的名义实施税务行政处罚。但是，罚款额在 2 000 元以下的税务行政处罚，可以由税务所决定，这是《征管法》对税务所的特别授权。

2. 管辖

根据《行政处罚法》和《征管法》的规定，税务行政处罚由当事人税收违法行为发生地的县（市、旗）以上税务机关管辖，这一管辖原则有以下几层含义：

(1) 从税务行政处罚的地域管辖来看，税务行政处罚实行行为发生地原则。只有当事人违法行为发生地的税务机关才有权对当事人实施处罚，其他地方的税务机关则无权实施。

(2) 从税务行政处罚的级别管辖来看，必须是县（市、旗）以上的税务机关。法律特别授权的税务所除外。

(3) 从税务行政处罚的管辖主体的要求来看，必须有税务行政处罚权。

19.1.4 税务行政处罚的简易程序

税务行政处罚的简易程序是指税务机关及其执法人员对于公民、法人或者其他组织违反税收征收管理秩序的行为，当场作出税务行政处罚决定的行政处罚程序。简易程序的适用条件一是案情简单、事实清楚、违法后果比较轻微且有法定依据应当给予处罚的违法行为；二是给予的处罚较轻，仅适用于对公民处以 50 元以下和对法人或者其他组织处以 1000 元以下罚款的违法案件。

符合上述条件，税务行政执法人员当场作出税务行政处罚决定应当按照下列程序进行。
（1）向当事人出示税务行政执法身份证件。
（2）告知当事人受到税务行政处罚的违法事实、依据和陈述申辩权。
（3）听取当事人陈述申辩意见。
（4）填写具有预定格式、编有号码的税务行政处罚决定书，并当场交付当事人。

税务行政处罚决定书应当包括下列事项：
（1）税务机关名称；
（2）编码；
（3）当事人姓名(名称)、住址等；
（4）税务违法行为事实、依据；
（5）税务行政处罚种类、罚款数额；
（6）作出税务行政处罚决定的时间、地点；
（7）罚款代收机构名称、地址；
（8）缴纳罚款期限；
（9）当事人逾期缴纳罚款是否加处罚款；
（10）当事不服税务行政处罚的复议权和起诉权；
（11）税务行政执法人员签字或者盖章。

税务行政执法人员当场制作的税务行政处罚决定书，应当报所属税务机关备案。

19.1.5　税务行政处罚的一般程序

除了适用简易程序的税务违法案件外，对于其他违法案件，税务机关在作出处罚决定之前都要经过立案、调查取证（有的案件还要举行听证）、审查、决定、执行程序。适用一般程序的案件一般是情节比较复杂、处罚比较重的案件。

1. 调查与审查

对税务违法案件的调查取证由税务机关内部设立的调查机构（如管理、检查机构）负责。调查机构进行调查取证后，对依法应当给予行政处罚的，应及时提出处罚建议，以税务机关的名义制作《税务行政处罚事项告知书》并送达当事人，告知当事人作出处罚建议的事实、理由和依据，以及当事人依法享有的陈述申辩或要求听证的权利。调查终结，调查机构应当制作调查报告，并及时将调查报告连同所有案卷材料移交审查机构审查。

对税务违法案件的审查由税务机关内部设立的比较超脱的机构（如法制机构）负责。审查机构收到调查机构移交的案卷后，应对案卷材料进行登记，填写《税务案件审查登记簿》。调查机构应对案件下列事项进行审查：

(1) 调查机构认定的事实、证据和处罚建议适用的处罚种类依据是否正确；

(2) 调查取证是否符合法定程序；

(3) 当事人陈述申辩的事实、证据是否成立；

(4) 听证人、当事人听证申辩的事实、证据是否成立。

审查机构应在自收到调查机构移交案卷之日起 10 日内审查终结，制作审查报告，并连同案卷材料报送税务机关负责人审批。

2. 听证

听证是指税务机关在对当事人某些违法行为作出处罚决定之前，按照一定形式听取调查人员和当事人意见的程序。税务行政处罚听证的范围是对公民作出 2000 元以上或者对法人或其他组织作出 10 000 元以上罚款的案件。税务行政处罚听证主持人应由税务机关内设的非本案调查机构的人员（如法制机构工作人员）担任。税务行政处罚听证程序如下。

(1) 凡属听证范围的案件，在作出处罚决定之前，应当首先向当事人送达《税务行政处罚事项告知书》，告知当事人已经查明的违法事实、证据、处罚的法律依据和拟给予的处罚，并告知有要求举行听证的权利。

(2) 要求听证的当事人，应当在收到《税务行政处罚事项告知书》后 3 日内向税务机关书面提出听证要求，逾期不提出的视为放弃听证权利。

(3) 税务机关应当在当事人提出听证要求后的 15 日内举行听证，并在举行听证的 7 日前将《税务行政处罚听证通知书》送达当事人，通知当事人举行听证的时间、地点、主持人的情况。

(4) 除涉及国家秘密、商业秘密或者个人隐私的不公开听证的外，对于公开听证的案件，应当先期公告案情和听证的时间、地点并允许公众旁听。

(5) 听证会开始时，主持人应当首先声明并出示税务机关负责人授权主持听证的决定，然后查明当事人或其代理人、调查人员及其他人员是否到场；宣布案由和听证会的组成人员名单；告知当事人有关的权利义务；记录员宣读听证会纪律。

(6) 听证会开始后，先由调查人员就当事人的违法行为进行指控，并出示事实证据材料，提出处罚建议，再由当事人或其代理人就所指控的事实及相关问题进行申辩和质证，然后控辩双方辩论；辩论终结，当事人进行最后陈述。

(7) 听证的全部活动，应当由记录员制作笔录并交当事人阅核、签章。

(8) 完成听证任务或有听证终止情形发生时，主持人宣布终止听证。

听证结束后，主持人应当制作听证报告并连同听证笔录附卷移交审查机构审查。

3. 决定

审查机构做出审查意见并报送税务机关负责人审批后,应当在收到审批意见之日起 3 日内,根据不同情况分别制作以下处理决定书再报税务机关负责人签发。

(1) 有应受行政处罚的违法行为的,根据情节轻重及具体情况予以处罚。
(2) 违法行为轻微,依法可以不予行政处罚的不予行政处罚。
(3) 违法事实不能成立,不得予以行政处罚。
(4) 违法行为已构成犯罪的,移送公安机关。

税务机关作出罚款决定的行政处罚决定书应当载明罚款代收机构的名称、地址和当事人应当缴纳罚款的数额、期限等,并明确当事人逾期缴纳是否加处罚款。

19.1.6 税务行政处罚的执行

税务机关作出行政处罚决定后,应当按照《税收征收管理法实施细则》第七十二条至七十七条的规定送达当事人执行。

税务行政处罚的执行是指履行税务机关依法作出的行政处罚决定的活动。税务机关依法做出行政处罚决定后,当事人应当在行政处罚决定规定的期限内,予以履行。当事人在法定期限内不申请复议又不起诉,并且在规定期限内又不履行的,税务机关可以申请法院强制执行。

税务机关对当事人作出罚款行政处罚决定的,当事人应当在收到行政处罚决定书之日起 15 日内缴纳罚款,到期不缴纳的,税务机关可以对当事人每日按罚款数额的 3%加处罚款。

(1) 税务机关行政执法人员当场收缴罚款

税务机关对当事人当场作出行政处罚决定,具有依法给予 20 元以下罚款或者不当场收缴罚款事后难以执行情形的,税务机关行政执法人员可以当场收缴罚款。

税务机关行政执法人员当场收缴罚款的,必须向当事人出具合法罚款收据,并应当自收缴罚款之日起 2 日内将罚款交至税务机关。税务机关应当在 2 日内将罚款交付指定的银行或者其他金融机构。

(2) 税务行政罚款决定与罚款收缴分离

除了依法可以当场收缴罚款的情形以外,税务机关作出罚款的行政处罚决定的执行,自 1998 年 1 月 1 日起,应当按照国务院制定的《罚款决定与罚款收缴分离实施办法》的规定,实行作出罚款决定的税务机关与收缴罚款的机构分离。

税务机关作出的罚款处罚决定,代收罚款的银行或其他金融机构(代收机构)由国家税务总局与财政部、中国人民银行研究确定。各级地方税务机关的代收机构也可以由各地地方税务局与当地财政部门、中国人民银行分支机构研究确定。

税务机关应当同代收机构签订代收罚款协议。代收罚款协议应当包括下列事项：
(1) 税务机关、代收机构名称；
(2) 具体代收网点；
(3) 代收机构上缴罚款的预算科目、预算级次；
(4) 代收机构告知税务机关代收罚款情况的方式、期限；
(5) 需要明确的其他事项。

自代收罚款协议签订之日起15日内，税务机关应当将代收罚款协议报上一级税务机关和同级财政部门备案；代收机构应当将代收罚款协议报中国人民银行或当地分支机构备案。

代收机构代收罚款，应当向当事人出具财政部规定的罚款收据。

19.2 税务行政复议

为了防止和纠正违法的或不当的税务具体行政行为，保护纳税人及其他税务当事人的合法权益，保障和监督税务机关依法行使职权，国家税务总局根据《中华人民共和国行政复议法》（1999年10月1日起实施）和其他有关法律、法规的规定，制定了《税务行政复议规则（试行）》，于1999年10月1日起实施。

19.2.1 税务行政复议的概念和特点

税务行政复议是我国行政复议制度的一个重要组成部分。税务行政复议是指当事人（纳税人、扣缴义务人、纳税担保人）不服税务机关及其工作人员作出的税务具体行政行为，依法向上一级税务机关（复议机关）提出申请，复议机关经审理对原税务机关具体行政行为依法作出维持、变更、撤销等决定的活动。

我国税务行政复议具体有以下特点。

(1) 税务行政复议以当事人不服税务机关及其工作人员作出的税务具体行政行为为前提。这是由行政复议对当事人进行行政救济的目的所决定的。如果当事人认为税务机关的处理合法适当，或税务机关还没有作出处理，当事人的合法权益没有受到侵害，就不存在税务行政复议。

(2) 税务行政复议因当事人的申请而产生。当事人提出申请是引起税务行政复议的重要条件之一。当事人不申请，就不可能通过行政复议这种形式获得救济。

(3) 税务行政复议案件的审理一般由原处理税务机关的上一级税务机关进行。

(4) 税务行政复议与行政诉讼相衔接。根据《中华人民共和国行政诉讼法》和《行政复议法》的规定，对于大多数行政案件来说，都可以通过行政复议和行政诉讼这两种程序解决，行政复议是行政诉讼的前置程序，当事人对行政复议决定不服的，还可以向法院提起行政诉讼。在此基础上，两个程序的衔接方面，税务行政案件的适用还有其特殊性。根据《征管法》第五十六条的规定，对于因征税及滞纳金问题引起的争议，税务行政复议是税务行政诉讼的必经前置程序，未经复议不能向法院起诉，经复议仍不服的，才能起诉；对于因处罚、保全措施及强制执行引起的争议，当事人可以选择适用复议或诉讼程序，如选择复议程序，对复议决定仍不服的，可以向法院起诉。

19.2.2 税务行政复议的受案范围

根据《征管法》、《行政复议法》和《税务行政复议规则(试行)》的规定，税务行政复议的受案范围仅限于税务机关作出的税务具体行政行为。税务具体行政行为是指税务机关及其工作人员在税务行政管理活动中行使行政职权，针对特定的公民、法人或者其他组织，就特定的具体事项，作出的有关该公民、法人或者其他组织权利义务的单方行为。主要包括如下行为。

（1）税务机关做出的征税行为：
① 征收税款、加收滞纳金；
② 扣缴义务人、受税务机关委托征收的单位作出代扣代缴、代收代缴行为。
（2）税务机关作出的责令纳税人提供纳税担保行为。
（3）税务机关作出的税收保全措施：
① 书面通知银行或者其他金融机构暂停支付存款；
② 扣押、查封商品、货物或其他财产。
（4）税务机关未及时解除税收保全措施，使纳税人等合法权益遭受损失的行为。
（5）税务机关作出的税收强制执行措施：
① 书面通知银行或者其他金融机构从其存款中扣缴税款；
② 拍卖扣押、查封的商品、货物或其他财产。
（6）税务机关作出的税务行政处罚行为：
① 罚款；
② 没收非法所得；
③ 停止出口退税权。
（7）税务机关不予依法办理或答复的行为：
① 不予审批减免税或出口退税；
② 不予抵扣税款；
③ 不予退还税款；
④ 不予颁发税务登记证、发售发票；
⑤ 不予开具完税凭证和出具票据；

⑥ 不予认定为增值税一般纳税人。
⑦ 不予核准延期申报、批准延期缴纳税款。
（8）税务机关作出的取消增值税一般纳税人资格的行为。
（9）税务机关作出的通知出境管理机关阻止出境行为。
（10）税务机关作出的其他税务具体行政行为。根据此项内容，不管现行税法有无规定，只要是税务机关作出的具体行政行为，今后纳税人均可申请税务行政复议，这也是行政复议法实施后，有关税务行政复议的一个新的规定。

另外，《税务行政复议规则（试行）》还规定，纳税人可以对税务机关作出的具体行政行为所依据的规定提出行政复议申请。具体规定如下：纳税人和其他税务当事人认为税务机关的具体行政行为所依据的下列规定不合法，在对具体行政行为申请行政复议时，可一并向复议机关提出对该规定的审查申请：

（1）国家税务总局和国务院其他部门的规定；
（2）其他各级税务机关的规定；
（3）县级以上地方各级人民政府及其工作部门的规定；
（4）乡、镇人民政府的规定。

但以上规定不含国务院各部、委员会和地方人民政府制定的规章，以及国家税务总局制定的具有规章效力的规范性文件，也就是说，部、委规章一级的规定不可以提请审查。

19.2.3 税务行政复议的管辖

根据《行政复议法》和《税务行政复议规则(试行)》的规定，我国税务行政复议管辖的基本制度原则上是实行由上一级税务机关管辖的一级复议制度。具体内容如下。

（1）对省级以下各级国家税务局作出的税务具体行政行为不服的，向其上一级机关申请行政复议；对省级国家税务局作出的具体行政行为不服的，向国家税务总局申请行政复议。

（2）对省级以下各级地方税务局作出的税务具体行政行为不服的，向其上一级机关申请复议；对省级地方税务局作出的具体行政行为不服的，向国家税务总局或省级人民政府申请复议。

（3）对国家税务总局作出的具体行政行为不服的，向国家税务总局申请行政复议。对行政复议决定不服，申请人可以向人民法院提出行政诉讼；也可以向国务院申请裁决，国务院的裁决为终局裁决。应该注意的是，向国务院申请二级复议审理是特殊规定，只适用于纳税人不服由国家税务总局直接作出的具体税务行政行为的情况。对纳税人不服省级国税机关、地税机关具体作出的税务行政行为，而向国家税务总局申请复议，并且对总局的复议决定不服的，此种情况，纳税人不能向国务院申请裁决，只能向人民法院起诉，即仍按一级复议原则处理。

(4) 对上述 1、2、3 条规定以外的其他机关、组织等作出的税务具体行政行为不服的,按照下列规定申请行政复议。

① 对税务机关依法设立的派出机构,依照法律、法规或者规章的规定,以自己名义作出的税务具体行政行为不服的,向设立该派出机构的税务机关申请行政复议。

② 对扣缴义务人作出的扣缴税款作为不服的,向主管该扣缴义务人的税务机关的上一级税务机关申请复议;对受税务机关委托的单位作出的代征税款行为不服的,向委托税务机关的上一级税务机关申请复议。

③ 对国家税务局和地方税务局共同作出的具体行政行为不服的,向国家税务总局申请复议;对税务机关与其他机关共同作出的具体行政行为不服的,向其上一级行政机关申请复议。

④ 对被撤销的税务机关在撤销前所作出的具体行政行为不服的,向继续行使其职权的税务机关的上一级税务机关申请行政复议。

为方便纳税人,按复议法有关规定,在上述情况下,复议申请人也可以向具体行政行为发生地的县级地方人民政府提出行政复议申请,由接受申请的县级地方人民政府依法进行转送。

19.2.4 税务行政复议申请

对纳税人而言,为维护自己的合法权益,行使法律赋予自己的要求税务机关对其行政行为进行复议的权利,首先要依照法律法规的规定提出复议申请。现行的税务行政复议规则对此专门作出了规定。

(1) 纳税人及其他税务当事人对税务机关作出的征税行为不服,应当先向复议机关申请行政复议,对复议决定不服,再向人民法院起诉。

申请人按前款规定申请行政复议的,必须先依照税务机关根据法律、行政法规确定的税额、期限缴纳或者解缴税款及滞纳金,然后可以在收到税务机关填发的缴款凭证之日起 60 日内提出行政复议申请。

(2) 申请人对税务机关作出的征税以外的其他税务具体行政行为不服,可以申请行政复议,也可以直接向人民法院提起行政诉讼。

(3) 申请人可以在得知税务机关作出具体行政行为之日起 60 日内提出行政复议申请。因不可抗力或者被申请人设置障碍等其他正当理由耽误法定申请期限的,申请期限自障碍消除之日起继续计算。

(4) 申请人申请行政复议,可以书面申请,也可以口头申请;口头申请的,复议机关应当当场记录申请人的基本情况、行政复议请求、申请行政复议的主要事实、理由和时间。

(5) 依法提起行政复议的纳税人或其他税务当事人为税务行政复议申请人,具体是指纳税义务人、扣缴义务人、纳税担保人和其他税务当事人。

有权申请行政复议的公民死亡的，其近亲属可以申请行政复议；有权申请行政复议的公民为无行为能力人或者限制行为能力人，其法定代理人可以代理申请行政复议。

有权申请行政复议的法人或者其他组织发生合并、分立或终止的，承受其权利的法人或其他组织可以申请行政复议。

与申请行政复议的具体行政行为有利害关系的其他公民、法人或者其他组织，可以作为第三人参加行政复议。

申请人、第三人可以委托代理人代为参加行政复议；被申请人不得委托代理人代为参加行政复议。

（6）纳税人或其他税务当事人对税务机关的具体行政行为不服，申请行政复议的，作出具体行政行为的税务机关是被申请人。

（7）申请人向复议机关申请行政复议，复议机关已经受理的，在法定行政复议期限内申请不得再向人民法院起诉；申请人向人民法院提起行政诉讼，人民法院已经依法受理的，不得申请行政复议。

19.2.5 税务行政复议的受理

（1）复议机关收到行政复议申请后，应当在5日内进行审查，对不符合规定的行政复议申请，决定不予受理，并书面告知申请人；对符合规定，但是不属于本机关受理的行政复议申请，应当告知申请人向有关行政复议机关提出申请。

（2）对符合规定的行政复议申请，自复议机关法制工作机构收到之日起即为受理；受理行政复议申请，应书面告知申请人。

（3）对应当先向复议机关申请行政复议，对行政复议决定不服再向人民法院提起行政诉讼的具体行政行为，复议机关决定不予受理或者受理后超过复议期限不作答复的，纳税人和其他税务当事人可以自收到不予受理决定书之日起或者行政复议期满之日起15日内，依法向人民法院提起行政诉讼。

（4）纳税人及其他税务当事人依法提出行政复议申请，复议机关无正当理由不予受理且申请人没有向人民法院提起行政诉讼的，上级税务机关应当责令其受理；必要时，上级税务机关也可以直接受理。

（5）行政复议期间税务具体行政行为不停止执行；但是，有下列情形之一的，可以停止执行：
① 被申请人认为需要停止执行的；
② 复议机关认为需要停止执行的；
③ 申请人申请停止执行，复议机关认为其要求合理，决定停止执行的；
④ 法律、法规规定停止执行的。

19.2.6 税务行政复议决定

(1) 行政复议原则上采用书面审查的办法,但是申请人提出要求或者税务机关内部负责行政复议的工作机构认为有必要时,应当听取申请人、被申请人和第三人的意见,并可以向有关组织人员调查了解情况。

(2) 复议机关内部有关工作机构应当自受理行政复议申请之日起 7 日内,将行政复议申请书副本或者行政复议申请笔录复印件发送被申请人。被申请人应当自收到申请书副本或者申请笔录复印件之日起 10 日内,提出书面答复,并提交当初作出具体行政行为的证据、依据和其他有关材料。

(3) 申请人和第三人可以查阅被申请人提出的书面答复、作出具体行政行为的证据、依据和其他有关材料,除涉及国家秘密、商业秘密或者个人隐私外,复议机关不得拒绝。

(4) 在行政复议过程中,被申请人不得自行向申请人和其他有关组织或者个人收集证据。

(5) 行政复议决定作出前,申请人要求撤回行政复议申请的,经说明理由,可以撤回;撤回行政复议申请的,行政复议终止。

(6) 申请人在申请行政复议时,依据本规则第八条规定一并提出对有关规定的审查申请的,复议机关对该规定有权处理的,应当在 30 日内依法处理;无权处理的,应当在 7 日内按照法定程序转送有权处理的行政机关依法处理,有权处理的行政机关应当在 60 日内依法处理。处理期间,中止对具体行政行为的审查。

(7) 复议机关在对被申请人作出的具体行政行为进行审查时,认为其依据不合法,本机关有权处理的,应当在 30 日内依法处理。无权处理的,应当在 7 日内按照法定程序转送有权处理的行政机关依法处理。处理期间,中止对具体行政行为的审查。

(8) 复议机关内部有关工作机构应当对被申请人作出的具体行政行为进行合法性与适当性审查,提出意见,经复议机关负责人同意,按照下列规定作出行政复议决定:

① 具体行政行为认定事实清楚,证据确凿,适用依据正确,程序合法,内容适当的,决定维持。

② 被申请人不履行法定职责的,决定其在一定期限内履行。

③ 具体行政行为有下列情形之一的,决定撤销、变更或者确认该具体行政行为违法;决定撤销或者确认该具体行政行为违法的,可以责令被申请人在一定期限内重新作出具体行政行为:

- 事实不清、证据不足的;
- 适用依据错误的;
- 违反法定程序的;
- 超越或者滥用职权的;
- 具体行政行为明显不当的。

复议机关责令被申请人重新作出具体行政行为的,被申请人不得以同一事实和理由作出与原具体行政行为相同或者基本相同的具体行政行为。

④ 被申请人不按照规定提出书面答复,提交当初作出具体行政行为的证据、依据的,应决定撤销该具体行政行为。

重大、疑难的复议申请,复议机关应集体讨论决定。重大、疑难复议申请的标准,由各复议机关自行确定。

（9）申请人在申请行政复议时可以一并提出行政赔偿请求,复议机关对符合国家赔偿法的有关应予赔偿的,在决定撤销、变更具体行政行为或者确认具体行政行为违法时,应当同时决定被申请人依法给予赔偿。

申请人在申请行政复议时没有提出行政赔偿请求的,复议机关在依法决定撤销或者变更原具体行政行为确定的税款、滞纳金、罚款以及对财产的扣押、查封等强制措施时,应当同时责令被申请人退还税款、滞纳金和罚款,解除对财产的扣押、查封等强制措施,或者赔偿相应的价款。

（10）复议机关应当自受理申请之日起60日内作出行政复议决定。情况复杂,不能在规定期限内作出行政复议决定的,经复议机关负责人批准,可以适当延长,并告知申请人和被申请人;但是延长期限最多不超过30日。

复议机关作出行政复议决定,应当制作行政复议决定书,并加盖公章。

行政复议决定书一经送达,即发生法律效力。

（11）被申请人应当履行行政复议决定。被申请人不履行或者无正当理由拖延履行行政复议决定的,复议机关或者有关上级行政机关应当责令其限期履行。

（12）申请人逾期不起诉又不履行行政复议决定的,或者不履行最终裁决的行政复议决定的,按照下列规定分别处理。

① 维持具体行政行为的行政复议决定,由作出具体行政行为的行政机关依法强制执行,或者申请人民法院强制执行。

② 变更具体行政行为的行政复议决定,由复议机关依法强制执行,或者申请人民法院强制执行。

19.2.7 税务行政复议的其他有关规定

（1）复议机关、复议机关工作人员及被申请人在行政复议活动中,有违反行政复议法及税务行政复议规则规定的行为,按《中华人民共和国行政复议法》的规定,追究法律责任。

（2）复议机关受理行政复议申请,不得向申请人收取任何费用。复议活动所需经费,应当列入本机关的行政经费,由本级财政予以保障。

（3）复议机关在受理、审查、决定复议申请过程中,可使用复议专用章。不予受理决定书和复议决定书等重要法律文书应加盖复议机关印章。

19.3 税务行政诉讼

行政诉讼是人民法院处理行政纠纷、解决行政争议的法律制度，与刑事诉讼、民事诉讼一起，共同构筑起现代国家的诉讼制度。具体来讲，行政诉讼是指公民、法人和其他组织认为行政机关及其工作人员的具体行政行为侵犯其合法权益，依照行政诉讼法向人民法院提起诉讼，由人民法院进行审理并作出裁决的诉讼制度和诉讼活动。《中华人民共和国行政诉讼法》（以下简称《行政诉讼法》）颁布实施后，人民法院审理行政案件以及公民、法人和其他组织与行政机关进行行政诉讼进入了一个有新的、独立的程序有法可依的新阶段。税务行政诉讼作为行政诉讼的重要组成部分，也必须遵循《行政诉讼法》所确立的基本原则和普遍程序；同时，税务行政诉讼又不可避免地具有本部门的特点。

19.3.1 税务行政诉讼的概念

税务行政诉讼是指公民、法人和其他组织认为税务机关及其工作人员的具体税务行政行为违法或者不当，侵犯了其合法权益，依法向人民法院提起行政诉讼，由人民法院对具体税务行政行为的合法性和适当性进行审理并作出裁决的司法活动。其目的是保证人民法院正确、及时审理税务行政案件，保护纳税人、扣缴义务人等当事人的合法权益，维护和监督税务机关依法行使行政职权。

从税务行政诉讼与税务行政复议及其他行政诉讼活动的比较中可以看出，税务行政诉讼具有以下特殊性。

（1）税务行政诉讼是由人民法院进行审理并作出裁决的一种诉讼活动。这是税务行政诉讼与税务行政复议的根本区别。税务行政复议和税务行政诉讼是解决税务行政争议的两条重要途径。由于税务行政争议范围广、数量多、专业性强，大量税务行政争议由税务机关以税务复议方式解决，只有由人民法院对税务案件进行审理并作出裁决的活动，才是税务行政诉讼。

（2）税务行政诉讼以解决税务行政争议为前提，这是税务行政诉讼与其他行政诉讼活动的根本区别，具体体现在：

① 被告必须是税务机关，或经法律、法规授权的行使税务行政管理权的组织，而不是其他行政机关或组织；

② 税务行政诉讼解决的争议发生在税务行政管理过程中；

③ 因税款征纳问题发生的争议，当事人在向人民法院提起行政诉讼前，必须先经税务行政复议程序，即复议前置。

19.3.2 税务行政诉讼的原则

除共有原则外（如人民法院独立行使审判权，实行合议、回避、辩论、两审终审等），税务行政诉讼还必须和其他行政诉讼一样，遵循以下几个特有原则。

（1）人民法院特定主管原则。即人民法院对税务行政案件只有部分管辖权。根据《行政诉讼法》第十一条的规定，人民法院只能受理因具体行政行为引起的税务行政争议案。

（2）合法性审查原则。除审查税务机关是否滥用权力、税务行政处罚是否显失公正外，人民法院只对具体税务行为是否合法予以审查。与此相适应，人民法院原则上不直接判决变更。

（3）不适用调解原则。税收行政管理权是国家权力的重要组成部分，税务机关无权依自己意愿进行处置，因此，人民法院也不能对税务行政诉讼法律关系的双方当事人进行调解。

（4）起诉不停止执行原则。即当事人不能以起诉为理由而停止执行税务机关所作出的具体行政行为，如税收保全措施和税收强制执行措施。

（5）税务机关负举证责任原则。由于税务行政行为是税务机关单方依一定事实和法律作出的，只有税务机关最了解作出该行为的证据。如果税务机关不提供或不能提供证据，就可能败诉。

（6）由税务机关负责赔偿的原则。依据《中华人民共和国赔偿法》的有关规定，税务机关及其工作人员因执行职务不当，给当事人造成人身及财产损害，应负担赔偿责任。

19.3.3 税务行政诉讼的管辖

税务行政诉讼管辖，是指人民法院间受理第一审税务案件的职权分工。《行政诉讼法》第十三条至第二十三条详细具体地规定了行政诉讼管辖的种类和内容，这对税务行政诉讼自然也是适用的。

具体讲，税务行政诉讼的管理分为级别管辖、地域管辖和裁定管辖。

1. 级别管辖

级别管辖是上下级人民法院之间受理第一审税务案件的分工和权限。根据《行政诉讼法》的规定，基层人民法院管辖一般的税务行政诉讼案件；中高级人民法院管辖本辖区内重大、复杂的税务行政诉讼案件；最高人民法院管辖全国范围内重大、复杂的税务行政诉讼案件。

2. 地域管辖

地域管辖是同级人民法院之间受理第一审行政案件的分工和权限，分一般地域管辖和特殊地域管辖两种。

(1) 一般地域管辖。指按照最初作出具体行政行为的机关所在地来确定管辖法院。凡是未经复议直接向人民法院提起诉讼的，或者经过复议，复议裁决维持原具体行政行为，当事人不服向人民法院提起诉讼的，根据《行政诉讼法》第十七条的规定，均由最初作出具体行政行为的税务机关所在地人民法院管辖。

(2) 特殊地域管辖。指根据特殊行政法律关系或特殊行政法律关系所指的对象来确定管辖法院，税务行政案件的特殊地域管辖主要是指：经过复议的案件，复议机关改变原具体行政行为的，由原告选择最初作出具体行政行为的税务机关所在地的人民法院，或者复议机关所在地人民法院管辖。原告可以向任何一个有管辖权的人民法院起诉，最先收到起诉状的人民法院为第一审法院。

(3) 裁定管辖。是指人民法院依法自行裁定的管辖，包括移送管辖、指定管辖及管辖权的转移三种情况。

① 移送管辖。是指人民法院将已经受理的案件，移送给有管辖权的人民法院审理。根据《行政诉讼法》第二十一条的规定，移送管辖必须具备三个条件：一是移送人民法院已经受理了该案件；二是移送法院发现自己对该案件没有管辖权；三是接受移送的人民法院必须对该案件确有管辖权。

② 指定管辖。指上级人民法院以裁定的方式，指定某下一级人民法院管辖某一案件。根据《行政诉讼法》第二十二条的规定，有管辖权的人民法院因特殊原因不能行使对行政诉讼的管辖权的，由其上级人民法院指定管辖；人民法院对管辖权发生争议且协商不成的，由他们共同的上级人民法院指定管辖。

③ 管辖权的转移。根据《行政诉讼法》第二十三条的规定，上级人民法院有权审理下级人民法院管辖的第一审税务行政案件，也可以将自己管辖的第一审行政案件移交下级人民法院审判；下级人民法院对其管辖的第一审税务行政案件，认为需要由上级人民法院审判的，可以报请上级人民法院决定。

19.3.4 税务行政诉讼的受案范围

税务行政诉讼的受案范围，是指人民法院对税务机关的哪些行为拥有司法审查权，换言之，公民、法人或者其他组织对税务机关的哪些行为不服可以向人民法院提起税务行政诉讼。在实际生活中，税务行政争议种类多、涉及面广，不可能也没有必要都诉诸人民法院通过诉讼程序解决。界定税务行政诉讼的受案范围，便于明确人民法院、税务机关及其他国家机关之间在解决税务行政争议方面的分工和权限。

税务行政诉讼案件的受案范围除受《行政诉讼法》有关规定的限制外，也受《征管法》及其他相关法律、法规的调整和制约。具体说来，税务行政诉讼的受案范围与税务行政复议的受案范围基本一致，包括如下行为。

(1) 税务机关作出的征税行为：一是征收税款；二是加收滞纳金；三是审批减免税和

出口退税；四是税务机关委托扣缴义务人作出的代扣代收税款行为。

（2）税务机关作出的责令纳税人提交纳税保证金或者纳税担保行为。

（3）税务机关作出的行政处罚行为：一是罚款；二是没收违法所得；三是停止出口退税权。

（4）税务机关作出的通知出境管理机关阻止出境行为。

（5）税务机关作出的税收保全措施：一是书面通知银行或者其他金融机构暂停支付存款；二是扣押、查封商品、货物或者其他财产。

（6）税务机关作出的税收强制执行措施：一是书面通知银行或者其他金融机构扣缴税款；二是拍卖所扣押、查封的商品、货物或者其他财产抵缴税款。

（7）认为符合法定条件申请税务机关颁发税务登记证和发售发票，税务机关拒绝颁发、发售或者不予答复的行为。

（8）税务机关的复议行为：一是复议机关改变了原具体行政行为；二是期限届满，税务机关不予答复。

19.3.5 税务行政诉讼的起诉和受理

1. 税务行政诉讼的起诉

税务行政诉讼起诉，是指公民、法人或者其他组织认为自己的合法权益受到税务机关具体行政行为的侵害，而向人民法院提出诉讼请求，要求人民法院行使审判权，依法予以保护的诉讼行为。起诉，是法律赋予税务行政管理相对人、用以保护其合法权益的权利和手段。在税务行政诉讼等行政诉讼中，起诉权是单向性的权利，税务机关不享有起诉权，只有应诉权，即税务机关只能作被告。且与民事诉讼不同，作为被告的税务机关不能反诉。

纳税人、扣缴义务人等税务管理相对人在提起税务行政诉讼时，必须符合下列条件：

（1）原告是认为具体税务行为侵犯其合法权益的公民、法人或者其他组织；

（2）有明确的报告；

（3）有具体的诉讼请求和事实、法律根据；

（4）属于人民法院的受案范围和受诉人民法院管辖。

此外，提起税务行政诉讼，还必须符合法定的期限和必经的程序。根据《征管法》第八十八条及其他相关规定，对税务机关的征税行为提起诉讼，必须先经过复议；对复议决定不服的，可以在接到复议决定书之日起 15 日内向人民法院起诉。对其他具体行政行为不服的，当事人可以在接到通知或者知道之日起 15 日内直接向人民法院起诉。

税务机关作出具体行政行为时，未告知当事人诉权和起诉期限，致使当事人逾期向人民法院起诉的，其起诉期限从当事人实际知道诉权或者起诉期限时计算。但最长不得超过 1 年。

2. 税务行政诉讼的受理

原告起诉,经人民法院审查,认为符合起诉条件并立案审理的行为,称为受理。对当事人的起诉,人民法院一般从以下几方面进行审查并作出是否受理的决定:一是审查是否属于法定的诉讼受案范围;二是审查是否具备法定的起诉条件;三是审查是否已经受理或者正在受理;四是审查是否有管辖权;五是审查是否符合法定的期限;六是审查是否经过必经复议程序。

根据法律规定,人民法院接到诉状,经过审查,应当在7天内立案或者作出裁定不予受理。原告对不予受理的裁定不服的,可以提起上诉。

19.3.6 税务行政诉讼的审理和判决

1. 税务行政诉讼的审理

人民法院审理行政案件实行合议、回避、公开审判和两审终审的审判制度。审理的核心是审查被诉具体行政行为是否合法,即作出该行为的税务机关是否依法享有该税务行政管理权;该行为是否依据一定的事实和法律作出;税务机关作出该行为是否遵照必备的程序等。

根据《行政诉讼法》第五十二条、五十三条的规定,人民法院审查具体行政行为是否合法,依据法律、行政法规和地方性法规(民族自治地方的自治条例和单行条例);参照部门规章和地方性规章。

2. 税务行政诉讼的判决

人民法院对受理的税务行政案件,经过调查、收集证据、开庭审理之后,分别作出如下判决。

(1)维持判决。适用于具体行政行为证据确凿,适用法律、法规正确,符合法定程序的案件。

(2)撤销判决。被诉的具体行政行为主要证据不足,适用法律、法规错误,违反法定程序,或超越职权、滥用职权,人民法院应判决撤销或部分撤销,同时可判决税务机关重新作出具体行政行为。

(3)履行判决。税务机关不履行或拖延履行法定职责的,判决其在一定期限内履行。

(4)变更判决。税务行政处罚显失公正的,可以判决变更。

对一审人民法院的判决不服,当事人可以上诉。对发生法律效力的判决,当事人必须执行,否则人民法院有权依对方当事人的申请予以强制执行。

19.4 税务行政赔偿

税务行政赔偿属于国家赔偿中的行政赔偿。所谓国家赔偿，是指国家机关和国家机关工作人员违法行使职权对公民、法人和其他组织的合法权益造成损害，由国家承担赔偿责任的制度。我国现行宪法规定，由于国家机关和国家机关工作人员侵犯公民权利而受到损失的人，有依法取得赔偿的权利。但长期以来，我国法律体系中并没有与之相适应的具体法律制度，为了切实保护每一个公民的基本权利，制定一套完整的国家赔偿法律制度就成为必然的要求。我国现行的国家赔偿法是1994年5月12日颁布，1995年1月1日施行的。它既是一部规范国家赔偿的实体法，又是一部具有较强操作性的程序法。

19.4.1 概述

1. 税务行政赔偿的概念

税务行政赔偿是指税务机关作为履行国家赔偿义务的机关，对本机关及其工作人员的职务违法行为给纳税人和其他税务当事人的合法权益造成的损害，代表国家予以赔偿的制度。

国家赔偿，顾名思义就是以国家为赔偿主体的侵权损害赔偿，但显而易见，国家赔偿的费用虽然由国家负担，国家本身却无法履行赔偿义务，必须有机关代表国家履行赔偿义务。由于国家机关部门众多，不可能确定由一个机关代表国家履行赔偿义务，而只能按照谁侵权谁代表国家进行赔偿的原则确定履行国家赔偿义务的机关。这也正是税务行政赔偿的存在原因。

2. 税务行政赔偿的构成要件

（1）税务机关或者其工作人员的职务违法行为。这是构成税务行政赔偿责任的核心要件，也是税务行政赔偿责任存在的前提。如果税务机关及其工作人员合法行使职权，对纳税人和其他税务当事人合法权益造成损害的，可以给予税务行政补偿，而不存在赔偿问题。

（2）存在对纳税人和其他税务当事人合法权益造成损害的事实。这是构成税务行政赔偿责任的必备要件。如果税务机关及其工作人员违法行使职权没有侵犯纳税人和其他税务当事人合法权益，或者侵犯的是非法利益，均不发生税务行政赔偿。这里的损害事实指的是实际发生的损害，对尚未发生的损害，税务机关没有赔偿义务。

（3）税务机关及其工作人员的职务违法行为与现实发生的损害事实存在因果关系。如果税务机关及其工作人员在行使职务时虽有违法行为，纳税人和其他税务当事人合法权益也受到损害了，但是这种损害却不是税务机关及其工作人员的职务违法行为引起的，税务机关没有赔偿义务。

3. 税务行政赔偿请求人

税务行政赔偿请求人是指有权对税务机关及其工作人员的违法职务行为造成的损害提出赔偿要求的人。根据国家赔偿法的规定,税务行政赔偿请求人可分为以下几类。

(1) 受害的纳税人和其他税务当事人。作为税务机关及税务工作人员职务违法行为的直接受害者,他们有要求税务行政赔偿的当然权利。

(2) 受害公民的继承人,其他有扶养关系的亲属。当受害公民死亡后,其权利由上述人继承。

(3) 承受原法人或其他组织的法人或其他组织。当受害法人或者其他组织终止后,其权利由其承受者继承。

4. 税务行政赔偿的赔偿义务机关

(1) 一般情况下,哪个税务机关及其工作人员行使职权侵害公民法人和其他组织的合法权益,该税务机关就是履行赔偿义务的机关。如果两个以上税务机关或者其工作人员共同违法行使职权侵害纳税人和其他税务当事人合法权益的,则共同行使职权的税务机关均为赔偿义务机关,赔偿请求人有权对其中任何一个提出赔偿请求。

(2) 经过上级税务机关行政复议的,最初造成侵权的税务机关为赔偿义务机关,但上级税务机关的复议决定加重损害的,则上级税务机关对加重损害部分履行赔偿义务。

(3) 应当履行赔偿义务的税务机关被撤销的,继续行使其职权的税务机关是赔偿义务机关;没有继续行使其职权的,撤销该赔偿义务机关的行政机关为赔偿义务机关。

5. 税务行政赔偿的请求时效

依据国家赔偿法规定,税务行政赔偿请求人请求赔偿的时效为2年,自税务机关及其工作人员行使职权时的行为被依法确认为违法之日起计算。如果税务行政赔偿请求人在赔偿请求时效的最后6个月内,因不可抗力或者其他障碍不能行使请求权的,时效中止。从中止时效的原因消除之日起,赔偿请求时效期间继续计算。

6. 取得税务行政赔偿的特别保障

依据国家赔偿法规定,赔偿请求人要求赔偿的,赔偿义务机关、复议机关、人民法院不得向该赔偿请求人收取任何费用;对赔偿请求人取得的赔偿金不予征税。

7. 涉外税务行政赔偿

依据国家赔偿法规定,涉外国家赔偿适用国内赔偿的有关法律规定,但是如果外国人、外国企业和组织的所属国对中华人民共和国公民、法人和其他组织要求该国国家赔偿的权利不予保护或者限制的,中华人民共和国与该外国人、外国企业和组织的所属国实行对等原则。涉外税务行政赔偿也适用这一原则。

19.4.2 赔偿范围

税务行政赔偿的范围是指税务机关对本机关及其工作人员在行使职权时给受害人造成的哪些损害予以赔偿。

我国的国家赔偿法将损害赔偿的范围限于对财产权和人身权中的生命健康权、人身自由权的损害，未将精神损害等列入赔偿范围。此外，我国国家赔偿法中的损害赔偿权包括对直接损害的赔偿，不包括间接损害。

依据国家赔偿法的规定，税务行政赔偿的范围如下。

1. 侵犯人身权的赔偿

（1）税务机关及其工作人员非法拘禁纳税人和其他税务当事人或者以其他方式剥夺纳税人和其他税务当事人人身自由的。剥夺、限制公民的人身自由，只能由司法机关依法实施，其他任何单位或者个人无权剥夺、限制公民的人身自由。税务机关及其工作人员非法拘禁纳税人和其他税务当事人或者以其他方式剥夺纳税人和其他税务当事人人身自由的行为与公安机关的违法拘留或者违法限制公民的人身自由的行为不同，"违法"是指法律规定了剥夺或者限制公民的人身自由的措施，行政机关有权依法实施，但实施过程中违反了法律规定；"非法"是指行政机关本无权采取剥夺、限制公民人身自由的措施，但却非法拘禁公民或者以其他方式剥夺公民人身自由。

（2）税务机关及其工作人员以殴打等暴力行为或者唆使他人以殴打等暴力行为造成公民身体伤害或者死亡的。

（3）造成公民身体伤害或者死亡的税务机关及其工作人员的其他违法行为。

2. 侵犯财产权的赔偿

（1）税务机关及其工作人员违法征收税款及滞纳金的。

（2）税务机关及其工作人员对当事人违法实施罚款、没收非法所得等行政处罚的。

（3）税务机关及其工作人员对当事人财产违法采取强制措施或者税收保全措施的。

（4）税务机关及其工作人员违反国家规定向当事人征收财物、摊派费用的。

（5）税务机关及其工作人员造成当事人财产损害的其他违法行为。

3. 税务机关不承担赔偿责任的情形

一般情况下，有损害必赔偿，但在法定情况下，虽有损害发生，国家也不予赔偿。国家赔偿法规定了一些情形作为行政赔偿的例外。

（1）行政机关工作人员与行使职权无关的行为。国家之所以对行政侵权行为负责，承担其造成损害的赔偿义务，在于这种行为是一种职务行为，是代表国家作出的。对于行政机关工作人员与行使职权无关的个人行为，国家当然不能承担责任。因此，税务机关工作人员非职务行为对他人造成的损害，责任由其个人承担。区分职务行为与个人行为的标准是看行为人是否在行使职权，而不论其主观意图如何。

（2）因纳税人和其他税务当事人自己的行为致使损害发生的。在损害不是由税务行政侵权行为引起，而是由纳税人和其他税务当事人自己的行为引起的情况下，税务机关不承担赔偿义务，但如果出现混合过错，即损害的发生，受害人自己存在过错，税务机关及其工作人员也存在过错，应根据双方过错的大小各自承担责任，此时，税务机关应承担部分赔偿义务。

（3）法律规定的其他情形。

19.4.3 赔偿程序

税务行政赔偿的程序由两部分组成，一是非诉讼程序，即税务机关的内部程序；二是税务行政赔偿诉讼程序，即司法程序。

1. 税务行政赔偿非诉讼程序

（1）税务行政赔偿请求的提出。依据国家赔偿法规定，税务赔偿请求人应当先向负有履行赔偿义务的税务机关提出赔偿要求。这是税务行政赔偿的必经程序。税务赔偿请求人要求赔偿的项数，可以是一项，也可以是数项，这依税务机关或者其工作人员职务侵权行为的损害后果而定。在共同税务职务行为侵害赔偿案件中，赔偿请求人有权向其中任何一个赔偿义务机关要求赔偿，该赔偿义务机关应当依法先予全部赔偿，而不仅是赔偿自己致害的那一部分，这是因为受害人所受损害是它们共同职务侵权行为所致，它们对赔偿义务负有无限连带责任。如果税务行政赔偿请求人在要求税务行政赔偿的同时，还要求上级税务复议机关或者人民法院确认致害的职务行为违法或者要求撤销该行为，则也可以在申请税务行政复议或者提起税务行政诉讼时，一并提出税务行政赔偿请求。

（2）赔偿请求的形式。依据国家赔偿法的规定，要求税务行政赔偿的应当递交申请书，申请书应当载明下列事项：

① 受害人的姓名、性别、年龄、工作单位和住所，法人或者其他组织的名称、住所和法定代表人或者主要负责人的姓名、职务；

② 具体的要求、事实根据和理由；

③ 申请的年、月、日。

如果税务行政赔偿请求人书写申请书确有困难，可以委托他人代书，也可以口头申请，由赔偿义务机关记入笔录。

（3）对税务行政赔偿请求的处理。税务行政赔偿请求人在法定期限内提出赔偿请求后，负有赔偿义务的税务机关应当自收到申请之日起 2 个月内依照法定的赔偿方式和计算标准给予赔偿；逾期不赔偿或者赔偿请求人对赔偿数额有异议的，赔偿请求人可以在期间届满之日起 3 个月内向人民法院提起诉讼。

2. 税务行政赔偿诉讼程序

当税务赔偿义务机关逾期不予赔偿或者税务行政赔偿请求人对赔偿数额有异议的，税务行政赔偿请求人可以向人民法院提起诉讼，此时进入税务行政赔偿诉讼程序。应当注意，税务行政赔偿诉讼与税务行政赔偿非诉讼程序中规定的可以在提起税务行政诉讼的同时一并提出税务行政赔偿请求不同。

（1）在提起税务行政诉讼时一并提出赔偿请求无须经过先行处理，而税务行政赔偿诉讼的提起必须以税务机关的先行处理为条件。

（2）依据行政诉讼法规定，税务行政诉讼不适用调解，而税务行政赔偿诉讼可以进行调解，因为税务行政赔偿诉讼的核心是税务行政赔偿请求人的人身权、财产权受到的损害是否应当赔偿，应当赔偿多少，权利具有自由处分的性质，存在调解的基础。

（3）依据行政诉讼法规定，在税务行政诉讼中，被告即税务机关承担举证责任，而在税务行政赔偿诉讼中，损害事实部分的举证责任不可能由税务机关承担，也不应由税务机关承担。

3. 税务行政追偿制度

税务行政追偿制度是指违法行使职权给纳税人和其他税务当事人合法权益造成损害的税务机关的工作人员主观有过错，如故意和重大过失，税务机关赔偿其造成的损害以后，再追究其责任的制度。它解决的是税务机关与其工作人员之间的关系。依据国家赔偿法的规定，作为履行赔偿义务的税务机关在赔偿损失后，应当责令有故意或者重大过失的工作人员承担全部或者部分赔偿费用。由此可见，税务行政追偿实际上是一种制裁，它是对违法行使职权的工作人员的惩罚。规定追偿制度是为了促使行政机关工作人员恪尽职守，防止其滥用职权。国家赔偿法还规定，对有故意或者重大过失的工作人员，应当依法给予行政处分；构成犯罪的，应当依法追究刑事责任。

此外，还存在一个针对赔偿义务机关的、类似于追偿的制度。依据国家赔偿费用管理办法规定，如果赔偿义务机关因故意或者重大过失造成赔偿的，或者超出国家赔偿法规定的范围和标准赔偿的，同级人民政府可以责令该赔偿义务机关自行承担部分或者全部赔偿费用。

19.4.4 赔偿方式与费用标准

1. 税务行政赔偿方式

赔偿方式是指国家承担赔偿责任的各种形式。依据国家赔偿法规定，国家赔偿以支付赔偿金为主要方式，如果赔偿义务机关能够通过返还财产或者恢复原状实施国家赔偿的，应当返还财产或者恢复原状。

(1) 支付赔偿金。这是最主要的赔偿形式。支付赔偿金简便易行,适用范围广,它可以使受害人的赔偿要求迅速得到满足。

(2) 返还财产。这是对财产所有权造成损害后的赔偿方式。返还财产要求财产或者原物存在,只有这样才谈得上返还财产。返还财产所指的财产一般是特定物,但也可以是种类物,如罚款所收缴的货币。

(3) 恢复原状。这是指对受到损害的财产进行修复,使之恢复到受损前的形状或者性能。使用这种赔偿方式必须是受损害的财产确能恢复原状且易行。

2. 费用标准

(1) 侵害人身权的赔偿标准

① 侵犯公民人身自由的,每日赔偿金按照国家上年度职工日平均工资计算。

② 造成公民身体伤害的,应当支付医疗费,以及赔偿因误工减少的收入。减少的收入每日赔偿金按照国家上年度职工日平均工资计算,最高限额为国家上年度职工平均工资的5倍。

③ 造成部分或者全部丧失劳动能力的,应当支付医疗费,以及残疾赔偿金,最高额为国家上年度职工平均工资的10倍,全部丧失劳动能力的,对其抚养的无劳动能力的人,还应当支付生活费。

④ 造成死亡的,应当支付死亡赔偿金、丧葬费,总额为国家上年度职工平均工资的20倍。对死者生前抚养的无劳动能力的人,还应当支付生活费。

上述规定的生活费发放标准参照当地民政部门有关生活救济的规定办理。被抚养的人是未成年人的,生活费给付至18周岁为止;其他无劳动能力的人,生活费给付至死亡时为止。

(2) 侵害财产权的赔偿标准

① 违法征收税款、加收滞纳金的,返还税款及滞纳金。

② 违法对应予出口退税而未退税的,应予退税。

③ 处罚款、没收非法所得或者违犯国家规定征收财物、摊派费用的,返还财产。

④ 查封、扣押、冻结财产的,解除对财产的查封、扣押、冻结,造成财产损坏或者灭失的,应当恢复原状或者给付相应的赔偿金。

⑤ 应当返还的财产损坏的,能恢复原状的恢复原状,不能恢复原状的,按照损害程度给付赔偿金。

⑥ 应当返还的财产灭失的,给付相应的赔偿金。

⑦ 财产已经拍卖的,给付拍卖所得的款项。

⑧ 对财产权造成其他损害的,按照直接损失给予赔偿。按照国家赔偿法和国家赔偿费用管理办法的规定,税务行政赔偿费用列入各级财政预算,由各级财政按照财政管理体制分级负担。

第 20 章 税 务 代 理

20.1 税务代理概述

20.1.1 税务代理的概念

税务代理是指注册税务师在国家法律规定的代理范围内，受纳税人、扣缴义务人的委托代为办理税务事宜的各项行为的总称。

20.1.2 税务代理的特点

（1）主体资格的特定性。在税务代理法律关系中，代理行为发生的主体资格是特定的，作为代理人一方必须是经批准具有税务代理执业资格的注册税务师和税务事务所。不符合上述条件的单位和个人均不能从事税务代理业务。作为被代理人一方必须是负有纳税义务或扣缴税款义务的纳税人或扣缴义务人。

（2）法律约束性。税务代理不是一般意义的事务委托或劳务提供，而是负有法律责任的契约行为。注册税务师与被代理人之间的关系是通过代理协议而建立起来的，代理人在从事税务代理活动过程中，必须站在客观、公正的立场上行使代理权限，且其行为受税法及有关法律的约束。

（3）内容确定性。注册税务师的税务代理业务范围，由国家以法律、行政法规和行政规章的形式确定，注册税务师不得超越规定的内容从事代理活动。除税务机关按照法律、行政法规规定委托其代理外，注册税务师不得代理应税务机关行使的行政职权。

（4）税收法律责任的不转嫁性。税务代理是一项民事活动，税务代理关系建立并不改变纳税人、扣缴义务人对其本身所固有的税收法律责任的承担。在代理活动中产生的税收法律责任，无论出自纳税人、扣缴义务人的原因，还是由于代理人的原因，其承担者均应为纳税人和扣缴义务人，而不能因建立了代理关系而转移征纳关系，即转移纳税人、扣缴义务人的法律责任。但是法律责任的不转嫁性并不意味着注册税务师在代理过程中可以对纳税人、扣缴义务人的权益不负责任，不承担任何代理过错。若因代理人工作过失而导致纳税人、扣缴义务人不必要的损失，纳税人、扣缴义务人可以通过民事诉讼程序向代理人提出赔偿要求。

（5）有偿服务性。税务代理是我国社会主义市场经济服务体系的一个重要组成部分。

税务代理是智能型的科技与劳动相结合的中介服务行业。它以服务为宗旨，以社会经济效益为目的，在获取一定报酬的前提下，既服务于纳税人、扣缴义务人，又间接地服务于税务机关。

20.1.3 税务代理的特性及原则

1. 税务代理的特性

（1）公正性。税法规定了征收机关与纳税人的权利与义务，而注册税务师作为税收征收机关与纳税人的中介，与征纳双方没有任何利益冲突。注册税务师站在客观、公正的立场上，以税法为准绳，以服务为宗旨，既为维护纳税人合法权益服务，又为维护国家税法的尊严服务。因此，公正性是税务代理的固有特性，离开公正性，税务代理就无法存在。

（2）社会性。社会主义市场经济促使各种经济成份的企业共同发展。税务代理制的兴起，适应了社会经济发展的需要，成千上万个企业和个人都可能通过税务代理履行纳税义务，量多面广，足可以表明税务代理的社会性。

（3）知识性。随着社会生产力的高度发展，社会分工进一步深入，知识的价值被社会逐渐公认。注册税务师应当具有渊博的专业知识和丰富的实践经验，应有综合分析能力，有较高的政策水平。实验证明，税务代理的知识性是显而易见的。

（4）专业性。税务代理是专门从事有关税务事宜的代理。税务代理的专业性，表现在注册税务师必须精通税务和财会等专业知识，在税务代理过程中，必须以税法和民事代理法规为依据。

2. 税务代理的基本原则

税务代理是社会中介服务，因此，注册税务师在从事税务代理活动中，必须遵循以下原则。

（1）自愿委托原则

税务代理属于委托代理的范畴，必须依照民法有关代理活动的基本原则，坚持自愿委托。代理关系的建立要符合代理双方的共同意愿。纳税人、扣缴义务人有委托或不委托的选择权，同时也有选择谁为其代理的权力；代理人同样具有选择其所代理对象的自由，在被代理人向其寻求代理时，代理人拥有接受委托或拒绝代理的选择权。代理双方依法确立的代理关系不是依据任何行政隶属的关系，而是依据合同的契约关系。代理人不得以任何手段强迫纳税人、扣缴义务人委托其代理，被代理人也不得违背代理人意志，胁迫为其代理。只有在双方自愿和合法的基础上订立契约，双方的税收法律关系才能真正确立。

（2）依法代理原则

依法代理是税务代理的一项重要原则。首先，从事税务代理的机构必须是依法成立的税务师事务所，从事税务代理的专门人员必须是经全国统一考试合格，并在注册税务师管理机构注册登记的具有税务代理执行资格的注册税务师；其次，注册税务师承办的一切代理业务，都要以法律、法规为指针，其所有活动都必须在法律、法律规定的范围内进行。注册税务师制作涉税文书，须符合国家税收实体法律、法规规定的税收原则，依照税法规定正确计算被代理人应纳或应扣缴税款。注册税务师的所有执业行为还须按照有关税收征管和税务代理的程序性法律、法规的要求进行。另外，在代理过程中代理人还应充分体现被代理人的合法意愿，在被代理人授权的范围内开展活动。

(3) 独立、公正原则

税务代理的独立性是指代理人在其代理权限内，独立行使代理权，不受其他机关、社会团体和个人的非法干预。注册税务师是独立行使自己职责的行为主体，其从事的具体代理活动不受税务机关控制，更不受纳税人、扣缴义务人左右，而是严格按照税法的规定，靠自己的知识和能力独立处理受托业务，帮助纳税人、扣缴义务人准确地履行纳税或扣缴义务，并维护他们的合法权益，从而使税法意志得以真正实现。

税务代理是一项社会性的中介服务，涉及代理人、被代理人以及国家的利益关系。因此，客观公正地开展代理活动是税务代理的一项重要原则。注册税务师在实施税务代理过程中，必须站在公正的立场上，在维护税法尊严的前提下，公正、客观地为纳税人、扣缴义务人代办税务事宜。绝不能因收取委托人的报酬而偏袒或迁就纳税人或扣缴义务人。

(4) 维护国家利益和保护委托人合法权益的原则。

注册税务师在税务代理活动中应向纳税人、扣缴义务人宣传有关税收政策，按照国家税法规定督促纳税人、扣缴义务人依法履行纳税义务及扣税义务，以促进纳税人、扣缴义务人知法、懂法、守法，从而提高依法纳税、扣税的自觉性。

保护委托人的合法权益是税务代理的又一重要原则。权益和义务是对称的，履行纳税（或扣税）义务，就应享有纳税（或扣税）权益。通过税务代理不仅可以使企业利用中介服务形式及时掌握各项政策，维护其自身的合法权益，正确履行纳税义务，避免因不知法而导致不必要的处罚，而且还可以通过注册税务师在合法合理的基础上进行税收筹划，节省不必要的税收支出，减少损失。

20.1.4 税务代理在税收征纳关系中的作用

税务代理是税务机关和纳税人之间的桥梁和纽带，通过具体的代理活动，不仅有利于纳税人正确履行纳税义务，而且对国家税收政策的顺利贯彻落实具有积极作用。

(1) 税务代理有利于促进依法治税。依法治税，是税收工作的基本原则。依法治税的基本要求是税务机关依法行政，纳税人、扣缴义务人依法纳税。推行税务代理制度，选用熟悉财税业务的人才作为沟通征纳双方的桥梁，以客观公正的立场协调征纳双方可能的背离税法规定的行为，将有利于推进我国依法治税的进程。

(2) 税务代理有利于完善税收征管的监督制约机制。加强税收征管工作的一个重要环节,是建立一个科学、严密的监督制约体系,确保税收任务的完成。实行税务代理制,可在税收征纳双方之间通过注册税务师这个中介体,形成纳税人、注册税务师、税务机关三方制约关系。纳税人作为履行纳税义务的主体,一方面要自觉纳税,同时,受到税务机关与注册税务师的依法监督制约;税务机关作为税收征收的主体,一方面要严格执法,同时又受到纳税人与注册税务师的监督制约;注册税务师在开展代理活动中,也要受纳税人和税务机关的监督制约。这就形成了一个全方位的相互制约体系,必将促进税收征管制度的进一步完善。

(3) 税务代理有利于增强纳税人自觉纳税的意识。我国宪法规定,每个公民都有依法纳税的义务。但是几十年来,由于税收管理体制等方面的原因,纳税人的纳税事务,大多由税务人员包揽了,纳税人自觉纳税意识较为淡薄。从国际上看,无论是经济发达国家还是发展中国家,一般都建立申报纳税制度,我国现行的税收征管法也对纳税人作了自觉申报纳税的规定。但由于税种多,计算复杂,让纳税人自己准确计算申报纳税是有一定难度的。实行税务代理制,正是适应了纳税人准确履行纳税义务的需要,他们可以选择自己信赖的注册税务师,代理他们履行申报纳税义务。税务代理的实施,有利于提高纳税人主动申报纳税的自觉性,增强纳税意识,有利于形成纳税人自觉依法纳税的良好局面。

(4) 税务代理有利于保护纳税人的合法权益。实行税务代理制,纳税人可以在注册税务师的帮助下减少纳税错误;用足用好税收优惠政策,做好税收筹划。注册税务师还可协调税收征纳双方的分歧和矛盾,依法提出意见进行调解,如有需要,注册税务师可以接受纳税人委托向上级税务机关申请行政复议。这些,都切实有效地维护了纳税人的合法权益。

20.1.5 税务代理的范围与形式

1. 税务代理的范围

税务代理的范围是指按照国家有关规定,允许注册税务师所从事的业务内容。尽管世界各国所规定的业务内容不尽相同,但是基本原则是大致一样的,即税务代理的业务范围主要是纳税人所委托的各项涉税事宜。由于我国税务代理刚刚起步,委托方和受托方还都缺乏经验,认识还有待深化,因此,《注册税务师资格制度暂行规定》中采用的办法,把可以接受的代理项目列举出,以便于贯彻执行。注册税务师可以接受纳税人、扣缴义务人的委托从事下列范围的业务代理:

(1) 办理税务登记、变更税务登记和注销税务登记;
(2) 办理除增值税专用发票外的发票领购手续;
(3) 办理纳税申报或扣缴税款报告;
(4) 办理缴纳税款和申请退税;
(5) 制作涉税文书;
(6) 审查纳税情况;

（7）建账建制，办理账务；
（8）开展税务咨询、受聘税务顾问；
（9）税务行政复议；
（10）国家税务总局规定的其他业务。

根据现行有关法律的规定，注册税务师不能违反法律、行政法规的规定行使税务机关的行政职能。同时，对税务机关规定必须由纳税人、扣缴义务人自行办理的税务事宜，注册税务师不得代理。《注册税务师资格制度暂行规定》，增值税专用发票的领购事宜必须由纳税人自行办理，注册税务师不得代理。另外，纳税人、扣缴义务人违反税收法律、法规的事宜，注册税务师不准代理。《注册税务师资格制度暂行规定》明确规定了注册税务师不得受纳税人、扣缴义务人违反税收法律、行政法规事项的委托，并有义务对其行为加以制止及报告有关税务机关。

2. 税务代理的形式

《注册税务师资格制度暂行规定》规定注册税务师可以接收纳税人、扣缴义务人的委托进行全面代理、单项代理或常年代理、临时代理。

20.2 税务代理的法律关系与法律责任

20.2.1 税务代理的法律关系

1. 税务代理关系的确立

（1）税务代理关系确立的前提。税务代理不同于一般民事代理，税务代理关系确定要受代理人资格、代理范围的限制。因此，税务代理关系的确立有其特定的条件：
① 委托项目必须符合法律规定；
② 委托代理机构及专业人员必须具有一定资格；
③ 注册税务师承办业务必须由所在的税务师事务所统一受理；
④ 签订委托代理协议书。

（2）税务代理关系确立程序及形式。税务代理关系确立有两个阶段：
① 签约前准备阶段，主要就委托内容与权利义务进行洽谈；
② 签约阶段，即委托代理关系确立阶段。

2. 税务代理关系的变更

委托代理协议书签订后，注册税务师及其助理人员应按协议约定的税务代理事项进行工作，但遇下列问题的应由协议双方对原订协议进行修改补充。

（1）委托代理项目发生变化的。这里有两种情况，一是原委托代理项目有了新发展，代理内容超越了原约定范围，经双方同意增加或减少代理内容的；二是由于客观原因，委托代理内容发生变化需要相应修改或补充原协议内容的。

（2）注册税务师发生变化的。

（3）由于客观原因，需要延长完成协议时间的。

3. 税务代理关系的终止

税务代理关系终止有两种情况。

（1）自然终止。按照法律规定，税务代理期限届满，委托代理协议书届时失效，税务代理关系自然终止。

（2）人为终止。有下列情况之一的，被代理人在代理期限内可单方终止代理行为。

① 注册税务师已死亡；

② 注册税务师被注销资格；

③ 税务代理机构已破产、解体或被解散。

有下列情况之一的，注册税务师及其代理机构在委托期限内也可单方面终止代理行为：

① 委托方死亡或解体；

② 委托方授意注册税务师实施违反国家法律、行政法规的行为，经劝告仍不停止其违法活动的；

③ 委托方提供虚假的生产、经营情况和财务会计报表，造成代理错误或注册税务师自己实施违反国家法律、行政法规的行为。

委托方或注册税务师按规定单方终止委托代理关系的，终止方应及时通知另一方，并向当地税务机关报告，同时公布终止决定。

20.2.2 税务代理的法律责任

1. 委托方的法律责任

当事人一方不履行合同义务或者履行合同义务不符合约定的，应承担继续履行、采取补救措施或者赔偿损失等违约责任。因此，如果委托方违反代理协议的规定，致使注册税务师不能履行或不能完全履行代理协议，由此而产生法律后果应全部由委托方承担，其中，纳税人除了应按规定承担本身承担的税收法律责任以外，还应按规定向受托方支付违约金和赔偿金。

2. 受托方的法律责任

代理人不履行职责而给被代理人造成损害的应当承担民事责任。注册税务师超越代理权限、违反税收法律、行政法规,造成纳税人未缴或者少缴税款的,除由纳税人缴纳或者补缴应纳税款、滞纳金外,还要对注册税务师处以二千元以下的罚款。

《注册税务师资格制度暂行规定》第五章规定,对注册税务师及其所在机构违反该规定的行为,分别按下列规定进行处理。

(1)注册税务师未按照委托代理协议书的规定进行代理或违反税收法律、行政法规的规定进行代理的,由县级以上税务行政机关处以罚款,并追究相应的责任。

(2)注册税务师在一个会计年度内违反本规定从事代理活动二次以上的,由省、自治区、直辖市及计划单列市注册税务师管理机构停止其从事税务代理业务一年以上。

(3)注册税务师知道被委托代理的事项违法仍进行代理活动或知道自身的代理行为违法的,除按上述第(1)条规定处理外,由省、自治区、直辖市、计划单列市注册税务师管理机构注销其注册税务师注册登记,收回执业资格证书,禁止其从事税务代理业务。

(4)注册税务师触犯刑律,构成犯罪的,由司法机关依法惩处。

(5)税务师事务所违反税收法律和有关行政规章的规定进行代理活动的,由县及县以上税务行政机关视情节轻重,给予警告,或根据有关法律、行政法规处以罚款,或者请有关部门给予停业整顿、责令解散等处理。

3. 对属于共同法律责任的处理

代理人知道被委托代理的事项违法,仍进行代理活动的,或者被代理人知道代理人的代理行为违法,不表示反对的,由被代理人和代理人负连带责任。注册税务师与被代理人如果相互勾结、偷税抗税、共同违法,应按共同违法论处,双方都要承担法律责任。涉及刑事犯罪的,还要移送司法部门依法处理。

参 考 文 献

[1] 国家税务总局教材编写组编. 企业所得税政策与法规[M]. 北京：中国财政经济出版社，2003.
[2] 国家税务总局教材编写组编. 消费税政策与法规[M]. 北京：中国财政经济出版社，2003.
[3] 国家税务总局教材编写组编. 增值税政策与法规[M]. 北京：中国财政经济出版社，2003.
[4] 金人庆. 中国当代税收要论[M]. 北京：人民出版社，2002.
[5] 许善达. 国家税收[M]. 北京：中国税务出版社，2006.

资料主要来源：国家税务总局网站，http://www.chinatax.gov.cn/